没有管不好的下属　只有不会管的领导

照着做，
你就能管好员工

明理◎编著

中国华侨出版社
北京

图书在版编目(CIP)数据

照着做,你就能管好员工/明理编著.—北京:中国华侨出版社,2014.12(2019.7 重印)
ISBN 978-7-5113-5057-2

Ⅰ.①照… Ⅱ.①明… Ⅲ.①企业管理—人事管理—通俗读物
Ⅳ.①F272.92-49

中国版本图书馆 CIP 数据核字(2014)第 286784 号

照着做，你就能管好员工

编　　著：明　理
责任编辑：彬　彬
封面设计：李艾红
文字编辑：郝秀花
图文制作：北京东方视点数据技术有限公司
经　　销：新华书店
开　　本：720mm×1020mm　1/16　印张：28　字数：532 千字
印　　刷：北京市松源印刷有限公司
版　　次：2015 年 5 月第 1 版　2019 年 7 月第 2 次印刷
书　　号：ISBN 978-7-5113-5057-2
定　　价：68.00 元

中国华侨出版社　北京市朝阳区静安里 26 号通成达大厦 3 层　邮编：100028
法律顾问：陈鹰律师事务所
发 行 部：(010)58815874　　　传　真：(010)58815857
网　　址：www.oveaschin.com　　E-mail：oveaschin@sina.com

如果发现印装质量问题,影响阅读,请与印刷厂联系调换。

| 前言

在企业的发展过程中，人力资本的作用远远超过物质资本的作用，企业之间的竞争归根到底就是人才的竞争。因此，采取什么样的方法或手段才能管好员工，有效地激发员工的积极性，使员工更加忠诚于企业，出色高效地完成工作，是每一个企业管理者都希望解决的问题。

管好员工是一门学问，也是一门艺术。所谓企业管理，说到底就是对人的管理。因为人心不一，人各有其性、各有其谋，人是有思想、有情感、有欲望的，这就要求管理者不能用单一的方法去管理手下的员工，而要根据不同的管理对象采用不同的管理策略。管理者应对其手下的人员进行全面的了解，合理掌控，适当引导。"好马可历险，驽马可犁田"，水平不同的人要派上不同的用场。只有这样，才能使其为企业或组织发挥最大的效应和能量。所以说，员工是否听从指挥，服从领导，工作态度是否积极，工作是否高效，这一切在很大程度上取决于管理者对员工的管理艺术。

其实没有无用的下属，只有糟糕的管理者。一些管理者常常抱怨自己的下属工作能力差，头脑不够灵活；抱怨下属不敬业，总是喜欢偷懒；抱怨下属没有责任心，对待工作没有积极性，出了问题只会推卸责任……管理者们不应该抱怨下属无能，而是应该检讨自己的管理理念是否落后、管理方式是否正确。传统的管理者大多采用高压的方式管理员工，认为就得对员工颐指气使、吆五喝六，指挥手下的员工，否则就失去了当"头儿"的威严。其实，随着时代的发展，这种高压式的管理方法早已被淘汰了。作为管理者，在自己领导的团队里，如果仅靠权力和地位来维持领导地位，那么这个领导一定是一个失败的领导；相反，一个优秀的管理者，对待工作讲技巧、讲策略，对待下属有着一套做人做事的原则，这样不仅可以很好地完成工作，还可以赢得一片掌声。

可以说，并没有管理不好的员工，只是你还没有找对方法。管理者与下属之间绝对不是命令与执行的关系那么简单，在这个过程中，决定一个管理者事业发展高度的重要因素是他所掌握的管理手段。管理员工，不是抑制，而是发展；不是令其机械服从，而是使其自主工作。这是管理员工的根本出发点。在工作中，管理者不仅要学会以情感人、以理服人、以法治人的管理员工的基本招数，更要学会因人制宜、因时制宜、因事制宜的灵活方法。这是管理员工的艺术、管理员工的绝招，也是高明的管理者与普通管理者的最大区别所在。

在实际工作中，很多管理者对于如何驾驭员工或下属，如何做到知人善任、人尽其才，如何实现与下属的无障碍沟通，如何激励和约束、批评员工等问题头疼不已，或者感觉力不从心。为帮助这些管理者掌握最切合实际的管理员工的方法，在管理过程中少走弯路，使管理的过程更顺畅，我们特意组织专业人员编写了这本《照着做，你就能管好员工》。

本书重点论述了优秀管理者所应该掌握的制人之法、管人之道，分门别类地介绍了蕴含着非凡智慧的管理手段，力图帮助现代领导者和管理者掌握最切合实际的人力管理方法，例如如何树立权威、关心员工、批评员工、给员工授权、与员工沟通、激励员工、评价员工工作、考核员工、搞好团队建设、解决员工冲突、裁人、让员工达标、培育人才、留人、发掘优秀人才、合理约束员工等内容。本书结合具有代表性的典型事例，深入浅出地讲解了各种管理手段的具体运用过程以及在运用实践中必须注意的细节，集知识性、实用性、可操作性于一体，有很强的实用指导性。一旦你掌握了其中的精髓，并积极地予以实践，将能够轻松地解决管理下属时所遇到的各类挑战，使管理员工变成一件易事、乐事，从而让自己成为一名优秀的管理者，使事业成功、企业不断发展壮大！

目录

第**7**章 与员工沟通的绝招

第**8**章 激励员工的绝招

第❾章　评价员工工作的绝招

第❿章　考核员工的绝招

第⓫章　搞好团队建设的绝招

第12章　解决员工冲突的绝招

第13章　裁人的绝招

第⑭章　管理特殊员工的绝招

第⑮章　赞美员工的绝招

第⑯章　让员工达标的绝招

第⓳章　发掘优秀人才的绝招

第⓴章　提拔可用之人的绝招

第❷❶章　激发暂时后进者的绝招 ———

第❷❷章　合理约束员工的绝招 ———

第1章

管理员工的基本招数

指导员工而非指挥员工

在一个知识型组织里，管理的方式并不是指挥，而是指导。这不是咬文嚼字。指挥是发号施令，下属没有主动权，只能被动地执行，由此引发出来的是员工的工作积极性不高；指导是一门艺术，既能帮助员工高效率地工作，也能使员工发挥主观能动性，取得最理想的结果。

索尼的老板盛田昭夫是一个懂得"指导艺术"的人，同样，被他提拔的井深大也是这样的人。他们二人创造了索尼的辉煌。

在井深大刚进索尼公司时，索尼还是一个小企业，总共才二十多个员工。老板盛田昭夫信心百倍地对他说："你是一名难得的电子技术专家，你是我们的领袖。好钢用在刀刃上，我把你安排在最重要的岗位上——由你来全权负责新产品的研发，对于你的任何工作我都不会干涉。我只希望你能发挥带头作用，充分地调动全体人员的积极性。你成功了，企业就成功了！"

这让井深大感受到了巨大压力。尽管井深大对自己的能力充满信心，但还是有些犹豫地说："我还很不成熟，虽然我很愿意担此重任，但实在怕有负重托呀！"盛田昭夫对他很有信心，坚定地说："新的领域对每个人都是陌生的，关键在于你要和大家联起手来，这才是你的强势所在！众人的智慧合起来，还能有什么困难不能战胜呢？"

盛田昭夫的一席话，一下子点醒了井深大。井深大兴奋地说道："对呀，我怎么光想自己，不是还有二十多名富有经验的员工嘛！为什么不虚心向他们求教，和他们一起奋斗呢？"于是，井深大马上信心满满地投入工作中。就像盛田昭夫放权给他一样，他把事务的处置权下放给各个部门，比如他让市场部全权负责产品调研工作。市场部的同事告诉井深大："磁带录音机之所以不好销，一是太笨重，每台大约 45 公斤；二是价钱太贵，每台售价 16 万日元，一般人很难接受。"他们给井深大的建议是：公司应该研发出重量较轻、价格低廉的录音机。

与此同时，井深大让信息部全权负责竞争对手的产品信息调研。信息部的人告诉他："目前美国已采用晶体管生产技术，不但大大降低了成本，而且非常轻便。我们建议您在这方面下工夫。"在研制产品的过程中，井深大和生产第一线的工人团结协作，终于合伙攻克了一道道难关，于 1954 年试制成功了日本最早的晶体管收音机，并成功地推向市场。索尼公司凭借这个产品，傲视群雄，进入了一个引爆企业发展速度的新纪元。

井深大取得了巨大的成就，成了索尼公司历史上无可替代的优秀人物。在这个事例中，我们应该注意到最为重要的两个环节：盛田昭夫放权给井深大，井深大放权给其他部门。在充分授权下，索尼公司发挥出了团队的整体作用，调动了每一位员工的积极性，把团队的力量发挥到了极致，从而取得巨大成功，这就是"指导"的力量。

如果采用的是呆板的"指挥"，那情况会怎样？有这样一个例子：

有一家主要从事食品加工的乡镇企业，老板张总事必躬亲，对员工信任度不高。每当营销员将要出征时，他就会再三叮嘱："你们遇事一定多汇报，否则出了问题，后果自负！"因而，在外省打拼的营销员们一个个小心翼翼，生怕办错事，结果算到自己头上。因此，张总经常接到这样的长途电话："张总，一天 30 元的旅店没找到呀，租一间一天 35 元的屋子可以吗？""张总，这边的客户表示需要我们意思意思，那我们是不是可以买几条三五送去呀！"无论事情大小，他们一律请示汇报，只要未经老板认可，他们绝对不会主动做决定。

最终，一些有能力的营销员感到手脚被牢牢束缚着，有劲儿使不出，只好选择离开，另谋高就。留下来的那些营销员只会请示，工作起来没有丝毫主动性，领导不安排的事情一概不做，一年到头业绩平平。而张总也整日手机响个不停，忙得脚打后脑勺，花费上百万元的广告毫无效果，企业处于濒危边缘。

在军队里多用"指挥"一词，这是因为军队的行动只需要服从上级的命令，而不主张自我创造。德鲁克在提出"管理是指导而非指挥"时，设置了一个极为重要的前提：在知识型组织里。知识型组织的最大特点是创新和创造，这对员工的主观能动性依赖很大。现代社会，任何企业都属于知识型企业，任何管理者都应该学会如何指导，而不是如何指挥。

好的管理来自好的制度

所谓行为的边界，就是制度。制度是团队文化的精髓，是一个团队在竞争激烈的环境里生存和作战的保障。一个富有战斗力的企业，必定有严谨的制度；一个合格的员工，也必定具有强烈的制度观念。如果没有制度，团队就会像一盘散沙，员工各自为战，毫无凝聚力。

很久以前有五个和尚住在一起，他们每天都分食一大桶米汤。但是因为贫穷，他们每天的米汤都是不够喝的。一开始，五个人抓阄来决定谁分米汤，每天都是这样轮流。于是每星期，他们每个人都只有在自己分米汤的那天才能吃饱。后来经过研究，他们推选出了一位德高望重的人出来分。然而好日子没过几天，在强权下，腐败产生了，其余四个人都学会想尽办法去讨好和贿赂分汤的人，最后几个人不仅还是饥一顿饱一顿，而且关系也变得很差。然后大家决定改变战略方针，每天都要监督分汤者，把汤一定要分得公平合理。这样纠缠下来，所有人的汤喝到嘴里全是凉的。因为都是聪明人，最后大家想出来一个方法：轮流分汤。不过分汤的人一定要等其他人都挑完后，喝剩下的最后一碗。这个方法非常好，为了不让自己吃到最少的，每人都尽量分得平均。在这个好方法执行后，大家变得快快乐乐、和和气气，日子也越过越好。

同样的五个人，不同的分配制度，就会产生不同的效果。所以一个单位如果没有好的工作效率，那一定存在机制问题。如何制定这样一个制度，是每个领导需要考虑的问题。

一个有能力的管理者，首先也应该是一个规章制度的制定者。规章制度也包括很多层面：财务条例、保密条例、纪律条例、奖惩制度、组织条例等。好的规章制度可以使被执行者既感觉到规章制度的存在，又并不觉得规章制度是一种约束。

看看已经有百年历史的 IBM、花旗银行、默克制药等著名的企业，我们可以发现，只有讲规矩的企业才能成为真正的百年老店。

再往前追溯，当年，吴王阖闾有争霸天下的雄心，但是却没有强大实力，大将伍子胥为他请来了军事家孙武，于是吴王想要试试孙武的能力。孙武上任后做的第一件事就是立规矩，规矩立好之后他反复重申，不遵守规矩者杀无赦。当吴王的爱妃被杀后，所有的规矩都立起来了，而孙武也终于成为一代兵圣，吴王也成了春秋五霸之一。

现代企业家杰克·韦尔奇当年力推"六西格玛管理"，张瑞敏发怒砸掉了不合格的冰箱，这其实都是在立规矩。规矩立起来了，大家就有了准则，有了行动的标杆。从更深的层次讲，企业之间的竞争实际上也是规矩之争，作为制定规矩的企业领导者来说，谁的胸怀和气度大，谁能立起有效的规矩，谁的企业才能长久！

创维集团总裁张学斌如此阐述企业制度的重要性：

"我常常把企业的制度和一个国家来比较——像美国，只有200多年历史，但是现在就发展成为了一个超级大国。其实它真正成为超级大国的时候，没有200多年，100多年就已经达到这个目标。它就是有一个很好的制度，只要这个制度在，大的问题就不会出现。"

没有规矩不成方圆，团队是人的组合，而每个人都有自己的思想和行为。但是在团队里，需要尽量避免个人的思想和行为，要求整体步调一致，所以纪律的约束不能缺少。因此，在每个企业的建立之初，管理者首要做的就是指定明确的纪律规范，为企业画出规矩方圆。

以明确的目标带动积极性

帮助下属确立目标是一个重要的管理方法。确立目标有令人意想不到的奇效，它会引导下属走向他们想达到的目标。帮助员工树立目标，能够使员工自动自发地去做应该做的事。英国一家教堂墙上有一块碑文，上面写道："干活如果没有目标就会枯燥乏味；有目标而没有实干只是一个空想；有目标再加实干就成了世界的希望。"

目标对于团队发展非常重要。有效的团队必须具有一个大家共同追求的、有意义的目标。由于它的存在，使员工认识到这是"我们的团队"，而不是"他们的团队"，而且知道"我们要创造什么"，从而能够为团队成员指引方向，提供推动力，让团队成员愿意为它贡献力量。

阿里巴巴董事局主席马云就是一个善于利用目标来激励员工的管理者。2002年底，互联网冬天刚过，马云提出，阿里巴巴2003年将实现赢利1亿元，这在当时是不可思议的，但事实上，阿里巴巴实现了这个目标。在2003年年终会议上，马云又开始梦想，他提出，2004年实现每天利润100万，2005年实现每天缴税100万。这些目标都实现了。

每一个目标的提出，都为阿里巴巴下一阶段的发展指明了方向。马云就像一个神奇的造梦者，每一个当初看似不可能实现的梦想后来都一一变成了现实。随着阿里巴巴的快速发展，后来，马云又提出打造能活 102 年的企业、创造 100 万个就业机会、10 年内把阿里巴巴打造成为世界三大互联网公司之一和世界 500 强企业之一、淘宝网交易总额超过沃尔玛等目标。这些目标在提出时看似过于宏伟，其实都是马云的精心设计。试想，如果马云不能给予阿里巴巴这些清晰的目标，阿里巴巴该如何保持雄心？ 正是由于这些目标的清晰存在，使得阿里巴巴团队齐心协力，朝着既定的目标奋发前进。

马斯洛晚年从事出色团队的研究，结果发现它们最显著的特征就是具有共同的目标。他观察到：一个出色的团队，任务与员工本身已无法分开，或者应该说，当个人强烈认同这个任务时，定义这个人真正的自我，必须将他的任务包含在内。因此，领导者如果想让自己的下属积极高效地投入工作，就应当帮助下属确定工作目标，为他们构筑一个充满刺激而又富有吸引力的未来。

但管理者应当注意，下属的目标不可强行制定，最理想的方式是以整体目标为依据，由下属在一定范围内自行决定目标。因此，领导者首先必须对下属详细说明整体目标的前瞻性与妥当性，以此为基础，再促使下属根据自己的能力与意愿建立个人目标。

这样做的目的就是强调目标的现实性。不管是多伟大的目标，不将事实等列入考虑，最后仍是美梦一场。必须将过去的实力与未来的展望等作全盘性的考虑，再制定一个具体的、力所能及的目标。把广泛的方向性的团队目标转为可以衡量的、具体的；现实可行的具体目标，是团队要使共同目标对其成员产生意义的最重要的一步。也只有这样，目标才有意义。

那么，管理者该如何帮助下属确定具体的目标呢？著名效率管理大师查尔斯·菲尔德认为，每一个具体目标的确定，都必须符合 SMART 的要求，S 即 specific，具体的；M 即 measurable，可测量的；A 即 achievement，可实现的；R 即 realistic，现实的；T 即 time bound，时间限制性。各取第一个英文字母，组合在一起，就构成了 SMART。

确立了具体目标之后，接下来的工作就是要建立完成目标的计划。一个成功的计划可以保证企业各项业务活动更加有效地运行。我们在制订计划时应当尽可能详尽地指出实现目标所需的时期、场所、理由、方法、费用等要素。如果此等要素不完备，无论建立多少计划，都无法完成目标。

我们在制订计划时，应当严禁凭空臆测或是感情用事。应当尽可能以客观、充分有效的资料为基础，以科学、合理的方法制订完整的计划。通常，制订一个科学可行的计划应当掌握下述 4 种必要的资料：过去的业绩（包括企业整体、组织、个人的业绩）；业界的动向与发展；未来社会与企业的变动预测；企业、组织的各项计划与方针。

工作计划成为习惯才能实现卓越。工作计划只有中、长期是不够的，同时还要有每月、每周、每日的短期、超短期的计划。平常即让下属养成建立工作计划的习惯，于月底或是周末建立下个月、下周的行动计划。加强对下属的工作计划管理，是提高其工作绩效的有效方法之一。

但需要提醒管理者的是，无论是目标或计划，在帮助下属制订时都需要领导者的指导，但是不要忘了，仍需要下属亲自动手去做，领导者只是扮演辅助的角色，万万不可"喧宾夺主"，否则员工的参与感就会丧失，工作积极性就难以调动起来，结果事与愿违。

管好关键位置关键人

管理工作是一项系统工作，在这个系统工作中，根据不同位置和不同人物的重要程度，自然亦分重要次要。对于管理者而言，要想实现管理高效，一定要管好关键位置关键人。

所谓关键位置，是指那些对企业整体运营起着决定性作用的职位。

张总是一家饮料公司的董事长，公司日常管理多由总经理负责。副总级别以下人员的选聘和任命无需向他汇报，由公司总经理直接决定。

但是有一个职位除外，那就是营销总监。谈及原因，他说："在一家公司里，除了销售部门，其他都是花钱的部门，虽然这么说有点过分，但事实确实如此，而销售部门的独特之处就是要从客户那里拿回钱，将公司的成本转化为利润，因此销售部门在我眼中是最为重要的部门，而营销总监显然亦为最为重要的职位之一。这个职位的人选我不会让别人决定。"

所谓关键人物，多是指有权力的人。这些人在单位往往被视为功臣。功臣在企业发展中所起的作用是巨大的，可功臣若走向反面，他们的影响力和破坏力也是惊人的。因此，对待他们，既要给予地位，也要加以控制。古人云："一张一弛，文武之道。"管理者要懂得收放分寸，牢牢将主动权把握于己身。东汉开国皇帝刘秀就是这方面的突出代表。

刘秀当上东汉开国皇帝后，有一段时间很是忧郁。群臣见皇帝不开心，一时议论纷纷，不明所以。一日，刘秀的宠妃见他有忧，怯生生地进言说："陛下愁眉不展，妾深为焦虑，妾能为陛下分忧吗？"

刘秀苦笑一声，怅怅道："朕忧心国事，你何能分忧？俗话说，治天下当用治天下匠，朕是忧心朝中功臣武将虽多，但治天下的文士太少了，这种状况不改变，怎么行呢？"

宠妃于是建议说："天下不乏文人大儒，陛下只要下诏查问、寻访，终有所获的。"

刘秀深以为然，于是派人多方访求，重礼征聘。不久，卓茂、伏湛等名儒就相继入朝，刘秀这才高兴起来。

刘秀任命卓茂做太傅，封他为褒德侯，食二千户的租税，并赏赐他几辆车马，一套衣服、丝绵五百斤。后来，又让卓茂的长子卓戎做了太中大夫，次子卓崇做了中郎，给事黄门。

伏湛是著名的儒生和西汉的旧臣，刘秀任命他为尚书，让他掌管制定朝廷的制度。

卓茂和伏湛深感刘秀的大恩，他们曾对刘秀推辞说："我们不过是一介书生，为汉室的建立未立寸功，陛下这般重用我们，只怕功臣勋将不服，于陛下不利。为了朝廷的大计，陛下还是降低我们的官位为好，我们无论身任何职，都会为陛下誓死效命的。"

刘秀让他们放心任事，心里却也思虑如何说服功臣朝臣，他决心既定，便有意对朝中的功臣们说："你们为国家的建立立下大功，朕无论何时都会记挂在心。不过，治理国家和打天下不同了，朕任用一些儒士参与治国，这也是形势使然啊，望你们不要误会。"

尽管如此，一些功臣还是对刘秀任用儒士不满，他们有的上书给刘秀，开宗明义便表达了自己的反对之意，奏章中说："臣等舍生忘死追随陛下征战，虽不为求名求利，却也不忍见陛下被腐儒愚弄。儒士贪生怕死，只会搅动唇舌，陛下若是听信了他们的花言巧语，又有何助呢？儒士向来缺少忠心，万一他们弄权生事，就是大患。臣等一片忠心，虽读书不多，但忠心可靠，陛下不可轻易放弃啊。"

刘秀见功臣言辞激烈，于是更加重视起来，他把功臣召集到一处，耐心对他们说："事关国家大事，朕自有明断，非他人可以改变。在此，朕是不会人言亦言的。你们劳苦功高，但也要明白'功成身退'的道理，如一味地恃功自傲，不知满足，不仅于国不利，对你们也全无好处。何况人生在世，若能富贵无忧，当是大乐了，为什么总要贪恋权势呢？望你们三思。"

刘秀当皇帝的第二年，就开始逐渐对功臣封侯。封侯地位尊崇，但刘秀很少授予他们实权。有实权的，刘秀也渐渐压抑他们的权力，进而夺去他们的权力。

大将军邓禹被封为梁侯，他又担任了掌握朝政的大司徒一职。刘秀有一次对邓禹说："自古功臣多无善终的，朕不想这样。你智勇双全，当最知朕的苦心啊。"

邓禹深受触动，却一时未做任何表示。他私下对家人说："皇上对功臣是不放心啊，难得皇上能敞开心扉，皇上还是真心爱护我们的。"

邓禹的家人让邓禹交出权力，邓禹却摇头说："皇上对我直言，当还有深意，皇上或是让我说服别人，免得让皇上为难。"

邓禹于是对不满的功臣一一劝解，让他们理解刘秀的苦衷。当功臣们情绪平复下来之后，邓禹再次觐见刘秀说："臣为众将之首，官位最显，臣自请陛下免去臣的大司徒之职，这样，他人就不会坐等观望了。"

刘秀嘉勉了邓禹，立刻让伏湛代替邓禹做了大司徒。其他功臣于是再无怨言，纷纷辞去官位。他们告退后，刘秀让他们养尊处优，极尽优待，避免了功臣干预朝政的事发生。

对管理者而言，真正难管的往往是功臣。功臣因为有功劳在手，在组织内部具有明显的心理优势，自然也会渴望管理者能够给予其特权，因此管理者一定要在管理上放纵得当。

在某些方面，该放的就要放；而在另一些方面，该收的也一定要收。收放结合，才能把人牢牢控制住。在要害处只收不放，这是管理的首要前提，尤其在关键位置上一定要严控。

让合适的人做合适的事

有效发挥人才的价值，让合适的人做合适的事，是提高执行力的重要途径之一。柯林斯在《从优秀到卓越》中特别提到要找训练有素的人，要将合适的人请上车，不合适的人请下车。他在书中说："公共汽车也就是你的公司，你首先要决定的事情是要谁和你同行。"

美国第一代钢铁大王安德鲁·卡内基的发迹，关键在于他善掌"万能钥匙"。他起家时两手空空，但到去世时已拥有近20亿美元的资产。人们对于这位"半路出家"的钢铁大王的成功感到十分的迷惑不解。

其实，卡内基的成功除了他具有可贵的创造精神外，还有一点是非常关键的，就是作为企业的领导者，他善于识人和用人。卡内基说过："我不懂得钢铁，但我懂得制造钢铁的人的特性和思想，我知道怎样去为一项工作选择适当的人才。"这正是他一生事业旺盛的"万能钥匙"。

卡内基曾说过："即使将我所有的工厂、设备、市场、资金全部夺去，但只要保留我的技术人员和组织人员，4 年之后，我将仍然是'钢铁大王'。"卡内基之所以如此自信，就是因为他能有效地发挥人才的价值，让合适的人做合适的事。

卡内基虽然被称为"钢铁大王"，但他却是一个对冶金技术一窍不通的门外汉，他的成功完全是因为他卓越的识人和用人才能，他总能找到精通冶金工业技术、擅长发明创造的人才为他服务。比如，世界出色的炼钢工程专家比利·琼斯，就终日在位于匹兹堡的卡内基钢铁公司埋头苦干。

企业的人才有时就像企业生产产品所需的材料一样，必须十分合适，如果所选的人才不合适，就无法满足企业的需要。让合适的人做合适的事，才能突出有效执行的能力，否则就很难达到目的。大家都知道，执行力是有界限的，某人在某方面表现很好并不表明他也胜任另一工作。所以，企业在选聘人才时，应考虑其执行力是否与职位的要求相匹配。

企业高层管理者用人不是抓住一个是一个，关键要看他是否符合自己的需要，是否和自己的决策对路。否则，那些被招来的人就会成为管理者的包袱。

彼得斯曾指出："雇用合适的员工是任何公司所能做的最重要的决定。"他把管理工作概括为："让合适的人去做合适的事。"然而，如果你雇用了一些不合适的人，你就别指望他们能把该做的事做好。

在美国，通用电气公司早已成为一个令全美企业垂涎的人才库。培养人才是通用公司总裁杰克·韦尔奇的重要经营之道。他喜欢物色人才、追踪人才、培养人才，并把他们放到相应的工作岗位上。他说："一旦我们把人都调动起来了，我们的事就做完了。"

杰克·韦尔奇曾这样说过："我们能做的一切，就是把宝押在我们选择的人身上。所以，我的全部工作便是选择适当的人。"

在通用电气公司，主管 NBC 的罗伯特·莱特、副董事长兼 CEO 丹尼斯·达梅尔曼、主管公司资本的格雷·温茨、经营医药的约翰·屈尼等人，都是在他们各自的位置上工作十多年的优秀人才。韦尔奇能让合适的人做合适的事，他能让他们在各自的位置上做得越来越好。

大部分企业高层管理者的成功，都在于他们能够让合适的人做合适的事，能找到拥有执行能力的人。石油大王洛克菲勒成功的关键因素之一，也在于他雇用了合适的员工。

把组织比作一辆汽车，很多人会认为，伟大的司机（主管）振臂高呼，然后发动汽车，带着车上的人向一个新的目的地（企业愿景）飞速驶去。但是事实上，卓越的企业或组织领导人所做的第一步不是决定去哪里，而是决定哪些人去。他们首先选合适的人上车，请不合适的人下车，然后将合适的人安排到合适的位置上。必须遵从这样的原则：选人是第一要务。

让合适的人做合适的事，远比开发一项新的战略更重要。这个宗旨适合于任何一个企业。执行的过程就等于下一盘棋，企业高层领导者要尽量发挥人才的资源优势和潜力，找到最合适的人，并把他放在最合适的位置上，把任务向他交代清晰，就可以做到最好。

管理要懂得容人之私

水至清则无鱼，人至察则无徒。管理要懂得给人空间。容人有一个重要的方面，就是容人之私。就是领导者对下属的私交、私利和隐私，不进行干涉，允许其存在和发展。

人之所以为人，一定有自己独特的爱好、追求和社会交际，这是人在社会生活、经济生活和家庭生活中的实际内容，不能对其进行压抑，也不可缺少，更不能完全取消。存在是正常的，不存在倒是不正常的。作为领导者不应该干涉下属的私生活，从某种意义上说，私生活正常健康发展，正是个人全面发展的重要组成部分，如果取消、忽视这部分，一定会使人畸形发展，产生变态或病态的心理，这不仅伤害其本人身心，也将有损于工作和事业。

但是，也有不少领导者恰恰在这点上无容人之量，他们或者大肆宣传"在领导者面前无隐私可言"，恨不得了解下属的一切；或者"教育"下属"以公司为家，献出一切"，其中包括献出个人的一切时间、一切精力及一切隐私；或者以"公"字衡量下属的道德和事业心，见私利，就会大发雷霆，以为私心太重；见下属私交密切，就侧目而视，认为是拉帮结派、另立山头；见隐私，就眉头紧皱，认为下属心术不正，恨不得让下属把一切都交"公"，除了工作，别无其他才好。

而某些领导者在强调"公"心的同时，却大发私欲，有的"喝酒不醉，跳舞不累，钓鱼打猎全会"。不但如此，还常常冠冕堂皇地称之为"责任重应报酬高"、"不会休息就不会工作"、"合同敲于酬酢之间，生意成于舞乐之中"、"谢安敲棋，决战千里；我之闲乐，运筹成败"，而实际上恰是"只准州官放火，不准百姓点灯"，这也说明了一些自认为品质端正的某些领导者自身也是食人间烟火、私欲有求的。

当然，容人之私，不是说容人的一切私欲，仅是指那些正当的、正常的、国家政策法律所允许的利益，那种违法违纪的私欲、损人利己的私欲不仅不能容，还要绳之以法，严加惩处。那么领导者如何做到容人之私呢？

一是容人私交。允许下属享有交友的权利、交际的权利和参加各种合法的社会团体和社会活动的权利。对此，领导者既不可"以己之友，强人之交"，亦不可"欲交必交我，欲从必从我"，还不可因自己的感情变化而"爱屋及乌"或"殃及池鱼"。

二是容人私利。即允许下属在法律的范围内，追求、交换、赠予各种物质的或精神的利益，作为领导者既不可限制下属的私利，也不可伤害下属的私利，即便是下属在追求私利以及个人消费上有些缺点，只要不是违法乱纪，都不可以横加干涉。当然，适当加以劝导是可以的。

三是容人隐私。世界上所有的人，都有其各自的隐私。在法律规定范围内的隐私是人身权利的一部分，尊重别人的隐私，其实也就是尊重别人的人身权利。反之，通过各种手段窃取、了解别人的隐私的行为，是极不道德的行为，作为一个领导者更应注意。

好员工都是夸出来的

人发展的需要是全面的，不仅包括物质利益方面，还包括名誉、地位等精神方面。教育界说，好孩子都是夸出来的，其实在企业管理中亦是如此，好员工也都是夸出来的。

首先，领导的赞扬可以使下属意识到自己在群体中的位置和价值，在领导心中的形象。由于在单位，职员或员工的工资和收入都是相对稳定的，人们不必要在这方面费很多心思。因而人们都很在乎自己在领导心目中的形象问题，对领导对自己的看法和一言一行都非常在意、非常敏感。领导的表扬往往很具有权威性，是确立员工在本单位或本公司同事中的价值和位置的依据。

有的领导善于给自己的下属就某方面的能力排座次，使每个人按不同的标准排列都能名列前茅，可以说是一种皆大欢喜的激励方法。比如，小王是本单位第一位博士生，小李是本单位"舞"林第一高手，小刘是单位计算机专家，人人都有个第一的头衔，人人的长处都得到肯定，整个集体几乎都是由各方面的优秀分子组成，能不说这是一个生动活泼、奋发向上的集体吗？

其次，领导的赞扬可以满足下属的荣誉感和成就感，使其在精神上受到鼓励。常言道：重赏之下必有勇夫，这是一种物质的低层次的激励下属的方法。物质激励具有很大的局限性，下属的很多优点和长处也不适合用物质奖励。相比之下，领导的赞扬不仅不需要冒多少风险，也不需要多少本钱或代价，就能很容易地满足一个人的荣誉感和成就感。

如果一个下属很认真地完成了一项任务或做出了一些成绩，虽然此时他表面上装得毫不在意，但心里却默默地期待着领导来一番称心如意的嘉奖，而领导一旦没有关注，不给予公正的赞扬，他必定会产生一种挫折感，对领导也会产生看法，"反正领导也看不见，干好干坏一个样"。这样的领导是不能调动起下属的积极性的。

领导的赞扬是下属工作的精神动力。同样一个下属在不同的领导指挥之下，工作劲头判若两人，这与领导用赞扬的激励方法是分不开的。魏徵是唐朝很有才能的一个人，原先魏徵侍奉皇太子李建成，因为敢于进谏而不受李建成的欢迎，李建成不仅对他的建议漠然置之，还有时候批评他。李世民掌权后，很器重魏徵，为了鼓励魏徵敢于直言进谏，唐太宗李世民每次都很虚心地听他献策，并经常赞扬他敢说真话、实话。

一次，唐太宗赞扬魏徵："夫以铜为镜，可以正衣冠；以古为镜，可以知兴替；以人为镜，可以明得失。我以你这样的良臣为镜，也就不糊涂，少做错事了。"在唐太宗的赞扬和鼓励之下，魏徵至诚奉国，真是喜逢知己之主，竭尽所能，知无不言，先后共陈言进谏二百多件事。

后来，魏徵怕仅凭进谏参政议政招来事端，想借目疾为由辞职休养，唐太宗为挽留这位千载难逢的良臣，极力赞扬了魏徵的敢于进谏，表达了自己的赏识之情，道："你没见山中的金矿石吗？当它为矿石时，一点也不珍贵。只有被能工巧匠冶炼成器物后，才被人视为珍宝。我就好比金矿石，把你当作能工巧匠。你虽有眼疾，但并未衰老，怎么能提出辞职呢？"魏徵见唐太宗如此诚恳，也就铁了心跟着唐太宗干一辈子了。

再次，赞扬下属还能够密切上下级的关系，有利于上下团结。有些下属长期受领导的忽视，领导不批评他也不表扬他，时间长了，下属心里肯定会嘀咕：领导怎么从不表扬我，是对我有偏见还是嫉妒我的成就？于是同领导相处不冷不热，注意保持远距离，没有什么友谊和感情可言，最终形成隔阂。

领导的赞扬不仅表明了领导对下属的肯定和赏识，还表明领导很关注下属，对他的一言一行都很关心。有人受到赞美后常常高兴地对朋友讲："瞧我们的头儿既关心我又赏识我，我做的那件连自己都觉得没什么了不起的事也被他大大夸奖了一番。跟着他干气儿顺。"互相都有这么好的看法，能有什么隔阂？能不团结一致拧成一股绳把工作搞好吗？

最后，对下属成绩和良好思想品格的肯定和赞扬，实际上就是对另一种与之相对立的倾向的有力的否定和批评。直接指斥某种倾向的危害，明白地提出某种诫令，不失为一种可行的常规办法。但是平心而论，这只能是一种辅助手段，其效力不会更深远。实际上指出"什么不好"、"不要干什么"，只能解决眼前的问题，因为人的精神和行为不会出现空白，不干这个便会另干那个，而干那个是否正当，可能又是问题。倘若及时向下属说明"什么好"、"应该干什么"、"怎样干"，那就从根本上解决了带有过程意义的问题。所以对于规范下属的行为，肯定、赞扬要比否定、批评来得更为直接。正是从这个意义上说，榜样的力量是无穷的。

下属的活动一般来说，都是自觉地指向上级确定的目标，遵循着上级的规约展开的，主观上是希冀成功、得到奖励的。然而，由于受着个人的智力、学识、经验以及种种随机因素的制约，其活动结果不尽如人意甚至出现大的差异也是难免的。在失误、败绩面前，下属内心惴惴，上级该作如何处置？简单的方法当然是论过行罚。但是，只有这一条并不明智。更为远虑的处置应该是宽容。在必要的批评和处罚之外，应该言词中肯、情真意切以对其过失之外的成绩、长处予以肯定，对其深切的负疚感、追悔心予以彰明，对其振作图进的心曲予以抚慰和信赖。当事人就会由悚惧而看到希望，决心日后努力工作，将功补过。

既会泼冷水也要会加油

世界网坛名将贝克尔之所以被称为"常胜将军"，其秘诀之一即是在比赛中自始至终防止过度兴奋，而只是保持半兴奋状态。所以有人亦将"倒U形假说"中的"最佳状态"称为"贝克尔境界"。

热情中的冷静让人清醒，冷静中的热情则令人执着。一个管理者只有既会加油又会泼冷水，既要让员工充满斗志，要给他们加油让他们鼓足干劲，必要时给予激励和奖励；但又不能让员工对取得的眼前小小的成绩而得意忘形，造成骄兵必败的结果。只有善于让自己和员工时刻处于贝克尔境界，才能算是真正掌握了激励的秘诀。

将军与店主对弈，将军开动脑筋，第一局想以稳对稳。可谁知店主稳中蕴动，机关早成，待将军发觉时败局已定；第二局将军以攻带守，结果又败一局；第三局，将军屡施绝招，最后仍然"束手就擒"。再看那位店主，三局虽早已过了百余招，老将竟然始终未动。

将军问店主："上次，你拨动老将，战成一负二和；这次你不动老将，却连胜三局，这是为什么？请指教。"

店主笑道："上次对弈时战事正紧，您将去前线御敌，我下棋也不可挫伤你的锐气。眼下大军凯旋，将军意气洋洋，我胜您乃是为告诉将军要戒骄戒躁。"

将军听后深受启发，向店主深深地鞠了一躬，从此以后战无不胜。

员工在工作时情绪上也会有高低，为了维持管理工作及员工行为的一致性，管理人员必须在员工情绪低落时鼓励他，而在他情绪过高时泼点冷水。

当人处于紧张沮丧的状态时，就兴奋不起来，像一只瘪了的气球软绵绵地贴在潮湿的地面上，这时要通过适当的方法给他鼓气，让气球能够重新轻盈灵活地飞起来。

当一个人处于极度兴奋时，过度激情奔放，同样会失去平衡甚至濒临爆炸的边缘，这时就需要泼冷水适当地泄一下气。

美国国际管理顾问公司老板麦科马克就是既会加油又会泼冷水的管理专家。他手下的员工工作不止一项，责任不止一种。如果一个员工把工作做得在别人看来已经够好了，但他总是能在一些瑕疵上给予员工一些训诫；如果员工感到失望时，麦科马克也很容易找点其他做得正确的事情来鼓励他。

麦科马克会让员工觉得他们必须掂一掂自己的分量，是否具有足够的能力来为他工作。如果有些员工对他做成了一笔生意十分满意时，麦科马克会称赞他做得不错，但他还会说："国外的代理权给谁拿去了"或"我们为什么不那样做呢"，使他不至于太得意，过于自信或过于自满。

当然有时候也需要用相反的办法。必须提高下属的自信心，例如拍拍他的肩膀表示鼓励，帮助他看到前途。

大卫和德勒是好朋友，有一次他们一起到剧院观看预演。大卫动不动就发脾气，说话的语气全用命令式，而德勒则作风完全相反，他始终在称赞演员较为精彩的一面。剧本是德勒的作品，因而去的时候两人都怀着满心的欢喜。不料一看预演，发现已是到了正式上演的前一天，主角仍没把台词背熟。大卫不禁勃然大怒："你们到底干什么去了，这样怎么能上演！"

在大卫的责骂下，主角抓紧时间拼命背台词，但到了第二天上演，仍然显得有点结结巴巴。

第一幕结束后，德勒来到后台，用双臂使劲地拥住对方说："演得不错，相当成功，说话语气也很恰当……"

听了这些话，那位演员精神倍增，信心完全恢复。在以后的几幕中，台词都流利地背诵了出来，演技也发挥得淋漓尽致，台下掌声雷动。

加油和泼冷水都是促进优秀人才成长的博弈方法，如将二者综合运用，更能够起到单纯的加油和泼冷水所难以达到的效果。尊重人才的自尊，从正反两方面鼓励他们，让他们觉得自己的重要性，并在他们表现良好时给予奖励，这些都是很重要的。这种表扬最好是公开的、直接的。

不过你虽然不吝于夸奖下级，却绝不能让他们陶醉在荣誉里；也绝不可让他们觉得只要这一次表现得很好，就可以不必在乎以后的工作成绩。有时候你可以指出下级的一个小缺点，泼点冷水，要求他们达到更高的水平，借此鼓励他们更上一层楼。

激发下属迈向共同理想

一个企业领导者的梦想不管如何伟大，假如没有下属的认同与支持，梦想依然只是梦想。领导者要赢得下属的拥戴就要认同下属的感受，找出他们的渴望，引导下属奔向共同理想。一位知名的企业家曾经说过："假如说领导者需要具备什么特殊天赋的话，那就是感受他人目的的能力。领导者只有凭借了解下属、倾听他们、读懂他们、采纳他们的建议，才能够说得出下属的感觉，能够站在他们面前，信心十足地说：'这就是我所听到的你的愿望，这就是你的需求与抱负，只要你跟着我朝着正确方向走，这一切就都能在我们共同目标的实施中获得实现。'"

多少年来，不论刮风下雨，不论严寒酷暑，每个星期六的早晨 7 :30，当多数美国人还在梦乡时，在沃尔玛总部，500 多名沃尔玛高层管理人员，有的还带着孩子家人，穿着牛仔裤便装，来到并不豪华的沃尔玛会议大厅，参加企业的周末聚会。在"以人为本"的横幅下，500 多人为着共有的目的，振臂高呼"沃尔玛"。他们相信沃尔玛精神，为沃尔玛努力工作，不断创造着沃尔玛奇迹。

沃尔玛所谓的以人为本，包含着多层内容。首先是对企业员工的重视和信任。沃尔玛的响亮口号之一是：零售企业大同小异，所不同的是沃尔玛的员工。尽管沃尔玛雇员成千上万，遍布世界各地，企业也造就了多位亿万富翁，但时至今日，企业内各级员工间的关系仍犹如兄弟姐妹。雇员大多都被称为"合伙人"，因为他们几乎都拥有公司的股份，年底根据股份分红，既是雇员，又是雇主。这一制度从最早的老板山姆·沃尔顿开店时就开始实施，他当年采取的与众不同的措施是：同雇员利润共享，把供应商融入沃尔玛。

同雇员利润共享不但体现在共同拥有股份方面，还体现在对企业的管理权和决定权上。沃尔玛分店的部门经理如果看到同样的商品在其他地方价格更便宜，有权立即把自己管辖内的商品价格也降到同样水平甚至更低。更重要的是，部门经理可随时在内部互联网上看到相关商品的同步销售情况，并和过去的数据比较，从而使这些部门经理有权像经营一个独立的专门商店一样随时调整订货，因此大大提高了效率，适应了市场的需要。沃尔玛的库存流量速度是美国零售业平均速度的两倍。

沃尔玛的成功在于其领导者能够深入了解下属的渴望，发掘出企业和员工的共有目的。下放给部门经理管理权和决定权，称大多数员工为"合伙人"以及同雇员利润共享等形式极大地调动了沃尔玛全体员工的积极性。沃尔玛的领导者能够确实感受到他们的员工想要什么、看重什么以及梦想的是什么。然而，对别人的敏感可不是一项普通的技巧，相反，它是领导者的一种相当可贵的能力。它要求领导者能了解、接纳、感受别人，并且愿意倾听他人的心声。

研究表明，比较完美的领导者能善用人类对满足的向往，使得每个人都能了解在创造的过程中自己所扮演的角色，并让他们知道哪里有鱼、到哪里去钓鱼、怎样才能钓到鱼。当领导者清楚地勾画出一个公司共有的远景时，也就使那些要实现它的人变得更为勤奋。换言之，有助于振奋人们的精神。

著名管理咨询专家彼得·德鲁克说过："一个成功的企业领导者对领导艺术往往有更新更深的领悟。在他们那里，领导才能就是影响力。真正的领导者是能够影响别人，使别人追随自己的人。他能使别人参加进来，跟他一起干。他还能鼓舞周围的人协助他朝着他的理想和目标迈进。"

在现实生活中，人们确实想有所奉献，只要有共同的理由、召唤、任务、目的、展望或远景使他们结合一起，他们就能完成非比寻常的伟业。正如彼得·圣吉在《第五项修炼》书中所说的："这是人们心中的一股力量，一股不容忽视的力量……几乎没有任何力量，会像共同的远景如此锐不可当。"下属们更愿意追随"能做事"的领导者，而不是那些总是辩解事情为什么不能做的人。优秀的管理者总是能赋予团队以理想，并以此激发团队获得成功。

最好的管理策略是身教

富有领袖气质的领导者为他人树立榜样，他们乐于以衡量他人的同一标准来约束自己。富有领袖气质的领导者身先士卒，他们实实在在地说到做到。

以色列陆军对带头指挥抱着特别认真的态度，在作战时，指挥官都在最前面。以色列军队告诉它的军官说："假若你是军官，这就是你付出的代价，你必须走在最前面。"以色列人在战场上就真的这样做。每次和邻国作战时，他们都实践这项理论。尽管军官的伤亡因此占全世界陆军的第一位，他们仍然如此做，因为他们知道领导者必须走在所有部属的前面。以色列正因为如此而拥有了一支常胜军。

领导者之所以身先士卒，是因为这样表明了自己对事业的一种坚定信念。身先士卒为领导者的尽职尽责提供了确凿的证据，它表明领导者愿意亲身实践。通过身先士卒，以身作则，并在重要事情上倾注大量的时间和精力，领导便成为人们仿效的榜样。

在第一次世界大战期间，麦克阿瑟将军下属的一位指挥官米诺赫尔将军说："我怕总有一天我们会失去他，因为在战况最危急的时候，士兵们会发现他就在他们身边。在每次前进的时候，他总是带着军帽，手拿着马鞭，和先头部队在一起。他是激励士气的最大资源，他这个师都忠于他。"这就难怪只有 38 岁，麦克阿瑟就升到准将。麦克阿瑟的精神是富有领袖气质的领导人的楷模。

榜样能给人巨大的影响，富有领袖气质的领导人都明白这个道理。美国前副总统林伯特·汉弗莱说："我们不应该一个人前进，而要吸引别人跟我们一起前进。这个试验人人都必须做。"这就是说，以身作则可以成为富有领袖气质的领导者的一股强大的力量。与你并肩前进的人总是比跟在你后面走的人更努力，也走得更远。

春秋时期，齐、晋两国陈兵于谷。战争开始时，齐军势强，齐侯扬言要等消灭了晋军以后再回来吃早饭。相比之下，处于劣势的晋国军队的将领们（军队领导）认识到一旦主将退却，战争的失败是必然的。于是众将不顾受伤严重，互相勉励，同仇敌忾。

郤克被箭所伤，鲜血直流到战靴，在这种情况下，他奋力擂战鼓不停。郤克被箭伤及肘部，鲜血染红了战车的车轮，他却忍受着极大的疼痛坚持着。郑丘缓坚决地表示一旦有危险，要推着战车往前冲，将领们就是这样以准备去牺牲的精神，在战斗中奋勇搏击，激励了全军的将士，使晋军最终取得了彻底胜利。最后，晋军兴高采烈地围绕着华柱山奔跑了三圈以祝贺胜利。

诺贝尔和平奖获得者阿尔伯特·施韦泽说："在工作中榜样并不是什么主要的事情，但那却是唯一的事情。"富有领袖气质的领导人认为，伟大的梦想并非单靠一位领导人就能独立实现的。"领导"是群策群力的共同努力。领导楷模会赢得同仁们的全力支持与协助。

使能臣处于掌控之中

作为一个管理者，应该让下属对自己有所畏惧，因为这样能够使他们服从管理。有些自恃有一定专长，或自恃短期内很难找人替代的员工，往往难以管束，视企业规章如无物。对于这种员工，管理者一定要实施严格管理，让其知过而改。

作为企业的管理者，也许每个人都希望拥有孙悟空那样的员工，因为他能为你披荆斩棘，让你的事业在激烈的市场竞争中始终技胜一筹。然而，如果孙悟空真的在你身边，你又不得不忧虑，因为他桀骜不驯，很难与其他员工和谐相处，又过于情绪化，偶尔再踢翻个炼丹炉，弄出一座火焰山，倒成了你前进的阻碍。

像孙悟空这样同时具有惊人创造力与惊人破坏力的员工，既然舍不得他，那么该如何降伏他，让他乖乖听话呢？这个时候，对他进行适时的威慑，让他产生一些畏惧感，不失为一个好方法。

北京某名牌高校计算机专业毕业的林申苏具有非常强的专业技能，当初某知名IT公司也是看中了他的专业和才华而把他强力争取过来的。但是林申苏为人一向清高桀骜，自恃有着高于常人的才华，来到公司不久，就处处与自己的部门经理对着干。公司发现这种情况后，决定采取措施。恰好这时接到一个单子，要为某公司开发一套系统集成软件。这是一项非常艰巨的任务，因为涉及业务上的一个难题。当时公司就决定让林申苏作为核心成员来负责这个项目，部门经理帮他做一些相关的沟通和协调工作。

工作开始进行时，林申苏处处不把部门经理放在眼里，不仅不与他好好配合，还处处刁难。公司鉴于这种情况，决定给予林申苏一次严厉的警告，并把他从核心成员的位置上撤了下来，让该项目组的另一位成员来负责。至于林申苏呢，只能做一些辅助性的工作，并且必须严格服从项目负责人和部门经理的工作要求。

对此，林申苏非常不服，但又不想离开工作条件如此完善的公司，只能默默地听从公司的安排，气焰也随之消减了许多。部门经理把这一切都看在了眼里，主动约林申苏进行沟通。经过与部门经理的一番沟通，林申苏才意识到了自己的不对。公司人才济济，绝对不缺少自己一个人才，之所以不把自己辞掉，是念及自己的才华。想到这里，林申苏有些后怕，幸亏公司只是给自己一个处罚而没有将自己辞掉，否则，就失去了一个难得的发展平台。

经过这次事件后，林申苏的工作态度开始谨慎、谦和起来，工作业绩也得到了很快的提升，不久后就开始独立负责公司的重要项目，为公司的发展做出了许多成绩。

每个管理者都希望手下有几个能干的下属，可以放心地把工作交给他们。但是总有一些有业绩、有能力的干将，自恃学历高、工作能力强，在管理者面前狂傲不羁，不遵守企业制度和纪律，甚至在公开场合顶撞管理者，戏谑其他同事。这些员工对企业的管理工作造成了很大的负面影响。

如何才能管理好桀骜不驯的能人，是每位管理者很费脑筋的问题。管理者太柔，则员工易骄，难以控制；管理者太强硬，则员工易怨，凝聚力不足。这个时候管理者可以借鉴刘邦治萧何的方法，不时地给他们一些下马威，让他们从心里对你产生一丝畏惧感，这样就可以让他们收敛一下。只有恩威并施，方能御人于股掌之中。

发挥人本管理的魅力

人本管理思想，是一种以人为中心的人力资源管理思想，它把人作为企业最重要的资源，以人的能力、特长、兴趣、心理状况等综合情况来科学地安排最合适的工作，并且在工作中充分地考虑到员工的成长和价值，使用科学的管理方法，通过全面的人力资源开发计划和企业文化建设，使员工能够在工作中充分地调动和发挥人的积极性、主动性和创造性，从而提高工作效率，增加工作业绩，为达成企业发展目标做出最大的贡献。

松下幸之助有一句广为人知的口号："在出产品之前出人才。"早在二战前，松下就曾对见习员工的培养发了专门通告，在竞争激烈时，松下更不忘发出"关于员工教育个人须知"的通告，把培养员工真正作为企业的一项任务。松下公司的用人原则是，量才录用，人尽其才，对可以信赖的人，哪怕他资历很浅，经验不足，也会把其安排到重要岗位上，让他在生产实践中得到完善。公司还常对一些有潜质的员工委以看似不能胜任的重任，用压力和紧迫感加速他们成才。

被誉为"日本重建大王"的坪内寿夫，在用人上可谓别具一格。

他从不轻易授权，一旦委任，则全权交付，使其能发挥最大能量。他将员工素质分为上、中、下，其构成比率为3∶4∶3，而教育的重点就放在最下等的三成。坪内寿夫从不放弃任何员工，而是教育他们、重视他们，鼓励他们发挥所能，他相信只要肯做，任何一个人都可以做到自己认为根本办不到的事，这也就是要先建立信心。或许教育这些素质偏差的员工要花费很多时间，但这种时间的运用并不是浪费，而是造就许多人更健全的人生观。

只有所有员工都把自己当作企业的主人，这个企业才会焕发生机和活力，才有希望在竞争中取胜。正是从这一思想出发，在对待企业与员工的关系上，沃尔玛提出独到的观点——"员工是企业的合伙人"。沃尔认为，管理者与员工的关系是真正意义上的伙伴关系，这是沃尔玛能够在竞争中获胜，取得丰硕成果的重要原因。

以下是人本管理的几个层次：

1. 注重情感沟通

在该层次中，管理者与员工不再是单纯的命令发布者和命令实施者的关系，他们有了除工作命令之外的其他沟通。这种沟通主要是情感上的沟通，比如管理者会了解员工对工作的一些真实想法，或员工在生活上和个人发展上的一些其他需求。在这个阶段员工还没有就工作中的问题与管理者进行决策沟通，但它将为决策沟通打下基础。它是人本管理的最低层次，也是提升到其他层次的基础。

2. 支持员工参与

在这一层次中，员工已经开始参与到工作目标的决策中来。管理者会与员工一起来讨论员工的工作计划和工作目标，认真听取员工对工作的看法，积极采纳员工提出的合理化建议。员工参与管理会使工作计划和目标更加趋于合理，并增强了员工工作的积极性，从而使工作效率有所提高。

3. 员工自主管理

随着员工参与管理的水平越来越高，对业务娴熟的员工或知识型员工可以实行员工自主管理。管理者只需指出企业整体或部门的工作目标，让每位员工拿出自己的工作计划和工作目标，经大家讨论通过后，就可以实施。由于员工在自己的工作范围内有较大的决策权，所以员工的工作主动性会很强，并且能够承担相应的工作责任。每位员工的工作能力都会得到较大的锻炼，综合能力较高、创造力较强的员工，在这个阶段会脱颖而出，成为独当一面的业务骨干。

4. 人才开发管理

为了更进一步提高员工的工作能力，企业要有针对性地进行一些人力资源开发工作。员工通过在工作中、交流中学习和在业务培训中不断提高工作能力。为了加强效果，管理者还可以聘请一些专家，进行有针对性的培训。

人本管理满足了员工自我实现的欲望，使员工的个性得以张扬、劳资得以平等，真正地做到畅所欲言。人总是喜欢在自主自由的环境中工作，人本管理使员工的工作激情极大地被调动起来，并且创意和灵感层出不穷，工作效率不断提高。因此，如果管理者想在用人方面做到人尽其才，最好的办法就是实行人本管理，促进员工的成长，更好地发挥员工的能力。

执行管理职能的 5 项原则

管理是一项艺术。管理者要想实现高效管理，首要工作就是提升自己的管理能力，这是实施管理的前提和基础。管理者在执行管理职能时有 5 项需要遵守的原则：

1. 愿景比管控更重要

一些人错误地认为，企业管理者的工作就是将 100％的精力放在对企业组织结构、运营和人员的管理和控制上。这种依赖于自上而下的指挥、组织和监管的模式虽然可以在某些时候起到一定效果，但它会极大地限制员工和企业的创造力，并容易使企业丧失前进的目标，使员工对企业未来的认同感大大降低。

相比之下，为企业制定一个明确的、振奋人心的、可实现的愿景，对于一家企业的长远发展来说，其重要性更为显著。处于成长和发展阶段的小企业可能会将更多精力放在求生存、抓运营等方面，但即便如此，管理者也不能轻视愿景对于凝聚人心和指引方向的重要性；对于已经发展、壮大的成功企业而言，是否拥有一个美好的愿景，就成为了该企业能否从优秀迈向卓越的重中之重。

2. 信念比指标更重要

每一个企业的领导者都应当把坚持正确的信念、恪守以诚信为本的价值观放在所有工作的第一位，不能只片面地追求某些数字上的指标或成绩，或一切决策都从短期利益出发，而放弃了最基本的企业行为准则。相比之下，正确的信念可以带给企业可持续发展的机会；反之，如果把全部精力放在追求短期指标上，虽然有机会获得一时的成绩，却可能导致企业发展方向的偏差，使企业很快丧失继续发展的动力。

3. 团队比个人更重要

好的管理者善于根据公司目标的优先级顺序决定自己和自己部门的工作目标以及目标的优先级。团队利益高于个人利益。作为管理者，还应该勇于做出一些有利于公司整体利益的抉择，就算对自己的部门甚至对自己来说是一种损失。当公司利益和部门利益或个人利益发生矛盾的时候，管理者要有勇气做出有利于公司利益的决定，而不能患得患失。如果你的决定是正确、负责任的，你就一定会得到公司员工和领导者的赞许。

4. 授权比命令更重要

当前的管理趋势是越来越主张给员工更多的空间，只有这样才能更加充分地调动员工的积极性，最大程度释放他们的潜力。

5. 平等比权威更重要

在企业管理的过程中，尽管分工不同，但管理者和员工应该处于平等的地位，只有这样才能营造出积极向上、同心协力的工作氛围。

平等的第一个要求是重视和鼓励员工的参与，与员工共同制定团队的工作目标。这里所说的共同制定目标是指，在制定目标的过程中，让员工尽量多地参与进来，允许他们提出不同的意见和建议，但最终仍然由管理者作出选择和决定。

平等的第二个要求是管理者要真心地聆听员工的意见。作为管理者，不要认为自己高人一等，事事都认为自己是对的，应该平等地听取员工的想法和意见。在复杂情况面前，管理者要在综合权衡的基础上果断地做出正确的决定。

/第2章/

树立权威的绝招

利用业绩建立威信

如果一个领导者懦弱无能，那么，无论他怎样努力也是不可能拥有权威的。领导者要想在组织中占有一席之地，进而树立自己的权威，就必须有所作为。当然，有所为并不是指领导者成为团队的个人英雄，更不是指领导者自己唱独角戏，而是说领导者应该充分发挥自己的领导能力，身体力行地做出榜样，并以此真正为群体服务，做出业绩。

某公司经理上任伊始，一改前任领导人做事拖泥带水的风格，决心整顿公司内部的陈务，并且制定出相应的对策，首先自己带头遵守公司的新规章，但效果并不理想，经过了解，才知公司员工对他有一种观察态度，不太信任他的能力和专业水平。鉴于此，该经理决定亲临第一线，与销售人员一道奋战。一个月后，公司业务量大增，效益也大为改观，员工内部赞叹声一片，从此，大家也以该经理为榜样，勇于承担责任，积极主动干活，公司发展前景光明。

对于身处顺境中的领导者来说，一般是比较容易做出一番业绩来的。但是，如果身处逆境的话，许多领导者可能会被环境所左右，难以有所作为了。更有甚者，往往被环境所同化，很可能从此一蹶不振。殊不知，越是身在逆境，或者是面临危机的时候，越是领导者大有作为、树立权威的最佳机会。英国的社会心理学家布朗曾以旧式的机械与新式的机械为比喻，来说明无能的领导与卓越的领导之间的差别。

老式的机械一旦启动，就会一直以机械性的正确度不断地运转，不管有没有做工，它都无法依自我意志停止，除非是人把它关掉，或是停电。相反，新式的机械由于装有自动控制装置，所以它可以掌握环境中传来的各种信息，实行领导功能，根据具体情况采取正确的操作。

无能的领导者就如同旧式的机械一样，根本无法接受外来的信息，所以，这种领导者只有在组织的目的一致、运作顺畅时，才能产生领导作用。然而，卓越的领导者首先会让自己适应所在的环境，然后根据具体情况，想办法改变整个环境。在现代信息社会中，一个领导者应像新机械一样，能根据外在环境的变化，调整自身，从而促进环境的改变。这种做法，实际上是领导者有效树立权威的一个行之有效的途径。

卓越的领导者应该严格要求自己，多吃一点苦，为下属多负担一点工作，做出一些举措来给大家看，只要用自己的行动干出实绩，下属自然会心服口服。俗话说，群众的眼睛是雪亮的。下属最讨厌的就是光说不练，只要管理者注意从实际业绩方面多做一些，给下属做个榜样，权威自然会有。唯有如此，才能更加充分地发挥自己的领导才能，统率下属奋力前进，成为一个"运筹帷幄，决胜千里"的杰出领导者，从而在下属中享有崇高的领导威望。

通过情感建立威信

在企业管理中，感情是必不可少的因素。感情是相互间建立良好关系的润滑剂。聪明的管理者，都十分注重感情投资。对于感情投资，必须有一个正确的认识。应该是自觉地、一贯地，不能只做表面文章，保持三分钟热度。以情动人贵在真诚持久。"路遥知马力，日久见人心"，感情投资需要较长的时间才能结出果实，因为人与人之间的理解与信赖需要一个过程。感情投资不讲究一日之功。如果管理者能长期注重感情投资，对管理将会大有裨益。

人是感情动物，赢得人心就能赢得追随。感情作为联系人际关系不可缺少的纽带，存在于管理者与下属之间，这种感情是互相影响的。想得到下属的理解、尊重、信任和支持，首先应懂得怎样理解、信任、关心和爱护他们。有投入才会有产出，有耕耘才会有收获，不行春风，哪得春雨？所以，作为一名管理者，一定要高度重视对下属以心换心、以情动情。

与下属以心换心、以情动情之所以必要，是因为人人都有这种需要。马斯洛的"需求层次说"认为，凡是人都希望别人尊敬和重视自己，关心体贴自己，理解信任自己。这种需要，是属于心理上和精神上的，是比生理和物质上的更高级的需要。物质只能给人以饱暖，精神才能给人以力量。"士为知己者死"，如果管理者能够对下属平等相待，以诚相见，感情相通，心心相印，从思想上理解他们，从生活上关心和爱护他们，在工作上信任支持他们，使他们的精神得到满足，他们就会焕发出高昂的热情，奉献出无私的力量，就会把工作做得更好。

在1960年的时候，京都制陶的工人还只是拿工资。他们与京陶十几个创业的干部不同，创业者在公司人人都有股份，可以参与公司的分红，而他们则是纯粹的打工仔。但是，在工作负荷上，稻盛和夫按小兄弟的拼命精神来要求他们，总是让他们拼命工作到深夜，稍有迟滞或失败，稻盛就毫不留情地责骂。久而久之，工人们怨声载道，日积月累的不满情绪终于发展成抗争，11名员工突然向稻盛递抗议书，并向公司提出减时、加薪、增发奖金等要求，否则将集体辞职。

这时，稻盛和夫有两种选择：一是先答应加薪要求，留下骨干，再各个击破；一是让他们走人，但公司会因此受到极大的伤害。在这种情况下，稻盛和夫没有乱方寸，他对大家说：要公司保证你们将来的薪水，我不能打保票。在录用你们时，我曾经说过，公司刚刚成立，让我们共同努力。今后公司的前景如何我也没有把握，拿不清楚的东西向你们保证，那是骗人的。但是，他又接着说：虽然不能保证，但以后我一定会为大家的利益尽力而为。

稻盛和夫的说服工作一直进行了三天三夜，他没有空许愿，而是讲道理，终于使得大多数员工回心转意了，但还有一个人坚持，说大丈夫一言既出，驷马难追，说过辞职就不能反悔。稻盛和夫说：我要是骗你的话你拿匕首来刺我好了，我已经做好了剖腹的准备，想要和我决斗也可以。老板的话，落地有声，终于感动了员工，他们纷纷收回了自己的辞呈。

通过这次事件，稻盛和夫悟出了企业和企业家的真谛。以前自己忽视了员工，把员工当成了生产产品的工具和机器。正确的观念应是，当自己招进一个员工时，就意味着承担了他甚至他家人一生的经济保障和身心幸福。经过了这样的反思之后，稻盛和夫把京都制陶公司的经营理念确定为：在追求全体员工物质和身心两方面都幸福的同时，为人类的发展做出贡献。因此，稻盛和夫建立了自己的经营哲学：心灵经营。

何谓"心灵经营"？稻盛和夫解释："是'以心为本'的经营。换句话说，我的经营就是围绕着'怎样在企业内去建立一种牢固的、相互信任的人与人之间的关系'这么一个中心点进行的。"作为心灵经营的直接实践者，稻盛和夫开展了企业内部的联谊活动。活动以聚餐会形式每年举办2～4次，有重大庆贺项目时另有增加。联谊会上，领导与员工相互斟酒，互诉心声。每次，稻盛和夫总是持杯走到大家中间，向大家询问工作情况、存在的问题，并坦诚地说出自己的看法，努力找到解决问题的方法。同时，联谊会也可以谈家事、谈人生。员工在平等和友爱的氛围中得到关怀和感化，并化解某些矛盾。

心灵经营的关键是如何对待员工。稻盛和夫把全体员工视为同志和合作伙伴，让所有的员工都分到了京陶股份。曾经有两次，他把自己所得的上亿日元的股票，无偿赠送给某些持股少的工人。员工们非常感动，他们发自内心将公司当作家，京都制陶因此而获得巨大的凝聚力。

注重对情感的经营，以情感树立权威，在中国历史上并不鲜见。许多古代政治家都善于以心换心、以情动情。刘邦的"信而爱人"，唐太宗的"以诚信天下"，都是颇为动人的领导行为。每个人都需要别人特别是管理者的同情、尊重、理解和信任。如果管理者能够注意这一点，并身体力行，那么组织就会出现和谐、融洽的气氛，内耗就会减少，凝聚力和向心力就会大大增强。中国民谚里关于以心换心、以情动情的话比比皆是，"投之以桃，报之以李"、"你敬我一尺，我敬你一丈"，等等。管理者如若注重感情投资，必将赢得员工的诚挚信服。

热爱成功就能享有威望

对于管理者而言，如果希望成为真正的领导者，就应集中精力去追求成功，不管时间长短、规模大小，都要竭尽全力去争取追随者。当需要用行动去争取追随者时，就要采取主动，在需要的时候去开创活动范围，使其他人像自愿的追随者那样，共享领导能力。

成功可以改变追随者对领导者的认识，使他们看到领导者的才能、力量、意志和韧性，从而使领导者的威望和领袖气质大大增强。

1942 年 8 月，蒙哥马利受命前往开罗，接任英国北非集团军第 8 集团军司令。当时，英国军队在北非战场上被"沙漠之狐"隆美尔打得节节败退，人员伤亡较大，士气不振。

为了使全体官兵恢复对高级指挥官的信心，使部队以高昂的士气投入未来的严峻战斗，蒙哥马利决定在英军发动攻势以前，按自己的想法打一次仗，而且必须战果辉煌。他准确地判断隆美尔一定会发动进攻，并从情报中预测出敌人的进攻方向。他以这个预测为基础制定了作战计划，为非洲军团设置了一个陷阱，最终使隆美尔的进攻只落得个搬起石头砸自己脚的结局。此战的胜利，使第 8 集团军的士气得到提高，消除了疑虑不安的情绪，官兵的信心也与日俱增。

这次成功极大地提高蒙哥马利在第 8 集团军中的威望，以此为起点，蒙哥马利率第 8 集团军在北非战场取得辉煌成就，并最终赢得胜利。

可以说，成功是充分展示领袖气质的舞台。领导者应全力以赴，力求取得不断的成功。这需要一种求胜意识。任何事业都需要一种求胜意识，领导艺术也是如此。蒙哥马利如果时时想着名声与生命安危，而不是军人的责任，那他也会像他的前任那样，撤退、撤退、再撤退，而不敢与凶悍的隆美尔交手。事实是，他将一切置之度外，专注于事件，将自己的能力发挥得淋漓尽致，才激活了整个部队的潜在能力，终于尝到了胜利的果实。

如果以为领袖气质只能通过特殊的决定生死存亡的伟大成就来体现，那就大错特错了。持这种观点的人，恐怕会时时有"英雄无用武之地"的感慨。事实上，不论成就大小，都能导致领袖气质的产生。在一个群体中，谁能最终赢得领导地位，关键看谁捕捉机会（事件）的能力更强。偶然在某次成功中有所表现，只能赢得暂时的追随者，这种领导与追随者的关系将因事件的中断而中断。如果一个领导者获得一系列成功，其非权力领导力就能得到延续，使追随者们在相当长的一段时间内，始终保持着对他的忠诚，并在各种不同的情形下始终支持他。因此，领导者应该热爱成功、忠于事业，这样才能享有威望。

适当地端起自己的架子

提起上司、领导，多数人的感觉是"架子大"、"官气十足"。而且人们总是习惯用"架子大"来形容某些管理者脱离群众，目中无人。但是，"架子"绝不仅仅是一个消极、负面的东西，而有着它积极而微妙的意义，成为许多管理者管理下属的一种十分有效的方法。

某公司的部门经理借用公司的车去参加一次会议。他在开会的时候，停在外面的车因阻碍交通遭警察扣留，这位经理吓呆了，因为他知道车第二天还要用，这时只有行政部领导有权签发取回车子所需的罚款。

行政部领导原本只要立即签一张小小的现金收据就行了，但他想借此机会显示他的权威，让秘书假称他正在开一个重要的会议，不便受到打扰。那位部门经理别无选择，只得等待。所谓的"会议"结束了，行政部领导并没有马上办理，而是质问了部门经理半天才同意签字。这次权威的使用使部门经理的态度发生了变化，经理不再像从前那么盛气凌人了。

这则故事的寓意是：当他们需要你的时候，他们已别无选择。任何你有权说"是"或"不是"的机会都是你展示权威的时机，这时，你不妨摆摆架子，借此树立起自己的权威。"架子"是有正面意义的，它其实可以理解为一种"距离感"。许多上司正是通过有意识地保持与下属的距离，使下属认识到权力等级的存在，感受到上司的支配力和权威。而这种权威对于上司巩固自己的地位、推行自己的政策和主张是绝对必需的。

实践证明，如果管理者过分随和，不注意树立对下属的权威，下属很可能就会因为轻慢管理者的权威而怠惰、拖延甚至是故意进行破坏。所以，管理者通过"架子"来显示自己的权力，进而有效地行使权力是无可非议的，对于管理者很好地履行职责也是十分必要的。

领导通过"端架子"，可以使自己显得比较神秘。因为领导处于各种利益、各种矛盾的焦点上，若想实现自己的目的，就必须适时掩藏自己。如果下属很容易就揣摸到管理者的心理，他就很可能利用此来达到自己的某种目的，从而危及或破坏管理者管理意图的实现。而不暴露自己的最好办法，莫过于增加与下属的距离，减少接触，使自己保持一种神秘莫测的状态。

许多管理者最头痛的便是事无巨细都要亲自处理，而随和的言行会使下属产生一种错觉：这个上司好说话，是不是让他解决一下我的问题……这样，势必会使许多下属抱着侥幸的心理来请求上司的亲自批示，而一旦不能满足又会心生怨恨。因此，用这种轻易不可接近的"架子"可以避免细小琐事的烦扰，把更多的脑力用于谋划大事上。

在言语中端点架子也是树立权威的一种方法。不露痕迹地击败对方的一个好方法是装作对对方的要求无能为力，这种阻碍性的无能为力亦可造成一种"有权力"的印象。

"我无权去……"、"这样做对我来说是不负责任的"、"我觉得这样做不恰当"，这三句话分别给人以权威、负责任和正派的印象，进一步说，这样的说法也不大可能受到挑战。

但需要提醒的是，管理者大可不必用充满敌意的态度说明自己的原则，应该表现出自己的遗憾，必要时甚至可以辅之以同情的泪水。下面几句话既可以表现同情，又不失办事原则："就我个人而言，我很同情你，但你是知道那些规定的……"；"我真希望我能帮你……"；"我已绞尽脑汁，可是实在是无计可施……"；"你也知道这方面的规定非常严……"；"很不巧，我们没有这方面的规定……"；"真不好意思，我办不到……"。

这些语言技巧的优点在于对所有的人都适用，即使是最低级的管理者也可以给对方留下一个有权力的印象。有权力意识的人最终会建立起自己的权威。

只有树立权威，才能达到控制下属的目的，因为有权威才会有敬畏和服从。

适度使用管理"强制力"

强制力的使用是在平日下达命令和遭遇突发事件时领导不得不使用的手段，它的优点在于能够快速实施计划，无须和权力对象有过多纠缠。然而，这也杜绝了下属进谏之道，因此而适时适地而用，才不至落得"独断专行"的骂名，何况，强制会激起反抗，过分的压制也会适得其反，超过一定限度，仇视就转变为无动于衷的冷漠，甚至会转向其他同伴，尤其是那些经济地位低下和受孤立者。因此，把握"度"在强制力的使用中是十分关键的，但是一旦决定要使用铁腕解决某事，就必须做到以下几点：

1. 不轻易妥协

始终坚持下去，即使对方开始变弱时也不能放松，否则对方会对你的不安加以利用，使强制措施功亏一篑。不过，胜利在望时一方面要继续施压，但另一方面也别忘给对方安排一条后路。

2. 不迁就多数

永远站在真理一边，以组织的利益为最高准则，因为历史上"多数人的暴政"也时有所见，有些心怀叵测的人很会蒙骗群众，以"多数"作后盾而提出无理要求，这样的"多数"就无须服从。在这种情况下，管理者可能会显得孤立，但这并不可怕，这种孤立必定是暂时的。尤其是处于改革转型期的领导，因需颁布一系列的规章确实会伤害到部分员工的既得利益，势必会受到孤立，就如韦尔奇被冠以"中子弹"的称号一样。但是，随着绩效的增长，这样的误解必然会慢慢消除。

3. 号令如山，令行禁止，不容拖沓

首先，领导要明确下达命令，让下属知道该做什么，该怎么做，以免日后工作出问题时互相推卸责任，这就需要做到"5W＋H＋L"七明确。它包括的内容为Why、Who、When、Where、What、How、Love，前6个自不必说，时间、地点、人物等务必要讲解清楚，而最后一个则要求领导能委婉地下达命令，比如"请……"、"希望……"等，这样要求的具体性也因人而异：遇到一些能干又可靠的下属，只需要告诉他们两个W就可以了。若说得过于详细，就会有损他的自主性。有时候3个W加一个L最好，有时则需要你全盘说出来，比如给陌生下属下达命令，由于还不了解，最好就要多用点，以避免出差错。

其次，在命令发出后要求员工无条件服从。所谓"君子一言，驷马难追；王者发令，重于泰山"。即因为组织是一个环环相扣的命令系统，任何一环缓慢或懈怠都将成为达成目标的障碍。相反，如果能充分发挥命令系统的机能，则在效率、操作上都可胜人一筹，即使员工有什么修正意见，也须在履行任务的同时找领导私下交流。

为保证任务能够按时完成，管理者还须严格制定工作完成的期限，当然这是以体察下属力所能及的进程为前提的。这样可以防止大部分员工在开始时满腔热情，中途就三天打鱼两天晒网，最后为赶任务而"临时抱佛脚"的无规律工作运程，保证工作的效果。

最后，要提醒管理者的是，在面临不同风格、不同行事方式的下属送上来的议案时，一定要有所抉择和倾向，若以优柔寡断的态度让其各自为政，只会影响组织的凝聚力和运作，也使下属认为这是庸碌无为的"老好人"，而非民主，其实在这时候，上司更应该站在中立的立场去作判断。抛开私情和同情，冷静地思考，再作出明确的结论。虽然作出决定后，还是会有一些问题发生。但如果因此而犹豫不决的话，问题一定会更大。因此，要有拍板决策，敢于说"不"的勇气。

当然，以上的施行是强制性的，它的保证力在于惩罚的严明公正。李光耀之所以能有如此大的魄力、威信，正在于他一直实行的原则——"让人感到敬畏而非喜爱"，以强硬的管理风格使得令行禁止，这样他才可能力排众议于弹丸之地修建了国际性的大机场，一跃而成为欧亚枢纽，使新加坡有了"亚洲四小龙"的地位。他认为，适度使用强制力对于推进事情的进展大有裨益。管理者应该学习他这一点：在严明公正的基础上，适度强权，保证威严。

减少下属对控制的抵抗

大多数人都不喜欢被控制。他们不喜欢别人告诉他们该如何做，当面临特殊的要求时他们会感到很难受。很少有人喜欢受批评或被纠正，然而批评或纠正都是控制中常发生的事情。当纠正意味着惩罚或解雇时，控制措施就显得非常苛刻。因此，领导者对控制的看法应该现实一些，有些控制措施对员工会产生消极的影响。领导者可采取措施，减少部属对控制的抵抗情绪。

1. 强调对部属实施控制的价值

留有余地的标准能够告知部属，他们的工作做得好还是不好。标准可把领导的干涉降到最低程度，并且只要符合标准就允许对工作方法进行选择。

2. 避免武断的或惩罚性的标准

部属们喜欢那些根据以往的记录确定的标准。"我们的记录显示一天完成 150 个是多数人都能实现的标准。"建立在分析尤其是时间研究基础上的标准更受欢迎。"让我们把这项工作定为一小时或两小时，以确保标准的合情合理"与"我们不得不把生产效率定在下一天 175 个标准上"进行比较，哪一个更容易让人接受，结果不言自明。

3. 控制标准要具体

要尽可能用数字表示。要避免类似的解释："提高质量"、"增加出勤率"。相反，要把具体目标数字化，如在以后的 6 个月中缺勤"不得超过两天"或者"把浪费的比例从 7％降到 3％"。

4. 目标的作用是为了改进而不是惩罚

利用未达标准的事例来帮助部属们搞清如何改进工作。"上个月你的产量又低于标准，我们应该从头开始寻找一个影响你达标的原因，也许是我没有把具体的操作方法向你讲清楚。"

5. 对不符合目标要求的要惩罚明确

多数接受积极的鼓励，但有的并非如此。然而，所有的部属，不论是好的还是不好的，都想知道如果他们不按要求工作会怎样。原则是要尽量减少惩罚，但必须让所有人都清楚，标准必须达到，事先把不达标准将要受到何种处罚讲清楚。

6. 避免威胁部属

如果一个下属因未达到工艺标准要受到处罚，你要把处罚的原因和时间讲清楚。"如果 4 月 1 号前你不能把产量提高到一天 150 个，你将被处罚。"不能说："如果你不能尽快符合标准，你将自讨苦吃。"如果你要提出具体的警告，事先要搞清楚公司是否会支持你。

7. 在控制措施的运用中要坚持一致性

如果已制定了适用于几个员工的工作标准，你就应严格按标准行事，而不能说你将使人人满意。如果觉得确有个别例外情况，那你一定要把例外情况解释清楚。对做同样工作的人，标准也应该是一样的；同样，对达到或没有达到标准的人的奖励或惩罚也应该一样。

8. 加强对员工的自律教育

自律即自我约束、自我控制。企业各类人才应通过学习企业政策和法规法律以及企业管理的实践，增强法治意识，增强政治责任心和使命感，经常自我反省，自觉遵守各种社会规范和企业各种规章制度，经常约束和检点自己的行为，使自己的行为符合企业规章制度的要求。并能自觉地接受组织成员的批评和监督，自觉反思和纠正自己行为的偏差。

惩处是树立威信的有效途径

领导者上任之初，下属多持观望态度，他们或许会私下议论新上司的领导能力，或许会评价其处事作风，甚至会有个别下属一再向其挑衅示威。能否镇住局面，不被下属轻视小看，对新任领导者来说是一个严峻的考验。

惩处措施是领导者坚持原则，确立强有力的当家人形象的重要手段。对个别扰乱纪律、不服管教的害群之马，如果你采取果断措施惩处了他，那么威信很快便树立起来。如果你优柔寡断、犹豫不决，那么你的形象就会大大贬值，影响今后工作的进一步开展。

为了建立有序的组织、严明纪律，领导者可通过惩罚树立威信的管理手段及时抓住个别害群之马从严处理，从而教育多数员工遵纪守法，服从自己的指挥。惩罚的方法主要有以下几点：

（1）从严、从重惩罚第一个违纪者。对于第一个违纪者，要坚决从严从重处罚。因为第一个违纪者的影响很坏，如果不进行及时惩治，会产生"害群之马"的结果。

（2）重点惩罚性质最恶劣者。有时，违纪者是好几个，如果不分青红皂白，一律加以严惩，打击面过宽，起不到应有的作用，反而产生一定的负面影响。所以，要尽可能地缩小打击面，从若干违纪者中挑出一两个性质最严重、影响最坏的予以严惩，对于情节较轻者，给予适当的批评教育，体现恩威相济。这样，不仅能够教育多数下属，而且还能够起到警示的作用。

（3）惩处要合情合理。惩罚是无情的，但在实施惩罚的时候，领导者要做到合情合理，按照规章制度办事，不过火，不偏激，适当地为对方留有余地，才能使对方接受。这样，既保证了纪律的威严，又体现了人情味，让受罚者心服口服。

（4）处罚要刚柔相济。惩罚的目的是为了教育违纪者本人，教育广大的员工，所以在惩罚的时候，要刚柔并济，找被惩罚者谈心，进行安慰，希望改正错误，表示自己对他仍寄予很大的希望等。这样，被惩罚者既心甘情愿地接受惩罚，又对领导的关心感到羞愧，促使其立即改正错误。

（5）公示惩罚结果。为了达到教育他人的目的，对于被惩罚者的处罚结果一定要公示，让全体员工都知道。如果结果不公布，容易引起下属的猜疑，认为违纪者没有受到惩罚，从而造成恶劣的影响。

（6）组织员工学习。对于性质比较严重，又带有典型意义的违纪者，要组织全体员工进行学习讨论，从中吸取教训。活生生的现实比枯燥的说教效果要好千倍。

需要提醒的是，惩处不是目的，只是管理手段，树立权威才是目的。

权威必备的心理素质

作为成功的管理者，在下属中应有威信，可是威信从哪里来呢？威信是从管理者自身的一言一行中来的，而不是说出来的。每个管理者都想成为有威望的人，无论这个组织有多大、这个团队的级别有多高，作为管理者都想在别人的心目中树立起良好的形象，从而得到人们对他的拥戴和支持。对于新上任的管理者要想树立自己的威信，就应当具备以下几种心理素质：

1. 良好的自信心

别人看待你的眼光、对你的评价并不重要，关键是自己对自己的评价。如何看待自己所取得的成绩、怎样看待自己曾经的失败，这些都是管理者给自己定位的重要环节。人的自信心并不是突出地表现在那种咄咄逼人的气势上。这种气势并不是毫无内涵的粗声大气，而是一种坚定的眼神、一个有力的动作或一句自信的言语。

2. 认真务实的工作作风

管理者的工作态度一定要求真务实，切不可搞一些不切实际的设想和只做表面文章。如果管理者在工作节奏上雷厉风行，并保持一种严谨的工作作风，则下属也会追随管理者的节奏而尽心尽力地工作。

3. 积极向上的乐观态度

管理者也有喜、怒、哀、乐，但是，作为管理者，你的喜与悲却不可以随意表露，因为那样的话，工作就无法开展也无法进行。但是，这不是阴险狡诈和消沉没落，而是一种积极、稳定的情绪，在成功中不失冷静，失败中仍有一股热情，在任何事情面前总是采取积极的、乐观的态度。

4. 强烈的危机意识

没有危机感的人就是最大的危机。管理者必须要有如履薄冰的意识，才能居安思危、防微杜渐。把这种危机意识体现在工作的各个方面，就可以使各个方面的工作不出现纰漏，使工作都能正常进行下去。

5. 紧迫的时间意识

管理者应抓紧一切可利用的时间做自己本分的工作。要牢固树立时间和效益的关系，不能把宝贵的时间浪费在无聊的琐碎的事情上。因为，管理者这种情绪也会影响到下属，使他们也紧张起来，做起事情来效率也高。同时要注意的是，紧张的工作不等于无效率的工作，要让这种紧张变成有条不紊、高效率的劳动。

6. 强烈的求知欲和洞察事物的判断力

管理者需要不断地学习，尽可能地吸收更多的知识，运用这些知识，对身边发生的事情进行分析，并分析事情发生的来龙去脉，以便做出正确的判断和分析。

7. 勇敢面对挑战的坚强力

管理者事业上的路途总是坎坷不平的，有时会充满荆棘，有时会有背着一座大山，压得你透不过气来的感觉，此时管理者真想站在宽广的水面上大声地呼喊，发泄一下心中的郁闷和无奈。但是，回到现实，依然要勇敢地扛起担子，凭着那颗坚强的心，战胜困难，渡过难关。在你的下属面前要表现出一种英雄气概，哪怕回到家里痛哭一场，也不要让自己的那种悲观情绪来影响你在下属心目中的形象。这就是管理者！

8. 追求崇高理想的意志力

管理者需要有伟大的理想，不要忌讳"伟大"这样的词语，伟人之所以伟大，是因为他们做出了不平凡的事情，我们可以不追求伟大的称呼，但不可以不追求伟大的为人，把平凡的工作做好就是一件很不平凡的事。

善用领导身份提醒下属

"身份"是一个很奇怪的东西，看不见摸不着，但能够被真真切切地感受到。成功的领导者和员工待在同一间办公室里，即使衣着差不多，别人也能一眼看出来谁是员工，谁是领导。领导的身份不是靠权力和制度来划定的，而是日常工作中有意"经营"出来的。领导要适当表现自己的"身份"。如果不能表现出这一点，那么这个领导者就是不合格的。

懂得讲究身份才能树立权威。即使是中国古代的皇帝，具有任意的生杀予夺的权力，也时常有臣民或侍人忘记应有的礼仪和尊崇。皇帝是这样做的，通过严肃的仪式和残酷的杀人方式，不断提醒他的臣民和奴仆：这是至高无上的皇上，他的力量有多么强大。

对于企业管理而言，管理者讲究身份的技巧主要体现在言谈举止和日常维护上。首先是要注意自己的讲话方式。一般来说，在办公室里跟员工讲话，要亲切自然，不能让员工过于紧张，以利于对方更好地领会自己的意图。但是在公开场合讲话，比如在公司大会演讲、作报告，就要威严有力，有震慑效果。

如果遇到员工意见与自己意见相左的情况，可以明确给予否定。如果员工的意见确是对公司、对自己有利的，也不要急于发表看法，可以先说"让我仔细考虑一下"或"容我们研究、商量一下"。领导可以利用时间从容仔细考虑是取是舍，提出意见的员工也不会沾沾自喜，而会愈加谨慎。这样做在无形中增加了领导的权威，比草率决定要好得多。

除了注意言语，行为更加重要。领导的权威身份，一般都是由适合的行为动作表现出来的。聪明的领导者切不可在员工面前举止失度，行为轻佻。你如果在单位内部获得了提升，就会发现，原来平级的同事对自己的新身份表现得满不在乎，甚至不服气。如何突破这一考验呢？不可以摆架子，那样就容易把自己孤立起来。但可以有意拉开距离，也可以在人事上进行一些调整，挫一下不服之人的傲气。只有这样，才能让他们意识到谁才是领导。

对"身份"的日常维护也很重要。在管理实践中存在这样一个现象：随着下属对领导熟悉程度的加深，下属对领导的身份感觉变得麻痹，在一些场合会表现出"不听话"、"不敬"来，影响领导者的权威。所以，领导者要经常显出自己的身份，时时提醒下属你是领导。

依靠正直的人品赢得信赖

哲学家说，权力对于领导力毫无影响。这和许多人的观点不同，许多人认为，领导力是基于权力实现的。事实上，要想赢得下属的信赖，不能靠职位和权力，而应该靠正直的人品。

正直的人无所畏惧也无所隐瞒，他们的生活是敞开的书本。正直不是我们做什么，决定我们是什么人；而是我们是什么人，决定我们做什么。

正直凝聚我们的全部人格力量，助长我们的内在满足精神。当正直担任裁判时，我们的言行一致，我们的行为会反映我们的信念。不管有什么阻拦我们，它促使我们成为一个完整的人。管理者的正直是通过行为来反映的，为赢得信任，管理者必须可靠。

你对成员说："上班要准时。"你准时上班，他们也会准时上班。

你对成员说："要积极。"你表现积极，他们也会表现积极。

你对成员说："顾客第一。"你把顾客摆在第一位，他们也会把顾客摆在第一位。

人们学习到的东西，89%是经由视觉的刺激，10%是经由听觉的刺激，另外1%是经由其他的刺激。所以，追随者看到他们的管理者言行一致，他们也言行一致。他们听到的，他们明白；他们看到的，他们相信。

管理者不要企图以噱头激励追随者，那样的效果是短暂和肤浅的。人们要的，不是可以说的座右铭，而是可以看的典范。形象是别人认为我们是什么；正直则是我们真正是什么。

两位老妇人走在英国乡下一个略显拥挤的墓园，走到一块墓碑前面，碑上刻写着："这里长眠着约翰·史密斯——一个政治家和一个诚实的人。"

"天哪！"一位老妇人说，"他们把两个人埋在一座坟墓里，这未免太可怕了！"

生活像一只老虎钳，有时它会挤压我们。在承受压力的时刻，不管内心如何抗拒，你的真正性格都会被检查出来。我们不能给人自己没有的东西，正直永不使人失望。

你越可靠，别人对你越有信心，因而允许你的特权影响他们的生活；你越不可靠，别人对你越没信心，你就会越快丧失你影响别人的地位。

在一项调查中，大多数的资深主管认为，正直是事业成功最必要的特质。

大卫·艾森豪说过："为了当一个领袖，一个人必须有追随者。为了要有追随者，一个人必须拥有他们的信心。因此，一个领袖最重要的特质就是不容置疑的正直。没有它，不可能有真正的成功。如果一个人的同事发现他作假，发现他欠缺正直，他会失败。他的言语和行动必须互相一致。"

荷兰的行政管理专家皮尔特·布鲁恩说："权威不是老板高于下属的权力，而是老板影响下属承认和接受那种权力的能力。"布鲁恩的理论显示什么？很简单，管理者必须建立和维持可信，下属必须信任管理者会诚恳地对待他们。

有责任的管理者常常仰仗组织，使人有责任追随。他们要求新的头衔、新的职位、新的组织图表以及新的政策，以遏阻不服从的行为。可悲的是，有很多管理者永远得不到足够的权威。为什么？他们舍本逐末，最重要的是，他们缺少正直。

卡内基—梅隆大学的一项调查显示，400位经理中，有45%信任他们的高层经理，有30%不信任他们的顶头上司。卡维特·罗伯特说："若我的人了解我，我会得到他们的注意；若我的人信任我，我会得到他们的行动。"一个管理者有领导权威，他得到的不只是头衔，他还会得到追随者的信任。显然，在赢得追随者信任的过程中，管理者正直的品格在起着关键作用。

/第 3 章/

关心员工的绝招

创造"家"的感觉

企业要学会爱，最主要的体现是企业管理者要学会爱公司的员工。员工跟企业的关系不仅仅是物质上的雇佣与被雇佣关系，还应是和谐、共同发展的"友谊关系"。维系这种"友谊"的纽带就是企业要给员工一种"企业就是家"的感觉。企业管理者把员工当作自己的亲人一样看待，在一种融洽的合作气氛中，让员工自主发挥才干，为企业贡献自己最大的力量，创造最好的效益。

"严是带兵之道，情是带兵之本"，带兵需要真情，这样的管理才有更多的人情味与更大的凝聚力。中华民族有着"报恩"的传统美德，"受人之恩，终身必报"，"滴水之恩，涌泉相报"。企业家关心爱护员工，员工肯定会给予足够的感激和报答的。企业家越是关心、爱护员工，员工们就会更加拼命地为企业效力。

英国的克拉克公司是一家很小的公司，它的业务只不过是为顾客给草坪施肥、喷药。但它的经营思想、管理方针却十分独特，许多专家称它是唯一一家真正体现"爱的思想"的公司。正是这种不合常规、强调"爱"的经营思想和方式，使公司获得了巨大成功：克拉克公司创业时只有 5 名职工、2 辆汽车，10 年之后，已有 5000 名职工，营业额达到 3 亿英镑。

公司创始人克拉克的老父亲传给公司一个信条："员工第一，顾客第二，这样做，一切都会顺利。"克拉克公司一直坚持这个信条，对员工如同家里人一般，对用户尽心尽力提供服务。在克拉克公司，喷药、施肥的工人被尊敬地称为"草坪养护专家"，是公司里最为重要的人。

老板克拉克关心工人，是由于内心的感情，而不是装腔作势或沽名钓誉。一次，克拉克提出购买一个废船坞，想把它改建为公司职工的免费度假村。公司高级财务管理人员通过细致的计算，发现这个计划超过了公司的实际支付能力，他们费了好大劲，才说服克拉克放弃这个购买行动。可是，没过不久，克拉克又要在一片沙滩上修建职工度假村，财务人员再次劝阻了他。后来，克拉克瞒着公司高级管理人员，买下一条豪华游艇，让职工度假。又包租了一架大型客机，让工人去外国旅游。事后，主管负责财务的副总裁说："克拉克要我签字时，根本不知道我是否付得起这笔钱！可是我看到那些从未坐过飞机的工人上飞机时的表情后，我再也无话可说。"在克拉克眼里，员工开心，他才会开心。

爱的精神即爱你的顾客、爱你的员工，尽心尽力使他们满意。沃尔玛领导人不无感慨地说：企业谁是第一，顾客！但是要想让沃尔玛的所有顾客都当成上帝的话，我们就必须善待和尊重我们的员工。"爱出者爱返，福往者福来。"给人以爱，赐人以福，而最终爱心和福祉又会回到企业身边，何乐而不为？将企业创造出家的感觉，企业将会获得无比的凝聚力。

把员工当作宝贵资产

在管理和培养人才方面，"以德为本"是非常重要的管理哲学。几十年来，我们一直在接受着这样的教育：人应该高尚，高尚的人应该是无私的，高尚的人在个人利益与集体利益冲突时，应该毫不犹豫地牺牲个人利益……。

但是，在企业经营中，尤其是在企业管理者脑海中，不要有让员工为企业牺牲个人利益的念头和想法，坚决不能将员工当作榨取对象。员工是企业主体，企业或许能靠剥夺员工的权益赢得宝贵的运营成本，但是，要想真正发展壮大，绝不能通过牺牲员工利益来获得利润。这是因为，牺牲员工利益获得利润，会失去员工的信任、客户的支持。

无论是摩托罗拉的"对人永远的尊重"，还是业界有名的"惠普之道"，都告诫企业需要做到以下的事情：真正将员工当作一起成长的伙伴、不可缺少的无形资产，通过各种方式来提升员工对企业的满意度。

在东方地球物理公司，凡是涉及员工切身利益的内容，包括劳动合同、员工工资、社会保险、企业年金等；涉及企业劳动安全卫生的内容，包括劳动安全设施、劳动保护条件、员工定期健康检查等；以及涉及协调劳动关系的基本制度、促进企业科学管理和健康发展的内容等方面，公司工会都进行了严格的规范。该公司从未为了公司利益而牺牲员工的利益，相反，他们花大量的钱来保障员工的利益。

庞卫星是东方地球物理公司的一名普通员工，几年前他在巴基斯坦工作时被枪击受伤，胸部以下失去知觉，东方地球物理公司启动SOS，花费16万美元包专机把他送回北京治疗。公司还帮他买了一套电器齐全、装修典雅的140平方米的房子。庞卫星坐的轮椅是德国产的，家门前那条无障碍通道是公司专门为他修的，卫生间也是专门设置的，都是公司出钱。

作为连续五年获得全国"安康杯"竞赛优胜企业称号的东方地球物理公司，曾先后3次启动SOS，包专机从巴基斯坦、乍得等地将3名受伤和病重的员工送往北京治疗。仅这3人花费就达400多万元人民币。不以牺牲员工的利益和生命为代价换取企业的经济效益，是东方地球物理公司的郑重承诺。

动辄以企业发展大局利益的名义要求员工牺牲个人利益，其实是企业以一种不高尚的方式要求员工高尚。因此，要想获得企业整体的利益，就要从保护每一个员工的利益着手——如果企业任意牺牲某一个员工的利益，那么其他员工的利益也没有保障，最终企业的利益也就无从谈起。

如果企业经营者或是管理者认清这一点，在制定企业规则和目标计划中，尊重每个员工的利益，企业就能取得员工的信任和支持，企业的发展才有保证。

不要让人才感到失望

很多优秀人才离职，归纳其原因，对公司感到失望是最为常见的一条。不要让人才感到失望，成为挑战管理者的一个重要命题，而解决之道就是要注重人文关怀。很多国际上的知名企业非常注重对员工的人文关怀，加强与员工之间的情感交流，从而激发员工的工作热情及对企业的忠诚。

通用电气公司总裁斯通努力培养全体职工的"大家庭感情"的企业文化，公司领导和职工都要对该企业特有的文化身体力行，爱厂如家。从公司的最高领导到各级领导都实行"门户开放"政策，本厂职工随时都可以进入他们的办公室反映情况，对于职工的来信来访能积极负责地妥善处理。

不仅如此，公司的最高首脑与全体职工每年至少举办一次生动活泼的自由讨论。通用公司像一个和睦、奋进的大家庭，从上到下直呼其名，无尊卑之分，公司成员互相尊重，彼此信赖，人与人之间关系融洽、亲切。

1990年2月，通用公司的机械工程师伯涅特在领工资时，发现少了30美元，这是他一次加班应得的加班费。为此，他找到顶头上司，而上司却对此事无能为力，于是他便给公司总裁斯通写信，"我们总是碰到令人头痛的报酬问题。这已使一大批优秀人才感到失望了"。斯通立即责成最高管理部门妥善处理此事。

3天之后，公司有关部门补发了伯涅特的工资，事情似乎可以结束了，但通用电气公司利用这件为职工补发工资的小事大做文章。第一是向伯涅特公开道歉；第二是在这件事情的带动下，了解那些优秀人才待遇较低的问题，重新调整了工资政策，提高了机械工程师的加班费；第三，向著名的《华尔街日报》披露这一事件的全过程，在美国企业界引起了不小轰动。

这个事情在企业管理界具有示范意义：事情虽小，却能反映出通用公司的"大家庭观念"，反映了员工与公司之间的充分信任。通用电气的成功之处在于抓住了情感管理的要素，在员工与企业间搭建互信的桥梁，上下一心，众志成城。优秀的管理者必须懂得，管理的核心在于管理人心，只有使员工在情感上真正认同公司的管理文化，员工才会满怀激情地自发工作。

了解下属的需求和立场

领导者为了获得卓越的驾驭人的能力，就必须清楚地了解下属的需求和立场，知道他们需要什么，并设法满足下属的需求，这样才能抓住下属的心。

俗话说："浇树要浇根，带人要带心。"领导者必须摸清下属的内心愿望和需求，并予以适当满足，才可能让众人追随你。一般来说，下属在工作中需要被了解和满足的需求主要有以下几种：

（1）干同样的活儿，拿同样的钱。大多数人都希望他们的工作能得到公平的报偿，即同工同酬。下属不满的是别人干同类或同样的工作，却比他能拿到更多的钱。他们希望自己的收入符合正常的水平。偏离准则是令人恼火的，很可能引起下属的不满。

（2）希望自己的工作显得重要。下属希望自己在上级和同事们眼里显得很重要。他们希望自己的出色工作能得到承认。上司鼓励几句、拍拍肩膀或增加他们的工资都有助于满足这种需要。

（3）有不断晋升的机会。下属都希望在工作中有晋升的机会。向前发展是至关重要的，没有前途的工作会使下属产生不满，最终可能导致下属辞职。

（4）在舒适的地方从事有趣的工作。下属往往会把这一条排在许多要素的前列。下属都希望有一个安全、清洁和舒适的工作环境。但是，如果他们对工作本身不感兴趣，那么再舒适的工作场所也无济于事。

当然，不同的工作对不同的人有不同的吸引力。一样东西对这个人来说是馅饼，对另一个人可能就是毒药。因此，领导应该认真负责地为下属选择和安排工作。

（5）被自己的同事和上司认可。下属谋求上司和同事们的认可。如果做不到这一点，他们的士气就可能低落而缺乏效率，使局部工作乃至全局工作受到损害。有时下属们不仅需要感到自己归属于公司这个整体，是公司整体的一部分，还需要感到自己归属于领导群体，是管理者的一分子。

下属都希望领导赏识他们，同他们一起讨论工作。讨论可以出现的变动或某种新的工作方法，不是通过小道消息，而是直接从领导那里得到这样的信息，将有助于使下属感到他们是公司整体的一部分，感到领导对他们的信任。

（6）领导者要有真本事。下属都需要信赖他们的领导，他们愿意为那些了解他们的职责、能作出正确决策和行为公正无私的人工作，而不希望让一个平庸者来当他们的领导。

当然，不同的下属对这些需要和愿望的侧重有所不同。作为领导者，应该认识到这些个人需要，认识到下属对这类需要有不同的侧重。对这位下属来说，晋升的机会或许最为重要，而对另一位来说，工作环境和条件可能是第一重要的。

鉴别个人的需要并非易事，因此领导者要深入了解，这一点非常重要。下属嘴上说想要什么，与他们实际想要什么可能是两回事。例如，他们可能声称对工资不满意，但他们真正的需要却是要得到其他同事的承认。为了搞好人际关系，领导者应该了解这些需要，并尽可能去创造能满足下属需要的条件。为此而努力的领导会与他的下属相处得很好，使得上下一心，有效地、协调一致地进行工作。

惠而不费的关爱方式

子曰：君子惠而不费，劳而不怨，欲而不贪，泰而不骄，威而不猛。意思是说，君子要给百姓以恩惠而自己却无所耗费；使百姓劳作而不使他们怨恨；追求仁德而不贪图财利；庄重而不傲慢；威严而不凶猛。"五美"原是孔子提出的执政方略，可以治国平天下，以之管理企业，更是游刃有余，故而可作为管理者的行为指导。

孔子在"何为五美"中提出了"惠而不费"的观点，孔子说君子要在不损害自己利益的前提下为别人谋求福利。同时他回答"何为惠而不费"时说：因民之所利而利之，斯不亦惠而不费乎？他的意思是说，最好的激励手段是使受惠者获得的利益是由受惠者本人为自己创造生产的，这就是惠而不费。

那么，管理者如何做到对员工进行"惠而不费"的激励呢？提起激励员工，多数管理者首先想到的就是使用金钱，认为只要多给员工物质上的激励，就可以让员工不遗余力地工作。事实并非如此，金钱并不能起到持久的激励作用，比如，现在加班要算 3 倍的工资，但是员工还是宁可不要钱而选择休息。

真正能够激励员工的因素有很多，领导者应该时刻关心员工的福利，适当满足员工的实际要求。这里的福利不是单指发奖金，实际上员工更需要尊严、自由和满足感等人文方面的关怀。关键的一点是，管理者所激励的，最好是员工想要的。

摩托罗拉公司的创始人高尔文有一句名言："对每个人都要保持不变的尊重。"公司总裁每周无论工作有多繁忙都会抽空给员工写一封信，把自己这一周的工作及生活状况告诉员工，包括会见的客户、做了什么事情，甚至他这周陪孩子去游乐园也会在信中写给员工。

总裁不是以高高在上的口气与员工对话，而是以一个普通朋友的身份，把自身的经历、经验告诉员工，并在信中还经常叮嘱员工们要关心自己的家庭等。为了推动"肯定个人尊严"的活动，每个季度，员工的直接主管都会与员工进行单独面谈，交流思想与感受。

摩托罗拉天津分公司有一份人力资源部主办的人人皆知的《大家庭》报，该报的主旨就是服务于员工，信息相当丰富且与员工息息相关。报上有内部招聘信息、培训机会、就餐时间调整、对食堂饭菜意见、有关部门员工问题的解决情况反馈、医疗报销通知、体检结果公布、班车时间调整、员工文体活动、各项福利的规定和具体数量、薪资调整问与答。

报上的事情琐碎得不能再琐碎，但却是员工最关心的问题，报纸的义务就是提供公司和员工交流、员工和员工交流的平台，处处反映公司以人为本的理念，例如报纸上经常刊登消息、班车上设了孕妇专座、有员工在反映食堂辣菜太多，希望多加小点心和水果小吃，还有员工问为什么某楼的一楼卫生间不放卫生纸等。员工担心的问题一定会有人来管，而且会将处理结果公布在报纸上。

卓有成效的企业福利需要和员工达成良性的沟通。要真正获得员工的心，管理者首先要了解员工的所思所想，进而满足他们内心的需求。从某种程度上来说，员工的心是"驿动的心"。员工的需求也随着人力资源市场情况的涨落和自身条件的改变在不断变化。

善于把公司看作大家庭的日本，很重视员工的婚姻大事。日立公司就设立了一个专门为员工架设"鹊桥"的"婚姻介绍所"。当新员工进入公司后，可以把自己的学历、爱好、家庭背景等基本情况输入"鹊桥"电脑网络。当某名员工递上求偶申请书，其他人便有权调阅电脑档案，申请者可以利用休息时间坐在沙发上仔细翻阅这些档案，直到寻找到满意的对象为止。

一旦某人被选中，联系人会将挑选方的资料传送给被选方，被选方同意见面，公司就为两方安排约会。约会后双方都必须向联系人汇报对对方的看法。日立公司人力资源部门的管理人员说：由于日本人工作紧张，职员几乎没有时间寻找合适的生活伴侣。我们很乐意为他们帮这个忙。这样做能起到稳定员工、增强企业凝聚力的作用。

如果是公司内元老级员工的婚礼，"月老"会一手操办的，而来宾中70％都是新婚夫妇的同事。员工感受到了家庭的温暖，自然能一心一意地扑在工作上。由于这个家是公司促成的，员工对公司就不仅是感恩，还油然而生一种鱼水之情。毫无疑问，这样的管理成效是一般意义上的奖金、晋升所无法比拟的。

目前，很多国际知名的大企业都运用以人为本来激励员工，除了从尊重、信任员工等情感技巧着手，还尽量为员工营造宽松自由的工作环境，微软公司不限制工作场所，员工可以在家里或在公司上班，也不强制工作时间的长短，即使在公司也允许员工听摇滚、穿拖鞋、喝可乐，只要能高效地完成任务就行。

美国一个毕业于斯坦福大学的年轻人，一直想找一个既可以赚钱又不耽误他白天打高尔夫球的工作。微软公司的某位管理人在了解到他真的很有才华和能力以后，决定满足他的要求。于是，这个年轻人白天打高尔夫球，晚上工作，而且工作质量和效率很高。

公司和这个年轻人都感到很满意。微软公司给员工充分的自由空间，不仅没降低工作效率，还极大地激发了员工的创造性和工作热情，使微软成为世界上效率最高的公司之一。

因此管理者在管理手段上一定要具有"双赢"意识，将员工的收益与企业利益紧紧捆绑起来。针对员工的所需给予激励，以此来激发员工的内在热情，发挥出最大的潜能，提高工作效率，为企业创造出更多的利益。

关注员工内心的不满

关心员工的核心要点就是关心其内心的怨气。员工抱怨的处理是否得当，员工是否有表达情绪的渠道，对企业管理者来说，不是小事，不是可有可无的东西，反而是一件关系到企业安全的大事。比尔·盖茨就鼓励自己的员工，一定要畅所欲言，他说："如果人人都能提出建议，就说明人人都在关心公司，公司才会有前途。"松下电器公司前总经理松下幸之助人称"经营之神"，他有句口头禅："让员工把不满讲出来。"

某天上午，在某公司，一名张姓的副总经理正在会议室与同事研究工作，他们认真、专注，以至于连会议室悄然进来一个人都没有觉察到。

进来的这个人是公司的普通职工李某。李某手中拿着一个没有盖子的矿泉水瓶，偷偷摸摸地坐到张副总经理身边，随后，他将瓶子端起来，做出似乎要喝水的样子。就在这紧要关头，公司保卫人员冲进来，大喊："快夺下，瓶子里装的是汽油。"张副总经理一听，立即将李某推倒，奋力抢夺他手中的瓶子。李某左手护住瓶子，右手从兜中掏出打火机。瞬间，汽油被点燃，火苗立刻蹿起来，张副总经理和李某的手均被烧伤，工作人员立即跳窗将室外正在浇花的水龙头扯进来，将火浇灭。接到报警及时赶到的民警将嫌疑人控制住。询问得知，李某放火的动机是因为对企业现在推行的工作制度心怀不满。

如何让员工把不满讲出来，这需要企业具有员工抱怨处理制度。在实行员工抱怨处理制度的企业中，从最基层单位的组织单元到企业生产经营的最高层管理机构，各级都设有员工抱怨处理机构。基层处理机构负责处理基层的员工抱怨问题，若基层处理不好，在一定期限内要汇报给上级，由上级来加以处理，也就是说，由各级处理机构分层负责处理。若仍得不到解决，就要借助于第三方来加以解决。在这种机制下，员工的任何不满都能得到恢复和解决，就不会发生上面案例中李某的那种过激行为。其实，企业在处理员工抱怨的同时，也是自我机制修正的过程，在倾听员工抱怨中发现制度的不足，进而加以改正，从而保证企业各项机制的良性发展。

除了建立员工抱怨处理机制，通过正式程序来解决员工不满之外，企业管理者还要学会与下属之间建立一种诚信关系。假如与员工建立起诚信关系，就会促使下属带着责任感去工作，而不是消极地服从。由此可使人际关系多了和谐，少了摩擦；上下级之间多了沟通，少了隔阂；使管理工作多了快乐，少了焦虑；公司与员工之间多了理解，少了误会。

企业管理者在处理员工抱怨过程中，一定要果断。任何情绪都是传染的，抱怨很容易在员工群体之间引起共鸣，从而使抱怨从一个点引发到一个面，波及面越大越不利于处理方法的实施。在处理之前，要分清楚员工抱怨的根本原因。如果是企业运营过程中，因为某个管理人员的失职致使员工不满，企业管理者要及时对当事人采取处罚措施，尽量做到公正严明。如果员工的抱怨是针对企业制度，那么，规范公司的规章制度、工作流程和岗位职责等，则是处理这些抱怨的首要措施。在对管理制度进行规范化时，应采取公平、公正、公开的原则。

需要注意的细节是，对公司的各项管理规范，首先要让抱怨者参与其中，共同制定，制定好的规范要向所有员工公开，使之深入人心，只有这样才能保证管理的公正性。

关心员工的家人

家庭幸福和睦、生活宽松富裕无疑是下属干好工作的保障。如果下属家里出了事情，或者生活很拮据，上司却视而不见，那么对下属再好的赞美也无异于假惺惺。利用对下属亲人的关心，可以使下属感到上司的平易近人和关心爱护，从而将企业当作自己的家。

日本的西浓运输公司，在企业内部设立了一个特殊的假日：本公司员工的妻子过生日时，该员工可以享受有薪假一天，来陪伴他的太太共度爱妻诞辰。当然，员工本人生日，也有带薪休假一天的权利，让夫妻共度良日。后来，公司又规定：员工每年的结婚纪念日可以享受有薪假一天。

自从有了这几个规定之后，职工们为感谢公司的关怀，都非常卖力地干活，而重要的是让员工的妻子认识到了这是一个能够理解人的、有人情味的公司。妻子们常常鼓励甚至命令她们的先生："效忠公司，不得有误！"这比老板的命令更为有效。公司因此获益匪浅。

利用下属的家属做好下属的思想工作，比起上司亲自做工作省心多了，上司批评可能会产生抵触情绪，而自己的家人批评就会心平气和地接受。同时，关心下属的家属就会减轻下属的顾虑，使得下属以厂为家，能够更好地为企业效力。

据说有一天，一个急得嘴角起泡的青年找到美国钢铁大王卡内基，说是妻子和儿子因为家乡房屋拆迁而失去了住处，要请假回家安排一下。因为当时业务很忙，人手较少，卡内基不想放他走，就说了一通"个人的事再大也是小事，集体的事再小也是大事"之类的道理来安慰他，让他安心工作，不料这位青年被气哭了。他气愤地说："在你们眼里是小事，可在我是天大的事。我妻儿都没住处了，你还让我安心工作？"卡内基被这番话震住了。他立刻向这位下属道了歉，不但准了他的假，还亲自到这位青年家中去探望了一番。

后院失火，员工自然无心工作。一个优秀的上司，不仅要善于使用下属，更要善于通过替下属排忧解难来唤起其内在的工作主动性，要替下属解决后顾之忧，让其生活安稳下来，集中精力，全力以赴地投入到工作上。

福特公司闻名于全球，公司的文化理所当然也是充满人性化，有一天，公司的社会部长马金博士在整理资料时，发现福特工厂的一个分厂汇报中提到一名叫乔治的70多岁的黑人员工，家庭十分贫困，这么大年纪了，还在公司的停车厂干活，始终不肯退休回家，这让马金博士非常震撼。于是，他立即吩咐一个年轻的属下："你辛苦一下，亲自到那个部门去看看吧。"调查结果是乔治的视力已经严重退化，几乎已经失明。

"这个员工的家庭条件怎么样呢？"马金博士问道。

"他的太太还可以工作，她说如果有适当的机会的话，她很想工作。他们家住的房子还有几间是空着的，另外，他太太还带来了一个25岁的孩子，他是在别的工厂里工作的，每周的工资是25美元。"

"那就好，我们有办法来解决这个问题了。"马金博士立刻决定，先把他们的那个孩子叫到福特工厂里来上班，每天的工资6美元，但是条件是他必须要负责赡养自己年老的父母。

员工家里空着的房间，马金博士吩咐属下为其寻找适当的房客，他太太可以做一些洗衣服的工作，而老人则可以在他家的附近给别人家看看房门。这样的工作很轻松，他做起来完全没有太大问题。就这样，在马金博士的关心下，这位福特员工家里的每个人都有了自己工作，家庭的收入很快就增加了两倍以上，他给这位年老的黑人家庭带来了温暖和幸福。

福特公司的这种像关心自己的家人一样来关心公司员工的方针，使公司的每一个员工都备受感动，他们觉得公司就是他们另外一个家。在这种以公司为家的思想鼓舞之下，员工的主人翁精神得到了前所未有的发展，福特公司的生产效率也得到了明显的提高，这其实是种企业文化的体现。为下属解决后顾之忧必须做到以下三点：要摸清下属的基本情况；关心必须出于一片真心；上司对下属的帮助也要量力而行，不要开实现不了的空头支票。

领导要急员工之所急

以爱带兵、视卒如子是一种带兵方式，姜太公要求带兵打仗的人从热爱士兵的感情出发，关心体贴士兵的生活疾苦，从而形成上下级之间"亲而不离"、"信而不疑"，情同父子、亲如手足的人际关系。以这种官兵关系为基础，在两军阵前、厮杀场上，就能唤起手下士兵拼力死战的感情。《孙子兵法·地形》说："视卒如婴儿，故可与之赴深溪；视卒如爱子，故可与之俱死。"

以爱带兵、视卒如子，不仅适用于带兵打仗，对于现代企业管理也有很重要的借鉴意义。中国历史上，留下了许多领导者关心、体恤下属疾苦的佳话。

据史料记载，唐太宗李世民常以皇帝身份屈尊礼贤，关心下属的生活疾苦。李勣晚年得了暴病，验方上说需用"胡须灰"做药引方可治愈。李世民知道后，"乃自剪须，为其和药"，李勣被感动得"顿首见血，泣以恩谢"，李世民却认为他也是为国家操劳才累病的，不用深谢。马周患了重病，李世民不但派名医去治疗，而且"躬为调药"，让皇子"亲临问疾"，可谓关怀无微不至。贞观末年，唐朝发动对外战争，李思摩在出征时为弩矢射中，李世民"亲为之吮血，将士闻之，莫不感动"。甚至普通士卒有了病，他也要"召至御前存慰，付州县治疗"，因此，士卒深受感动，都誓死为其效力。

"士为知己者死，女为悦己者容。"领导者视卒如子，对下属的疾苦时刻挂在心，才能赢得下属爱戴，为之誓死效忠，这也是"视卒如子得死士"的道理。因此，如果你要抓住下属的心，就要从爱心出发，去关心你的下属！这不用专门花费精力和时间，不用费很大的气力，只需留心生活中的点滴小事，就可收到奇妙的功效。

关心下属疾苦，就要让自己站在下属的立场上，设身处地地为下属考虑。

齐景公在位的时候，有一年，大雪一连下了三天三夜还没有停。齐景公披着白色的狐皮大衣，坐在殿堂侧边的台阶上欣赏雪景。这时，晏子进来拜见景公，景公对他说："真是奇怪啊，大雪下了三天三夜，而天气竟然不寒冷。"

晏子反问道："天气果真不冷吗?"景公笑了笑没有回答。

晏子趁机说："我听说古代的贤德之君，吃饱的时候能够想到有人在挨饿，穿暖的时候能够想到有人在受寒，安逸的时候知道有人在辛勤劳作。现在君王您却不知道民间的疾苦啊。"

景公听后，惭愧地说："你说得对，我听从你的教诲。"于是就派人巡行全国，统计生活困难的人口，发放救灾物资，并命令凡看见饥寒之人，就拿出衣物和粮食发放给他们。

社会发展到今天，人们基本已不再为吃穿发愁，但俗话说："家家有本难念的经。"你的下属虽不为吃穿发愁，但他们很可能为别的问题而发愁。比如，孩子的上学问题一时难以解决、老人无人照顾、家离单位太远、爱人身体不好，等等。所以，作为领导者一定要把下属的疾苦放在心上，为下属真正解决一些实际问题，这样，下属才能追随你。

关心下属疾苦，就是要站在下属的角度，急下属之所急，解决下属的后顾之忧，这个道理适用于任何组织。一个优秀的领导要善于使下属集中精力，全力以赴地投入到工作上，这样才能获得下属的拥戴。领导者要做到"急下属之所急"应当注意以下三点：

（1）要了解下属的基本情况。领导者要时常与下属谈心，关心他们的生活状况，对生活较为困难的下属的个人和家庭情况要心中有数，要随时了解下属的情况，要把握下属后顾之忧的核心所在，以便对症下药。

（2）领导者对下属的关心应当真诚。领导者必须从事业出发，实实在在，诚心诚意，设身处地地为下属着想，要体贴下属，关怀下属，真正地为他们排忧解难。尤其是要把握好几个重要时机：

当重要下属出差公干时，要帮助安排好其家属的生活，必要时指派专人负责联系，不让下属牵挂；当下属生病时，领导者要及时前往探望，要适当减轻其工作负荷，让下属及时得到治疗；当下属的家庭遭到不幸时，领导者要代表组织予以救济，要及时伸出援助之手，降低不幸造成的损失。

（3）领导者对下属的帮助应量力而行，不可随意许诺。领导者分担下属的困难要本着实际的原则，在力所能及的范围内进行。帮助可以是精神上的抚慰，也可以是物质上的救助，但要在组织财力所能承担的范围内进行。不能够随意许诺、开空头支票，否则就违背了真诚的原则。

做员工的服务员

沃尔玛的公仆式领导一直都很有名。早在创业之初，沃尔玛公司创始人山姆·沃尔顿就为公司制定了三条座右铭：顾客是上帝、尊重每一个员工、每天追求卓越。沃尔玛是"倒金字塔"式的组织关系，这种组织结构使沃尔玛的领导处在整个系统的最基层，员工是中间的基石，顾客放在第一位。沃尔玛提倡"员工为顾客服务，领导为员工服务"。

沃尔玛的这种理念极其符合现代商业规律。对于现今的企业来说，竞争其实就是人才的竞争，人才来源于企业的员工。作为企业管理者只有提供更好的平台，员工才会愿意为企业奉献更多的力量。上级很好地为下级服务，下级才能很好地对上级负责。员工好了，公司才能发展好。企业就是一个磁场，企业管理者与员工只有互相吸引才能产生更大的能量。

但是，很多企业看不到这一点。不少企业管理者总是抱怨自己的员工素质太低，或者抱怨员工缺乏职业精神，工作懈怠。但是，他们最需要反省的是，他们为员工付出了多少？作为领导，他们为员工服务了多少？正是因为他们对员工利益的漠视，才使很多员工感觉到企业不能帮助他们实现自己的理想和目标，于是不得不选择跳槽离开。

这类企业的管理者应该向沃尔玛公司认真学习。沃尔玛公司在实施一些制度或者理念之前，首先要征询员工的意见："这些政策或理念对你们的工作有没有帮助？有哪些帮助？"沃尔玛的领导者认为，公司的政策制定让员工参与进来，会轻易赢得员工的认可。沃尔玛公司从来不会对员工的种种需求置之不理，更不会认为提出更多要求的员工是在无理取闹。相反，每当员工提出某些需求之后，公司都会组织各级管理层迅速对这些需求进行讨论，并且以最快的速度查清员工提出这些需求的具体原因，然后根据实际情况做出适度的妥协，给予员工一定程度的满足。

在沃尔玛领导者眼里，员工不是公司的螺丝钉，而是公司的合伙人，他们尊重的理念是：员工是沃尔玛的合伙人，沃尔玛是所有员工的沃尔玛。在公司内部，任何一个员工的铭牌上都只有名字，而没有标明职务，包括总裁，大家见面后无须称呼职务，而直呼姓名。沃尔玛领导者制定这样制度的目的就是使员工和公司就像盟友一样结成了合作伙伴的关系。沃尔玛的薪酬一直被认为在同行业中不是最高的，但是员工却以在沃尔玛工作为快乐。

在物质利益方面，沃尔玛很早就开始面向每位员工实施其"利润分红计划"，同时付诸实施的还有"购买股票计划"、"员工折扣规定"、"奖学金计划"等。除了以上这些，员工还享受一些基本待遇，包括带薪休假，节假日补助，医疗、人身及住房保险等。

沃尔玛的每一项计划几乎都是遵循山姆·沃尔顿所说的"真正的伙伴关系"而制订的，这种坦诚的伙伴关系使包括员工、顾客和企业在内的每一个参与者都获得了最大程度的利益。沃尔玛的员工真正地感受到自己是公司的主人。

最佳的管理结构是倒立的金字塔，管理者应将员工放在第一的位置，而自己甘当塔底。为员工提供服务，把员工视为企业的合作伙伴，这是员工最希望的关系。这种有效的方式，能实现"双赢"。把员工视为企业的合作伙伴，就能增加相互的协作，这样不仅员工能迅速成长，为企业带来的效益也是巨大的。

为员工设立牢骚室

美国芝加哥郊外的霍桑工厂，是一个制造电话交换机的工厂。这个工厂建有较完善的娱乐设施、医疗制度和养老金制度等，但员工们仍愤愤不平，生产状况也很不理想。为探求原因，1924 年 11 月，美国国家研究委员会组织了一个由心理学家等各方面专家参与的研究小组，在该工厂开展了一系列的试验研究。

这一系列试验研究的中心课题是生产效率与工作物质条件之间的关系。这一系列试验研究中有一个"谈话试验"，即用两年多的时间，专家们找工人个别谈话两万余人次，并规定在谈话过程中，要耐心倾听工人们对厂方的各种意见和不满，并做详细记录，对工人的不满意见不准反驳和训斥。

这一"谈话试验"收到了意想不到的效果：霍桑工厂的产量大幅度提高。这是由于工人长期以来对工厂的各种管理制度和方法有诸多不满，无处发泄，"谈话试验"使他们的这些不满都发泄出来，从而感到心情舒畅，干劲倍增。社会心理学家将这种奇妙的现象称为"霍桑效应"。

霍桑试验的初衷是试图通过改善工作条件与环境等外在因素，从而提高劳动生产效率。但是，通过试验，人们发现，影响生产效率的根本因素不是外因，而是内因，即工人自身。因此，要想提高生产效率，就要在激发员工积极性上下工夫，要让员工把心中的不满一吐为快。

霍桑工厂的"谈话试验"之所以会提高工作效率，主要原因就是它正好切合了人内心的某些潜在的心理特点：

1. 渴望被重视是一种普遍存在的心理需求

在霍桑工厂，工人感到自己在做试验的这一刻是特殊人物，引起了厂方的极大重视，因而感到愉快。工人们产生愉快心理后，周遭的一切都变成了他们喜欢的东西，生产条件也变成次要的了。他们会尽自己最大努力按照老板希望的那样去做，尽管他们想的与老板想的并不相同，但他们知道提高劳动效率是人们共同关注的目标。

2. 人不能被动工作，必须激发他们的积极性

通过试验我们可以看出，影响生产效率的最重要因素不仅仅是金钱，而是工作中工人们自动自发的责任感。要培养工人高度的责任感，必须向工人提出高标准的劳动要求。实践表明，低标准只会抑制工人的劳动积极性。而高标准也并不是标准越高越好，而是合情合理，经过一定的努力可以达到的。这样，工人为回报厂方对自己能力的信任，就会尽力完成制定的目标。

3. 工人的满意度，在决定生产效率的诸多因素中居于首位

工作效益与制度的人性化和员工的良性情绪有关系。员工心情舒畅，干劲才会倍增。如果管理者只是根据效率要求来刻板管理，而忽略工人的心理感受，必然会造成双方情绪的不快，影响生产率的提高和目标的实现。所以，提高工人的满意度是企业管理中最重要的一项内容。

管理者应当从"霍桑效应"中有所感悟。目前，企业管理界对霍桑效应的应用主要表现在对员工不良情绪的疏导上。比较常见的方法有：设立"牢骚室"，让人们在宣泄完抱怨和意见后，全身心地投入到工作中，从而使工作效率大大提高。日本的一些企业做得更有意思，他们在企业中设立"特种员工室"。在"特种员工室"里陈设有经理、车间主管、班组长的人偶像及木棒数根，工人对某管理人员不满，可以用木棒打自己所憎恨的人偶像，以泄愤懑。

近年来，法国还出现了一个新兴行业——运动消气中心，仅巴黎就有上百个。出此创意的人大都是运动心理专业的，他们认为运动可以解决人们的心理问题，尤其是心情积郁等诸多问题。每个运动中心都聘请专业人士做教练，指导人们如何通过喊叫、扭毛巾、打枕头、捶沙发等行为进行发泄。也有的通过心理治疗，先找出"气源"，再用语言开导，并让"受训者"做大运动量的"消气操"。这种"消气操"也是专门为这项运动设计的。

无独有偶，近几年来在美国也诞生了各种专供人在受了委屈后发泄的"泄气中心"。在这里，他们采用发泄疗法对有怨气的人施治，具体形式为：召集有怨气的人围坐在一起，让大家毫无顾忌地发怨气、倒苦水。这些人从泄气中心走出来后浑身感到轻松，感觉像是换了一个人。

员工的心情决定生产效率。优秀的管理者不仅要管好员工的物质生活，更要管好员工的内心情感和精神生活。霍桑效应充分说明了这一点。想方设法让员工的不良情绪发泄出来，他们才能以绝佳的精神面貌投身到工作中去。当员工发自内心地去工作时，管理就变得异常简单。

帮助下属解决生活问题

深得人心的领导者必然是一个善于体贴下属生活的人，能够在需要的时候给下属的生活以适当的帮助。工作中，面对下属家庭中出现的某种困境或不和谐之处，领导如果能提供一些力所能及的帮助，或者给予某种建设性意见，就是对下属莫大的激励和鼓舞，也体现了领导者的风度和真正的人性化管理战略，帮下属走出困境，对企业发展等方面都会产生积极的作用。反之，如果领导者漠视职员家属，只顾要求其工作，即便下属想倾力而为，也许仍是难以发挥最大的工作热情和潜能，在客观上也会削弱团队的势力和合力。

一位哲人说过，"家是每个人心中的城堡"。一个融洽和睦的家庭对于一个人的工作以及企业的发展都有着积极的意义。一个深受下属拥戴的领导必然会理解家庭对于下属的意义。在很大程度上，家庭是下属努力工作的动力源泉，是其心灵栖息的港湾。领导者若能表现出对下属家庭的友善之情，必能赢得下属的尊敬和感激，也能获得下属在工作中倾心的回报。

"家家都有一本难念的经"，除了工作中的困难，下属在生活中也可能遇到种种的困难，概括起来，下属在生活中面临的矛盾和问题主要有以下几种：

一是经济方面的问题。或家庭经济本来紧张，或收入突然减少，或一下子要支付一笔很大的开支而影响家庭经济平衡，等等。

二是子女方面的问题。如今的子女是"小皇帝"。"小皇帝"常常有这样那样的疾病；有的地方入托难，入幼儿园难，甚至入小学也难；"小皇帝"淘气、逃学、成绩差，升不了初中、高中；"苦读寒窗"十几载之后，高考落榜，要为他找工作，安排出路；等等。

三是长辈方面的问题。对夫妻双方的父母，或照顾不周，或他们觉得厚此薄彼而产生不满；老人难免有三病两痛，等等。

四是夫妻之间的问题。夫妻是家庭的主体，矛盾也自然多些，比如，对家庭的诸多开支、亲友间的礼尚往来等方面的问题，夫妻间常有意见不一，甚至一方产生不快的事情；夫妻的兴趣、爱好有差异，甚至完全不同；夫妻都属"事业型"的人，都有远大的抱负，家务方面的事一塌糊涂；一方身体不适，或者重病住院，甚至患有不治之症；等等。

五是家庭其他成员相互关系方面的问题。家庭除了夫妻之间的矛盾以外，其他成员如兄弟、妯娌、婆媳、父子、姑嫂、岳婿之间以及与保姆之间，也常发生矛盾。

六是邻里方面的问题。

七是突发事件。指那些意想不到的天灾人祸，如车祸、火灾、水灾、口舌是非，等等。

上述家庭矛盾的种种表现，当然不是每个家庭都有，有的家庭可能多些，有的家庭可能少些，但是不存在完全没有这些矛盾的家庭。

这些家庭矛盾，不论哪一种，都或多或少地影响到家庭每个成员的经济利益或者思想情绪，但又很不容易处理，有句俗话叫作"清官难断家务事"，这是这本经难念的又一个方面。比如，有的家庭矛盾，可以说是出人意料地发生，又不知怎么消失了，也用不着采取什么措施和办法。但当它发生的时候，由于惹人烦恼，或者使人惊恐，常使人不自觉地插手处理，但往往插手比不插手更糟糕。有的矛盾必须进行调解，但因涉及到某些家庭成员，调解起来常常"伸手怕打了娘，缩手怕打了爹"。

作为一个成功的领导者，首先要理解自己的每一个下属的家里都有一本难念的经；其次是要善于帮助自己的下属念好这本经。家访是领导者了解下属生活困难的一个重要途径。

一个成功的家访要做到"一报"和"三访"："一报"，是指领导者要及时向家属报告下属的情况。除了必须让家属掌握，以便让家属一起帮助改正的错误、缺点外，主要是报告下属的优点和工作成绩，让家属觉得自己脸上有光，觉得自己的亲人更加可爱可敬，觉得自己要更好地支持自己的亲人搞好工作。

值得注意的是，讲下属的优点和成绩一定要实事求是。这样才能由衷地赞赏，也才能调动家属的感情。下属的成绩有大有小，优点有多有少，除了某些出人意料的以外，他们的家属自己心中大致有数。哪怕是很小的成绩，很少的优点，受到领导者的肯定和赞许，家属也会感到高兴。如果说过了头，家属反会觉得不自在。

如果下属存在较严重的错误或者较多的缺点，当然必须告诉家属。因为下属的错误缺点如果被动地让家属发现，往往招来埋怨，产生隔阂。由下属自己或者领导者主动告诉家属，则可以得到家属的谅解、关心和帮助。但也必须实事求是，缩小了起不到应有的作用，扩大了会导致反感甚至绝望。切忌用"告状"的方式，只能用关心的、商量的口气，共同寻求进行挽救和共同帮助改正的办法。

"三访"是指领导者在做家访的时候要做到访情、访苦、访贤。访情，就是领导者要主动了解下属的家庭情况。访情有两个好处：一是便于以后对下属进行帮助；二是增进自己与下属家属的感情。每作一次家访，领导者一定要了解下属家里各方面的情况：家庭人口、家庭人员关系、家庭经济状况、家庭存在的主要问题，等等。了解家庭情况时，要因户而异，掌握分寸，详略有别，适可而止。

家庭经济状况本来是家访要了解的主要内容，但如果你已经知道属于宽裕型的家庭，就不必问其他成员每月的工资收入，还有什么其他收入等；如果已经知道属于困难型家庭，就不要问还欠多少债、欠谁的账，因为大多数人不愿把这类数字告诉外人。还有些问题家属感到苦恼，需要解决，但属于隐私问题，则更不要细问。对于家属极为关心又愿意谈论的问题，则可以多谈些，因为谈论对方感兴趣的问题，是使人喜欢的一项重要艺术。

访苦，主要是指慰劳辛苦。下属的工作好，成绩大，都离不开家属的帮助，或者是帮助解决工作中的某些难题，或者是部分或全部地负担了家务，或者在精神上给予了很大鼓励。这些，家属并不需要回报，而只需要理解。感谢的话、赞赏的话、表扬的话，从领导者的口中说出来，会使家属感到自己的劳动受到肯定，受到尊重，支持自己亲人工作的热情会更高。

访贤，就是在家访时赞赏家属的贤德。绝大部分的家属不是自己的下属，即使同时又是自己的下属，对于家庭问题，大都不宜介入，更不能轻易地拿起批评的武器。这就只能采取另一种形式了——赞赏。每个人都有自己的优点和长处，每个人都可能在同一问题上，有时做得很对，有时做得很不对。对于下属的家属，回避其缺点和错误，回避其做得很不对的地方，只赞赏优点和长处，只赞赏做得对的地方，可以取得很好的效果。

关注下属的不安心理

管理中有一个恶性循环，就是上一辈冷落对待下一辈，下一辈掌权后施以报复，但同时又不懂得善待下一辈。这样的恶性循环，使大部分办公室充斥着冷漠的风气，没有一点温馨，职员的归属感也变得极低。

其实，领导者在适当的时候为下属解决问题，不单只是公事，也包含私人的情绪。下属遇到挫折时，情绪低落，效率和素质会受到影响；如得不到上司的体谅，情况可能会更糟。

因此，领导者经常以朋友的身份询问下属发生什么事，细心聆听、慎提意见，及时关注他们的不安心理，可以提升下属的归属感和忠诚度。当然，领导者与下属在交流的过程中要注意保密，永不将下属的私事转告任何人，才能得到对方的信任，使其得以安心投入工作。在实际工作中，领导者可以通过多种手段深入到下属的心里去，剪断其不安之源。

关键是领导者要以心投入，用心去关心下属。我们的心理随着工作或身体等状况，经常会产生变化。只要能敏锐地掌握下属心理微妙的变化，适时地说出吻合当时状态的话或采取行动，就能抓住下属的心。

1. 掌握下属的思想脉搏

在下属的诸多不安心理中，只有少数的情绪严重，影响也将很严重，必须帮助其消除。绝大多数的程度轻微，影响不大，但总归是一种消极因素，不可让其长时间存在。有的还可能发展变化，由稍有不安变为严重。

任何事情都贵在"雪中送炭"，而忌"雨后送伞"。消除下属的不安心理，属于思想、心灵深处的问题，反应更敏感，如果能及时、中肯，作用更鲜明。如果领导者能随时注意揣摩下属的不安心理，并把问题解决在萌芽状态，下属就会有"渴时一滴如甘露"之感。如果等到下属严重不安，已经造成了严重后果再去做工作，成为"马后炮"，下属不但不会感激，还会感到厌恶。

要做到把下属的不安心理消除在萌芽状态，就必须随时掌握下属的思想脉搏，揣摩出必然产生的不安心理。那么，领导者应当如何揣摩下属的不安心理呢？

（1）联系下属的工作实际。近来布置给下属的工作任务大不大？时间紧不紧？要求高不高？分配给各个下属的工作任务合理不合理？结合这些情况，看下属有没有压抑情绪、厌倦情绪，然后揣摩存在着何种不安心理。

（2）联系下属与自己人际关系的实际。近来下属与自己有过一些什么接触？这些接触会不会引起下属的不安？比如，对下属的批评有没有过火的地方？对下属的赞扬有没有过分的地方？与下属私交中有没有异乎寻常的地方？如果有，都有可能引起下属的不安情绪，然后分析会产生哪种不安情绪。

（3）联系下属之间人际关系的实际。近来下属之间是否发生过争吵？下属之间是否有激烈的竞争？是否有互相嫉妒的现象？下属虽然彼此处于平等的地位，但各人所占的优势不同，所处的背景不完全相同，一方的行为可能引起另一方的不安，也可能互相引起不安。

（4）联系下属对社会各种现象和思想问题的实际。社会的某些现象是否引起下属的共鸣与参与？他们的关注、共鸣与参与是否会引起不安？

2. 不以一时成败论英雄

揣摩下属的不安心理，目的是为了消除下属的不安心理。综观下属不安心理的产生，一个根本的原因是对自己估计不足，缺乏应有的信心。而对自己估计不足的原因，往往是一时一事的失败或者失误。领导者自己去掉并帮助下属去掉"以一时一事论英雄"的思想方法，是解决下属不安心理最根本的方法。

3. 关注下属低落的情绪

不安和不快会导致下属产生低落的情绪，这些情绪不仅会影响下属的工作质量，累积久了还会降低下属的归属感，使他们萌生离职的念头。当下属情绪低落时，就是抓住下属心的最佳时机。

（1）工作不遂心时。因工作失误，或工作无法照计划进行而情绪低落时，希望别人来安慰或鼓舞的心比平常更加强烈。

（2）人事变动时。因人事变动而调到陌生部门的人，通常都会交织着期待与不安的心情。应该帮助他早日去除这种不安。另外，由于工作岗位的变化构成人员改变，下属之间的关系通常也会产生微妙的变化，不要忽视了这种变化。

（3）下属生病时。不管平常多么强壮的人，当身体不适时，心灵总是特别脆弱。

（4）为家人担心时。家中有人生病，或是为小孩的教育等烦恼时，心灵总是较为脆弱。

这些情形都会促使下属的情绪低落，所以适时的慰藉、忠告、援助等，会比平常更容易抓住下属的心。因此，要做一名深得人心的领导者，一方面，要注意经常收集下属个人资料，然后熟记于心；另一方面，领导者要注意及早察觉下属的心理状态。

赋予员工主人身份

关心员工的根本途径在于解决员工与公司的关系。如果只是单纯的雇佣关系，关心员工那只能是对薪酬及待遇的情感补充，并不能从根本上解决员工与公司之间的距离感。

戴夫·帕卡德，1912 年出生于美国科罗拉多州的普韦布洛。1936 年与比尔·休利特一起创立了休利特—帕卡德公司，即惠普公司。他们当时工作的车库后来被确立为硅谷发祥地的纪念标志。惠普公司经过几十年的发展，成为生产计算机与电子产品的国际性大公司。

到 20 世纪 40 年代末，惠普公司的资产已接近千万大关，成了硅谷中的明星企业。1959 年，正当惠普公司在帕卡德领导下蒸蒸日上时，他注意到公司员工的热情似乎不高，这是为什么呢？帕卡德对此有些迷惑不解。

惠普公司的股票 1957 年公开上市以来，股价节节攀升，成为华尔街的宠儿，难道在这样的公司工作还有什么怨言吗？当帕卡德婉转地问公司的一名检测人员时，这位员工告诉他："是的，我的确为在这样的一个大公司工作感到自豪。但是，作为一名员工我却并没有感到是企业的主人。工薪的确在上升，但老板还是老板，伙计还是伙计。"

听了这一席话，帕卡德陷入了深思。应该让大家都成为公司的主人，这样工作起来才会齐心协力把公司搞好。第二天，帕卡德在公司主持的记者招待会上正式宣布，惠普公司为调动员工的积极性，为把公司发展的巨大利益也分配到辛勤工作的员工那里，将推行职工持股计划。这就是后来风靡美国的 ESOP（职工持股计划）。

帕卡德把公司股票分阶段按工作时间分给职工。职工作为公司主人，立即面貌一新，惠普公司销售、生产各方面均呈现出一派新的气象。

解决员工与公司的本质关系，唯一出路就是赋予员工主人身份。惠普公司的目标总是一再修订，但公司宗旨从未改变，并且每次都得到重申。公司文化手册的开头一直是："组织之成就乃系每位同仁个人共同努力之结果……所有员工皆为本公司的主人。"

惠普公司首创并推行"职工持股计划"，从根本上改变了过去那种老板—伙计的劳资关系，使员工成为老板的合伙人，可以参与企业发展的利润分配，从而建立起员工与企业间休戚与共的紧密联系、俱荣俱损的共生关系，这种举措的激励作用可想而知，影响非常巨大。

阿里巴巴集团董事局主席马云曾说，优秀的领导者绝不是依靠股份多少来控制公司，而是以卓越领导力来领导公司。每一个管理者都要懂得财散人聚、财聚人散的道理，将公司的利益适当让渡给员工，既提升了员工收入水平，又促使员工产生主人翁之感，一举两得。这样的公司必然能够从员工那里获得非同寻常的忠诚度，从而使企业充满活力，获得竞争优势。

在细节上注重感情投资

有许多身居高位的大人物，会记得只见过一两次面的下属的名字，在电梯中或门口遇见时，点头微笑之余，叫出下属的名字，会令下属受宠若惊。富有人情味的上司必能获得下属的衷心拥戴。有人说："世界上没有无缘无故的爱。"上司对下属的一切感情投资，都应作如是观。

吴起是战国时期著名的军事家，他在担任魏军统帅时，与士卒同甘共苦，深受下层士兵的拥戴。

有一次，一个士兵身上长了个脓疮，作为一军统帅的吴起，竟然亲自用嘴为士兵吸吮脓血，全军上下无不感动，而这个士兵的母亲得知这个消息时却哭了。有人奇怪地问道："你的儿子不过是小小的兵卒，将军亲自为他吸脓疮，你为什么哭呢？你儿子能得到将军的厚爱，这是你家的福气哪！"

这位母亲哭诉道："这哪里是在爱我的儿子呀，分明是让我儿子为他卖命。想当初吴将军也曾为孩子的父亲吸脓血，结果打仗时，他父亲格外卖力，冲锋在前，终于战死沙场；现在他又这样对待我的儿子，看来这孩子也活不长了！"

人非草木，孰能无情，有了这样"爱兵如子"的统帅，部下能不尽心竭力，效命疆场吗？作为上司，只有和下属搞好关系，赢得下属的拥戴，才能调动起下属的积极性，从而促使他们尽心尽力地工作。俗话说"将心比心"，你想要别人怎样对待自己，那么自己就要先那样对待别人。只有先付出爱和真情，才能收到一呼百应的效果。

日本著名的企业家松下幸之助就是一个注重感情投资的人，他曾说过："最失败的领导，就是那种员工一看见你，就像鱼一样没命地逃开的领导。"他每次看见辛勤工作的员工，都要亲自上前为其沏上一杯茶，并充满感激地说："太感谢了，你辛苦了，请喝杯茶吧！"正因为在这些小事上松下幸之助都不忘表达出对下属的爱和关怀，所以他获得了员工们一致的拥戴，他们都心甘情愿地为他效力。

一般来说，对下属体贴入微的态度，能给下属最大的满足，甚至会使他们产生受宠若惊的感觉，因而感恩戴德，更加忠心耿耿地为其效劳。

比如，现代人都习惯祝贺生日，生日这一天，一般都是家人或知心朋友在一起庆祝，聪明的上司则会"见缝插针"，使自己成为庆祝的一员。

给下属庆祝生日，可以发点奖金、买个蛋糕、请顿饭甚至送一束花，效果都很好，乘机献上几句赞扬和助兴的话，更能起到锦上添花的效果。

如果一位普普通通的下属住院了，上司亲自去探望时，说出了心里话："平时你在的时候感觉不出来你做了多少贡献，现在没有你在岗上，就感觉工作没了头绪、慌了手脚。安心把病养好！"

体贴入微是上司发挥影响力的重要手段，有时几句动情的话语、几滴伤心的眼泪往往比高官厚禄更能打动下属的心。

管理上践行大家庭主义

成功企业在管理中十分重视人际关系的和谐，把提高员工的归属感作为重要的管理策略，依照大家庭主义来经营企业。如，索尼的家庭观念、摩托罗拉的以人为本等，都在努力营造企业的"家庭"氛围，改善企业内部、团队内部的人际关系，协调和消除各种人际冲突，提高人际关系的和谐度。优秀的企业都非常注重员工的精神生活和情感感受。

稻盛和夫在刚开始创立企业的时候，是由于与所在公司的上司之间出现意见不合决定辞职进而自己出来创业的，所以共同创业的伙伴们向他进言道：既然你现在已经能够随心所欲、按照自己的意愿来做研发了，不如把"将稻盛和夫的技术昭示天下"的信念作为新公司的创业理念吧！所以，他将"将稻盛和夫的技术昭示天下"作为公司的创业理念。

公司在成立的第一年就实现了赢利。然而，在创业第二年，进入公司的 11 名高中学历员工突然集体向公司发难，他们甚至提交了按着各人血手印的请愿书，要求公司为他们未来在公司的升职与奖酬做出承诺，如果公司拒绝他们的要求，那么他们就将集体辞职。稻盛和夫为此对他们进行了三天三夜的说服工作。这场风波虽然最终平息了之后，稻盛和夫感受到了巨大的重负。

他明白虽然他自己是想把公司当作是"将稻盛和夫的技术昭示天下"的舞台，但是对那些新员工而言，公司只不过是一个让自身能够得以谋生的地方。他开始思考企业应该怎样看待员工。在经过一段时间的迷惘和苦恼之后，他终于意识到，经营企业的真正目的不能仅仅是为了实现自己作为一个企业家的梦想，而是要照料好企业员工与他们家人的生活，要依照大家庭主义来经营企业。

从那以后，他抛弃了要"将稻盛和夫的技术昭示天下"的初衷，而将经营方式转变为依照大家庭主义来经营企业。在确认这个经营方式之后，那些一直困扰在他心头的迷雾也一扫而清。从那时开始，公司里很少有懒惰懈怠的员工，员工都变得积极、主动，充满活力。

稻盛和夫的成功充分证明了大家庭主义管理理念的正确性，这值得其他管理者借鉴和学习。其实，无论是企业的经营思想，还是组织的规章制度，特别是激励与约束机制，都应以员工为核心，实行人本管理。有人以为这说起来容易，做起来难，事实并非如此。

"大家庭主义"建设的关键在于企业决策者的经营动机和长远战略目标。如果把员工当作企业主人，把企业的前途与员工的个人命运看成是一个有机统一体，那么企业不仅能长远发展下去，而且还会激发员工的智慧和热情，产生一种不可阻挡的力量。构建和谐大家庭，既要努力形成和谐的人际关系，也要积极创造充满活力的环境。

只有充分调动企业员工的积极性、主动性、创造性，让他们的聪明才智得以发挥、人生价值得以体现，才能在更高层次上实现和谐；只有建立健全化解矛盾、解决问题的机制，妥善协调各方面关系，才能把和谐大家庭建设提高到一个新水平；只有广大员工始终保持与时俱进、昂扬向上、奋发有为的精神状态，才能在不断开创工作的新局面中促进和谐，在不断促进和谐中推动事业发展。大家庭主义能够实现双赢：员工获得归属感，企业获得了忠诚度。

员工是最需要感谢的人

作为企业的领导，也许你会感谢经销商、供货商，感谢生意场上帮助过自己的朋友，感谢自己的顾客上帝，但是很少会有人想到感谢一下自己真正的衣食父母——员工。

曾经有这样一篇报道：

某个体汽修厂负责人责令两名员工在寒冷冬夜里脱光衣服互相殴打，致使一名员工死亡。事情的起因是汽修厂员工张某和钱某在修理客户汽车时不小心将车门上一块玻璃打碎了。企业负责人知道后火冒三丈，强迫张某和钱某光着身子在院子里互相殴打，并不断往二人身上泼热水。

这位狠心的老板命令他们："谁打赢了谁才能回屋穿衣服！"迫于老板的淫威，两人打了起来。张某被钱某打倒在地后，老板又用棍子朝张某身上抽打，随后又逼张某在屋外站着。当日夜里，张某浑身抽搐，嘴唇发紫，口吐白沫，不幸猝死。当地法院作出判决，个体老板犯故意伤害罪，判处死刑；钱某系胁从犯，判处有期徒刑三年。

虽然像案例中这样毫无人性、残暴变态的老板不多，但是对员工缺乏感恩之心的老板为数不少，他们完全把自己当成了员工的"救世主"，而把员工视为可任意欺侮、践踏、盘剥的对象，于是总以高高在上的态度去对待员工。

但凡这样的企业，是绝不会有前途的，因为没有人愿死心塌地为冷血企业去卖命。员工是企业最重要的合作伙伴，没有了员工的忠诚，企业要想发展壮大，其可能性不言而喻。所以一个企业能否诚信于员工、是否感恩于员工是它发展壮大的重要因素。

相比不懂感恩员工的老板，杭州某公司老板李某的行为让人感动。

当他得知自己的员工身患绝症的时候，没有袖手旁观，而是为员工付清了所有治疗费，不惜投入巨资挽救绝症员工生命，也正是感恩于员工的具体表现。

当别人非常质疑地问他"你一个私营企业老板，有必要为一个打工仔付出那么多吗"的时候，李某道出了自己的心声："他们是企业最宝贵的财富，为公司发展立下了汗马功劳。"

显而易见，李某并不是把自己看成企业的主宰，而是认为，是员工们的汗马功劳促成了企业的发展壮大，因而把员工视为促进企业兴旺发达的财富。

事实也是如此，员工的汗马功劳才是企业生存发展的命脉，如果不是员工们把企业当成自己的事业那样真诚地付出，如果没有员工们同甘共苦地挥洒血汗，企业就不可能有财富创造与积累，也就不会做大做强。那么，稍有理性和良知的企业家及凡是希望前程广阔的企业，随时对员工抱以感恩态度，也就是理所当然的。

总之，员工和企业血脉相连。机遇不单单垂青有准备的人，更垂青有爱心的人、有感恩之心的人。企业只有把员工当成宝贵财富，员工才能为企业不遗余力地创造财富；企业只有对员工多加珍惜，常抱感恩情怀，并以具体行动向员工感恩，员工才能以主人翁的姿态回报企业。

一座气势宏伟的大厦是由一块块坚固的砖堆砌而成的，同样，一个好的企业是由一个个优秀的员工组成的。员工的每一个行为都影响着企业的生存发展。作为一个企业，需要通过员工的共同努力去实现最终目标，所以一定要感谢员工，而不是要员工来感谢你。

柔性管理的 4 种方式

关心员工需要实行柔性管理。柔性管理的实施方式主要有以下 4 种，即柔性组织保障、成员参与职能管理、激励方式的艺术性和组织文化的运作。

1. 柔性组织保障

实施柔性管理首先要有与之相适应的柔性组织作为保障。传统组织理论强调组织规模与组织结构的程式化，是一种矩阵型的刚性组织。这种组织结构复杂，部门划分过细，信息传递缓慢，在决策上实行集权管理，灵活性小。针对这种情况，20世纪 60 年代以来，西方组织理论提出了"柔性组织"概念，得到企业界的广泛认可。柔性组织要求组织机构设置精简、灵活，有分工但不呆板，重效率而不讲形式。

世界上成功的企业没有一家实行矩阵型的刚性组织。

领导班子的精简对于柔性组织非常重要。其一，通过精简高层、减少中层，使权力由原来的中高层逐步分散于整个组织，分散于多数人之中。这不仅扩大了管理幅度，也增强了组织的灵活性。其二，劳动分工强调扩大工作范围，使工作丰富化，让每个成员发挥多种能力，使他们的工作更富挑战性和独立性，从而增强成员的自豪感和成就感。其三，柔性组织根据需要灵活设置，形式多种多样。如可根据客观环境设立战略经营单位；以完成某项任务（如开发新产品）为中心，设立机动项目组织等。

2. 成员参与职能管理

成员参与职能管理作为柔性管理方式之一被许多组织采用。参与管理的具体形式有三类：一是咨询。即成员对组织的运营提出意见和建议，这是参与管理的低级形式。二是参与管理。成员直接参加到管理机构中去。他们不仅有建议权，而且还有部分决定权和监督权。如在日本，约有70%的企业工会以多种形式参与董事会，他们与企业高层管理者共同研讨企业经营方针、事业计划和海外投资活动等。三是自主管理。在自主管理中，成员在划定的职权范围内有较大的自主权和决定权。对一些有法律、协议规定的事项，如操作流程、安全、保健等，成员有完全控制权。

许多企业的员工在长期的实践中，创造了许多行之有效的自主管理形式：一是质量管理小组。由员工自愿组成的质量管理小组，经常结合操作实践，举行定期和不定期的质量控制分析讨论，相互交流经验，集体攻关。据统计，在日本企业中约有90%的员工参加了质量管理小组。二是开展以员工自我完善、消除缺点为主的无缺点运动。三是目标管理。员工根据企业目标，自行制定个人目标。员工在达到目标后还参与成果评定工作。这种方式在欧美企业和日本企业中均十分普遍。参与管理的优点在于它增加了"柔"性成分，较多地考虑了执行者的意见和想法。

研究表明，当组织成员参与和他们工作有关的决策时，在执行决策时会给予更多的合作和支持；相反，成员对于管理者强加的决定，执行起来缺乏热情，甚至出现对抗。

3. 激励方式的艺术性

在柔性管理方式下的激励有两个特点：一是主要通过满足成员的高层需要（自我实现、成就感等）来达到激励效果；二是特别讲究激励方式的艺术性。激励有物质激励和精神激励两类，但柔性管理更多地强调精神激励。

精神激励方式丰富多样，远远超过单一的金钱激励方式。给成员以表扬、光荣称号、象征荣誉的奖品、奖章等，都是对成员贡献的公开承认，或满足人的自尊等高层需要。如IBM公司设有"100%俱乐部"，每当有业务代表超额完成销售额时，他就被批准成为这一俱乐部的成员，他和家人将被邀请出席隆重的集会，获得极大的心理满足。

运用激励艺术，需注意以下问题：

（1）激励必须及时。现代心理学的研究表明，及时激励的有效度为80％，而滞后激励的有效度仅为7％。

（2）激励面要广。传统的激励仅把极少数人树立为"组织英雄"，长期采用此法，会使广大成员觉得奖励是极少数人的事情而漠不关心，甚至会产生孤立"英雄"的逆反心理。因此，科学的激励方法是缩小奖项，扩大受奖面，多设集体奖，少设个人奖，要特别注意对成员的小小进步也要给予及时的鼓励和强化。日本电气公司老板就是一位著名的柔性管理专家，他在公司设立的奖项有30余种，而且还规定每年保证80％的员工受到奖励。

（3）激励要因人而异。要根据不同成员的个性、心理特征，采用相应的激励方式，如对女性成员要采用与男性成员截然不同的激励方式。

（4）重视过程激励。不仅表扬那些做出优异成绩者，也要表扬那些尚未成功的努力者，特别是虽遭受挫折但毫不气馁的奋斗者。

（5）给激励注入真情。管理者的赞扬只要确实出于真心，哪怕只是一个眼神、一句话、几个字都会收到意想不到的效果。特别是当成员对自身还缺乏足够的自信时，往往谨言慎行，这时来自管理者的真诚赞美和鼓励，必然会产生极大的激励作用。

4. 组织文化的运作

组织文化是指组织全体成员所共同拥有的价值体系。作为一种柔性管理方式，其运作方式有以下几种：

其一，构建共同的价值观和精神口号，以对成员实现内化控制。共同的价值观是组织的灵魂，具有统帅全局的战略意义和重要作用。精神口号是价值观的简明概括。通过共同价值观和精神口号的广为传播和渗透，使成员感到按某种价值观办事理应如此，如果违反这种价值观，便产生内疚和不安。社会学家认为，内化控制是控制行为、更正偏差的最有效的方式。

其二，培养忠诚感，增强群体凝聚力。在组织文化建设中，组织可通过组织的历史的展览、组织庆典、组织英雄介绍等方式培养成员的自豪感和对组织的忠诚度，增强群体向心力。管理者对成员婚丧嫁娶等生活的关心，也会从情感上增强群体凝聚力。

其三，组织文化可促进成员的相互交流，有利于信息的传递、应用，并能利用这些信息产生更多的信息，从而实现更多的信息交流、信息共享。

/第4章/
批评员工的绝招

批评之前先要肯定

批评是对事物或者人加以分析比较，评定其是非优劣。批评给人的第一印象便是严厉、苛刻的贬义词。我们大多数人总是反映出其消极的一面，却忽略了其积极的一面。我们所缺少的正是一种正确的、积极的态度。只要用对方式，我们就能看到其上进的、有效的另一面。

美国玫琳·凯化妆品公司在初建时只有9个人，今天，该公司已经发展成为拥有几十万名员工的国际性大公司。它的创办人玫琳·凯被人们称为"美国企业界最成功的人士之一"。

玫琳·凯一直严格地遵循着这样一个基本原则：无论批评员工什么事情，必须找出一点值得表扬的事情留在批评之前和批评之后说，而绝不可只批评不表扬。

玫琳·凯说："批评应对事不对人。在批评员工前，要先设法表扬一番；在批评后，再设法表扬一番。总之，应力争用一种友好的气氛开始和结束谈话。"

有一次，她的一名女秘书调离别处，接任的是一位刚刚毕业的女大学生。新来的女大学生打字总是不注意标点符号，令玫琳·凯很苦恼。有一天，玫琳·凯对她说："你今天穿了这样一套漂亮的衣服，更显示了你的美丽大方。"

那位女秘书突然听到老板对她的称赞，受宠若惊。玫琳·凯于是接着说："尤其是你这排纽扣，点缀得恰到好处。所以我要告诉你，文章中的标点符号，就如同衣服上的扣子一样，注意了它的作用，文章才会易懂并条理清楚。你很聪明，相信你以后一定会更加注意这方面的！"

从那以后，那个女孩做事明显地变得有条理了，也不再那么马虎，一个月后，她的工作基本上能令玫琳·凯满意了。

从上述案例可以看出，批评也是一门艺术，那么如何批评下属呢？不妨采用以下方式。

1. 公开表扬，私下批评

人都是爱面子的，如果领导在公开场合批评员工就会让其感觉非常没有面子。严重地，会导致员工和领导关系紧张。其实员工在听取领导对其批评时，更多的是关注其他同事对自己的看法，会无视领导的批评。

在众多员工面前批评一位员工，不但会打击士气，更会打击人心。这样只会让员工对领导产生看法，认为其只会批评人，不会反省自己。这样员工的战斗力就会非常低。

表扬可以形成文件的形式来表扬员工，而批评只需要一个电话就足够了，这样既能够尊重被批评的人，也能促使被批评人反省自己的缺点。

2. 明修栈道，暗渡陈仓

这个典故相信很多的人都听说过，领导在批评员工时也可以采用这种方式来进行。避开与员工正面交锋，通过间接的途径来提醒员工，同样能够达到批评的效果。

有一次，一个企业举办了一个大型的活动，邀请了很多有名的专家，而活动的策划者（第一次策划活动）由于工作的疏忽没能将桌签（与会专家的姓名台卡）带到会场，而会议再有10分钟就要开始了，恰巧这个企业老总在会议的前一天晚上最后一个离开办公室时看到了留在办公室上的桌签，于是就将其收好，放到自己的车的后备箱里，第二天带到会场来了。

就在该策划者准备到商务中心打印时，老总将桌签递了过去，并对其笑着说：我现在是跟班的了，下次可要注意了。从此以后该员工再也没有犯过类似错误，并且后来的两年中多次为企业策划出重要的具有影响力的活动，取得了很好的业绩，后来被提升为营销总监。

3. 促其反省，留有余地

我们常见到画家画花时常常画一枝，而不是全部，也会在花枝上添上一只小鸟，让人品味其中意境。诗人写诗同样如此，寥寥数字就能将一幅画面展现在我们眼前，表达出言有尽而意无穷的效果来。所以，要善于让员工自己反省。领导批评员工，要点到为止，让其去思考、想象和自我审察。

批评不是目的，只是手段，促使员工更好地工作才是管理的终极目标。因此，管理者要想方设法提高批评的艺术性，使批评更能产生效果。管理者一定要注意批评的方法，正确的方法能够促进员工的工作积极性提高，不好的方法会使员工的积极性下降。在企业里表扬的声音一定要远远大于批评的声音，企业才能够散发出人性的光辉，企业的绩效才能提高。

实现批评增效的 5 种方法

电视剧《西游记》中，在孙悟空保护唐僧取经的过程中，佛祖曾说过三句话："你这泼猴，一路以来不辞艰辛保护师傅西天取经。""这次何故弃师独回花果山，不信不义。""去吧，我相信你定能发扬光大，保护师傅取得真经。"三句之中，褒中有贬，既肯定了孙悟空保护唐僧的所作所为，又批评了他的不信不义，最后提出目标和期望，恰到好处地激励了孙悟空。

批评的艺术从中可见一斑：一味地批评只会使下属的士气低落，而只给予表扬从不批评也只能使下属心生傲气，要想使批评实现增效，达到管理目的，必须采用多种方法。

某企业老板鉴于给大客户提供的产品质量合格率下降的情况，找到生产部门的相关负责人谈话。以下为谈话内容："以前产品质量合格率都在 98.7％以上，而且公司以你为榜样。但是，近来大客户的三个大订单都只有 80％的合格率，这种合格率将使客户抛弃我们。这些客户虽然现在只占我们 10％的销售额，但在未来的半年之内，可能会增加到 30％，甚至达到公司整个销售额的半壁江山。因此，如果这些客户抓不住的话，两年以后，公司的整体销售额可能只能维持在今天的状况，而且没有其他的新的客户。所以，我希望你回去好好检讨一下，为什么质量合格率会这么低。我相信，以你从前的那种精神和作风狠抓质量，合格率一定会上升的。"这个负责人听后，表示立即改进。从此以后，产品的质量得到了提升，也有了很多新的客户。

案例中的老板既没有呵斥也没有责骂，却实现了批评的良好效果。这种批评艺术值得借鉴。批评既要能使员工认识到错误，又不能挫伤积极性，可供选择的方法有以下几种：

1. 三明治式批评

所谓"三明治"式批评，是指对某个人先表扬、再批评、接着再表扬的一种批评方式。由于这种批评方式并不是一味地采取批评的手段，而是在两层厚厚的表扬之间夹杂着批评，因此被称为"三明治"式的批评。

2. 必要的斥责与处分

必要的斥责与处分和"三明治"式的批评有点类似，两者的区别在于：前者把如何进行有效批评的方式及步骤详细地列了出来，为具体运用提供了工具，而后者只是简要复述一下，指出起激励作用的批评方式的思路。

3. 可控前提的岗位轮换

很多人只是强调自身的利益而忽视其他部门与公司整体的利益，因此，在可控前提下的岗位轮换，对于增进部门间的相互了解和理解、促进部门间合作，都有一定的积极作用。那么，什么时候应该对员工进行岗位轮换呢？当有一方自以为是，不顾上下游困难时，可以对其进行岗位轮换。而所谓的可控前提，就是确保换岗后绩效不会明显下滑。另外，还要注意轮岗后员工的心态变化与业绩的进步。

4. 给员工明升暗降的闲职

什么时候要给员工明升暗降的闲职呢？有以下两种情况：

（1）员工不执行决策或者执行不力时。这种情况常发生在正确的决策不能有效实施和传递的时候。比如，公司实行新的薪酬考核制度，将部门整体工资发给部长，具体每人的收入由部长自己来决定。有的部门的部长并不满意这种状况，不愿意执行公司的这一决定。这时，就可以考虑采取明升暗降的方式，给他一个闲职，找真正有执行力的人来做他的职位。

（2）员工能力有限，却还不断抵御新事物时。有的员工尽管经验丰富却不愿意接受新事物，而公司的发展往往离不开不断学习；况且，市场环境在不断地发生变化，不进则退，因此，不愿意接受新事物的员工将不利于公司的发展。这个时候，也可以采取明升暗降的方式，给他找一个闲职。

5. 适当打击员工的过分自信

当员工过分自信，从而影响到本部门其他员工，以及部门之间的合作时，就应当采取一些方法打消他们过分的自信。具体可以参考下列 4 种方法：

（1）让他犯一个可以弥补的错误。有些人不犯错误是认识不到自己的不足的，对于这类过分自信的人，就要给予他犯错误的"机会"。但是，打击终归不是目的，因此，这个错误还不能是致命的错误，而是一个可以弥补的错误，这样他就会将功赎罪，想办法弥补。

（2）想办法让他承担不是错误的错误，有的时候，不想给过分自信的员工"没事找事"，那就让他承担一些不是他的错误的错误，让他从这些不得不承担的错误中感受挫败感。

（3）借用第三方力量给予打击。作为过分自信员工的直接上级，对他的威慑力不够的时候，也可以借助第三方来打击他。比如，可以通过更高的上级，或者借用客户的力量。

（4）安排难度较大的工作给他。过分自信的人通常妄自尊大，其心里认为，自己的能力超过其他任何人。因此，对症下药的方法就是安排难度较大的工作给他，让他意识到自己的能力也是有限的。

批评应遵循的 5 个原则

批评作为最常见的管理现象之一，一定要慎重对待。批评具有两面性，正确的批评方法能实现激励作用，而低劣的批评方法却能为管理招致灾祸。因此，领导批评下属，不能胡乱地予以评判与批评，而应当具有原则性。这些原则性包括：

1. 即时性

如果违规与训导之间的时间间隔延长，则会减弱训导活动的效果。在过失之后，越迅速地进行训导，下属越容易将训导与自己的错误联系在一起，而不是将训导与你——训导的实施者联系在一起。因此，一旦发现违规，应尽可能迅速地开展训导工作。

管理者如果不及时训导，错误的事将会接二连三地出现。这是因为管理者对错误的漠视就等于告诉其他的人，不管工作成绩或做事态度如何，其都不会在乎。这会造成的结果是：团队中的错误接二连三。巴顿将军曾劝告别人，对犯错者应该立即责备；他自己的部下每逢犯错，他会立即让他知道。畅销书《一分钟经理人》中建议：要在错误发生后立即加以责备，你要明白指出他们错在哪里，用坚定的口气告诉他们。

2. 事先警告

作为管理者，在进行正式的训导活动之前有义务事先给予警告。也就是说必须首先让下属了解到组织的规章制度并接受组织的行为准则。如果下属得到了明确的警告哪些行为会招致惩罚，并且知道会有什么样的惩罚时，他们更有可能认为训导活动是公正的。

3. 一致性

公平地对待下属，要求训导活动具有一致性。如果管理者以不一致的方式处理违规，则会丧失规章制度的效力，降低下属的工作士气，下属对管理者的工作能力也会发生怀疑。另外，下属的不安全感也会使生产力受到影响。每个下属都知道许可行为和不许可行为之间的界线，并会以管理者的行为举止作为指南。

需要说明的是，一致性并不是说对待每一个人完全相同，这忽略了环境因素的影响。但是，当训导活动对不同下属显得不一致时，管理者有责任给训导活动提供清晰的解释。

某合资企业制定了严格的规章制度，但在第一次实施中就遇到了难题。一位中方女员工由于本人的疏忽，给公司造成了损失。按规定应该惩罚，但中方管理人员战战兢兢，不敢决断，因为那位女员工是外方经理的妻子。在中国文化中，人情重于原则，主管人员觉得实在难以拿经理妻子"开刀"。但如果不处罚，以后员工就不会服从——员工本来就觉得这种铁面无私的规章是摆门面的，如果真的实施起来，会得罪人的。在人情与原则的冲突中，主管把情况汇报给经理，没想到经理对他汇报这件事感到很惊讶："这么简单的一件事，你直接按规章办不就可以了吗？不用请示我了。"主管如释重负地走出了经理办公室。

4. 对事不对人

美国著名管理学家斯蒂芬·罗宾斯一再强调，训导应对事不对人。尽管这个道理听起来很简单，但事实上，很多管理者都忽略了。成功的训导只针对具体的行为，而不是针对个人。训导应该是具体的而不是泛泛的。管理者应该避免这样的评论，如"你的态度太糟糕了"。这样的评论太含糊了，没有给下属提供足够的信息去纠正"糟糕的态度"。

训导应该着重描述事实而不是判断或评价。无论管理者怎样心烦，训导也应该只针对工作，而不要针对个人。批评下属"笨"、"不够资格"等等只能起反作用。这样的训导会伤害下属的感情，以至于下属忽略了绩效的问题。他们只会对管理者心生怨恨，进而影响工作。

5. 要选择员工可以自己控制的行为进行批评

如果下属无能为力，训导就起不到什么作用。因此，训导要针对下属可以改善的行为。例如，如果一个下属忘了上闹钟，所以迟到了，你就可以批评他。但是迟到的原因是因为坐的地铁突然停电，他在地下被困了半个小时，这时批评他是没有意义的。因为下属无法控制这类事情的发生。

把握好批评的 8 点要求

某企业家在接受媒体采访时说，每次批评下属之前，其都会在心中默念有关批评的 8 点要求。他承认，批评他人是一件特别容易让自己、让对方上火的事情，因此在批评之前先要冷静地筹划好批评这件事，对于实现批评效果非常重要。这 8 点要求分别是：

（1）批评前弄清事实。弄清事实是正确批评的基础。有些管理者一时激动就不分青红皂白对下属进行批评，而忽略了对客观事件本身进行全方位的调查。

（2）考虑妥当的批评方式。批评的方式有很多种，这就需要管理者根据具体的当事人和事件进行选择。比如，性格内向的人对别人的评价非常敏感，可以采用以鼓励为主、委婉的批评方式；对于生性固执或自我感觉良好的员工，可以直白地告诉他犯了什么错误，以期对他有所警醒。另外，对于严重的错误，要采取正式的、公开的批评方式；对于轻微的错误，则可以私下里点到为止。

（3）尊重下属。尽管有时管理者的批评未必会有切肤之痛的深刻，但能从尊重下属出发，对其工作的积极性有非常重要的作用。

（4）情真意切。批评下属切忌故作姿态、冷嘲热讽，甚至恶语相伤，中国有句古话叫"良言一句三冬暖，恶语伤人六月寒"，因此，管理者的批评必须是善意的，而非恶意的；是激励、鞭策，而不是打击、贬损；是维护人格的尊严，而不是辱没人格；是爱而不是恨！是藏在严峻的外表下深沉的炽热的爱，如果说是恨，那也是"恨铁不成钢，恨木不成材"的恨，而不是憎恨，因此，要选择恰当的语言和表达方式。

（5）批评时问清下属犯错原因。虽然管理者可能自认为已经清楚地了解了事件的客观真相，但在批评时还是要认真地倾听下属对事件的解释。这样做有助于管理者了解下属是否已经清楚了自己的错误，也有利于管理者进行进一步的批评。有意思的是，下属往往会告诉管理者一些管理者可能并不清楚的真相。如果管理者没有办法证实这些问题，则应立即结束批评，做进一步的调查了解。

（6）不要大发脾气。有可能下属所犯的错误令管理者非常生气，但管理者千万不要在批评时大发脾气。这样做的后果是管理者会在下属面前失去自己的威信，并且给下属造成对他有成见的感觉。

（7）尽量对事不对人。虽说事情都是人做的，但在批评下属时，还是要尽量对事不对人。这样做也是为了防止让下属认为管理者对他有成见。"对事不对人"不仅容易使下属客观地评价自己的问题，让下属心服口服；它的重要意义还在于这样可以在部门内部形成一个公平竞争的环境，使下属不会产生为了自己的利益去溜须拍马的想法。

（8）不要威胁下属。威胁下属容易让下属产生"仗势欺人"的感觉，同时难免会造成管理者与下属的对立。这种对立会极大地损伤部门内部的团结和合作。如果下属感觉到自己的尊严和人格受到了侮辱，很难想象他能再全心全意地为公司工作。在下属认识到自己的错误后，管理者应该尽快结束批评。过多的批评会让下属感到厌烦。另外，管理者不应该经常将下属的某个错误挂在嘴边上，喋喋不休地反复唠叨。

需要提醒管理者的是，如果在批评时下属有抵触情绪，在批评后的几天之内，管理者应该找下属再谈谈心，消除下属可能产生的误解；如果批评后，下属还没有改正错误，要认真地分析他继续犯错的原因，而不应盲目地再次批评。

实际上，沟通是解决问题的最佳方法。大多数的错误不是由下属主观引起的，可能是多种因素的综合结果。管理者在批评下属时，也要认真地反省自己应该承担的责任。一味地批评别人，而不反省自己的错误，也是许多管理者的通病。管理者在面对下属时要慎言，尤其是批评时，要言简意赅，不要说无关本事的话。

领导者批评下属 10 诫

一位员工在受到部门主管批评之后立即递交辞职报告，并且是越级提交，本该是提交给部门总监的，他直接提交给了董事长。辞职的唯一原因就是他的主管侮辱了他的人格，在辞职报告中，他详细描述了主管与他的全部对话。董事长很重视这个事情，责令总经理亲自调查。调查结果显示，这个员工所言属实，该部门主管被降职。

从这个事情可以看出，如果批评不当，可能会引火上身。批评和表扬一样同属于一种激励方法，其目的是为了限制、制止和纠正某些不正确的行为，预防类似的问题再出现。批评是为了帮助下属认识并改正错误，重新回到正确的轨道上来。因此，作为领导者，必须学习研究这门领导艺术，讲究批评方法，增强批评实效。

一忌怒发冲冠。通常情况下，当下属有了缺点和毛病或犯了错误时，作为领导者既生气又着急，这在情理之中。此时要注意克制情绪，绝不能大发雷霆、拍桌子摔凳子、吹胡子瞪眼睛。否则，不但达不到批评目的，反而引起被批评者不满，会因领导者对被批评者的人格不尊重而产生对立情绪，适得其反。

二忌恶语伤人。批评时要心平气和地摆事实、讲道理，循循善诱，含蓄蕴藉，而不要幸灾乐祸，故意挑剔，更不能尖酸刻薄、讽刺挖苦、满口脏话、侮辱人格，或拿对方的过失当话柄和笑料，让对方产生逆反心理。

三忌全盘否定。对犯有错误的下属的错误行为，要恰如其分地指出来，是什么性质就说什么性质，有多少就说多少，不能夸大其辞，否定一切。忌用"不可救药"、"朽木不可雕"之类言语，让对方看不到任何希望。

四忌以权压人。领导者有权对下属进行批评，纠正下级的错误，但不能依仗权势来压制下属，居高临下，盛气凌人。说"我不听你解释，都是你的错，你不服不行"，甚至说"你这是目无领导"等等，或以处分、撤职和调动工作来威胁，采用这种压服的手段，往往越压越不服。

五忌重翻旧账。批评应针对当前所发生的问题，就事论事，帮助下属提高认识，改正错误，做好思想工作，不应把过去发生的问题和已经处理完的拉扯出来。这种翻老账式的批评很伤下属的自尊心，也是做领导的一大忌。

六忌不顾场合。对下属所犯的错误一般不要当众批评，特别是不要当着他的下级的面批评。别人在场批评时会增加他的心理负担，会使他面子上过不去，因此在批评下属时，一定要注意场合，不能随心所欲，张口就来。

七忌推卸责任。下属有了缺点，常常与领导平时教育有关，即使是完全由当事人负责的问题，领导者也应负教育不够、领导不力的责任。所以当下属犯了错误时，在批评当事人的同时，合情合理地承担责任揽些过错，这样批评才有说服力。

八忌不分对象。由于一个人的阅历、环境、知识、性格特征等不同，其行为举止、道德修养也不完全一样，接受批评的态度和方式也迥然不同，这就要求领导者根据批评对象的不同特点，采用不同的批评方式，具体问题具体分析，不能穿新鞋走老路，要对症下药。

九忌没完没了。对下属的批评不能单靠数量来取胜。即使是好话，被说上好几遍之后，也会令听者生厌的，更何况还是逆耳之言。一次批评能起效果的就适可而止，无休无止地唠唠叨叨只会适得其反。

十忌不许抱怨。对下属批评之后，要求其全盘接受，不许其有一丝的抱怨，这样久而久之，就会积怨越来越深，对双方来说都非常的不利。

批评要因人而异

批评与其他领导方法一样，也是领导开展工作的手段之一。其目的就是为了限制、制止或纠正下属的一些不正确的行为。"真诚的赞美使人愉悦，真诚的批评则能够催人奋进"。领导者要管理好自己的下属，就要掌握正确的批评艺术。

其中需要掌握的一个重要原则就是批评人要懂得因人而异，针对不同的下属，采取适宜的方法，这样既可以达到批评的效果，又不至于伤了领导者和下属之间的和气。具体来说，领导者在批评下属时，应当分清不同类型的下属，因人而异，才能取得满意的效果。

1. 职业情况

不同行业有不同行业的批评要求；同一行业，不同工种、不同职务级别有不同的批评艺术。对工作成熟和初学者，对担任领导工作的下属和一般工作人员的批评也是不一样的。一般说来，随着下属工作熟练程度和行政级别的提高，要求应该越来越严格，虽然方式各有不同。

2. 年龄情况

对不同年龄的人的批评是有差别的。对年长的人，一般应用商讨的语言；对同龄人，就可以自由一些，毕竟彼此共同的地方多一些；对年少的下属，就应适当增加一些开导的语句，以使其印象深刻。并且，批评时的称谓也是有差别的。对年长的人加上谦词，如以"老"字做前缀（"老张同志"）、以职务为后缀（"李教授"、"王主任"）等，就显得郑重、有礼；对同龄人的称谓可以随便些，一般可以直呼其名，或用常用的称呼法，可以显得随和些；对年少的人的称谓多以"小"字作前缀，如"小黄"、"小林"，显得亲切、自然。假如彼此不太熟悉，可以适当换用郑重一些的称谓法。

3. 知识、阅历情况

不同的下属，知识、阅历情况是不同的。因此，领导者在批评下属时，必须根据其知识、阅历的不同施以不同的语言艺术。有几十年工龄的下属，你一声轻叹，就会勾起他对过去的回忆，从而激发心中的共鸣；受过高等教育的下属，可能因你对某些艰深理论的谙熟而产生由衷的敬意……知识、阅历深的人需要讲清道理，必要时蜻蜓点水，他便心领神会，不要唠唠叨叨，说个没完。相反，对知识、阅历浅的人必须讲清利害关系，之乎者也、文绉绉的词句，只能使其如入五里云雾，辨不出东西南北。

老同志不喜欢那些开放性的词句，五光十色的世界令他们目不暇接，莫不如对往日回忆或可增加其些许安慰。年轻人讨厌那些陈腐的说教和诡秘的人际关系，他们需要理解，喜欢直来直去。可见，不同知识、不同阅历的人，他们在接受批评时的心理是有很大差别的。领导者如何运用语言这门艺术，使下属既接受了批评，又有正中下怀、如遇知己之感，是完善领导工作的重要课题。

4. 心理情况

心理，是一个外延很宽的概念。这里主要指下属的气质、性格、对工作的兴趣和自我更正能力。

按照心理学的分类，人的气质主要分为胆汁质、多血质、黏液质、抑郁质四种类型。领导者应该根据各种类型特点来决定使用何种批评方式。

胆汁质的人情绪外露，一点即爆，所以领导者在批评这种类型的下属时不宜使用带有更多情感色彩的语言，但又不能因怕起"火"而不敢点，而是要摆出事实和道理，不给其以任何发作的借口。

多血质的下属较随和，但因其性情体验不深而要特别在逻辑和道理上下工夫。黏液质的人虽然稳重但生气不足，因此要适当给予情感刺激，激发其前进的活力。

至于抑郁质的下属，由于心细而内向，所以批评的语言以点到为妥，并尽量消除彼此之间的距离感，增加情感认同。然而，现实生活中人的气质类型并非如此分明，更多的是混合型。所以领导者在批评下属时可以针对不同状况，综合使用各种语言艺术，以达到批评目的。

著名的心理学家荣格曾将人的性格分为外倾型和内倾型两类。外倾型开朗、活泼、善于交际；内倾型孤僻、恬静、处事谨慎。我们采用这种分类法，试图指明领导者在批评下属时要根据其性格的不同，采取不同的谈话方式和语言。对于前者可以直率，对于后者需要委婉；对于前者谈话要干净利落，对于后者措词要注意斟酌。至于介乎二者之间的中间性格类型的人，可以随机应变、因人而异。

一般说来，下属对于改正错误、改进工作是有很浓厚兴趣的。此时领导者的指导性批评无异于一支清醒剂，会使其加倍努力工作。相反，那种缺乏兴趣的人，必须多费口舌调动或激发其改进工作的兴趣。对于那些无视批评、屡教不改的人，在严厉批评的同时，也要采取一定的组织行政措施，以儆效尤。

如果下属有很强的自我更正能力，那么领导者只需用中性、平静的语言提醒他注意就可以了；假如下属的自我更正能力差，领导者在批评时就不仅要使之知其然，更要使之知其所以然，甚至要身体力行为之做必要的示范。

人的能力有高低之分，对于那些能力弱的人，自然要提供更多的帮助，必要时调换其工作。

解雇是最严厉的批评

批评仅仅是处罚犯错误下属的方法之一，它是全部处罚方式中最轻的一种，我们知道，比它更严厉的方法还有降职、记过以及罚款，等等，但是最严厉的方法应该是解雇。因为解雇引起的后果比较严重。所以我们认为解雇必须谨慎使用，千万不可滥用！

对许多管理者来说，解雇是管理者在工作中最难做的事。有些管理者会为此整夜不合眼，想方设法减少这件事对人的打击。不论你怎样想怎样做，即使解雇是你的上司的决定而不是你作出的，但只要是你把这个消息告诉他们，你就被看成是唱黑脸的。他们常常认为你没有尽力保护他们。

如果要你来决定解雇人，尽管你有充分的理由，但是解雇将给对方带来巨大的影响，你仍旧会感到难以痛下决心。然而这是你必须做而且还必须要做好的事。效率低下的员工必须被开除，你的同情心只能表现在为他们积极寻找新的工作上。

卡耐基在讲到解雇员工时，常常告诫管理者：解雇之前，要先给予他们几次警告，让他们明确知道自己的行为不合标准。然后在某次会见的时候，指明其行为仍不合格，将面临被解雇的危险。

一旦真正解雇，他们会有许多的牢骚、怨恨、困难要诉说，这时管理者不要给予任何回答或承诺，在同情他们的处境之余，只能对他们说：我只能而且必须这么做。与此同时，管理者还要劝告他们，要吸取教训以免再经历一次这样的痛苦。这种话可能不会被当回事，但管理者必须要说。

有些在工作中造成不良影响的人被开除时，管理者要明示作此决定根据的是公司的哪些规定，以及他们做了哪些出格的事情。但由于个性等原因造成的恶劣关系，很难指出其具体的原因，很难说哪件事使人际关系坏了多少，而另外哪件事使人际关系又坏了多少，并且这都是因为其中某一个人的缘故。这样的因果关系是很难指明的，与此相似，任何造成人际关系恶劣的原因都很难说明。要据此开除某个人更加困难。但是公司必须保持良好的人际关系，困难不能作为容忍公司内部不和谐的借口，管理者必须要有敢于解雇的勇气。

当然，也有这种情况：某个下属早就知道自己就要被开除，当管理者真正作出这一决定的时候，他也可能感到如释重负，这是一个皆大欢喜的结果。

批评不等于简单斥骂

任何团队，当员工犯下不可原谅的错误时，管理者不可避免地要对其加以批评。然而批评不等于简单的斥骂，和表扬下属一样，也要讲究方法和技巧。

1. 有的放矢

在批评下属之前，我们首先要弄清四个问题：

一是对方能否接受批评。他可能正处于困难时期，极其脆弱。如果你想和他谈一些麻烦事，得先想想现在是不是时候。

二是批评方式是否恰当。自己是不是正在重复以前批评的内容或方式？如果你是受批评者，面对上司不断重复的批评内容和方式将做何想？你现在要注意了解的不是下属犯的错误，而是为什么他在受到这么多批评以后仍无改进。是不是还有别的什么该做而没有做的事情呢？

三是是否考虑了下属的心情。提出严厉批评的时候，必须了解对方的心情。他可能正感到彻底绝望，难以继续工作，而需要从你这里得到证实，证实他不是被当作不合格的人来看待，而只是某件事上出了差错。这时，你要告诉他，在另外一些事上你觉得他干得很好。批评必须要以表扬作为缓冲。

四是出现的问题是否属于管理者的责任。管理者有时可能会感到来自雇员的威胁，感到自己不受欢迎，莫名其妙地想惩罚他们。不要根据自己的情绪，而要根据实实在在的原因做出反应。

2. 巧用时间差

当下属犯了错误或造成失误时，当然要追究责任，要批评、处分，甚至撤职。但在事情和责任没有搞清楚之前，千万不要急于处理。如果处理错了或重了，伤了感情，事情就很难挽回了。假如你没有进行处理，那么主动权就掌握在你的手里，如果你处理得好，不仅不会伤害下属的感情，反而会赢得下属的心，使其成为你的忠实员工。

3. 保护下属的自尊心

"人要脸，树要皮。"一个人如果没有自尊，那便无药可救了。没有自尊的人有两种情况：一种是自己失去的，一种是被人给毁掉的。对前一种人，管理者可做的努力或许很少，而后一种情况，管理者要千万注意。不少人的自尊心恰恰是被管理者给毁掉的。

的确，在一些单位中总有几个工作能力差的人，于是每个单位都想将其调走，但又没有地方肯接纳他。事实上，即使是在工作中被视为无用的人，也有他自己的长处。他或许看似低能，却在某一方面潜藏着特长；也许他很笨拙，却也因此比别人更勤奋努力。偌大个单位，总有适合他的工作，而不应对他报嫌弃的态度。

自尊心是应该受到保护的。不伤害人的自尊心，不仅是尊重别人的人格，而且对搞好企业大有好处。人有了自尊心，才会求上进；有上进心，才会努力工作。凡是自尊心强的人，不论在什么岗位上，都会尽自己的努力而不甘落后于人。明智的管理者要保护下属的自尊心，特别是在批评下属时，要想方设法保护下属的自尊心。比如，注重礼貌，让他们充分体会到自己与上级在人格上是平等的；或使用适当的褒奖，让他们有荣誉感，等等。

4. 秘密进行批评

有的领导喜欢在众人面前斥责下属，是想以此来把责任转移到下属身上，好让上级、客户或其他下属知道，这不是他的错，而是某个下属办事不力。这种想法是非常幼稚的。出现错误的时候，如果领导确实不十分知情，则应该把有关人员找来，把问题问清楚，然后让下属回去继续工作。领导应该负起责任、处理问题。等上司或客户走了，有必要纠正、责备时再严格执行。

5. 适可而止

有些领导喜欢大声斥责犯错的下属，你越是认错，他咆哮得越是厉害。他的心里是这样想的："我说的话，你不放在心上，出了事你倒来认错，不行，我不能放过你。"或者："我说你不对，你还不认错，现在认错也晚了！"

这场谈话的结果是什么呢？一种可能，是被骂之人垂头丧气，假若是女性的话，还可能号啕大哭而去；另一种可能，则是被责备之人忍无可忍，勃然大怒，重新"翻案"，大闹一场而去。这时候，挨骂下属的心情基本上都是一样的，就是认为："我已经认了错，你还抓住我不放，实在太过分了。在这种领导手下，叫人怎么过得下去？"性格比较怯懦的人，因此而丧失了信心，刚强的便发起怒来。

即使是第一千次犯错误的下属，也会找到理由为自己所犯的错误做解释、为自己辩护。下属有能力自我反省，在挨批评之前就认错，实在是已经很不错了。当下属说"我错了"，而当领导的还不能原谅他，那实在不能说是个高明的领导。

6. 一次解决一个问题

一次谈论多个问题，会伤害员工的感情，他们会以为你是有计划、有目的地在打击他们，而且他们还可能不知道你最关注的到底是哪个问题，不知道该从哪里着手解决。

7. 对事不对人

把焦点转向当事者的人格特质不但于事无补，有时反而造成更难收拾的残局。此时，不妨让对方提出解决之道。提出解决办法的人，通常会比较努力去实施。另外，在批评时，绝不可随意对下属进行挖苦讽刺，否则，不但使整个谈话劳而无功，还可能给自己树敌。

8. 事后要安抚下属

领导在痛斥下属之后，当天晚上应立刻打电话给该下属，给予一番鼓励与安慰，那么遭受斥责的下属会心存感激地认为，领导虽然毫不留情地训了我一顿，但他实在是用心良苦。如此一来，下属对于责骂的内容更加牢记在心，会大大提高工作的自觉性。

一个聪明的、有能力的管理者，应该在下属出现失误时照旧信任他。这个时候只要真心实意地帮他改正错误，在他改错后仍然像以前那样信任领导就足够了。

管理者能适时地利用一两句温馨的话语来鼓励他们，或在事后私下对其他下属表示："我是看他有前途，所以才舍得骂他。"如此，当受斥责的下属听了这话后，必会深深体会"爱之深，责之切"的道理，更加努力地为单位工作。

管理者在痛斥下属之后，一定不忘立即补上一句安慰或鼓励的话语。因为，任何人在遭受领导的斥责之后，必然垂头丧气，对自己的信心丧失殆尽，心中难免会想："我在这家公司别想再往上升了！"如此所造成的结果必然是他们更加自暴自弃。

不说让对方下不了台的话

管理者由于指责员工方式不当而造成双方不愉快的情况是有的，但也要使双方从此有个新开始，彼此去除心理障碍。在指责的场合中，千万不要使用令对方下不了台的话。

哪些是不可使用的话语呢？这根据部属的性格和环境而各有不同。身为领导，须设身处地地将心比心，站在对方的立场上多想一下，千万不要说出伤人的话。指责可纠正部属并给予希望和勇气，但也能削减当事人的锐气。以下列举一些禁忌：

（1）勿指责人的弱点。人与人之间是有差别的。当别人指责其弱点时，犹如短刀插心般痛苦。例如，在个子矮的女性面前说"你是矮冬瓜"，她心中一定像沸水翻滚一般。对学历低的人说"学历太低的人没有用"，都是不适当的话，就算是事实也该避免触及他人的短处。

（2）不要忽视人身攻击。只要评论事实即可，即使是对方没有信用也不能如此当面斥责。

（3）不要否定下属的将来。"你这人以后不会有多大出息"、"你这样做没有人敢娶你"、"你实在不行"等，领导是不该说出这样的话的。须以事实为根据，就事说事，就部下目前情形而论，不要否定部属的将来。

（4）不要干涉私人事情。公司生活和个人生活有很大关联，但是个人私生活有不愿为人所知之事。"你和那个女孩子做朋友不好吧！""你的家庭名声不佳，首先要从家庭整顿做起，怎么样？"等等私人问题应该避免介入，因那只会引起"那是我家的事，和此事无关"的反感，特别是年轻的职员，他们的私生活一旦被人干涉大都会引起强烈的反感。

（5）不翻旧账。对于今天该指责的事项，引用过去的事例是不适当的。如果牵扯了人的问题、感情的问题，那么"都已经过去的事了现在追根问底真是过分"之类的心情就会产生。例如像"你以前也犯过同样的错误，不是发誓不再犯了吗"这种话都是多余的。揭人疮疤只能让人勾起一段不愉快的回忆，于事无补。有些记忆力很好的领导，连下属初入公司所发生的事都记得清清楚楚，甚至大家都已忘掉的事都牢记着，这实在没必要。

（6）不使用戏谑言语。对接受批评的员工来说，批评或多或少会使自尊心受损伤。管理人员以庄重严肃的态度所做的批评较容易为员工所接受，因为这种态度被员工视为对他尊重的表示。若管理人员以戏谑的口吻进行批评，则不论其动机如何友善，终将引起员工的不满，因为戏谑口吻被员工视为对他讽刺的表示。因此在批评时切忌使用戏谑的言词。

（7）不夸大其辞。管理人员在批评员工时应避免使用夸张之字眼。例如"你老是本末倒置"中的"老是"，"你从未站在公司的立场去看问题"中的"从未"等。含夸张字眼的批评通常都是过度严厉的批评，这对被批评者来说是不公平的。

（8）不吹毛求疵。对下级批评主要应针对妨碍工作、损害集体利益方面的问题，对与此无关的事项不要过多干涉。不能以个人的好恶为标准，对不合自己心意的行为横加指责，对一些琐事喋喋不休，那样会使下级谨小慎微，只注意小事，忽视大目标，这对于完成总体任务是十分不利的。

巧妙地设计你的斥责

斥责部属需要一定的技巧，斥责得不当，不但起不到原来的目的，有时还会让部属感到灰心失望。那么如何斥责部属才能达到预期的效果，而又能让他欣然接受呢？

1. 冷静地处理

盛怒时，多数人都是面红耳赤、颈暴青筋。过度地生气，往往会使人失去理性，说出一些严重伤害对方的话，不需要说的话也会说出来，这些都值得我们注意。怒气冲冲时，不可因情绪激动而破口大骂，应冷静并选择有效的斥责技巧，才是正确的方法。

伤害他人自尊心的话，不加思考就讲出来，对谁都没有好处。应该冷静地分析什么应该说、什么不该说之后，再平心静气地向对方说明。

2. 场合的考虑

批评时要考虑环境是否适合，这不仅仅是指不要在人多的场合中批评说教，还有其他的一些情况下，管理者也应该多加注意，以免让人产生逆反心理。

一次商务宴会上，罗伯特遇到了这样的一个场景。

那是一家公司的圣诞晚会，但事实上受到邀请的人都是与公司有生意往来的合作伙伴，所以这个晚会相当于一个非正式的商务宴会。公司的一个高级职员穿了一件不够得体的晚礼服，与罗伯特谈话的公关部经理看到后马上中断了和他的对话，走到那个职员面前：

"你怎么穿这样的衣服来了？"经理的声音不大，但还是有人能听到。

"对不起……之前准备好的衣服不小心刷坏了，所以就……"

"那也不能穿这样的来吧？"经理嫌弃地看着职员身上的衣服，"简直是丢公司的人。"

面对咄咄逼人的经理，那个职员的脸色越来越难看。

"不要再解释了，马上去给我换一件，要么就离开这里，不要再在这里丢人了。"

被说得无地自容的职员只好狼狈地离开了会场。目睹这一切的罗伯特觉得这个经理做得过分了，他想这个经理应该不会在现在的位置上待很久了。果然，几个月后，这个经理被公司调到了外地的分公司，理由是无法和下属很好地相处。

如果管理者在批评下属时不考虑场合因素，可能会激发大的矛盾，因为场合牵涉到人的自尊，下属会因为不能忍受自尊受到伤害而恼怒，进而做出不理智的举动。

3. 明确地指出重点

大家都知道，没有一件事会比听人说教更难过，尤其是一开口便是这个也讲、那个也骂，到最后仍使人弄不懂到底是做错了什么。所以，斥责对方时，必须针对错误的事项，提出自己的想法与意见，其余的一些小问题都可暂时不予理会，而就重点斥责。这也是能令对方印象深刻的最佳方法。冗长的说教，除了功效不佳之外，最后还有可能造成双方不和。

4. 因人而异地斥责

斥责的方式，必须要先看下属属于什么类型之后，再下决定。个性较温和的人遭人大声怒吼时，只会一味地退缩和保护自己，无法专心听人说教。而个性刚烈的人，则往往会因对方的斥责而亢奋，无法忍气吞声，而采取强硬的反驳手段。

"你到底在想些什么？不要以为是新人就可以不负责任，拿回去重写！"

遭到上司斥责的 A 先生，心想："有什么了不起！"于是下定决心奋发图强："有一天等我超越你之后，再看你怎么斥责我。"所谓强将手下的人个个精明能干，就是这个道理。一再遭到他人的斥责，却不愿认输投降的，往往都是出现在斗志高昂的人身上。而斗志不充足或是遇上麻烦就习惯性退缩者，通常在此阶段就因此而遭到淘汰的命运。

也有些人是属于工作效率高但个性柔弱的，对此就该采取温和式的斥责。例如，将手搭在对方的肩上："喂！最近表现欠佳，好好加油！"以不惊吓到对方的程度给予警告性的斥责。

斥责要谨慎又谨慎，斥责作为一种负激励的管理手段，如果运用不当，就会打击士气、失掉人心、减弱团队的竞争力。因此，斥责前要精心设计，不要贸然行动，避免适得其反。

批评时需要把握的要项

格利乌斯说："冷淡的称赞要比猛烈的批评更令人惭愧。因为批评你的人被看作是有偏见和敌意，而冷淡地称赞你的人被看作是朋友，他乐意称赞却找不出什么值得一赞。"

卡耐基讲到这个问题时，给我们讲述了他如何用赞扬的批评帮助他的侄女。

"我的侄女约瑟芬·卡耐基来到纽约给我做秘书时，那年她才19岁，从中学毕业刚三年，工作经验等于零。现在可以说她是西方国家最熟练的秘书之一。但是在开始时，只能说她是可以提高的。一天，当我正要批评她时，我对自己说：'稍等一下，戴尔·卡耐基。你在年龄上比约瑟芬大两倍，在工作经验上多一万倍，你怎么能期望她具有你的观念、你的判断力、你的能动性，尽管这也只是普普通通的能力？再稍等一下，戴尔，你在19岁时是怎么干的？记得你犯下的愚蠢的错误、办的傻事吧？记得你做的这个……做的那个……？'思考一番后，公正地得出结论：约瑟芬的平均工作成绩比我在19岁时的平均成绩要好，我很内疚地承认约瑟芬没有为此而得到多少表扬。

"因此，每当我想让约瑟芬注意错误时，我常常先说这样的话：'你出了个错误，约瑟芬，不过老天知道，比我曾经犯过的许多错误来说，你的要轻得多。你不是生来就精明的，这只能从经验中产生，而你比我在这个年龄时好多了。我对自己所做的蠢事、傻事很感内疚，因而并不想批评你或别人。不过，如果你这样做，你觉得是不是更明智些？'"

卡耐基总结道："如果批评者在开始的时候就谦卑地承认自己也并非没有缺点，那么听他数说错误也就不那么逆耳了。"

美国著名企业家玫琳·凯在《谈人的管理》一书中写道："不要光批评而不赞美。这是我严格遵守的一个原则。不管你要批评的是什么，都必须找出对方的长处来赞美，批评前和批评后都要这么做。这就是所谓的'三明治策略'——夹在两大赞美中的小批评。"我们知道，批评只有被对方从内心里接受才能生效。这就意味着，批评虽然有道理，但不等于被对方接受。

心理学研究表明，接受批评的最主要的心理障碍，是担心批评会伤害自己的面子，损害自己的利益。为此，在批评前要帮助他打消这个顾虑，这样他才能把批评听得下去。打消顾虑比较好的方法，就是先表扬、后批评。亦即在肯定他的成绩的基础上再对他进行适当的批评。

美国内战期间，约瑟夫·胡克将军毛遂自荐，当上了北方联邦军队的一个重要指挥官。但是，随着时间的推移，人们发现，胡克将军不是合适的人选，于是，林肯总统写了任总统期间的最尖锐的一封信，批评胡克的短处，使他发挥长处，共同促进事业的成功。

林肯是这样批评胡克将军的："我任命了你为波托马克军团司令。当然，我作出此决定是有充分理由的。然而，我想最好还是让你知道有几件事我对你并不是很满意的。

"我相信你是一个英勇善战的战士。为此，我当然是赞赏的。我也相信你没有把政治和你的职业混淆起来，这一点你是对的。你对自己充满信心，这即使不是必不可少的品质，也是可贵的品质。

"你有雄心，在一定的范围内，这一点是有利而无弊的。但是我认为，在伯恩赛德将军指挥兵团时，你放任自己的雄心，尽你之所能阻挠他。在这一点上，你对国家，对一位最有功劳的、可尊敬的兄弟军官犯下了极大的错误。

"我听说，并且我也相信，你最近说我们的军队和我们国家需要一个有绝对权威的统治者。当然不是因为此，而正是不顾此我才给你下达命令。

"只有取得战功的将军才能做有绝对权威的统治者。我现在需要你取得军事上的成功，而我将承担独裁的风险。

"政府将一如既往尽全力支持你，并支持所有司令官。我非常担心你曾助长军队里的批评和不信任司令官的风气，现在正冲着你来了。我将尽全力协助你刹住这种风气。

"无论是你还是拿破仑——如果他在世的话——都不会在这种风气盛行的军队里得到好结果，而目前要防止急躁。但是要干劲十足，戒备不懈，勇往直前，为我们夺取最后的胜利。"

林肯在这封信中淋漓尽致地表现了他高超的批评技巧。他并没有直截了当地说胡克的错误如何如何，而是首先给他一个"定心丸"——"当然，我作出决定是有充分理由的。"

林肯高明地运用了心理学原理。在说不太愉快的事之前，先对对方的优点进行表扬，这样做被批评的人是容易接受的。

通过上面的例子，可以得出：批评必须把握要领，做到批评得当。一般而言，批评要紧抓以下几个要项不放：

（1）批评要因人而异，针对不同的人必须采取不同的方法；

（2）批评要有诚意，不能将批评作为自己显示威风的工具；

（3）不可以权压人，任意批评下属；

（4）不可以任意发脾气；

（5）不可背后批评人，对事对人都必须光明磊落；

（6）批评内容必须客观适度；

（7）批评方法必须得当；

（8）批评时间要及时。

在具体的操作方法上，管理者也要在上述几项的指导下灵活应用。在操作上必须着重注意以下几点：

（1）批评最好不要当众进行；

（2）用失败的教训代替严厉的批评；

（3）批评过头，要及时补救；

（4）批评要分轻重缓急。

批评后要及时安抚

一个好的上司，都应该懂得，当管理者批评下属之后，为了安慰或者挽回尴尬的局面，而再对其进行适当的安抚补救措施。对此，一些优秀的管理者可谓深谙此道。

西洛斯·梅考克是美国国际农机商用公司的大老板。有一次跟随了他20多年的老工人在岗位上酗酒被工头抓住了，请求处理，梅考克毫不客气地决定："辞退！"

老工人很不服气，大骂梅考克："梅考克，在你贫穷的时候，3个月没有给我一分钱工资，我都跟着你，为你拼命。现在就为了这一点小事，就一点情面也不顾！"

梅考克等他骂完了后说："我要是不顾情面，就不会被你痛骂了！"于是问了酗酒的原因。原来，老工人的妻子新亡，又留下两个幼子，一个不慎摔折了腿，另一个在饥饿中啼哭。老工人极度痛苦，借酒浇愁，不想被工头发现。

"你呀，真糊涂，现在什么都不要说了，赶紧回家去，料理你老婆的后事，照顾孩子们要紧。"说着，从包里掏出了一沓钞票塞在他手里，老工人转悲为喜："这么说，你是收回辞退我的命令了？"

"不，不是这样，你已经被辞退，不可更改了。我想，你也不愿意让我留下话柄吧。但我不会让你走上绝路的。"梅考克既不让步又安慰道。

事后，梅考克把那位老工人安排在自己的牧场当了总管，老工人很感激他。

清朝乾隆皇帝对知识分子采用的"打棒子给蜜枣"堪称空前绝后。

乾隆在位期间，大兴文字狱，有案可查的竟有70余次，远远超过他的先辈。乾隆这一手也够厉害的了，只搞得文人士子人人自危，几篇游戏之章，几句赏花吟月之词，也往往弄出个莫须有的罪名，乾隆就是使用这样无情的棒子巩固了自己的地位。

但他并没忘了"送"的重要，对知识分子采用怀柔政策。他规定：见了大学士，皇族的老老少少们要行半路礼，称"老先生"；如果这位大学士还兼着"师傅"，就称之为"老师"，自称"门生"或"晚生"。同时，一方面大搞正规的科举活动，不断网罗文人加入为朝廷服务的队伍；另一方面特开博学鸿词科，把那些自命遗老或高才、标榜孤忠或写些诗文发泄牢骚的文人或不屑参加科举考试而隐居山林又有些大臣威望的隐士，由地方官或巡游大臣推荐上来，皇帝直接面试。

乾隆搞了三次，录用24人。被录用者春风得意，自然也感激皇恩浩荡；落榜的百余人，也无面目自命遗老孤忠去讽刺朝政。乾隆对被自己亲自面试的录用者关心备至。如其中有个叫顾栋高的人，录用时年岁就不小了，当时被授予国子监司业之职；到年老辞官时，乾隆亲自书写了两首七言诗加以褒奖；后来，乾隆下江南，又亲赐御书，跃级封他为国子监的祭酒。

俗语说"打人一巴掌再给一个甜枣"，虽然不能轻易地"打一巴掌"，但既然"打"了，给与不给"甜枣"的效果便大不相同。正如亡羊补牢的农夫，丢了羊，再补牢，至少保证不再面对丢羊的情况发生。及时补牢也是一个不是办法的办法。当你一时冲动当众责备了你的下属时，不妨一试，相信会有效果的。

设法让受罚者"戴罪立功"

人非圣贤，孰能无过。大凡有远见卓识的企业领导，在处理下属犯错、给企业带来损失的问题时，都不会采取"一刀切"的方法。下属一犯错便解雇，并不是最好的解决办法；同时，其他下属很可能因害怕犯错而变得谨小慎微，也不会产生大胆的设想，企业也会因此失去最为可贵的创新意识和活力源泉。因此，领导如果在追究责任的同时，给犯错下属一个戴罪立功的机会，使下属懂得如何规避错误再次发生，如何从错误中吸取教训，从而提高工作能力、取得进步，这就体现了管理中的人文关怀。

1. 给不给机会的理由

领导者在给犯错下属提供机会之前，会对该下属的工作进行客观的评价。给予机会是一个方面，能不能珍惜机会、不辜负领导良苦用心是另一个方面。因此，领导者会找出下属犯错的根本原因所在：是能力缺乏、根本不称职，还是"好马失蹄"？是屡犯还是初犯？是原则性错误还是一般性错误？对某些犯错误者可以提供机会，对某些严重错误却不能姑息，当严惩不贷。任何错误都给改正的机会，会降低管理权威。

2. 考查下属"戴罪立功"期间的表现

当领导者通过分析评估，从而决定给下属提供机会，使其能"戴罪立功"时，工作还只是开了个头，切不可就此罢手，而更应观察下属对这一决定的态度：对领导是否能心悦诚服？后期的工作是否能更加做到位？并观察其在一定工作时间内有没有比较突出的表现，判断其工作态度的转变有没有带来个人素质和水平的提高等，通过综合其种种表现再作进一步的研究和决定。若该下属确实在工作能力上存在某些不足，跟不上工作的要求，那即使他再怎么想"戴罪立功"，仍是不大可能作出成绩，这时需要的是对其工作岗位作出适当的调整，以求得互相融洽，达成人力资源上的优化组合。

3. "功"不能抵"过"

"戴罪立功"并不等同于"将功补过"。过错既已造成，这是不争的事实，立功是一种成长，值得肯定，但过错仍须铭记，它应该成为警戒下属再次闯入的一个标志，它不会因为功劳的存在而隐藏或消失。因此，对领导者而言，一方面对"戴罪立功"的下属要予以鼓励和支持，同时，也不能因其功劳存在而掩盖其曾经犯下的过错，致使其掉以轻心，而要运用某些方式方法，让下属的过错成为其用心工作、不断前进的鞭策力量。

对下属而言，也应记住曾经犯下的错误，这不是要让自己背负着沉重的"十字架"工作，而是要其在立功之中保持必要的清醒，这也是心智成熟的表现。

/第 5 章/

员工日常管理中的绝招

建立良好的工作氛围

你可能听不到，但是员工之间或者员工与他的朋友之间一定会有这样的谈论："我们领导高瞻远瞩，总是比同业多看到好几步棋，能加入到他的团队中我感到很自豪"，"我们领导事必躬亲，下属凡事都要请示、汇报，工作效率低，员工士气低落"，"我们头儿给我们分配任务时，常常让我们感到无所适从"，等等。他们议论的并不是你，而是你创造的工作氛围。

工作氛围是一个看不见、摸不到的东西，但我们可以确定的是，工作氛围是在员工之间的不断交流和互动中逐渐形成的，没有人与人之间的互动，氛围也就无从谈起。制度在这方面所能起到的作用有限，最多也不过是起到一个最基本的保障作用。更重要的是制度因为多种原因不能够得到很好的执行，这就要求充分发挥人的作用。人是环境中最重要的因素，好的工作氛围是由人创造的。尤其是领导者，领导者的个人风格很大程度上影响着团队氛围、工作氛围。

现在的员工越来越看重工作氛围。孟子曰："天时不如地利，地利不如人和。"人和，亦即良好的人际关系和工作氛围，成为最为人才看重的工作条件。可以这样讲，良好的工作氛围，既是一种条件，也是一种待遇。没有这个条件，人才不来；没有这种待遇，人才也不来。

一家大型网络公司合并到新公司了，引起了业界人士的关注。然而，在这家著名网络公司工作的一位中层经理出人意料地说了这样的话："我们最关心的是在进入新公司后，是否能有原来的工作氛围。"当员工将要进入新公司的时候，关心的不是待遇、职位……而是工作氛围，可见，工作氛围对于现代从业者是多么重要。

研究表明，管理者的不同领导艺术会营造出不同的工作气氛，而工作氛围又最终影响组织的绩效。有统计数字显示，影响组织成功主要有四个关键因素，它们是个人素质、职位素质要求、管理风格、工作气氛。其中，工作气氛对组织绩效的影响程度达 35％，而管理风格对工作气氛的影响度高达 72％。

可见，积极建立良好的工作气氛是成功管理者的一个必备能力。其实，建立良好的工作氛围，不仅是管理者领导能力的体现、对员工精神需求的满足，更是成功企业的内在必然要求。因为工作氛围的好坏直接决定着员工的工作效率。

有这样一个案例：

张君，生性开朗、活泼，喜欢和人交流，不愿意受约束。他从事的是技术开发工作，刚到公司的第一天，他发现部门气氛比较严肃，大家都坐在自己的位置上一言不发，闷头搞自己的事情，也很少有人走动。他觉得很不习惯，尽管工作环境很安静，但他的内心似乎有千军万马，焦躁不安，工作效率很低，以前一天能完成的工作如今需要两天。

这个案例清晰地说明工作氛围对工作绩效的影响。因此，领导者应该注意适当调整自己的管理风格，创建出良好的工作氛围。良好的工作氛围是自由、真诚和平等的工作氛围，是员工在对自身工作满意的基础上，与同事、上司之间关系相处融洽，互相认可，有集体认同感、充分发挥团队合作，共同达成工作目标、在工作中共同实现人生价值的氛围。

在这种氛围里，每个员工在得到他人承认的同时，都能积极地贡献自己的力量，并且全身心地朝着组织的方向努力，在工作中能够随时灵活方便地调整工作方式，使之具有更高的效率。管理者应该能够掌握创造良好工作氛围的技巧，并将之运用于自己的工作中，识别出那些没有效率和降低效率的行为，并有效地对之进行变革，从而高效、轻松地获得有创造性的工作成果。

要善于做"伯乐"

作为杜邦公司总裁的皮埃尔·杜邦二世是一个善于发现千里马的人，他非常明智地将约翰·拉斯科布网罗进杜邦的人才宝库，并且给他提供充分发挥其才能的机会，使他心甘情愿地一直追随着皮埃尔，为杜邦公司的发展立下了汗马功劳。

拉斯科布是法兰西人，长得矮矮胖胖，看上去毫无过人之处。一次偶然的机会，皮埃尔·杜邦结识了他，通过交谈，发现他头脑清楚，思维敏捷，分析问题有条不素，而且能说会道，很适合做公关工作，于是皮埃尔请拉斯科布担任自己的私人秘书。

在工作中拉斯科布又显示出他处理财务问题的才能，皮埃尔马上用其所长，提升他为得克萨斯州有轨电车轨道公司的财务主管，不久又将之晋升为杜邦公司的财务主管。当杜邦公司买下通用公司后，拉斯科布随着皮埃尔来到通用汽车公司，在董事会执行委员会工作，并任该公司的财务委员会主席。

至此，他的才华开始引人注目，并成了美国证券市场上的风云人物。拉斯科布协助皮埃尔创建了杜邦证券经营公司、通用汽车承兑公司，为杜邦进军金融界，进一步向金融寡头发展立了大功。后来他还担任皮埃尔银行家信托公司、克蒂斯航空公司以及密苏里太平洋铁路公司的董事。1928 年，《美国评论之评论》杂志将拉斯科布称为"杜邦公司的金融天才"。

这一切，很大程度上归功于皮埃尔·杜邦对人才的善知善用。

要想成为伯乐，在众多的人当中发现千里马，需要管理者持一颗公正平等的心，用不带偏见的眼光去看人，还需要有极强的分析能力，能够从一些不起眼的小事甚至几句交谈中看出对方的潜质，并迅速作出判断，看他是否能为自己所用。当然，管理者还要有过人的肚量，敢于重用比自己强的人。

企业里如果出现表现卓越的人才，应立刻将其提拔到合适的岗位上，善加运用，因为一刻的踌躇即是损失一刻利益；因猜忌而把他视为平庸者看待，企业将由停滞不前而最终走下坡路。在发现卓越人才后，应注意以下几点：

（1）倾听他的观点和建议：此举会大大增加他对管理者的信任，以及对企业的归宿感，使他感觉到自己确实很受重视。为了有所表现，他必更乐于创新。

（2）适度的赞美：在他有了出色成绩时，应马上加以称赞和鼓励。如果表现出冷漠，有时会使敏感的他以为是嫉妒他。否则，他宁愿把创造性的建议藏起来，待有机会另谋高就。

（3）交给他有挑战性的工作：卓越人才做事有点天马行空，但又有出乎意料的成功。如果给了他富有挑战性的工作，他定感到被看重而满怀工作激情。一方面管理者考验了人才的实力，另一方面还得到了他的感激。

（4）帮助他学习：管理者不能将卓越人才的工作安排得密密麻麻，使他根本没有时间学习新事物。卓越人才并不表示万能，他也有不懂的地方。管理者要尽力帮助他学习，掌握更多的技能，这样才能在以后为企业带来更好的效益。

（5）对他额外的贡献给予鼓励：一些实质性奖励是必要的。对于人才对企业额外的贡献，如无特别待遇，动力自然减弱，也可能导致他不再追求进步。

管好制度管不到的例外

有这样一个故事：

汉代有一位名叫丙吉的宰相。有次他外出巡视，路人打架发生伤亡，有人拦轿喊冤。丙吉问明缘由后却绕道而行。后来看见一头牛在路边不断地喘气，他却立即停下来，刨根究底，仔细询问。随从的人觉得很奇怪，问为什么人命关天的事情他不理会，却如此关心牛的喘气。

丙吉说：打架斗殴，由地方官吏负责，我不能越权处理。天尚未热，而牛喘气异常，就可能发生了牛瘟或是其他的有关民生疾苦的问题，这些事情地方官吏一般又往往不太注意，因此我要查问清楚。

这则故事有很多耐人寻味的地方。打架伤亡事件由专门的律法来管理，因为这些例行事件的处理大都制度化、流程化，并由专门的机构负责处理。相反，"牛喘气"作为一种偶发性例外事件，缺乏制度化、程序化的解决方式，就容易被忽视而造成严重的后果。

丙吉这种放手流程内和例行性事件、专注流程外和例外事件的管理思想，对企业的管理者有着很深的启示。制度只能管例行，管不了例外。而管理者就是要负责制度管不了的"例外"。

举个例子：

某公司规定进门要用识别卡或者身份证。你有识别卡，门口警卫就让你进去；如果没有识别卡，有身份证，警卫也会让你进去。如果有一个人，既没有识别卡，也没有身份证，就要闯进门，警卫就要请示领导来处理了。

制度多是一些硬性规定，一旦遇到特殊的情况，就无法处理了。

曹操带兵出去打仗的时候，看到麦田里的麦子长势很好，于是下令：大家注意，不要踩到麦田，哪一个人踩踏麦田，斩！刚刚讲完，他的马就踩到一大片麦苗。

怎么办？当时曹操就拿起刀来，所有的人都跪下去求情："千万不可以。"曹操坚持认为，自己发布的命令，一定要遵照。大家又赶紧求情："绝对不行！绝对不行！"那怎么办呢，于是曹操"割发代首"。

身为管理者，在执行制度的同时，注意自己的行为举止，自己不要搞"例外"，否则将在下属面前失去威信，这将给自身的管理工作增加难度。

团队里出现例外情况很常见，如何面对团队出现的例外情况？怎么做才是最好的解决方式？既然是例外，自然是无章可循，最可靠的途径是由管理者裁定，被认可后方能办理。

以目标卡进行管控

管理者必须明白，对于下属而言，相比团队的整体目标，他们更关注于一份被分割的短期目标，因为这些目标决定着他们的行动计划。所以，管理者要学会分割目标。

约翰是销售部门的管理者，可是他一直都希望自己的部门成为全公司业绩最好的部门。但是一开始这不过是他的一个愿望，从没真正去争取过。直到一年后的一天，他想起了一句话："如果让愿望更加明确，就会有实现的一天。"

于是，他当晚就开始设定自己希望的部门总业绩，然后再逐渐增加，这里提高5%，那里提高10%，结果顾客却增加了20%，甚至更高。这激发了约翰的热情。从此他要求下属不论碰到什么状况，任何交易，都要设定一个明确的数字作为目标，并在一两个月内完成。

"我觉得，目标越是明确越感到自己对达成目标有股强烈的自信与决心。"约翰说，他的计划里包括部门的总业绩、每个人的总业绩、部门业务能力的拓展计划，然后，他把所需要的资源都准备得充分完善，相关的业界知识加上多方面的努力积累，终于在第一年的年终使部门的业绩创造了空前的记录，以后的年头效果更佳。

约翰在部门总结会上分享自己得出的结论："以前，我不是不曾考虑过要扩展业绩、提升工作成就，但是因为我从来只是想想而已，不曾付诸行动，当然所有的愿望都落空了。自从我明确设立了目标，以及为了切实实现目标而设定具体的数字和期限后，我才真正感觉到，强大的推动力正在鞭策我去达成它。现在，感谢你们，我们一起创造了新的辉煌。"

分割目标实施目标管理，目标卡是一个相当有效、方便的工具。各员工与直属管理者经过多次协调与讨论制定出适当的目标之后，必须将此目标书面化。实施目标管理的部门，对于目标的设定，通常都采用统一规定的目标卡。

虽然各部门之间目标卡的内容与格式未必相同，但若有了统一的表格，就可避免遗漏，使整个部门各成员的目标设定程序趋于一致，并有利于相关性的目标成果的汇编统计。又因表格化以后，可以减少制定目标的文字说明及重复记载，达到简化文书作业的效果。

目标卡类似上级和员工之间决心达成共同目标所订立的"契约"。既然是契约，就必须严谨。把这个严谨性表现在文书上，便是"目标卡"。目标卡等于是"证据文件"。因为是证据文件，所以重要项目不可以漏列。

目标卡应和其他人力资源资料，同时被列为永久保存的资料档案。目标卡要做成两份，管理者和员工各执一份，正本由员工存查，副本交管理者保管。员工和上级的目标卡，需要逐期保存下来，以便留下很有价值的记录文件。这是员工向什么工作挑战过、取得什么成果的事实依据。

各部门间的目标卡，其设计均不相同，但每个部门内的目标卡形式应统一规定，有利于管理。无论目标卡形式如何，其内容应包括：

项目：按轻重缓急，排列顺序先后，依次填写。

预计成果：将数字用具体的文字写出。

进度：填写执行期间每个月的预先进度，尽可能以数字表示。

措施：为达成目标采取的各种措施，由执行人员协商决定后，具体地逐项列出。

所需条件：为达成目标所需管理者的支援，或其他部门的配合事项。

成果：将实际成果，在期末填记，以利对照评定。

自我检讨：自定的目标，期末要做自我评定，这是目标管理不可或缺的一项。

管理者指导：总评与指示。除员工自行评定、评估外，管理者也要加以评估，作为设定下期目标的主要参考。

满足员工的精神需求

精神激励是从员工的精神需要出发，通过关心、尊重、信任、树立目标感等手段去满足员工各种精神上的需求，从而激发员工的工作热情，达到激励的效果。

比尔·盖茨很看重对员工进行精神奖励。虽然在有些讨论会上他会像孩子一样大喊大叫，不停地晃动身体，挥舞手臂，甚至会说："这是我听到的最愚蠢的事情！"但是微软员工都知道，对付他的最好办法是对他吼回去，针尖对麦芒似的争论往往能激发双方的思路，说不定他最后会露出欣赏和赞许的笑容。对真正的好创意和产品，比尔·盖茨从不吝啬自己的赞美之词，整个微软公司也有一套完善的精神奖励制度，否则工作压力如此巨大的微软怎么会成为青年才俊们向往的地方呢。

微软（中国）是怎么做的呢？在满足物质需求的同时，人们还需要满足精神需求。微软每年都会在全球的 5 万名员工中评选出 30～40 名杰出贡献奖，这个奖项对每一个普通员工来说都是平等的。微软（中国）公司相对于总部又增设了三个奖项：

总裁奖，由总裁本人评选；年度杰出贡献奖，由整个管理团队选出；优秀员工奖，由所有员工无记名投票评选。每半年评一次，每次大约评出 15 名。微软（中国）负责人说："我们增加这三个奖，是因为看到中国的员工特别在乎精神方面的奖励，这和我们的文化观念直接相关。"

令人惊讶的是，最受欢迎和最被看重的既不是总裁奖，也不是年度杰出贡献奖，而是优秀员工奖。获奖者中既有做事很公正、很关心下属的副总经理，也有做出了工作成绩又很乐于无私帮助同事的一般员工。因为前两个奖纯粹看销售业绩或者其他的贡献，是大家有目共睹的，事先对结果多少都能感觉到；而后者必须要得到公司上下的一致认可，的确很不容易，也很难预测，所以大家都将之视为至高无上的荣誉。

通过物质与精神奖励的双管齐下，平衡了付出和回报的关系，让员工感觉到自己所得到的各方面待遇都是公平的，达到了最起码的满意状态。而对好员工，比尔·盖茨总是真心挽留，让他们在同事面前获得了一份尊严。

微软公司在阿尔伯克基时曾经雇请过一名秘书——米丽亚姆·卢宝。1978 年，比尔·盖茨决定把公司迁回老家西雅图，大部分员工都随比尔·盖茨去了新址，卢宝却没有去。虽然她舍不得这个公司，但是她丈夫的工作在阿尔伯克基，她无法离开自己的家。临别时，比尔·盖茨希望她能尽快去西雅图，并且对她说："我知道你最终还会回来。只要你回来，我这里永远会有你的工作位置。"

1980 年冬天，卢宝果然来到西雅图，又回到了微软公司。不久，她把她的家也搬来了。她眷恋微软公司，她告诉人们："只要你同比尔·盖茨密切合作过，就不可能离开他这样的人太久。他有一种力量，叫人受到鼓舞，能使人奋发向上。"她重新投入了微软公司紧张的工作中。

人不是仅仅围绕物质利益生活，每个人都有精神需求，有情感上的需要。注重精神激励，往往会取得物质激励所难以达到的效果。关注精神需求，将会得到员工对企业更强烈的热爱。

以身作则领导员工去做

管理者应该清醒地认识到，下属的责任感需要调动，否则就难以获得。而调动下属责任感最好的方式就是管理者要以身作则，带头行动，以榜样的姿态告诉下属应该怎么做。

东芝公司董事长土光敏夫认为，领导不应只做企业领袖，更要处处为员工树立榜样的作用，以身作则不仅能为公司带来巨大的经济效益，而且还是企业培养敬业精神的有效手段。土光敏夫正是这样严格管理自己的，他几十年如一日，每天第一个走进办公室，从未请过假，从未迟到过。他这种以身作则的行为深深感染着东芝公司的所有员工，他们也像董事长一样严格要求自己。

优秀管理者不会时刻地盯着下属，而是加强员工的自我管理。但要加强员工的自我管理首先要做好管理者的自我管理，管理者要成为下属的榜样，用自身行动去说服员工，而不是"照你说的那样去做"，让员工自觉主动地"照你做的那样去做"。

一个管理者只要端正了自身，做到以"理"服人而不是以"权"来压人，管理的工作就简单容易多了。《论语》中说："苟正其身矣，于从政乎何有？不能正其身，如正人何！"孔子认为管理者必须自身修正，如果自身不修正，只靠领导的权威下属也是很难服从的。

但在实际工作中，很多管理者为了达到管人的目的，总是费尽心机制定出若干规章制度，要求员工去遵守，却把自己游离于这些制度之外。如果领导者能够率先示范，能以身作则地努力工作，严格遵守自己制定的各种规章制度，那么这种以身作则的精神就会感染其下属，从而在团队里形成一种积极向上的态度，良好的工作氛围。

领导的行为对下属产生着巨大的激励作用，正如俗话所说的"强将手下无弱兵"。领导的表率作用永远是激励员工的最有效的方法。

电视剧《亮剑》曾在各大电视台热播，深受广大观众的欢迎。剧中主人公八路军团长李云龙每次冲锋陷阵他都在最前面，指战员们很担心他的安危而责怪他不该这么拼命。李云龙却说："如果我不带头冲锋在前，那么战士们怎么会毫不犹豫地奋勇作战呢？"李云龙正是以这种以身作则的激情去影响着每一个战士。

管理者能身先士卒，以积极正确的示范作导向，就可以调动员工的积极性，激发他们努力向上的干劲；相反，如果管理者持一种消极、观望的态度，不率先示范，只是督促员工的工作，势必削减员工的工作热情，对领导的行为产生抵触情绪，进而对企业的发展前途失去信心。

很多管理者对下属的工作状态不满，每日为下属的状态发愁。与其天天为员工消极状态而愁眉不展，倒不如自己拿出激情、带头一心一意地工作。

只要自己尽全力专注地工作，带头遵守相应的规章制度，做好团队的榜样，那么，管理者必能感动下属，将工作的热情传递给下属，使他们积极地工作。

采用目标策略加强协作

管理者为了使员工能理解企业的战略和目标，并将之贯彻到自己的行动中，就必须与员工全面地沟通，必须使员工认同企业的战略、目标和决策。这种沟通过程即为目标策略。

即使最基层的员工，都能了解公司的战略意图，都能清晰地表达出企业对顾客利益的重视，这样的企业使员工以主人翁的精神参与到企业管理中来，自然能赢得市场，获得长远发展。可见，目标策略大大强化了组织高层和基层的沟通，从而有效地贯彻组织战略和目标。

目标策略还可以促使组织内部不同部门之间的沟通合作。传统企业的各个部门之间相互条块分割，彼此联系较少、沟通有限，这就会造成企业总目标在执行过程中形成不同的执行方案，部门与部门之间的协调不充分，从而影响企业整体绩效的实现。通过目标策略，加强跨部门沟通，从而打破部门樊篱，使企业内部能够充分协调合作。

飞利浦是欧洲最大的电器设备生产商，全世界每7台电视机中就有1台装的是飞利浦的显像管。但是在占据整个公司销售额1/3的家电部门却效益很低。2001年新上任的总裁杰拉尔德声称，在未来的3年里，飞利浦的家电部门要么赢利，要么就关门！这个目标计划并没有人相信。

杰拉尔德也没有采取极端的措施，而是各部门以这一目标为中心展开一场"战略性交谈活动"。他认为应树立员工们的信心，通过目标策略增加沟通的有效性。从而实现跨部门的合作。因为他上任后发现，公司被条块化地分成了6个业务部门，它们之间很少或者完全没有沟通。

他的第一个动作是根据总目标确定了4个关键性的主题，这些主题描绘了飞利浦可能取得成功的技术前景，它们包括显示器、存储器、连通性和数字视频程序。这样一来，这些主题使得不同技术部门之间的边界变得模糊。要取得成功，这些部门就必须进行全新的、直接的深入对话。

杰拉尔德开始战略性交谈的方法是聚集所有对该主题做出贡献的人，不管其职位的高低，一起参加一次为期一天的峰会，让与会者交流看法、讨论方案并且最终针对不同的重要项目制定策略和方针。这一会议促使目标变得非常清晰，并且促成了在不同部门之间进行更好的合作。

战略性交谈很快显示出效率，一个显著的例子就是在DVD市场上取得成功。

当管理层确信在光学存储器上的成功就意味着会在DVD市场上取得成功后，一个囊括了来自飞利浦公司的半导体部门、配件部门以及家电等部门的人员的项目团队开始行动，他们改写了DVD的新标准，并在2003年抢占了美国DVD市场60％的份额。

为什么飞利浦公司最重要的赢利部门却不能产生效益，其根本原因就在于，各个部门各自为政、互相扯皮，彼此间缺少共同的目标，不能实现有效的合作。杰拉尔德通过设定企业未来3年的发展目标，进而确定战略性交谈，通过全面沟通，使跨部门合作成为可能，进而大大提高企业效益。可见，目标策略有利于企业增强组织内部跨部门沟通合作，从而有利于全面提高企业的业绩。

目标策略使员工可以参与到管理过程中来，不仅使组织内纵向的上下级沟通增加了有效性，而且还使横向的部门更加密切协作。所以说，目标策略是促进良好的组织沟通的助推器。

运用情绪管理激发潜能

许久以来，管理界认为员工不应该把情绪带进公司，因为工作场所是一个专业的地方，不应该感情用事。今天，现实却让管理学者从本质上领悟到，这样的限制对企业并没有好处。由于情绪受到规范的边框制度的约束，反而使团体的成员走向另一个极端——习惯性防卫，并且放弃激情。现代管理实践告诉我们，一个聪明的管理者应该学会科学运用情绪管理来激发员工潜能，进而提高绩效。如何使用情绪管理来调控组织成员的情绪？从总体上说，就是对不同情绪进行爱护、开发、改造、制造等。

1. 爱护积极情绪

组织中积极向上的情绪是极为宝贵的。它是追求真理、开拓前进的动力，做好工作、完成任务的关键，人缘和谐、身心健康的保证。积极情绪多来自骨干，英模人物，有才有德、有胆有识之士。因此，爱护积极情绪十分重要。爱护积极情绪就等于爱护事业的中坚力量，就等于爱护人才，就等于成功。

爱护积极情绪，就要对持积极情绪的人政治上信任、思想上帮助、工作上支持、生活上关心。在工作实践中，激励积极情绪不断高涨，保持积极情绪的稳定性、持久性、前进性。当积极情绪受到挫折、遭受打击时，领导要挺身而出，伸张正义，大力扶植，而不能态度暧昧，是非不分。

当积极情绪在工作中遇到困难、条件不足时，管理者要积极扫清障碍，改善条件，创造施展积极情绪，发挥积极性、创造性的外部环境，而不能袖手旁观，不去帮助解决困难。当积极情绪用之不当、失之偏颇而出现失误时，领导要及时帮助查找原因、稳定情绪、增强信心、奋起再战，而不要不分青红皂白地责备、埋怨、泼冷水，挫伤下属的积极情绪。

2. 批评错误情绪

下属中也会出现或滋生一些错误情绪。例如，由于不能满足个人的某些心愿而对单位、对领导产生对抗情绪，不服从领导，不听从指挥，不执行决定，目空一切，格格不入。错误情绪像瘟疫一样伤害着自己，传染着别人，腐蚀着集体。

领导对错误情绪不能熟视无睹，置之不理，更不能鼓动、助长它，要理直气壮地批评教育。批评要有理有据，使之心服口服，然后进行引导帮助，树立积极向上的情绪，使一个单位或部门形成良好的风气。这是管理者调控组织情绪操作的一个重要方面。

3. 努力改造情绪

情绪也是可以改造的。改造情绪就是把消极情绪转化为积极情绪。"愉快"是人的最佳情绪状态。但人有七情六欲，生活有悲欢离合、酸甜苦辣，加之人们对幸福的理解和感受不同，因此，人不可能时时保持愉快的心境。这就需要合理引导，加以改造。要认真分析产生消极情绪的主客观原因，有针对性地改造主客观世界，提供情绪转化的条件。

同时，要劝导有消极情绪的人正确认识和对待人生，尤其正确对待挫折、损失、某些不公平和其他逆境，正确认识和感受幸福。使人们认识到，人不可能一帆风顺，没有磨难和痛苦。困难可以泯灭懦夫的勇气，也可以磨砺强者的意志。逆境是最好的老师。幸福与不幸福，并不是由个人财产的多少、地位的高低、职业的贵贱决定的。幸福的真正涵义就是自己为社会做出了多少贡献。领导在调控组织成员的情绪操作中一定要正确引导，

以正确的思想、观念去改造、克服不正确的情绪。当然，改造情绪不一定就是严厉的批评、严肃的教训，方式方法可以多种多样。有时轻轻的一句赞美、微微的一下点头、深情的激励目光，就会使人豁然开朗，消极情绪一扫而光，甚至使人免于沉沦。

4. 适当制造情绪

情绪不仅可以开发、改造，而且可以适当制造。尤其是对于"零情绪"、中性情绪，要通过制造过程，使之产生或变为积极情绪。对于工作中不前不后、不冷不热、平平淡淡的人，要通过关怀、体贴、教育、激励、感染等方法，帮助他们产生正当、健康的需要和欲望。人是在追求和期待中生活的。

制造情绪还要从内部需要入手，去丰富感情。"没有'人的感情'，就从来没有也不可能有人对于真理的追求。"培养感情，改变冷漠的心境，就会对事物产生兴趣，焕发出积极情绪。

管理者要学会观察下属情绪，把握下属情绪，必要时要适当地制造一下情绪。一个好的管理者就像一团火，他走进人群就可以使人活跃起来，振奋起来。

当然，制造情绪是指制造健康积极情绪，而不是煽动不良情绪；而且制造情绪与开发、改造情绪是不能分开的，它们是相互渗透的。

以成就动机激发热情

德鲁克说：领导就是把一个人的眼界提到更高的水平，把一个人的成就提到更高的标准，使一个人的个性超越他平常的限制条件。德鲁克认为，只要有正确的领导方法，员工的潜力是无限的。著名科学家爱因斯坦说过："与应有的成就相比，每个人只能算是'半醒者'，大家往往只用了自己原有智慧的一小部分。"因此，最好的管理之道就是鼓励和激励下属，让他们了解自己所拥有的宝藏，善加利用，发挥它最大的神奇功效。

张安国是北京一家公司的总经理，也是一位精于授权的领导者。他很少介入具体的管理工作，公司的经营管理、具体业务方面的事情他出面的时候很少，甚至厂商都不认识他，张安国也很少和厂商打交道。他倾向于把人员组织起来，把责、权、利充分地授权下去，考核结果。只有发现结果不大对劲的时候，才去看一看，这人有没有选对。张安国很不喜欢介入到具体事情的过程里面去。

张安国有7个知根知底、合作多年、十分能干的副总，所以，他就可以什么具体事也不用管，"我不可能帮他们做他们分管业务的事，我的思路可能和他们不一样。我做浅了，他们不满意；我做深了，又可能会对他们的风格产生影响，这样更麻烦"。

张安国经常出差，去各专卖店转转，"不是具体指导他们做什么，就是和经理们聊聊，也不解决什么问题，别人一提什么问题，我就说，好吧，你这事跟副总经理李为说说。我要做的主要是人际方面、理念方面的沟通，以及看看不同城市市场的变化情况"。真正需要张安国做的事，通常是和人谈贷款、谈合作、沟通联络，等等。白天，张安国没有具体明确的事要做，就可以自由安排自己想做的事，给专卖店经理打打电话、上网逛逛，或者看看报，张安国有时一看报纸就看半天。

张安国总能如此地潇洒清闲？"有些事情急的时候也很急，贷款没有如期下来，那也是焦头烂额的，但这个急不是企业具体事务的急。我所做的都是单件事情，而且是由我来出面相对比较好的；他们出面比较好时，我肯定不管。出了问题，肯定是他们的事，我一管，他们的责任心反而下降了。"

当然，没有副总们的精明能干，就不会有张安国这般超脱，他也不能如此超脱。但企业发展到一定规模的时候，确实需要领导者从具体繁琐的事务性劳动中解脱出来，去考虑更为宏观的事情。只有当事情没法分派给别人做的时候，张安国才亲自做。张安国十分推崇一句话："能不能随时离开这个部门，是你是否已经管理好这个部门的唯一标准；能不能随时离开这个公司，是你是否已经管好这个公司的唯一标准。"

张安国对自己的长短认识得非常清楚，他承认自己是有能力缺陷的企业家。他认为自己并不是一个最好的领导者，所以愿意寻找能力互补的人建立职业管理团队。虽然业内提起公司对张安国的知之甚少，对其下属的名字更熟一些，但这正是张安国要求的效果，他善于找到每项业务的最佳管理者并使该项业务达到极致。

正如一位成功企业家所说："如果最高领导者从来都不让他的副手分享领导权力，分享成功荣誉，而是把功劳全往自己身上堆，那谁还会跟着他干呢？除非是傻瓜。"

张安国善于授权的事例告诉我们，他的成功诀窍就是"让别人成为英雄"。领导者必须有这样一种胸怀，为别人的成就打上聚光灯，而不是为自己。

成就动机是能激励人心的。管理者要善于激发下属进取之心背后隐藏的巨大热情。

以良性竞争激发积极性

松下电器（中国）公司副董事长张仲文在接受记者采访时曾说过："保持一个企业充满生机，正常高效地经营，评价是很重要的人事管理手段。"松下公司每季度都要召开一次各部门经理参加的工作会议，以便了解彼此的工作进程和经营成果。开会以前，把所有部门"按照业绩和完成任务的进度"从高到低分别划分为 A、B、C、D 四级。在开会中，按完成任务情况好坏而排的部分里，A 级部门首先报告，然后依次是 B、C、D 部门。

最后做报告的部门意味着业绩最差。这种做法充分调动了各个部门负责人争强好胜的心理，谁也不愿居人之后。

无独有偶，美国西南航空内部杂志也经常以"我们的排名如何"来激发员工的斗志，公司管理者通过制定出西南航空公司各个项目的表现在业界中的排名，让西南航空的员工知道他们的表现如何。当竞争对手的排名连续高于西南航空几个月时，公司内部为如何赶超对手作专门讨论。到最后，员工则会为了公司荣誉而加倍努力工作。

优秀的企业管理者总是善于通过引进两性竞争机制，以竞争来促进释放员工的工作积极性，使员工自觉摒弃安于现状的心理，从而实现人人积极进取。人才是事业成败的关键，良性竞争机制要打破论资排辈，构造全新的人才晋升渠道。为年轻人才提供一个能充分发挥自己优势的空间，使工作蕴涵激励力量。

《乔家大院》所叙述的历史背景是在清朝末期，那时自然没有成熟的现代企业制度。当时所有的商业都是家族式管理，甚至还有传男不传女思想。乔致庸开的钱庄也不例外。但是，乔致庸的过人之处就是很快发现家族管理的弊端：论资排辈，"伙计"居于最底层，很多优秀的伙计不为老板所重视。乔致庸很快发现很多能干的伙计对钱庄业务发展至关重要，而他们低微的身份对调动这部分员工的积极性非常不利。乔致庸感觉到，如果能够"激活"这些能干的伙计将是业务实现突破的关键。

于是，乔致庸果敢起用新人，从内部挖掘出年仅 28 岁的马荀。马荀干过 10 年学徒、4 年跑街，他个人的销售额占钱庄生意的 80%，显然是钱庄里跑得最快的千里马。后来的发展证明了乔致庸的眼光不错，这匹优秀的千里马成功地进入了接班人的行列，卓有成效地使钱庄起死回生。马荀使乔致庸尝到了甜头，他以"伙计身股"实现了企业原有体制的创新。这些创新为钱庄生意带来了显著变化：伙计与掌柜甚至东家平起平坐，被尊重感得到增强；钱庄效益和员工效益有机结合在一起。这个竞争机制的引进，极大增强了伙计们干活的积极性，钱庄生意更加兴隆。

与从外面引进人才相对应的是，团队内部的竞争机制就是在企业内部找到"鲶鱼"。如果一个公司缺乏内部激励机制、竞争机制，就不会拥有富有活力的企业文化，员工就会丧失危机意识。内部鲶鱼型人才有以下几条评考标准：首先要有强烈的工作热情和工作欲望；具有雄心壮志，不满现状；能带动别人完成任务。通常，只要赋予其挑战性的任务和更大的责任，他就能完成更好的业绩，并表现出超过其现在所负担的工作能力；敢于作出决定，并勇于承担责任；善于解决问题，比别人进步更快。

而为挖掘、寻找企业内部的"鲶鱼"，企业可以采取以下三种有效的管理方法：推行绩效管理，用压力机制创造"鲶鱼效应"，让员工紧张起来；在组织中构建竞争型团队，通过公司内部的评选机制制造鲶鱼队伍；寻找公司的潜在明星并加以培养，通过发现和提升潜在的鲶鱼型人才去激活员工队伍。通过引进外部"鲶鱼"和开发挖掘企业内部"鲶鱼"相结合的办法，企业管理者就能充分利用"鲶鱼效应"保持团队的活力。

防患员工的过度自信

过度自信、感觉过于良好会使人麻痹大意，作出轻率的决策。这种感觉使误差犹如夜色中的冰山，在前方不远处潜伏，我们应时刻保持高度警惕，避免与它撞击。

1912年4月，英国豪华客轮"泰坦尼克"号载着人类的不沉之梦远航。结果，因为船长的感觉过于良好而麻痹大意，放松警惕，导致船面对突然出现的冰山躲避不及，造成1513人丧生的悲惨结局，付出了惨重的代价。我们应该铭记在心的，除了电影中那段浪漫、凄哀的爱情故事，更重要的是以生命为代价的教训。

妄自尊大、感觉过于良好的决策，通常会一头撞入自毁之门。千万不要认为自己了解任何事情，实际上，这个世界变化之快，是没有人能够彻底地了解所有的事情的。

1984年洛杉矶奥运会之前，柯达一直垄断着世界体育大赛的胶卷专售权。柯达曾经占到世界摄影器材市场75%的份额，利润占这一市场的90%，是感光界当之无愧的霸主。

1979年，洛杉矶奥运会组委会主席彼得·尤伯罗斯宣布："本届奥运会正式赞助单位只有30家，每个行业选择一家。赞助者可以得到本届奥运会某项商品独家供应权。条件是，每家至少应赞助400万美元。"

尤伯罗斯找到柯达公司，希望柯达提供500万美元以上的赞助，把奥运会同行业唯一的赞助权拿走。不料，柯达公司营业部经理和广告部主任，自恃柯达是行业老大，产品信誉高，又占地利，以为这次一定是稳操胜券，因而一再讨价还价要求降低赞助费，最后只同意赞助100万美元和一大批胶卷。尤伯罗斯耐心等了半年，最终还是没有达成协议。正在此时，日本富士公司寻上门来，尤伯罗斯巧妙地与其周旋谈判，最后，富士愿意出700万美元的高价。尤伯罗斯当然喜出望外。日本富士就这样获得了23届奥运会的独家赞助权。柯达公司董事会闻讯后十分恼火，营业部经理受到严厉的斥责，广告部主任也因此被撤职，只好亡羊补牢，采取紧急的措施，先是拨款1000万美元在电视上大做广告，后又给800名美国运动员每人发一架"柯达"照相机。

"富士"尽管签了合同，却也不敢马虎，他们立即剥掉几十万个胶卷的原包装，换上"奥运会专用胶卷"的新包装，并安排一天可冲洗 1.3 万个胶卷的设备，在奥运会期间冲洗 20 万个"富士"胶卷和相应扩印业务。在奥运会期间，赛场内外都是富士胶卷的广告，所有记者用的也都是富士胶卷，使富士大出风头，销量激增。富士公司借助奥运会之良机一下子冲进了美国市场，分掉了柯达的许多市场份额。

有一句俗语"三十年河东，三十年河西"，喻指命运无常。这话同样适合柯达和富士这对老冤家的竞争。在异常激烈的竞争过程中，曾经雄霸天下的柯达出人意料地被成功束缚了手脚，而曾经惨败的富士却在失败之后赢得了胜利。

在中外经营史上，也有很多大企业，倚仗自己财大气粗，居安不思危，感觉过于良好而招致失败的例子。决策者往往会将一时的成功归因于自己的无所不能，从而在决策时，妄自尊大、拒谏饰非，以个人意志代替科学决策，结果把企业引向了误区。

亨利·福特 1903 年创建了福特汽车公司，成为美国第一代汽车制造商之一。创建初期，亨利·福特实行家长式领导，结果在激烈的竞争中曾两次遭到失败。后来，他聘请了詹姆斯·库茨恩担任总经理。库茨恩采取了三项重大战略措施：一是进行市场预测。根据对社会消费水平的预测，改变经营方针，从生产豪华汽车改为生产"T 型"廉价汽车，结果很快打开了销路，生意十分兴隆。二是通过提高劳动生产率来降低生产成本。研究设计出了世界上第一条汽车装配流水线，后来称之为"福特生产线"，装配一辆汽车的时间由原来 12 小时 28 分缩短为 9 分钟。三是建立一个完善的销售网。到 1912 年，全世界已有 7000 家商行从事福特汽车的销售工作。仅在 1923 年就销售了 179 万辆福特汽车，世界市场占有率高达46％，被称为"汽车大王"。

然而，福特汽车成功后，福特本人越来越变得专横跋扈、独断专行，听不得不同意见，也听不进建设性的建议。因此，有作为的人才纷纷离去，而一些平庸之辈、没有什么创见的"传声筒"，在公司里却混得很不错。1915 年，库茨恩也对福特感到了厌倦，难于相处，不得不离开由他经营近 10 年的福特公司，另觅天地。自此之后，福特公司市场占有率下降。1929 年，福特汽车公司在美国汽车市场的占有率降为 31.3％；到 1940 年，竟跌至 18.9％，真可谓江河日下。

如果因一时胜利而趾高气扬，漠视其他竞争者，则祸害常会在不自觉中来临。在市场中，没有绝对的赢家，也没有百分之百的输家。因此，决策者要懂得骄兵必败这个道理。

严格执行标准化管理

管理大师德鲁克说：生产并不是把工具应用于材料，而是把逻辑应用于工作。他认为，必然存在着少数几种基本模式，并各自有适用范围。任何生产过程愈能遵守科学，它就愈富有活力。卓有成效的管理者往往会制定出最具生产力的工作标准，然后要求员工做到。

日本丰田是标准化工作的典范。以轿车前座椅的安装为例，丰田公司将它分解为7道工序，进行安装的汽车在生产线上按照一定的速度依序地通过各个环节，整个工序时间为55秒。在安装的整个过程中，为了避免出现误差，丰田公司要求工人对各个工序的完成必须"准时化"。

在这个流程中，第四道工序是安装前座椅螺丝，第六道工序是安装后座椅螺丝，如果一个工人在应当做第4道工序的时候做了第6道工序，或者31秒之后还在做第4道工序（按照流程的设计要求，第4道工序要求在第31秒的时候完成），这个工人就会因为不合工作要求而被淘汰。

为了避免这种误差情况的发生，丰田公司对工人进行细致的培训之外，还精确计量流水线通过每道工序的时间和长度，并按通过的时间和长度，在作业现场标上不同颜色的作业区。如果工人在超过的作业区进行上一道工序，检测人员就能容易地发现，并及时纠正。

丰田公司的精细化思想贯穿在各个板块的工作之中。除了生产作业板块之外，在人员培训、产品研发、转产管理等各个方面的工作，也是按照精细化要求进行的。例如转产管理，公司需要将设备从一个地方转移到另外一个地方，严谨的丰田高层将这种工作分解成10多个工序，每个工序的内容、时间、顺序也都有精确的规定，并对工作标准进行了详细的限定和描述。然后，他们将这种模式固定下来，任何时候进行转移设备时都按照这些程序进行。

工作标准最大的意义就是能使团队成员清晰地知道如何工作，以及工作的质量要求。从合作的角度来看待这个问题就会发现，严格、统一的工作标准能够促进成员之间的合作。

在工作标准化方面，能够和丰田相媲美的是麦当劳。麦当劳进入北京之初，曾有一些国内同行到美国麦当劳总部去取经，最使他们感到惊奇的是麦当劳的各项管理井井有条，餐厅的各项工作都制定了规范化的行为标准，员工们严格按标准的程序运转。

麦当劳的创始人克罗克为了使企业理念"Q、S、C＋V"（质量、服务、清洁、价值）能够在连锁店餐厅中贯彻执行，保持企业稳定，每项工作都做到标准化、规范化，即"小到洗手有程序，大到管理有手册"。这让习惯粗放式管理的许多中国企业感到不可思议。

麦当劳的所有工作标准都写在了《麦当劳手册》里。克罗克指派麦当劳的管理者透纳用了几个月的时间，针对几乎每一项工作细节，反复、认真地观察研究，写出了营运手册。该手册被加盟者奉为神明，逐条加以遵循，也是员工工作时必须遵守的天条。

在手册里，详细说明了麦当劳的政策，餐厅各项工作的程序以及步骤和方法。30年来，他们不断完善营运训练手册，使其成为规范麦当劳有效运转的"法典"。与《麦当劳手册》同样重要的是，透纳还制定出了一套考核加盟者的办法，使一切都有章可循，有法可依。

与丰田、麦当劳相比，有些企业即使构建了规范化的组织体系，明确了工作角色和职责，提炼了关键业务流程，但在实际运行时各部门之间仍然会频频出现职责不明、缺乏沟通、流程推动不力、工作标准模糊等问题，这就影响了企业工作标准的执行力度。经过分析认为，管理制度不完善是工作标准执行打折的主要原因。

要确保工作标准被严格执行，企业就必须借助系统的作用，必须建立科学、完善的管理制度。用制度来体现清晰、有效、简洁的工作标准、工作程序、岗位职责、考核标准，进而规范执行力的标准，用制度来克服责权利不对等、信息流通不畅、职责不清、业务推诿扯皮等影响执行力的因素。要使制度从墙上走下来，成为严格执行工作标准的护航者。

员工能力与任务要匹配

《哈佛经济》杂志曾经报道，对全球36万人在20年中的职业生涯跟踪调查表明，成为精英员工很重要的一点是确保他们的能力、兴趣及性格与所从事的职业相匹配。也就是说，当员工的能力、兴趣与他所从事的职位相符，个人秉性也与公司的文化相符时，不仅员工的潜能获得最大激发，而且工作效率始终保持在一个高水平线上。

这个报道揭示了任务与员工能力要匹配的重要性。任务与员工能力不匹配，就会出现用人失误。历史上最著名的用人失误事件莫过于长平之战中赵国起用赵括。

公元前 260 年 4 月，秦派兵攻赵。赵国派廉颇为将抵抗。廉颇根据敌强己弱的形势，决定采取坚守营垒的战略。赵王以为秦国不可惧，应该主动出击，为此屡次责备廉颇。这时，秦国散布流言："秦国所痛恨、畏惧的，是马服君赵奢之子赵括。"赵王听信流言，便派赵括替代廉颇为将。赵括自大骄狂，在不明虚实的情况下，贸然进攻行动。结果中了秦军埋伏，大败，四十万赵军被秦国活埋。

在这个著名战役中，赵王不能知人善任，将关乎国家命运的大事交给只会纸上谈兵的赵括，险些丧国。与他相对应的是，秦王知道赵括最怕白起，果断启用，最终取得胜利。

全球华人企业顾问中心执行长、美国 PDP 大中华区策略合伙人、领导风格的研究专家陈生民曾分析说："事实上，每个人身上都有一组'能力密码'，这组密码是开启一个人潜能的钥匙，每个人都不一样。能够解读能力密码的人就等于拥有了知人知心的能力。"

如果任务与员工的能力不能实现完美匹配，那么一定会出现的现象是：大材小用，或者小材大用。假如出现小材大用，其造成的结果是员工不能胜任工作，而其他员工则不会服气；同样，如若出现大材小用，就会使员工认为自己怀才不遇而感到前途无望，他甚至会考虑离开。这里需要提醒的是，多数管理者最容易犯的错误是大材小用。企业为了谨慎起见，他们迟迟不敢起用员工，总是要"考查、考查、再考查"。

另外，将任务与员工的能力相匹配，管理者应该弄清楚员工的最佳状态。很多人都喜欢看篮球，篮球运动员在赛场上最美的动作就是一路冲破障碍，高高跳起，一投命中。投篮这个拼搏的姿势充满了生命的激情，又显示了成功者的风采。但是假如不用跳起，而且像顺手把垃圾扔到纸篓里一样简单的话，运动员就会丧失激情；假如篮筐遥不可及，无论如何都投不进，也会让人气馁，放弃努力。

工作也是同理。有挑战性但通过努力又可以胜任的工作，最能激发人的潜能。事实上，没有人喜欢平庸，尤其对于那些风华正茂、干劲十足的员工来说，成功的满足感需要由富有挑战性的工作来满足，这种满足感比实际拿多少薪水有更强大的激励作用。因此，企业管理者应根据员工最佳状态时所表现出来的能力来安排工作，既能保证工作与能力的匹配，又能保证员工对于完成工作的激情。

与人的能力不断增长相比，企业内部的岗位要求是相对固定的。员工的工作能力是随着实践摸索、适应岗位、培训学习等手段不断增强的，所以，每个员工在某个岗位上都会经历磨合期、成长期、成熟期和饱和期。然而，水饱和了就再也放不进糖，人饱和了就很难吸取新知识。一般来说，在某个岗位处于饱和期的员工，就一定出现了能力高于岗位要求的不和谐现象。

所以，身为企业管理者，应该经常研究员工发展到哪个阶段了。对那些已经处在成熟期的员工，要适时让他们百尺竿头更进一步，给他们分配一个能力要求更高的岗位，或难度更大的工作，以避免他们滑入饱和期，造成人才的浪费。

提升各级管理者的执行力

各级管理者是组织的基因。分布于组织内部各个阶层的管理者是权责的枢纽，只有遇到他们力所不及的情况，他们才会把管理转移到上一级。也就是说，各级管理者就是组织的根基。

古往今来，太平盛世的局面背后必定有位贤明的君主，战无不胜的队伍当中必定有指导有方的将军。行军打仗，将军的做法和能力直接决定着军队的战斗力。同样，作为企业组织的领导阶层，管理者个人执行力的强弱直接决定着整个组织执行力的强弱，决定着企业发展的命运。因此，提升组织内部各级管理者的执行能力，对于企业发展至关重要。

具有百年历史的雅芳已发展成为全美 500 家最大的企业之一。1999 年，是美国有史以来最大的经济繁荣期，雅芳的股票却一落千丈，公司运营走入低谷。许多女性不愿意推销雅芳的产品，产品销售量也急剧下降，品种似乎已经与时代脱节了。

雅芳董事会成员安·摩尔（现任时代公司执行副总裁）回忆说："当时确实有那种疑问，雅芳时代已经过去了吗？"事实证明，情况并不会就这样糟下去。因为这年的 11 月，雅芳在步入生命第 43 个年头的时候，钟彬娴接手了雅芳。她也是雅芳百年历史上第一位华裔女 CEO。

1958 年，钟彬娴生于加拿大多伦多。20 岁时她从普林斯顿大学毕业，获得英语文学学士学位。在刚上任的短短 20 个月时间里，钟彬娴的举措令所有人大吃一惊。1999 年 12 月，在她上任 4 个星期后的一次分析研讨会上，推出了一项"翻身"计划。她说，要开拓全新的产品领域，开发一鸣惊人的产品。

最令人惊讶的是，她没有放弃表面上看来已经过时的直销销售方式，同时提出通过零售点销售雅芳产品——这是在雅芳 115 年的历史中从未有过的。现在雅芳专柜已经进入了遍布美国各地的零售业巨头 JCPenney 全局管理商场内。

与此同时，为了壮大雅芳销售代表队伍，她实施了一项新的计划，即雅芳销售代表可以找下家，雇佣新的销售代表，并可以得到下家的部分销售收入，但是同时必须付出更多的汗水和辛苦。通过这种方式，仅一个季度，雅芳的销售代表总数就增长了将近10%。这个制度的最大意义就是提升了业务人员和各级管理人员的积极性，他们愿意付出，并且必有回报。

一个优秀的管理者可以成就一个团队。更优的产品加上更优的销售方式，使得雅芳在竞争中逐渐找回了过去的优势地位，在化妆品行业重新引领王者风范。雅芳因钟彬娴而获得新生。同样的事例在商业历史上不胜枚举：比尔·盖茨创建微软王朝，张瑞敏创造海尔神话，洛克菲勒缔造石油帝国……在企业发展过程中，绝大部分成就其实都是在管理者强大执行力的带动下取得的。

管理者是组织执行力之源。通用电气前总裁韦尔奇被誉为"世界管理者的管理者"，但多数人对他的了解和尊重，并非是因为他在管理学基础理论上做出了多么大的建树（尽管他一本书的版权就卖了几十万美元），而是作为通用电气总裁与属下的有效沟通和示范，他经常手写一些"便条"并亲自封好后给基层管理者甚至普通员工，能叫出1000多位通用电气管理人员的名字，亲自接见所有申请担任通用电气500个高级职位的人等。正是通过这些简单有效的办法使韦尔奇的策略有效地贯彻下去，形成了一个具有强大执行力的优秀团队。

执行是从领导开始的，管理者决定了整个团队的执行力强弱，一个企业的领导决定一个企业的执行力，一个部门的领导决定一个部门的执行力。

执行力的实施就是通过领导者与员工之间的沟通和示范来推动的，因此作为优秀的企业必然聚集着一群具有卓越执行力的管理者，他们必须身先士卒、百折不挠，由此产生的巨大的示范和凝聚作用，必然能够有效地激励和团结员工，共同实现企业目标。

/第 6 章/

给员工授权的绝招

确定授权计划和方法

授权是一项重大的决定，因此，对于管理者来说，他必须对此形成完整的计划。这种计划可能不是文字的，但一定要在脑海中形成清晰的框架，盲目地授权，或者未经仔细斟酌设计的授权将带来混乱。制订授权计划，核心在于弄清楚授权要做的事情有哪些，这些事情的程序、步骤是怎样的，在每个过程中有哪些要点、预测到可能出现的情况是怎样的等。

一个完整的授权计划应包含下面几点基本内容：授权任务是什么；这项任务涉及的特性和范围怎样；授权需要达成的结果是什么；用来评价工作执行的方法是什么；任务完成的时间要求；工作执行所需要的相应权力有哪些。如果授权成为一项经常性的工作，我们应设计一定的管理表格，这类表格能帮助他人形成完整清楚的授权计划。

授权计划的制订不应是自上而下发布命令的方式，这恰是与授权精神相违背的一种方式。授权计划从一开始即要求受权下属的参与。应允许下属参与授权的决定，在授权计划形成之后，应在更大范围内公布授权计划，根据授权计划向下属进行反馈和提问。

这样做的好处有多种，其一是帮助管理者整理自己的思想，在确有必要时，修改授权计划。其二是使下属充分理解授权的精髓，在最大限度内得到下属的认同，激发其积极性。同时，又能在组织中起到宣传引导作用，形成授权的心理期待。

另外，管理者还必须确定授权方法。不同的授权方法会产生不同的效果，管理者应当掌握正确的授权方法。授权的方法按照不同的维度，有不同的划分方法。按照授权受制约的程度，授权的方法有：充分授权、不充分授权、弹性授权、制约授权。

充分授权是指管理者在向其下属分派职责的同时，并不明确赋予下属这样或那样的具体权力，而是让下属在管理者权力许可的范围之内，自由、充分地发挥其主观能动性，自己拟定履行职责的行动方案。这种授权的方式虽然没有具体授权，但在事实上几乎等于将管理者自己的权力——针对特定的工作和任务的——部分下放给其下属。

充分授权的最显著优点在于能使下属在履行职责的工作中实现自身价值，获得较大的满足，最大可能地调动下属的主观能动性和创造性。对于授权管理者而言则大大减少了许多不必要的工作量。充分授权是授权中的"高难度特技动作"，一般只在特定情况下使用，要求授权对象是具有很高素质和责任心的下属。

不充分授权是指管理者对其下属分派职责的同时，赋予其部分权限。根据所授下属权限的程度大小，不充分授权又可以分为几种具体情况：让下属了解情况后，由领导者作出最后的决策；让下属提出详细的行动方案，由领导者最后选择；让下属提出详细的行动计划，由领导者审批；让下属果断采取行动前及时报告领导者；让下属采取行动后，将行动的后果报告领导者。

不充分授权是现实中最普遍存在的授权形式，它的特点是较为灵活，可因人而异、因事制宜，采取不同的具体方式。但它同时要求上级和下级、管理者和下属之间必须事先明确所采取的具体授权形式。

弹性授权是综合充分授权和不充分授权两种形式而成的一种混合的授权方式。弹性授权是根据工作的内容将下属履行职责的过程划分为若干阶段。在不同的阶段采取不同的授权方式。弹性授权的精髓在于动态授权的原理。弹性授权具有较强的适应性，当工作条件、内容等发生变化时，管理者可及时调整授权方式以利于工作的顺利进行。应用弹性授权的技巧在于保持与下属的及时协调，加强双向的沟通。

制约授权是指管理者将职责和权力同时委托和分派给不同的几个下属，以形成下属之间相互制约地履行其职责的关系，如会计制度上的相互牵制原则。制约授权形式的应用要求管理者准确地判断和把握使用的场合。它一般只适用于那些性质重要、容易出现疏忽的工作之中。制约授权在应用中的另一个要点在于，警惕制约授权可能带来的负面效应，过分地制约授权会抑制下属的积极性，不利于提高处理工作的效率。制约授权作为较特殊的一种授权方法，一般要求与其他授权方法配合使用，取其利，去其弊。

选择最恰当的时机

授权是一个连续性的流程，授权由计划走向操作化的方案，关键在于把握这一流程中的关节点，授权的全部奥妙正在于这些关节点之中。这些关节点包括：

（1）做好授权准备：扫除授权障碍，明确授权意识，创造授权气氛，制订授权计划；确认任务：有目标授权，针对特定任务授权，任务本身需要整理规范和明确。

（2）选择合适的受权者：根据下属的潜能、心态、人格挑选合适的人完成特定的事。

（3）授权的发布：授权计划的最后商定，宣告授权启动，明确任务及权限，制定考核标准。

（4）进入工作：管理者放手让受权者完成工作，对一般性的工作方式不作干涉。

（5）控制进展：管理者要保证工作以一定速度进行，应当给下属适当压力，让其感到责任，保证工作按计划完成。

（6）约束授权者：注视下属行为偏离计划的倾向，防止授权的负面作用，及时反馈信息，保证授权沿预定轨道前行。

（7）验收工作，兑现奖罚：评价工作完成情况，按预定绩效标准兑现奖励或惩罚，总结授权，形成典范，全面提升管理水平。

授权需要选择时机。选择一个适当的时机，切入授权，这个时机的选择对于授权的效果可能会有显著的影响。这种时机既可能是一些特殊的事件，也可能是一些司空见惯的现象再次出现。把握这种时机，导入授权，能让下属切实感到授权之必要，使授权变成自然而然的事情。有效的授权者常在下列情形出现时授权：

（1）管理者需要进行计划和研究而总觉得时间不够。

（2）管理者办公时间几乎全部在处理例行公事时。

（3）管理者正在工作，频繁被下属的请示所打扰。

（4）下属因工作闲散而绩效低下。

（5）下属因不敢决策，而使公司错过赚钱或提高公众形象的良机。

（6）管理者因独揽大权而引起上下级关系不和睦。

（7）公司发生紧急情况而管理者不能分身处理时。

（8）公司业务扩展，成立新的部门、分公司或兼并其他公司时。

（9）公司人员发生较大流动，由更年轻有活力的中层管理者主持各部门、团队工作时。

（10）公司走出困境，要改变以往的决策机制以适应灵活多变的环境时。

需要特别说明的是，授权的导入需要有三个基本条件：管理者头脑中形成清晰的思路和完整的授权计划；授权时机的选择非常合理；选择适当的形式宣告授权。

理解授权的真正涵义

授权指的是上级将权力分派给下级，使下级在一定的监督之下，独立自主地去完成某一特定工作的管理方式。理解授权的涵义，我们应当把握以下几点：

1. 授权不是参与

参与只是表示团队成员对团队决策产生影响，他们以特定的方式和标准的程序同管理者一起制定决策，此时，团队的权力状态是"共享式权力"。如果严格地考查，这种权力共享往往只是表面的，决策的形成不可能是由成员和管理者对等投票的结果。

实际上，决策总是管理者意志的表达，所谓的参与对决策的影响只是一种软约束。而授权，则是权力的下移，管理者同下属拟定目标之后，由下属独立决定达到目的的途径、方法和手段。虽然这种独立的决策者是受到制约和监督的，但在限定的权力范围内，被授权的员工拥有充分的决策权，上级不能随意干预。

2. 授权不是弃权

决定授权是否是弃权的关键是"恰当与否"。如果一个管理者把权力和任务全部交给下属，而又没有清楚地阐明下属应该做的具体工作；没有对下属的权力范围明确规定；没有明确下属应当达到的绩效水平及绩效考核的办法。那么，这种授权就是弃权，弃权必然会导致失败，会给管理者带来很多麻烦。

3. 授权不是授责

授权只是把一部分权力下放给了下属，而不是把与"权力"同时存在的"责任"也下放给下属了。换句话说，当主管人员把权力下放给某一成员时，他仍然拥有和授权前同样的责任。管理学家史罗马曾说过："责任是某人肩负的某种东西，无人能授予它。一个负责任的人将永远负起责任，而一个不负责任的人永远都必是不负责任的。"

作为管理者应当记住这一点：错误是授权的一部分。下属犯错误几乎是肯定的，授权时，管理者应当预期到并接受下属可能犯的一些错误，意识到自己对下属所犯错误应承担的责任，并确保自己不会把责任推诿给下属。

4. 授权不是代理职务

授权意味着管理控制方式的转变，并不是把不重要的事放弃不管。授权之后，管理者仍然享有职权，对授出的职权负有责任。这种权力体现在他要通过接受、听取工作报告的方式来取代事必躬亲的工作方式，这是授权带给管理者们的实质性的变化。

明确这一点，意味着管理者在授权时要认识到自身职责的变化，明确自己的工作职责不再是把自己的事情做好，而是要让别人把事情做好，因此必须对下属的工作实施卓有成效的控制。

5. 授权不是分工

分工是在一个集体、组织、团体内，由各个成员按其分工各负其责，彼此间无隶属关系。对于管理者来说，恰当地为下属进行分工，是将工作任务合理切割的过程；而授权则是授权者和被授权者上、下之间的监督和报告关系。

分工和授权的区别还表现在工作任务的中心不同，在分工中，管理者处理任务中心，主管的工作重心是协调下属的工作，用以保证任务成功地完成；而在授权中，任务中心向垂直的下层移动，被授权者在任务完成的过程中担当重心的角色，而管理者作为独立于任务的上级，听取有关工作的报告，解决超下属能力权限的各种困难。

6. 授权不是下任务

授权不只是向团队成员下达任务，而是要考虑多方面的相关问题，那么，管理者实施授权应考虑哪些问题呢？

（1）授权的意义是什么？授权的意义指的是工作目的与价值，它的评估要和个人的理想及标准联系起来。当工作要求与个人信念相符合时，这项工作便变得有意义了。

（2）团队成员能胜任吗？胜任指的是团队成员个人相信他有能力出色完成某项特殊任务。有胜任感的团队成员相信在特定情况下，他们有能力满足某项工作要求。胜任感同样会让人产生被授权的感觉。

（3）什么是自我决策？自我决策是指个人觉得自己有权发动部门各类工作活动，尤其是当团队成员感到自己能够自由选择解决某个特殊问题的最佳方法时，自我决策就变得更为高级了。自我决策还涉及诸如工作地点和场所的选择之类的问题。一位被高度授权的团队成员或许会决定不在办公室完成工作。

（4）什么是影响？影响指的是团队成员能左右工作的重大成果或结果的程度。在被授权过程中，团队成员并非只是服从，并非在任何方面都插不上手，而是应有发言权，有权针对团队的未来前景发表自己的见解。

充分设计授权的战术细节

并非所有的授权都能达到预期效果，获得成功。有些授权失败令人印象深刻，但管理者并不知道何以失败。以下是一些实施授权过程中所遇问题的例子。

案例 1：一个大的医疗中心决定建立自我管理的团队，其中包含一些内科医生。结果是：医生们不出席病例分析回顾的会议，决策被推迟了，病人等着接受治疗，而团队成员则因没有信心而最终被解散了。

案例 2：一银行控股公司的董事长对授权情有独钟，让他的培训部经理负责此事。6 个月以后，团队组建完毕，训练开始，但是一些管理者的地位也因此受到了挑战。问题在于副董事长们并没有参与这一计划，于是拒绝由底层提出的建议。他们对团队的努力表示怀疑，并堆砌了一系列问题，以致团队成员搞不清他们的努力得到了支持还是制造了麻烦。

案例 3：一个刚起步的工厂花了大量的时间和经费来组建团队，对之进行数轮的管理训练，但他们忽略了一些环节：他们未曾测量评价他们取得的进步，没有为他们的团队设置目标，也没有明确团队为达到目标而应担负的责任。相反地，这些经理们闭上双眼，十指交叉，等待着成果出现。这当然不可能！总部的一位高级经理对此进行了干涉，以确保这一授权活动仍进展顺利。

案例 4：一个国际性的大企业着眼于利润增长与组织重构，为此，将其管理层级从 6 层削减到 3 层。他们开始以一个设计得很好的、从上至下的方法来创建高绩效的团队。但是他们没有对各地分支机构的实际情况预先评估。实际上有些地方的团队工作已经非常先进，而有些地方则落后数年。如果他们不采用由上而下的按命令行事的方法，他们完全可以实施"外科手术"（哪儿需要手术哪儿动刀），这样，不仅花费少而且见效快。

案例 5：一个成长迅速、面向顾客的连锁饭店决定低成本地进行团队训练。他们习惯于大量雇佣人员，获取高营业额，从而将平均培训费用降至行业平均水平之下。他们为此而感到一份荣耀。他们把培训浓缩成 4 次两小时的课程，阻止雇员做他们想做的事，却又对雇员抱有不切实际的期望。此外，还要求雇员们所做的事必须经管理层同意。

这 5 个案例有何相似之处呢？每一个案例中，管理者们的出发点都是好的。他们把授权过程理解为命令和给予团队资源。他们的错误不在于战略，而在于战术。他们没有仔细思考整个过程，考虑潜在的问题，咨询一些难点问题，总之，这些管理者没有花时间仔细考虑他们的目标以及如何让团队成员们接受和理解这些目标。其实，管理者们只要掌握好以下一些战术，做好授权工作并不是太难的事。

（1）职责和权力相符。授权的第一个要求就是职责和权力相符，因为它是有效授权的前提保障。如果团队成员的职责大于他的权力，团队成员就要为自己一些力所不及的事情承担责任，自然会引起团队成员的不满；如果团队成员的职责小于他的权力，他就有条件用自己的权力去做职责以外的事情，从而引起管理上的混乱。

（2）授权完整。授权并不只是告诉团队应该去做某某事情那么简单。任务、权力和责任应该有很明确的划分和描述。为了做到授权完整，管理者在授权前，应该对这些问题进行认真考虑，在授权时尽量采用书面的方式，以防止沟通出现的误差。另外，授权的过程应该也是管理者和团队成员讨论的过程，只有这样，才能真正让团队成员明白自己的任务、责任和权力。

（3）授权有层次。如果管理者有很多团队成员，并且这些团队成员之间存在着隶属关系，那么管理者在授权时，只应该对直接团队成员进行授权，让直接团队成员对他们的团队进行二次授权。如果管理者直接对所有的团队成员授权，势必侵犯了直接团队成员的管理权力，这样只会为直接团队成员增加麻烦，降低工作效率。

（4）给予适当协助。授权不是放任自流，因为团队成员毕竟在经验和能力上有所欠缺。管理者应该从培养团队成员的角度出发，有意识地对团队成员进行协助。在必要的时候帮助团队成员去完成任务。

（5）让成员参与授权。如果让团队成员参与到授权的讨论过程中，授权的效率会更高。首先，只有团队成员本人对自己的能力最为了解，所以让他们自己选择工作任务，可能会更有好处；其次，在团队成员的参与过程中，团队成员会更好地理解自己的任务、责任和权力；最后，团队成员参与的过程，是一个主动的过程，对于自己主动选择的工作，团队成员自然会尽全力将它做好。

（6）不交叉授权。现代的团队往往有多个部门，各部门都有其相应的权利和义务，管理者在授权时，不能交叉委任权力，那样会导致部门间的冲突，甚至会造成不必要的内耗，形成不必要的浪费。

（7）单一隶属的授权。任何一个团队成员被授予的权力都应当是确定的，因此，授权只能来自于一个上级主管。如果多头领导，多方面授权，则隶属关系就不清楚，团队成员就会感到无所适从，左右为难，难以行使被授予的互不相干甚至相互冲突和干扰的各种权力。当然也难以履行各种互不相干或相互冲突的职责，同时也给授权后的考核带来困难。

（8）充分交流。授权只是工作方式的转变，并不等于管理者放弃自己的职权。因此，授权后，不能造成上下级关系的隔断，而应加强上下级的交流，使下级获得决策的信息，上级也便于深入了解所授权工作的进展，便于指导和监控。

（9）充分信任。授权要以管理者和团队成员之间的相互信任关系为基础。一旦管理者决定授予团队成员相应的职权，就应对其充分信任，而不得处处干预。而团队成员在得到授权后，要尽一切努力做好分内的工作，不必再事事向团队成员请示，只有在必要时才向管理者汇报或请示。

（10）及时奖励。管理者在授权中的责任，不仅是授权的提出与实施，他还有责任为授权活动不断注入动力。这种动力有两种，一种来自外部，另一个来自内部，后者更具有经济性和便利性。提供内部动力的一种重要方法是对有效的授权和成功的授权给予及时的奖励。

尽管管理者们应用的奖励手段是物质奖励，但在很多情况下，授予团队成员更大的自主权，树立或提高他们的威信，及时给予口头的或书面的表彰，往往有更大的激励作用。这种有效的奖励，将会对授权本身产生推动力，使授权工作达到一个新的境界。

（11）避免逆授权。所谓逆授权，是指本来管理者已经对团队成员进行了授权，而团队成员具体的工作过程中，没有使用自己的权力，还是将每件事情提交给管理者，让管理者进行决策，从而使授权失去了意义。造成逆授权主要有两种原因：

管理者没有真正授权。虽然在形式上管理者向团队成员明确了工作任务、责任和权力，但是在团队成员具体工作中，管理者始终不能够放心让员工去做，所以对团队成员工作的每一个步骤都十分关心，都要亲自去决策。

团队成员没有主动使用自己的权力。团队成员虽然有权力，但不去主动使用它，出现这种情况的原因有很多。比如说，团队成员对这件工作任务没有把握，或员工不愿承担责任，或团队成员认为自己的上级喜欢事必躬亲，所以投其所好，等等。

无论是什么原因造成的逆授权，其结果都是一样的，都没有达到真正授权的目的。

（12）授权要有控制。为了防止团队成员在工作中出现问题，对不同能力的团队成员要有不同的授权控制。能力较强的团队成员控制得可以少一些，能力较弱的团队成员控制力度可以大一些。控制并非想如何控制就如何控制，为了保证团队成员能够正常工作，在进行授权时，就要明确控制点和控制方式，管理者只能采用事先确定的控制方式对控制点进行核查。当然，如果管理者发现团队成员的工作有明显的偏差，可以随时进行纠正，但这种例外控制不应过于频繁。

授权必须遵守原则

管理者面临的各项事务纷繁复杂、千头万绪，即使是精力、智力超群的管理者也不可能独揽一切，授权是大势所趋，是明智之举，现在的问题是在授权中应遵循什么样的原则，从而实现授权的目的。

1. 目标原则

实现管理目标是管理工作的最终追求，授予某个人的职权应该足以保证他能够实现目标。许多管理者在授权时，对哪些职权应该授予、哪些职权必须保留的问题考虑得较多，而忽略了团队的目标。

授权的目的是让被授权者拥有足够的职权能顺利地完成所托付的任务，因此，授权首先要考虑应实现的目标，然后决定为实现这一目标下属需要有多大的处理问题的权限。只有目标明确的授权，才能使下属明确自己所承担的责任。盲目授权必然带来混乱。要做好按预期成果授权的工作，必须先确定目标，编制计划，并且使大家了解它，然后为实现这些目标与计划而设置职务。

2. 举贤原则

"职以能授，爵以功授。"授权不是单纯的权力和利益的再分配，而是在对下属德才素质有较为详细的了解后，根据每个人的才能和特长授予相应的权力，保证权才相符。一般来讲，工作难度应比承担工作者平时表现出的个人能力大些，使其产生压力感，完成工作才有成就感。

向下属授权过大，就会出现大权旁落的局面；授权过重，则超过对方能力与承受限度；过轻，则失去授权的意义，不利于下属尽职尽责。授权尤其要注意选好受权者。如果人选不当，不但难以达到预期的效果，甚至会降低管理者的威信，给组织管理带来负面影响。

3. 留责原则

从权、责内容上看，授权有两种形式：授权授责与授权留责两种。前者如同分权一样，授权同时授责，权责一致；后者则不同，授权不授责，如果被授权者工作处理不当，出现的决策责任仍然由授权的管理者自己承担。

这两种形式各有利弊，授权授责，被授权者有责任，就有压力，就会有正确运用权力的责任感，可以防止滥用所授予的权力；但也给被授权者在行使决策权进行创造性活动时带来巨大的压力与精神负担，由于惧怕自己的失误会给组织带来危害，影响自己的前途，因而不能充分行使其被授予的权力，最终影响了工作的效能。

而授权留责，一方面可以使被授权者增强对管理者的信赖感，工作更放心、更放手；在决策责任面前，管理者要多承担责任，坚持推功揽过的原则，有利于激发下属的主动性、创造性，有利于较好地树立领导者的崇高权威。

一般说来，为了锻炼培养干部、接班人，为了处理突发的危机事件而进行的授权，宜采取授权留责的形式；而其他情况下的授权以授权授责为宜。但是，这只是大致的划分，无论采取何种形式，授权活动在性质上是管理行为，出现任何责任后果，管理者都有不可推卸的责任，应是责任的主要承担者。

4. 权责对等原则

职权是执行任务时的自决权，职责是完成任务的义务，因此，职权应该与职责相符。在实践中要避免出现有权无责或权责失当的现象。在实际工作中，下级人员总是希望增加他们的职权，而同时减少他们的职责；上级人员则要求下级人员多承担职责，但又不愿意给以必要的职权。

这两种做法都欠妥当。如果有权无责，用权时就容易出现随心所欲、缺乏责任心的情形；如果责大于权，则会增加工作难度，难以调动下级的工作热情；只有全面权衡，找准权责对等的契合点，才能提高管理效能，使个人与组织共同获得发展的机会。

5. 激励原则

"疑人不用，用人不疑"，授权于下属，是对他们的信任，可建立良好的人际关系，使下属对自己所从事的工作充满自信心，有利于提高工作效率。在授权的同时，应对部下进行适当的激励，比如称赞其完成任务的优点和有利条件，当然也要指出应注意和克服的短处等，以充分调动其积极性。

因此，授权可以开发下属的潜能，为他们提供个人成长、发展的机会，使他们在实践中受益；通过授权，也可使下属参与决策，了解工作程序，激发其工作热情，增加对团队的归属感，提高团队的决策水平，增强下属的自身实力。

6. 逐级授权原则

管理者所授予下属的权力是管理者自身职务权力范围内的决策权，即管理者自身的权力。如高级主管只能将自己所享有的决策权授给自己直接管理的中层主管，而不能把高级主管所拥有的权力授给中层主管的下属，这样实质上就侵犯了自己的下属的合法权利，是越级授权局面，会引起下属有职无权，给自己的下属的工作造成被动，会引起自己与下属、下属之间的矛盾。另外，授权要专一，同一权力不能同时授予两个或两个以上的人，以避免职责不明，致使工作混乱。

7. 适度原则

授权要适度。如果授权过宽、过度，超过被授权者的智能所承担的限度，会出现小材大用的情况；超过所处理事务的需要的过度授权，就等于管理者放弃了权力，导致下属的权力泛化，使管理者无端地被"架空"。

授权过窄、不足，则不能充分调动下属的积极性，不能使其充分发挥才能，出现大材小用的情况；下属也不能充分地代表管理者行使权力，处理相应的事务，还得事事请示汇报，管理者仍不能从繁杂的事务中解放出来，达不到授权的目的。适度授权就是要求管理者授予下属的权力要精确、充分，它是建立在目标明确、职责清晰基础上的授权。因此，授权要做到下放的权力刚好够下属完成任务，绝不可无原则地放权。

8. 可控原则

坚持可控授权的原则，可以有效地防止所授予的权力被滥用。授权只是将管理者应当独享的权力授予下属的活动，管理者并不会因为授权而丧失其管理主体的地位，并且仍是授权责任后果的最终承担者。

正确的授权，不是放任自流，撒手不管，不是放弃其职能，授权时必须有办法确保权力得到恰当使用。控制的目的在于发现和纠正下属行使权力时偏离目标的现象，而不是干预下属的日常行动。管理者要灵活掌握授权的范围和时间，根据发展和需要随时调整，能放也能收。

受权人的汇报义务是授权的本质要求，汇报绝不是可有可无的，必须要求下属自觉汇报工作的进程和结果，必须对下属进行有力的指导监督，因此，要掌握对被授权者进行检查、监督的权力。应切记的是：授权不等于弃权，类似于决定组织前途与结果的最终决策权，必须牢牢掌握在自己手中。

防止授权失控的方法

成功的管理者认为，把握控制权首先要对下属选得准，选人得当才能委托权力。其次是要把握调整权，当发现下属素质差、经常越权，或发现下属已背离工作目标、原则，给工作带来了损失、不合格时，虽不能做到立即免职，也要做到立即指出且严肃批评，并削弱其权力，调整其授权，做到能放权能收权。再次是要严格控制授权范围，除特殊情况外，一般不准越权，不准"先斩后奏"，更不允许有"斩了也不奏"的行为。

成功的管理者十分注重把握权力监督环节。防止权力失控的关键在于监督。权力授出后，管理者的具体事务减少了，但指导、检查、督促的使命却相对增加了。管理者要密切关注下属的工作动向、状况及信息，及时地发现问题和解决问题，克服情况不明等官僚主义倾向，但不能到处指手画脚。下属也有责任和义务向管理者汇报工作情况，不能把领导的监督、管理视为干预。

成功的管理者授权不会失衡。就是说，在自己领导的组织系统内，对多个下属授权，权力要分布得合理，不能偏轻或偏重。如果对某个下属授权较多，则必须考虑他的威望及能力，是否为其他下属所接受。无根据的偏重授权，以个人感情搞亲疏性授权，是万万不可取的。

任何授权都难免有失误的地方，授权失效应当及时纠正，可以采取的方法有：

（1）讨论和警告。当管理者首次怀疑任务是否可以准时完工，可向下属提出自己的疑问。不要以为延长时间会让情形改善。一旦发生问题，情况有可能更加恶化。和下属谈谈自己关心的事项，同时同意确保任务会很快回复到目标计划。如果情况不佳，应与下属召开另外的会议。在第二次会议中，应警告下属，如果没有适度的进步，管理者可以进一步地干涉。

（2）撤回职权。任何授权的权力都是暂时性的，是可以废止的。当下属表现不如预期时；当情况改变的时候（如改变目标、组织重组、新的政策），职权也可能被撤回。所以管理者只要认为适当，可以收回职权给其他人行使，或不予变更。

（3）重新分配。当管理者面对期望颇深的方案或任务无法如期完成时，应考虑重新分配工作。管理者可以将方案重新分配给比较有经验的下属，或拆成几个部分让数个下属执行；也可以让下属保有原先分配到的任务，但是需要更进一步地监督。

有效授权的实施过程

授权是一项系统工程，不仅需要管理者将任务和目标明确，将任务标准化，还需要注重团队气氛的培养和选准授权人；不仅需要技巧，还需要把握好授权时机。

1. 把任务标准化

当团队完全由管理者来推动其运行时，任务和他想要达到的目标存在于他的大脑中，这可能是模糊的，当他把一个具体的环节交代给团队成员去完成时，他没有必要向团队成员解释整个任务是怎样的。然而，当实施授权之后，模糊的任务常常使团队成员无所适从，当管理者试图授权时，一个首要的工作就是把任务标准化。这种标准化包括下面几点：

（1）任务是有清晰的目标和方向的；

（2）完成任务所需条件是相对明确的，团队成员知道如何寻求配合和帮助；

（3）任务完成的程序具有相对稳定的模式，完全没有思路的任务不适于授权；

（4）任务的完成有相对明确的考核标准，以确定任务完成的质量。

将部门的工作任务标准化，其意义远不止是授权的需要，它对部门的科学管理具有非凡的意义，是部门走向正规化、走向成熟、走向制度管理而非主管主观化管理的必经之途。

2. 培育授权气氛

任务标准化之后，管理者应怎样培育授权气氛呢？

（1）向团队提出质疑。在各种场合揭示团队内部存在的问题，引发讨论，并提供具有建设性的意见和方案。

（2）重视团队的培养。采用渐进的方式促使团队改变。首先在管理者与团队之间发展授权的关系，建立一种适用于授权的新型工作模式，并作为进一步推广的典范。

（3）初步成果的共享。团队在实施初步的授权之后，它的每一点哪怕是微小的成绩提升或气氛改进都是值得关注的，应该关注这些成绩，以恰当的形式给予庆贺，并向团队成员公布，让他们知道成绩是如何取得的。

（4）勇于探险。管理者可以尝试一件以前不会做的事情，使自己进一步成长，并以自身的勇气鼓舞团队成员，创造一种勇于冒险、求新的组织氛围。

3. 转移心态

转移心态包括两方面：一是管理者心态的转移；二是团队成员心态的转移。授权最重要的前提在于管理者的认识或认同。管理者在将自己天天从事的工作授权给他人接管时，总是感到难以割舍。管理者心态的转变对授权的成功与否至关重要。但由于种种缘由，多数的管理者在走向授权时总是有些犹豫，他们一时还不能适应授权带来的心态上的转变。由于这种转变非常关键，管理者应尽快适应。

与管理者心态转移同等重要的是团队成员工作态度的转变。主管在保证自己心态转变的同时，应帮助团队成员实现心态的转移。只有管理者和团队成员同时完成心态转移与重新定位，一个新的授权的组织状态才最终完成。

4. 选准授权人

选准授权人，是成功授权的关键。权不可不授，却也不可乱授。授错了人，很可能会误事和坏事。管理者可以将权力适度授予以下几种人：

（1）忠实执行管理者命令的人。一般说来，管理者下达的命令，无论如何团队成员都要全力以赴，忠实执行。这是团队成员必须严守的第一大原则。如果团队成员的意见与管理者的意见有出入，可以先陈述他的意见。如果不合理，就要服从管理者的意见。自己的意见不被采纳，抱着不合作态度工作的人没有资格成为管理者辅佐人。

（2）做管理者的代办人。团队成员必须是管理者的代办人。纵然管理者的见解与他的见解不同，但管理者一旦有新决定，他就要把这个决定当作自己的决定，向其他人包括外界人做详尽的解释。

（3）明确自己权限的人。被授权的团队成员必须能认清什么事在自己的权限之内，什么事自己无权决定。如果发生问题，而且又是自己权限之外的事，处理的办法不是拖拖拉拉，而是立即向管理者请示。

超越管理者的交涉、协调，等于把管理者架空，也破坏了命令系统。非得越级的时候，原则上也要先跟管理者打招呼，以获得认可。

5. 选取授权任务

在正式开始授权之前，管理者要做的第一步工作是对必须完成的任务按照责任的大小进行分类排队，不同类的工作对应不同的授权要求，做出一张"授权工作清单"。

（1）必须授权的工作。这类工作管理者本不该亲自去做，它们之所以至今留在管理者的手中，只是因为管理者久而久之，习惯去做，或是管理者自己喜欢，不愿交给别人去做。这类工作授权的风险最低，即使出现某些失误，也不会影响大局。

（2）应该授权的工作。这类工作总体上是一些团队成员完全能够胜任的例行的日常公务，团队成员对此有兴趣，觉得有意思或有挑战性，而管理者一直由于疏忽或其他原因没有交给他们去做。这类工作授权给团队成员的意义，除了可以节约管理者的时间和精力之外，更有利于调动团队成员的积极性。

（3）可以授权的工作。这类工作往往具有一定难度和挑战性，它要求团队成员具有相当的知识和技能才能胜任，但由于管理者不放心而长期坚持做。事实上，只要管理者在授权之外，特别注意为授权的团队成员提供完成工作所需的训练和指导，把这类工作交给团队成员，就可以有机会让他们发挥自己的才能。对于一个急切地需要一个得力助手的管理者来说，这无疑是精选干将的绝佳时机，因为在所有的人员评估手段中，实战表现是最具有效率和可信度的一种，其他任何的方式都无法与之相比。

（4）不能授权的工作。每个部门的工作之中，总有一些工作关系到部门的前途、命运、声誉，这类工作一旦失误将要付出沉重的代价。还有些工作除非主管本人，他人无法完成，这类工作是不可授权的，必须管理者亲手做。这类工作包括制订未来发展计划、选拔新进团队成员、支持考核团队成员绩效、实施奖惩和重大决策，等等。

6. 把握授权时机

授权在最开始时可能很耗费时间，因为它需要管理者对团队成员工作中的自由决定范围进行细致考虑。在这一范围确立之后，管理者就需要拿出时间对团队成员进行权力使用的训练。建立恰当的控制程序也需要花费时间。授权如同一项资本投资，确立授权模式所花费的时间有可能获得巨大的回报——但这种回报只能在将来获得。管理者在授权时应对授权模式进行仔细考虑，通过授权不停地积累经验。

7. 抓住授权的要点

善于授权是领导能力的重要体现，授出去的权力不是分出去的财产，而是放飞的风筝，既给了团队成员一定的权限，又对授出去的权力有所控制；既挖掘和调动了团队成员的潜力，又减轻了自己的工作负担。因为管理者不可能将任何事务都一揽己身，也不可能通晓管理范围内有关的各种专业，只有物色人才，适时授予权力，驾驭得当，管理者的事业才可发展拓深，开创新的局面。

身为管理者，能否成功地授权给团队成员，与管理者本人的思想方法、工作能力有着直接的关系，善于授权可以大大提高管理者的领导成绩。以下内容是授权时主管应注意的几个问题：

（1）要弄清转让权限的本质。对管理者而言，最重要的事情是牢牢掌握权限转让的本质含义。权限转让绝不是责任的转让，当管理者将权限转让出去之后，必须保留作为团队成员的管理者和合作者的身份。

（2）要认真了解员工情况。每一个团队成员的工作能力及思想方法都会有所不同，所以应该充分了解他们的专长及做哪些工作最合适，然后将最符合其特点的那部分权限委托给他们。

（3）要使员工清楚目标和目的。管理者的责任不仅仅是对团队成员说要他做些什么，还要使他清楚为什么这么做、什么时候做、和谁一道做和怎么做。否则，尽管管理者将一部分权限交给他，也不可能充分发挥其功能。

（4）要事先确定工作完成标准。管理者与团队成员共同磋商，制定工作标准，同时还应商量成绩评估方法，以获得一致性的意见。

（5）要对团队成员进行训练、指导。为了更好地转让权限，管理者应对团队成员进行训练和指导。

（6）要和员工经常谈心。为使团队成员毫无顾忌地行使转让而来的权限，管理者应随时任其畅所欲言，并给予大力协助和必要的指示。

（7）要对考核结果进行评估。将权限转让出去之后，如果管理者撒手不管就容易使团队成员干劲松懈，这也是失策原因之一。管理者应该经常就转让出去的权限、工作成效给予恰如其分的评估。

（8）要弄懂授权不拘小节。一般说来，管理者主要把握宏观上的规划，对于小节应该授权给团队成员自由处理。

授权一定要选对人

授权必须以选准人为前提。只有将权力交给最适合的人，管理才能实现真正的高效。授权必须授给这样的人。

（1）及时向管理者报告处理好的问题的人。自己处理好的问题，他总能有时间向管理者报告，使管理者了解实情，不至于作出错误的判断，或是在会议上出现尴尬。当然，他还知道有些事情无需一一向管理者报告。但是原则上可称之为"问题"、"事件"的事情，他都会向管理者报告。

（2）勇于承担工作责任的人。有些人在自己负责的工作发生错失或延误的时候，总是举出许多的理由，他总能为错失负起全责。他顶多对上司说一声："是我工作不力，责任心不够。"如果管理者问起错失的原因，必须据实说明，他很少有任何辩解的意味，更很少把责任归咎于他人。

（3）将分内事情处理得干净利落的人。遇到稍有例外的事、身边的人稍有错失，或者旁人看来极为琐碎的事，他从不一一搬到上司面前去请示，他懂得轻重缓急，分得清利弊得失。他对管理者没有过分的依赖心理。要知道事事请求不但增加了管理者的负担，他本身也很难成长。下属拥有执行工作所需的权限。他必须在不逾越权限的情况下，凭自己的判断把分内的事处理得干净利落，这才是管理者期待的好下属。

（4）经常请求上级指示的人。下属不可以坐等管理者的命令。他必须自觉做到：请管理者向自己发出指示；请管理者对自己的工作提出指示。如此积极求教，才算是聪明能干的下属。

（5）提供情报给管理者的人。下属在与外界人士、部属等接触的过程中，经常会得到各种各样的情报。这些情报，有些是对企业有益或值得参考的，他能把这些情报谨记在心，事后把它提供给管理者。自私之心不可有。向管理者作某种说明或报告的时候，有些下属习惯于把它说得有利，如此一来，极易让管理者出现判断偏差。尤其是影响到其他部门，或是必须由管理者作出某种决定的事，他在说明与报告时总是不偏向于任何一方，而是从大局出发，扼要陈述。

（6）负起留守责任的人。有些下属在管理者不在的时候，总是精神松懈，忘了自己应尽的职责。例如，下班铃一响就赶着回家；或是办公时间内借故外出，长时间不回。按理，管理者不在，下属就该负起留守的责任。当管理者回来后，就应向他报告他不在时所发生的事情以及处理的经过。如果有代管理者行使职权的事，就应该将它记录下来，事后提出详尽的报告。

（7）随时回答管理者提问的人。当管理者问及工作的方式、进行状况，他都能当场回答。好多下属被问到这些问题的时候，还得向其他人探问才能回答，这样的下属，不但无法管理部属与工作，也难以成为管理者的辅佐人。好的下属总是能随时掌握职责范围内的全盘工作，在管理者提到有关问题的时候，都能立刻回答。

（8）致力于消除管理者误解的人。管理者也会犯错误或是发生误解。事关工作方针或是工作方法，管理者有时也会判断错误。管理者的误解往往波及部下晋升、加薪等问题。碰到这些情况时，他从不袖手旁观，而总是竭力消除管理者的这种误解。

（9）向管理者提出问题的人。管理者由于事务繁忙，平时很难直接掌握各种细节问题。能够确实掌握问题的人，一般非中层管理者莫属。因此，他常常能向管理者提出所辖部门目前的问题，同时一并提出意见或建议，供管理者参考。

（10）代表他负责部门的人。管理者不在，他就是部门的代表人。管理者在场，他是下属的代表人，他是夹在上级与下属之间的角色。从这个立场来看，他必须做到：把上级的方针与命令彻底灌输给下属，尽其全力，实现上级的方针与命令。随时关心下属的愿望，洞悉下属的不满，以下属利益代表人的身份，将他们的愿望和不满正面反映给上级，为实现下属的合理利益而努力。夹在上级与下属之间，往往使他觉得左右为难，但是他务必冷静判断双方的立场，设法调和。

充分信任才是管理王道

"经营之神"松下幸之助说过："最成功的统御管理是让人乐于拼命而无怨无悔。"这显然不是靠强制，而只能靠信任。

充分信任型的授权，才是有效的管理之道。这种方式注重的是结果，而不是过程。被授权者可自行决定如何完成任务，并对结果负责。

亚太公司的员工们感到他们的管理者和公司在发生着某种变化，在变化之初，他们曾经迷惑，甚至有些不太习惯。

亚太公司属于那种一切都很平常的公司，员工们领着一份不算丰厚但也说得过去的薪水；做着不很轻松但也没什么压力的工作，一切都平平淡淡，员工们也似乎并没有什么期望，也没有期望大的改变或什么更有意义的事情。也许他们曾经有过这种念头，但现在这种念头已很微弱了。

一天，管理者召集员工们开会，他向大家宣布：公司将有所改变，我们检讨，公司以前并没有给予大家充分的信任与空间，而我们即将要采取措施来改变这种情况。公司相信每一位员工都有独立完成工作的愿望和能力，而不是接受一份十分具体的任务。我们要求主管们做的，正是由后一种分派任务的方式转向前一种放手让大家独立探索的问题的解决方式。

员工们清清楚楚地听见了管理者的每一句话，尽管他们表面上还是那么无动于衷，但内心的心潮澎湃却难以掩饰。然而，他们仍在犹豫：真的会这样吗？此后，管理者再向他们分派工作时，就不再说"只要照着我告诉你的话去做就可以了"，而是在告诉他们"事情是什么"之后就不再过问，只是约定每两周的周五下午，员工团队的小头目应该来谈一下事情的进展情况。

一开始，员工们并不敢按自己的意愿去做，因为以前不是这样的，他们甚至感到有些手足无措。最初的几次，员工们会犹豫不决地敲开主管办公室的门，就一件工作的细节问题向主管请示，主管总是微笑着说："我相信你自己能解决它，作出最好的选择。"或："让你的工作小组来讨论决定吧，相信大家能得出完美的结果。"

员工走出管理者办公室的门时，内心有一种激动，他感受到了被信任，而这种感觉无疑让人产生动力；他感受到了挑战，这让他有一种冲动，他要把这件工作做到最好，来回报管理者的这份信任。这时，员工们才发现，长期以来在公司里，他们总是感觉少了些什么，以前，他们总不知道到底少了什么，而现在，他们找到了，那就是信任。而在此之前，他们隐隐约约一直在渴望的，也正是这样一种感觉。

对于高明的管理者来说，信任无疑是第一要诀。对管理者来说，要真正从内心相信员工们能做好这件事，就要把整个事情托付给对方，同时交付足够的权力让他作必要的决定。

授权又对下属进行控制往往会使事情失败，因为这会揭露你的信任只是表面的，这会伤害下属的尊严，妨害你们的感情。例如，如果你要下属去印一本小册子，你就不必再交代一些有关形式、封面以及附图说明等的详细意见，而让他自己去选择，相信他会把工作做得很好，而他也会感激你的信任。充分信任是授权的基础，并能为授权的成功提供最为稳固的情感平台。许多管理实践证明，越是信任员工越能成功，越是怀疑就越更容易遭遇各种波折。

将属于下属的工作交给下属

一些管理者因担心授权他人会危及自己的职权，事无巨细都要自己揽起来，费力不讨好，从而影响工作效率。聪明的管理者，都知道如何授权他人，并保持自己的控制权力。

在管理者面临的所有工作中，除掉无关紧要的工作，剩下来的有两种：一种是你作为管理者所必须做的；另一种是你的下属应该做的。下一步就是把所有下属能做的工作恰到好处地委派给他们。这是唯一能使你避免在细节问题上耗费精力，而又在不影响最终效果的情况下减少工作时间的办法。但是，授权之后，还要进行跟踪，以此监督授权是否获得成效。

1. 授权之后必须进行控制

在授权下属的同时，管理者还需要建立一种适当的控制手段，即发生什么差错时能立刻采取相应的补救措施。

控制是与授权相配套的管理行为。控制下级，就是指管理者在授权给下级之后，要注意关注其职责的履行状况，并及时对发现偏离目标或要求的具体问题采取消除偏差、纠正错误的措施，以确保下级尽职尽责和整体目标任务的实现。

控制是一种管理活动。控制不是人身依附关系，而是利益一致、目标一致、社会政治地位平等的上下级之间的工作关系。

控制下级同尊重和信任下级是不矛盾的。尊重和信任下级，指的是在社会政治地位平等、利益一致之上的上级对下级应有的态度。而控制则是上级管理下级的一项正常工作，是上级对下级实施领导的功能之一，是社会化、现代化管理所必需的。

控制下级和向下级授权，两者相辅相成，相得益彰。没有授权，就不能充分发挥下级的主动性；没有对下级的控制，则不能保证下级的主动性始终向着有利于整体目标的正确方向发展。

所以不论上级还是下级，尤其是下级，绝不能把控制看作是消极行为，而应当认清它是一项具有重要积极意义的管理活动，进而相互配合，防止内耗。

控制可保证整体协调有序运转。一个组织，好比一架机器，每个下级恰似这架机器上的一个部件。正如只有在所有部件都正常工作、准确地履行自己的职能时，整个机器才能够和谐、正常地运转一样，只有每一个下级都准确地完成自己所承担的那部分工作，这个组织的工作才能够协调顺畅，它的整体目标、计划和要求才能实现。由于下级在工作经验、工作能力、思想方法等方面的不同，再加上客观环境方面的原因，有时出现这样或那样的偏差和问题是在所难免的。这就要求必须进行控制，以便能够及时地发现这些偏差和问题，采取适当的措施予以纠正和解决，从而保证整体目标、计划和要求的实现。

简而言之，控制下级，目的不是控制人，实际上是控制整个工作，是通过对下级这个人的控制来控制工作的整体。

管理者在授权的同时，必须进行有效的指导和控制。管理者若控制的范围过大，触角伸得太远，这种控制就难以驾驭。如何做到既授权又不失控制呢？下面几点颇为重要：

（1）评价风险。每次授权前，管理者都应评价它的风险。如果可能产生的弊害大大超过可能带来的收益，那就不予授权。如果可能产生的问题是由于管理者本身原因所致，则应主动校正自己的行为。当然，管理者不应一味追求平稳保险而像小脚女人那样走路，一般来说，任何一项授权的潜在收益都和潜在风险并存，且成正比，风险越大，收益也越大。

（2）授予"任务的内容"，不干涉"具体的做法"。授权时重点应放在要完成的工作内容上，不用告诉下属完成任务的方法或细节，这可由下属自己来发挥。

（3）建立信任感。如果下属不愿接受授予的工作，很可能是对管理者不信任。所以管理者要排除下属的疑虑和恐惧，适当表扬下属取得的成绩。另外，管理者要明白，关心下属的成长是管理者的一项主要职责。

（4）进行合理的检查。检查有指导、鼓励和控制的作用。需要检查的程度决定于两方面：一方面是授权任务的复杂程度；另一方面是被授权下属的能力。管理者可以通过评价下属的成绩，要求下属写进度报告，在关键时刻同下属进行研究、讨论等来进行控制。

（5）学会分配"讨厌"的工作。分配那些枯燥无味的或人们不愿意干的工作时，管理者应开诚布公地说明工作性质，公平地分配繁重的工作，但不必讲好话道歉，要使下属懂得工作就是工作，不是其他。

2. 授权之后必须了解授权是否发生作用

为了衡量一项授权计划有没有成功，请问一下自己以下这几个问题：

（1）那些获得授权的人有没有得到训练和制订个人的发展计划？

（2）是不是每个人都能得到明确的信息？

（3）这是授权，还是仅仅将工作委派给别人去做？

（4）是否创造了鼓励承担风险的氛围？

（5）员工们的信任感和信念是否已显而易见？

（6）组织结构是否有助于授权的过程？

（7）组织结构能否给予管理者以及员工们足够的支持？

如果你对上述的问题都回答"是"，则说明你建立了很好的授权方式，并看到了放手让别人去干带给你和你的团队的好处。

3. 必须不断改进授权技巧

管理过程就是一个不断学习的过程，授权也是一个不断学习、不断改进的过程。管理者要在已经掌握的对授权的认识的基础上，不断总结实践经验，不断改进授权技巧。常见的技巧性授权一般有如下两种：

（1）一般授权。这是管理者对下属所做的一般性工作指示，并无特定指派，属于一种广泛事务的授权。这种授权可分为三种：

一是柔性授权。管理者对被授权者不做具体工作的指派，仅指示一个大纲或者轮廓，被授权者有很大的余地做因时、因地、因人的相应处理。

二是模糊授权。这种授权有明确的工作事项与职权范围，管理者在必须达到的使命和目标上有明确的要求，但对怎样实现目标并未做出要求，被授权者在实现目的的手段方面有很大的自由发展空间和创造余地。

三是惰性授权。管理者由于不愿意多管琐碎纷繁的事务，且自己不知道如何处理，所以就交给下属处理。

（2）特定授权。这种授权也叫刚性授权，管理者对被授权者的职务、责任及权力均有十分明确的指定，下属必须严格遵守，不得渎职。

针对技巧性授权，我们提出了以下几个问题，管理者可以定期用这些问题来审查和改进授权的技巧。

管理者不在办公室时，办公室的工作是否混乱？

管理者外出回来时，是否有本来应由下属做的工作等待管理者去处理？

管理者能按规定的时间实现目标或完成任务，还是必须把工作带回家或在办公室里加班才能完成任务？

管理者的工作是从容不迫、有节奏地进行，还是经常被那些需要征询管理者的意见或决定才能办事的人所打断？

管理者的下属是否把"矛盾上交"，让管理者去做应该由他们自己去做的决定？

管理者是否觉得自己的工作负担太重，而下属的工作又太少？

管理者是否认为没有时间培养下属？

管理者是否真的认为公司的报酬制度，如工资、晋升制度等，能使下属承担较多的责任？

在管理者领导的人当中，是否有人在管理者回来之后辞去工作？

管理者是否真的想把工作委托给别人去做，还是觉得自己最能胜任这项工作？或者扪心自问一下，是否害怕某个下属干得很出色，超过自己，而不愿意授权？

有些事不适合放手

许多管理者虽然有心授权，但却无法准确地掌握授权的范围。在企业管理中，有些事情是不适合放权的，放权过度，就会对管理者的管理权力造成威胁。

有一天，王媛媛跑来问上司，看看是否能早点下班去看望朋友。但是她来得很不是时候，上司正在填写一份公司的机密报告。"我现在很忙，不要来吵我！"上司不耐烦地把手一挥，"有什么事就跟大张说吧。"大张是该部门的资深职员。于是王媛媛就满怀希望地走到大张的办公桌前说："我今天想早点下班去看望朋友，领导叫我来请示你。你觉得可不可以呢？"

大张一时之间显然是有些错愕，愣了老半天之后才说："我想应该没关系吧，不过你该做的工作当然都要先做完才能走。""谢啦。"王媛媛很愉快地走开了，没有注意到大张脸上的困惑表情。让大张感到不解的是，这已经不是第一次了。在过去的一个月里，有好几个同事都曾过来向他"请示"，让他在受宠若惊之余又不禁有种满头雾水之感，只好一律"批准"。

几个月以后，部门主管逐渐发觉手下无论碰到什么事情都不来找自己，反而去"请示"大张，仿佛这个人才是领导，这时主管才觉悟到由于在授权时的轻率，使得自己"大权旁落"。尽管后来他开始有意收回相关权力，但大张的影响力已经无法遏制。

需要授权就充分授权，不能授权的，管理者就必须将权力牢牢把握在自己手中。大体而言，以下的这些工作可以考虑分配给下属去做：

一是可以提高下属办事能力的工作，比如收集某些统计数据、重新检讨该部门的工作量、提出对于未来发展计划的建议等。

二是必须赋予一件完整的工作，而且有明确的责任归属。如果只是要他们来"蹚一脚"，对提升他们的成就感将毫无好处。

三是只需关起门来思考就可以自行决定的单纯事务，而且有一套明确的判断标准可资依循，不致因个人主观因素而产生失误。

在另一方面，以下的这些工作则不应授权给下属去处理：

一是只有主管才能过问的事务，像员工的薪资调整方案、部门的年度生产目标，以及若干涉及组织业务机密或是较为敏感性的事件。

二是并非完整的一件工作，因为这类工作不易分清责任归属。

三是单调而琐碎的例行性业务。

四是需要召开会议才能决定的事务。

管理者不妨来体验一次：哪些事情你会授权给下属？请利用以下问题做一次检验。

1. 拟定招聘新进员工的相关事宜。

2. 处理一项你最拿手的企划报告。

3. 提出一份年度预算报告。

4. 撰写一份有关未来业务开展的建议报告书。

5. 拟定员工守则与奖惩标准。

6. 处理例行性的业务。

7. 撰写一份行政革新的建议报告书。

8. 员工的业绩评审工作。

9. 对于表现欠佳的员工，予以个别辅导或训练。

10. 收集某项复杂事件所涉及的相关资料。

11. 处理客户的申诉事件。

12. 决定要在何处举办年终聚餐。

你认为哪些是属于可授权的项目？

正确答案是，除了事件 1、5、8 以及事件 9 之外都可以。

管理者不是甩手掌柜，必须担负应有的职责；授权不是一味地全部将工作交给下属，而是有选择地授予下属；管理者真正的高效不是来自于少干，而是干好最重要的事情，因此管理者一定要对自己职责范围的工作以重要程度进行规划和分析，找出哪些是可以授权给下属的、哪些必须是自己亲历亲为的，这样才能使授权不出现偏颇，才能真正实现管理的高效。

防止下属逆向授权

授权是由管理者指向下属的吗？管理者们从来不曾怀疑这一点，尽管授权类的教科书不厌其烦地告诉人们：授权是主管和下属的互动，是一种团队游戏。但这并不能改变一个事实：授权标志着主管将自己手中的权力部分地转移传授到下属手中。

真正令人奇怪的是，管理者有时会成为下属们授权的对象。管理者把适合下属能力的任务，连同完成这项任务所需要的权力一齐给予下属。但下属冷不防，又把球踢给了管理者，而管理者却未必意识到这一点，结果还是自己做了这项工作。

这就是某些下属自觉或不自觉地玩的一种把戏——逆向授权。下面这种情形相信很多人都不会感到陌生：一位管理者正经过走廊，看到他的一名下属从走廊另一头走过来。下属向管理者打招呼说："您好，我们碰到一个问题，你看该怎么办？"下属开始详细地说明这个问题。最后管理者说："现在很忙，我要想一下再给你答复。"然后两个人分开了。

这个管理者的做法显然不足取。有些管理者成天手忙脚乱，他的办公室里总是排满了向他请示工作的人，这些人是他属下的各个部门的头头，他们把本该由他们自己去作决定的事一股脑儿都推到了管理者头上。而这位管理者在逐一替他们作决定、拍板时，非但没意识到他是在替他的下属工作，反而可能还沾沾自喜，沉迷于受到尊重的美妙感觉之中。

下属们的逆向授权即使不是故意所为，也是潜意识的产物。他们这么做或是为了减轻自己的工作负担；或是为了绕过难题；或是为了逃避责任；或者纯粹是工作的惯性，还没有注意到授权带来的工作的变化。当然不能排除员工带有恶意的嫌疑。譬如说，当一件重要的工作急着要完成时，即使别人不愿帮助那个拖延工作的人，但最终还会去帮着他做的。正是人的这一弱点，给逆向授权的人以可乘之机。

美国山达铁路公司总经理史特莱年轻时，虽自己努力工作，但不知怎样去支配别人工作。一次，他被派主持设计某项建筑工程。他率领 3 个职员至一低洼地方测量水的深浅，以便知道经过多么深的水才可以建起坚固的石基。

当时史特莱才二十出头，资历尚浅，虽已有几年在各铁路测量队或工程队服务的经验，但独当一面，指挥别人工作，尚属第一次。他极想为 3 个职员做出表率，以增进工作效率，在最短的时间内完成工作。所以开始的第一天，他埋头工作并以为别人一定会学他的样，共同努力。

谁知道那 3 个职员世故甚深，狡猾成性。他们见史莱特这么努力，便假惺惺地奉承史特莱的工作优良，而自己却袖手旁观，几乎一事不干。成绩当然难以达到史特莱预先的期望。

史特莱思索了一晚，发觉自己措施失当，知道自己若将工作完全揽在身上，则他们自己无需再行努力。第二天工作时，史特莱便改正了以前的错误，致力于指挥、监督，不再事必躬亲，这样果然成效显著。

高明的管理者不会允许这种事情的发生，更不会纵容下属这种不负责任的行为。管理者应把球巧妙地踢回去。当下属请示该怎么办时，反问道：你认为可能的办法有哪些、你觉得哪一个办法更好些，能说一下理由吗？记住，你是管理者，你总是能采取主动的。

然后，在某个适合的场合，管理者重提这件事，或明或暗地转告下属：不要试图逃避责任，如果事事都要由我自己来决定，你们根本没有在这里的必要了。管理者必须明确要求下属承担起属于他们的责任。否则就会出现这种情形：整个团队只有领导一个人在做，其他下属全部在看。这显然是不利于团队发展的。因此，所以身为管理者，必须注意防止逆向授权。

/第 7 章/

与员工沟通的绝招

积极地倾听与对话

倾听和对话是构成完整对话的两个环节。倾听质量影响对话效果，而对话水平又反过来影响所能倾听的信息的多少。管理者要和员工们加强交往并得到他们的信任，就必须做到积极地倾听与对话。具体要做到以下几点：

1. 把听取内部意见列作首要任务

目前许多公司花了大量的时间和精力以便更好地了解顾客的设想、评价和行为模式。一般大公司都固定地投入大量资金进行观察研究、成立专门小组、分发征询赠券，甚至设立信息交流台以便深入了解顾客。一些最关心顾客的公司总是尽量了解柜台顾客的要求，其实这些做法可以用来更多地了解自己的员工。员工们直接接触顾客，能听到顾客的意见。所有一切对顾客现代化的调查研究所得的资料都无法和一位第一线员工有意见却未被重视的看法相比拟。

显然，经理们应该避免只挑取他所想象的下属意见。选择性地听取与我们见解相同的人之意见，可能会使我们以为一切都很顺利，但是只有在我们的幻想中才有一切顺利这回事，而那些"应声虫"从来就没有反映或报导事实的能力。所以，领导人员对助理人员，高级领导对次级领导，经理对部门领导，厂长对领班……都应该以推己及人的心胸去听取对方的意见。

如果你只是单纯地接收信息，对发送人而言，往往暗示着将采取行动。因此，若只是让下属发泄其情绪，而不采取任何行动，是无法解决问题的。当埋怨涉及无效或过时的政策，光是听而不采取修正行动也是没有多大用处的；有些领导以为只要能够同情地听取下属有理的抱怨，就可以满足下属们的需要，这是自欺欺人。

非引导式的咨询在帮助下属解决其个人问题上是相当有价值的，但在解决其个人以外的问题则几乎没什么作用。聪明的领导在接受沟通时，除非他自己也有相同的见解，否则不会表示同意。除非他真的计划这么做，否则他不会表示将采取修正行动。如果无法改进，或无须改进，他会解释原因，以免使下属们期望改变或改进。因为当员工们期待行动而又什么也没有发生，他们往往会感到很愤怒；又如果他们的建议没被采纳，或产生效果而没有受到奖励，向上沟通也会停止。

总之，听取内部意见是不可缺少的管理要素。自由开放的沟通，可加速民主式领导的成长，满足员工们的参与感和表现的需求，并且提高员工对公司的忠诚及尊敬。它提供给领导人关于本组织动态的清晰画面，找出有关个人或情况的问题所在，并且提供新的创意及解决方法，以及增加向下沟通被了解和被接受的可能性。

2. 使用多渠道的内部联系

上层管理人员常常认为当他们把最近的通知单交给收发部门后，他们的任务就完成了。他们认为只要发出通知，而且发给每一个应该发的人，就算完成。有时索性寄集体电子邮件，这样既省时又节省邮票。

但内部联系的方式绝不仅限于此，目前的员工来自许多不同方面，要和他们联系，经理们必须利用多种多样的通讯技能。小型和大型会议、专职小组和工作小组、录像和录音带、电子邮件和信件、电视屏幕和计算机屏幕、内部通讯和公文函件、简报通告和白板通告等都可以用作有效交流工具。

3. 鼓励双向交流

我们大家听到过管理专家肯·布莱特所说的"海鸥经理"。他说的"海鸥经理"就是平时很少和员工交往，但有时突然来到工作场所和大家见上一面又突然走了。这样的经理没有和员工交流的愿望，也不会知道工作场所发生的真正情况。他们匆匆地来了，一言不发，又走了。结果，他们和员工之间没有取得任何联系。

真正的交流只能在所有员工间有活跃的双向交流气氛时才能出现。对大多数公司来说，目前最大的挑战就是必须将传统的单向、由上而下的传达方式改变为灵活的双向运转。老传统不易改变。如果上级真正要和员工建立关系并使他们热诚工作，一定要从办公桌后面走出来，抱着真诚的愿望和他们相互交流。

4. 及时反馈

假定你正躺在手术台上，手术进行了一半。主刀医生发现他的助手在工作的某些方面不符合操作规程。你认为这位主刀医生发现这一情况后应立即提出及时予以纠正呢，还是把这件事留待7个月以后为这位助手作年终鉴定时再提出来呢？显而易见，应当及时反馈。

当员工们未能及时得到反馈时，他们往往会向最坏处设想。不及时反馈情况还会产生谣言。你是否意识到多数谣言从何而来？谣言往往由于不能及时得到准确消息，由此产生不全面的猜想。及时反馈就能把谣言减少到最低限度。及时反馈可以缓和由于谣言引起的紧张关系。准时报告和及时反馈能建立领导和员工们之间的有力联系，更能防患于未然。

掌握内部沟通的技巧

很多管理者对内部沟通没有足够的重视，认为只需要发布任务和下达命令就行了。事实上内部沟通更需要技巧。因为你和下属是经常面对，如果沟通不好就会造成彼此的不和谐。并且沟通也影响着员工的士气，如果不能实现高品质沟通，下属可能就会士气低落。

内部沟通有很多技巧，下面这些就是说明公司如何和员工们坦诚交流，建立密切关系的。

（1）多询问"你将怎样办"。这 5 个字是管理者用于听取内部意见的最有力基础。许多高层领导例如杜邦公司的总裁爱特·伍拉德，大家都知道他经常问员工们一句话："如果你处在我的地位，你将怎样办？"有时员工们有些创新设想，由于领导们高高在上，他们受传统方式的牵制或出于心理上的障碍不能畅所欲言。如果领导们能经常征求员工们的意见，那些障碍就完全去除了。

（2）多说"让我们交谈"。许多公司现在采用"城镇集会方式"，每季或每月召集大量员工聚在一起开会。电信界巨头摩托罗拉每季度召开面对面会议，让员工们了解公司最新情况。他们知道有些员工由于胆怯或腼腆不善于在大会上发言，就在大会过后再召集一些小型交谈会，名叫"交谈会议"。每次参加的人数不多，却能更有效地取得双向交流效果。

（3）充分利用新技术。美国波士顿超市创造了突出成就的部分原因是由于他们灵活地使用了对讲电话双向联系办法。各级经理都投入到一个组内，通过计算机联网共商大事。他们聚在一起及时地修改公司计划、处理分配问题、解决顾客投诉和商讨公司扩展计划。这样，通过高科技传媒技术，波士顿超市内部建立起密切的联系机构。

（4）不署名的要求回答意见。员工们之所以不敢直接或间接向高级行政人员提意见，主要是因为怕受到惩罚或被视作捣蛋鬼和抱怨者而被孤立起来。在田纳西州的通用汽车公司萨腾分厂的经理们知道有些员工有意见却不愿反映，所以他们建立了电子通讯制度，让员工递送不署名的意见，然后由他们做出及时回答。

（5）举行开放会议。这种会议没有议程，没有计划，也没有预定发言人。这一办法是由哈利森·欧文首创的，他是基督教圣公会的牧师，也是一位管理顾问。他让所有与会者坐成一圈。任何人如对某一题目感兴趣并愿意带头进行讨论，他就可以走到圈子中央自报姓名并提出讨论题目。

题目写在一张图表上并张贴在墙上，将所有提出的题目列成表后，每个人可选择自己愿意讨论的题目去参加，也可参加几个会议。来自各个不同部门的员工都有机会参加并讨论他们共同关心的话题。欧文·康宁玻璃纤维厂和赫纳韦尔厂也是采用这种办法的两个厂，它们都通过开放会议形式和员工们交流促进生产力。

（6）把计划制订出来。通用电气公司有一个高超的建立联系的办法，就是把四个关键性战略联结起来，他们称之为"制订计划"会议。员工们聚集在一起深入讨论公司的关键性问题和生产计划。经理们不参加这些讨论。当提案成熟后经理们再参加进去。在传达介绍时再加各种报告、企业预算、图表、统计图、幻灯片及其他手段。然后，在全体参加人员前，经理必须作出决定。内部交流是作出及时反馈的先决条件。在这种有力措施中，建立联系的四种关键性战略都结合在内了。

各个企业情况不同，各人的管理方式也不尽相同。上面的这些技巧具有很强的实用性，在实际的沟通中，管理者不妨加以参考应用。但不管何种方法，都必须以促进沟通为目的。

做好"一对一"面谈

"一对一"面谈最简单的定义就是"有计划的谈话"，也就是两个人为达到某一目的，以谈话为手段的一种交互行为。面谈有多种形式，可达到不同目的。例如，管理者了解员工工作情况，或重新指派员工担任新的职位以及评估员工的表现，或辞退员工。

无论进行何种面谈，首先应谨记以下要点：

制定目标：目标不外乎是找出一套双方都能接受的折中方案，因为大部分的面谈都是为了解决某个问题。

做好准备：事先应收集相关资料以便有助于面谈的进行。

主持面谈：身为主管，应在面谈中掌握主动权。具体来说，必须注意以下几点：要确保沟通的时间；不能涉及个人隐私；要明确面谈目的；要简短扼要地切入话题；要讲究技巧；注意倾听；要善于观察，善于把握肢体语言；和当事者共同拟订出一套可行的解决方案。

追踪查核：了解当事人的"病情"是否确有好转迹象，视情形可再做后续约谈。

除了申诉事件外，所有的面谈都是由主管主动策划，因此要确保所有面谈前的相关事宜都已事先打点好了，包括资料收集。

在面谈过程中，管理者一定要注意以下几点：

（1）要明确面谈目的和重点。例如："我们到这儿来是想讨论一下你的工作进展情况的，看看自上次会议以来是否有什么变化，以及能否找到对你完成工作有帮助的措施。"

为员工提供与工作相关的信息，例如："我先解释一下董事会作出的改变发展方向的决策，这对我们的工作会有些帮助。"

（2）把具体的工作任务和标准作为面谈重点。例如："让我们浏览一下我们4月份制定的目标和标准。我想知道你是否觉得你正朝着实现这些目标的正确方向上努力，你是否遇到了什么问题，并看看我们能否为解决这些问题做些工作。"在把重点放在倾听的同时，管理者也可以评论一下发现的问题或表扬一下他或她的工作。

（3）及时解决问题。如果出现了偏离轨道的问题，就要马上找一找原因并共同努力解决这些问题。

（4）不要留下任何问题。例如："在面谈结束前，你是否觉得还有一些其他事情应该让我知道，以便我更好地工作或者让这里的工作更富有效率？"

（5）提出结论和解决方案。例如："好，现在让我们总结一下。我们都认为你会从这次培训中受益，因此我将为你安排这个培训。在两个月后的会议上，我们再来看看今天我们讨论的问题是否解决了。你看这样行吗？"

虽然是两个人的面谈，但约见人的角色比较重要，因为他是引发这项沟通行为的人。因此当管理者扮演约见人的角色时，要特别注意下面几点：

（1）把握角色。尽量了解被约见人。即使是很熟悉的员工，也可能在面谈的特殊情况下改变了原有的看法。管理者应尽量设身处地为对方着想，如果能预知对方的感觉和期望，则可据以调整沟通方式，制造良好的气氛。至少应猜想对方在这种情况下会有什么表现、他会怎么想、他的态度如何、感觉怎么样、他会期望什么形式的面谈。

（2）保持友善。有时候，为了使对方放心说话，高度的友善也是必要的。

（3）同意被约见人观点。作为约见人，有时候同意被约见人的观点而不予以任何反对是必要的。这种做法使被约见人感到自在，并且扫除了被约见人透露情报的障碍。譬如，被约见人的价值观念使其不喜欢亵渎不敬的言辞，而约见人用了这类言词，他自然不愿回答。有时候，即使像吸烟一类的小事，都会妨碍有效的沟通行为。

（4）明确面谈主题。要避免被约见人对面谈的目标和功能的错误判断也是很重要的工作。因此，在面谈一开始时就使对方明白谈话的目的以及所需情报的种类或性质，同时说明需要的原因。

（5）控制面谈方向。所谓"控制"，就是使面谈按特定目标进行。控制并不是要操纵被约见人，更不是要驱使他盲从事先定好的沟通纲要，而是一旦目标设立并且被接受后，被约见人可针对目标自由发表意见。约见人不可干涉过多，以免失去重要情报。特别是独立性较强的人，喜欢在民主气氛下进行讨论。然而，有些被约见人则需要严格控制。譬如，依赖性很强的人，要有更多安全感才会更从容地发表意见。

（6）创造沟通气氛。约见人的工作之一是创造良好的沟通气氛，使得被约见人愿意交谈。要创造这种气氛须从以下几点做起：合理布置场所，使对方感觉适合和安全；在会谈地点不应有制造紧张的物品；创造和保持安全气氛；提出或转换问题要适时。

（7）诱导被约见人发言。很多主管的面谈记录都显示，被约见人常常只对引导式问题做简短的答复，大部分的时间，约见人都在唱独角戏。这种情况下，被约见人很容易了解约见人，而约见人反而没有机会了解被约见人。但有经验的管理者，恰好相反，他们的记录显示，大部分的时间是被约见人在说话。约见人只需提出主题，再问一些问题诱使被约见人发表意见，而他自己只要专心听就可以了。

（8）把握听的艺术。任何一种听的技巧，只要能正确了解对方的意思，或记住对方所说的话，都有极大的价值。在面谈的情况中，"听"可分为三个层面：视觉上，看到了被约见人的反应；听觉上，听到了对方说的话；外表上，调整姿势，表示正在听他的话。

（9）学会做记录。面谈记录应该正确，而且尽可能完整。而在面谈中应该尽量避免当面做笔记。原因是做笔记会分散双方的注意力，当面做笔记很容易使被约见人紧张，面谈过程会因做笔记而时断时续，而且所做的笔记只是当时观感，就整体而言，可能不够准确。

总之，好的约见人要具有多方面才能。他必须能够创造适宜的谈话气氛，帮助被约见人适应环境，加强双方沟通，扫除沟通障碍，引导谈话进行的方向借以达到面谈的目标。

遵从有效沟通的特性

任何事情都是有规律的，谈话也是如此。管理者要想实现高品质沟通，就必须遵循有效沟通的特性。这些特性包括：双向性、明确性、谈行为不谈个性、积极聆听以及善用非语言沟通。

1. 双向性

大家在工作和生活当中，常把单向的通知当成了沟通。你在与别人沟通的过程中是否是一方说而另一方听呢？这样的效果非常不好，换句话说，只有双向的才叫作沟通，任何单向的都不叫沟通。因此沟通的一个非常重要的特征是：沟通一定是一个双向的过程。

2. 明确性

沟通由传送者发出信息，但必须由接收者有效接收才能起作用。所以发送者有责任必须发出明确的信息——用接收者易于理解的语言和传递方式来发出信息。

易于理解的语言必须是接收者能理解的，例如对水平不高的操作工人，用他根本听不懂的科技语言来传递，你认为非常明确，可是他一点也听不懂，接收效果不良，沟通无效。

易于理解的方式是指用简练语言告诉对方，这种方式当然易于理解，如果拿一大堆书面资料要他看，就不是"易于理解"了。应当注意选择传递形式：交谈、报告、电话、文件、书面材料、技术图纸、图表、统计表、电子资料、照片、录像、身体语言、暗示等。

3. 谈行为不谈个性

谈论行为就是讨论某一个人所做的某一件事情或者所说的某一句话。个性就是对某一个人的看法，即大家通常说的这个人是好人还是坏人。在工作中，大家发现有些职业人士在和自己沟通的时候严格遵循了这个原则，就事论事地和你沟通，显得有一丝冷淡。其实这恰恰是专业沟通的表现。大家经常在私下里议论某同事非常的热情、某同事非常的冷淡或者某同事非常的大方等，这些都不是在沟通中要谈论的。

4. 善用非语言沟通

非语言沟通是指沟通双方通过服饰、目光、表情、身体的动作姿态、声调等非语言行为和人际空间距离等进行沟通的技巧。在员工之间进行沟通时，仅仅用语言是不足以表达自己的想法和意图的，而非语言的沟通能帮助大家表达自己的感情，能帮助大家确认他们所说的与他们想表达的意思是否一致，能告诉大家他人对自己的感受，因此，非语言的沟通非常重要。一般来说，非语言沟通的方式包括语气语调、面部表情、身体姿势和手势、目光接触、身体距离等。

（1）目光接触的沟通技巧。俗话说："眼睛是心灵的窗户。"目光接触，是人际间最能达到传神的非语言交往。目光的诚挚来自内心的纯真，在交往中通过目光的交流可以促进双方的沟通。目光的方向、眼球的转动、眨眼的频率，都表示特定的意思，流露出特定的情感。正视表示尊重，斜视表示轻蔑，双目炯炯会使听者精神振奋。柔和、热诚的目光会流露出对别人的热情、赞许、鼓励和喜爱；呆滞的目光表现出对对方讲的话不感兴趣或不信服；虚晃的目光则表示自己内心的焦虑和束手无策；目光东移西转，会让人感到你心不在焉。交往中，员工们适当的目光接触可以表达彼此的关注，通常比较自信的人比缺乏自信的人更容易主动地进行目光接触，但目光接触过多又会增加对方的心理压力。沉默时，眼睛时开时合，对方就会猜疑你已厌倦谈话。因此，在人际交往中，眼神的作用万万不能忽视，平时工作中应该经常培养自己用眼睛"说话"的能力。

（2）体势的沟通技巧。体势包括体态和身体的动作、手势。在工作人际交往中，员工们的举手投足、回眸顾盼，都能传达特定的态度和含义。身体略微倾向于对方，表示热情和感兴趣；微微欠身，表示谦恭有礼；身体后仰，显得轻视和傲慢；身体侧转或背向对方，表示厌恶反感、不屑一顾。不同的手势也具有各种含义。比如：摆手表示制止或否定；双手外推表示拒绝；双手外摊表示无可奈何；双臂外展表示阻拦；搔头皮或脖颈表示困惑；搓手和拽衣领表示紧张；拍脑袋表示自责或醒悟；竖起大拇指表示夸奖；伸出小指表示轻蔑。有些手的动作容易造成失礼。比如，手指指向对方面部，单手重放茶杯，当着客人的面挖鼻孔、擤鼻涕等。同样的体势，不同角色的人去使用，其含义和给人的感觉是不一样的。比如，朋友之间别后重逢，拉拉手、拍拍肩，表示一种亲热的感情；领导、长辈对下级、晚辈拉拉手、拍拍肩，通常表示赞许和鼓励；如果下级、晚辈随便与领导、长辈拉拉手、拍拍肩，则被人认为是不尊重。

（3）语调语气的沟通技巧。常言道："锣鼓听声，听话听音。"同一句话用不同的声调、在不同的场合说出来，可以表达出不同的甚至是相反的意思和情感。比如，员工在圆满完成了任务以后，领导对他说"你真行"，这是一种赞许；如果这个员工没有完成任务，领导对他讲"你真行"，这时的意思就大相径庭了，它是一种责备或嘲讽。所以，在人际交往中，恰当地运用声调，也是保证交往顺利进行的重要条件。在一般情况下，柔和的声调表示坦率与友情；高且尖并略有颤抖的声调表示因恐怖或不满、愤怒而导致的激动；缓慢、低沉的声调表示对对方的同情；不管说什么话，阴阳怪气就意味着冷嘲热讽；用鼻音和哼声则往往显示傲慢、冷漠、鄙视和不服，自然会引起对方的不快和反感。

这些特性都是沟通专家总结出来的，对于管理者的工作具有重要的指导意义。管理者可以从遵从有效沟通的几大特征，提高自己的沟通协作能力，使团队成为无沟通障碍的团队。

全神贯注于讲话者的内容

本田宗一郎被誉为"20世纪最杰出的管理者"。回忆往事，他常常对周围的人说起一则令他终生难忘的故事。

一次，一位来自美国的技术骨干罗伯特来找本田，当时本田正在自己的办公室休息。罗伯特高兴地把花费了一年心血设计出来的新车型设计图纸拿给本田看，"总经理，您看，这个车型太棒了，上市后绝对会受到消费者的青睐……"

罗伯特看了看本田，话还没说完就收起了图纸。此时正在闭目养神的本田觉得不对劲，急忙抬起头叫了声"罗伯特"，可是罗伯特头也没回就走出了总经理办公室。第二天，本田为了弄清昨天的事情，亲自邀请罗伯特喝茶。罗伯特见到本田后，第一句话就是："尊敬的总经理阁下，我已经买了返回美国的机票，谢谢这两年您对我的关照。"

"啊？这是为什么？"罗伯特看本田满脸真诚，便坦言相告："我离开您的原因是由于您自始至终没有听我讲话。就在我拿出我的设计前，我提到这个车型的设计很棒，而且还提到车型上市后的前景。我是以它为荣的，但是您当时却没有任何反应，而且还低着头闭着眼睛在休息，我一恼就改变主意了！"

后来，罗伯特拿着自己的设计到了福特汽车公司，受到了高层领导的关注，新车的上市给本田公司带来了不小的冲击。通过这件事，本田宗一郎领悟到"听"的重要性。他认识到，如果不能自始至终倾听员工讲话的内容，不能认同员工的心理感受，就有可能会失去一位技术骨干，甚至是一个企业。

积极聆听是暂时忘掉自我的思想、期待、成见和愿望，全神贯注地理解讲话者的内容，与他一起去体验、感受整个过程。

倾听是很重要的管理技巧，这里有几个简单的方法供管理者参考。

（1）态度要端正。千万不要摆出你是一个老总的架势，那样你的员工可能不会将他心中的真实想法表达出来，也很容易伤害他们的自尊。

（2）善于聆听弦外之音。你们的位置毕竟不同，有些时候，他并不直接地向你表达，而是选择绕圈子的方式。因此，当你在倾听时，要特别注意说话者的语调，因为里面很可能隐藏着他们要表达的真正含义。

（3）要有敏锐的观察力。一份报告指出，55%的沟通是根据我们所看到的事物。良好的倾听者会观察说话者的一举一动。

（4）要对所听到的情感作出反应。有时候，说话者所要表达的感情远比他们所表述的内容重要。仅仅理解说话者所表达的感情是不够的，还应当对说话者的情感作出适当的反应，这样才能使说话者知道他所要表达的内容对方都明白了。

（5）表现出非常乐意的姿态。这个方法也许是最重要的，因为所有的倾听都开始于我们乐于参加的意愿。倾听的动作可能是人类最不自然的动作之一，因为我们得抛开自己的需要和时间表，来迎合他人的需求，这也就是良好的倾听习惯，需费一番工夫才能精通的原因。

（6）与你的倾诉者对话。倾听是一种尊重对方的方式，但是，如果只是一味地"听"而不发一言，则会让倾诉者逐渐丧失倾诉的意愿。所以，不仅要倾听，还要参与对话。

（7）注意力集中。这是尊敬说话者的最起码的表现。聆听者的尊敬会使说话者觉得有尊严。当你未全神贯注地倾听别人的说话时，你已在无意间冒犯了别人。尊敬说话者指的是，全神贯注于说话者，不打岔，不敷衍应答。

善用非正式沟通手段

非正式沟通能使管理者和员工得以保持经常的往来接触，而且仅仅由于这类接触的经常性以及它所具有的性质（如同级之间是处于半竞争状态下），就能使得整个系统的混乱和无组织性质受到很好的控制。

使用和倡导非正式沟通的优点是它们来得及时。问题发生后，马上就可以进行简短的交谈，从而使问题很快得到解决。因为问题不总是正好在计划开会的前一天发生，因此离计划会议不是"足够近"时，必须采取其他的沟通手段。

非正式的会议、闲聊、喝咖啡的间歇时进行的交谈，或是著名的"走动式管理"都具有这些优点。某些企业的员工甚至声称，他们对管理者参加的只有 20 分钟的喝咖啡时的交谈比任何长时间的正式会议更满意。常用的非正式方法主要有以下几种：

（1）走动式管理。走动式管理是许多优秀企业比较常用的也是比较容易奏效的一种沟通方式。走动式管理是指管理者在员工工作期间经常到员工的座位附近走动，与员工进行交流，或者解决员工提出的问题。管理者对员工及时的问候和关心本身并不能解决工作中的难题，但足以使员工感到鼓舞和激励。有的员工说："我就特别喜欢主管走到我的座位上，拍一下我的肩膀，对我问上一句'怎么样?'"员工往往不喜欢管理者整天坐在自己的办公室里，不与自己说一句话。

管理者在走动式管理的过程中如果注意一些技巧和保持一定的敏感性的话，四处走动并进行非正式交谈的确是很好的方式。但更重要的是要创造一个合适的氛围，当问题出现时，要让员工感到舒适轻松。因此不要对员工具体的工作和行为过多干涉，不要对他们指手画脚、品头论足，否则的话就会给员工一种突然袭击检查工作的感觉，员工容易产生心理压力和逆反情绪。

（2）开放式办公。主要指的是管理者的办公室随时向员工开放，只要没有客人在办公室里或正在开会，员工随时可以进入办公室与管理者讨论问题。我们可以看到，许多公司中管理者的办公室是不设门的，只是用比较高的隔板隔开，这样做的目的是便于员工随时与其进行沟通。开放式办公的优点就是将员工置于比较主动的位置上。员工可以选择自己愿意与管理者沟通的时间与其进行沟通，员工可以主导沟通的内容。绩效管理是主管人员和员工双方的责任，员工主动与主管人员进行沟通是他们认识到自己在绩效管理中的责任的表现。而且，沟通的主动性增强也会使整个团队的氛围得到改善。

（3）工作间歇时的沟通。管理者还可以利用各种各样的工作间歇与员工进行沟通，例如与员工共进午餐、在喝咖啡的时候聊聊天，等等。在工作间歇时与员工进行沟通要注意不要过多谈论比较严肃的工作问题，可以谈论一些比较轻松的话题，例如昨天晚上的足球赛、烹饪的技术、聊家常等，在轻松的话题中自然而然地说出一些工作中的问题，而且要尽量让员工主动提出这些问题。

（4）非正式的会议。主要包括联欢会、生日晚会等各种形式的非正式的团队活动。非正式会议也是比较好的一种沟通方式，管理者可以在比较轻松的气氛中了解员工的工作情况和遇到的需要帮助的问题。而且，这种聚会往往以团队的形式举行，管理者也可以借此发现团队中的一些问题。

管理者切莫成传话筒

管理大师德鲁克说：管理越来越像推销员。在推销的时候，我们不会劈头就问"我们要什么"，而会先问"对方需要什么，价值是什么，目标是什么，期望获得的成果是什么"。

优秀的管理者必定是指挥家或者教练，而非是传话筒。

L先生是一家大型企业G公司的一个基层管理者，手下有8个员工。L先生工作勤恳，为人谦和，对每一个下属都给予一些关怀和照顾，所以跟大家的关系还算不错。他有一个最大的特点，就是他对他的直接领导言听计从，领导安排什么，他马上向下属贯彻什么。

一旦下属提出异议，他马上便说："领导说了，就照这样执行。你照吩咐做了，出了差错领导不会怪你，你如果不照这样做，出了问题你得自己担着。"下属一听觉得也有道理，于是便开始认真执行。

但渐渐地下属有了不明白的地方，也就不再问他，而是隔着他直接请示更高领导，因为大家知道跟他说了也没有用，他还得去请示领导。L先生还遇到了一件烦心事：手下有个别人开始直接向他"顶牛"，公然不再听从他的指挥，他早就想把一些"害群之马"开掉，但苦于没有办法，他发现他现在连这点权力都行使不灵了。

他的"无能"渐渐被传播开来，以至于其他原本"听话"的下属也开始不拿他当回事了。

管理者一定要到下属中去，而不是通过制度、命令或者其他呆板的条条框框体现。向员工"推销"管理，目的是使员工理解管理并乐于接受管理，而不是对员工施加压力或者约束员工。

雷·克拉克是麦当劳快餐店的创始人，他有个习惯，就是不喜欢在办公室办公，他的大部分时间用在了"走动管理"上，到所有的分公司和部门走走、看看、听听、问问，收集大家对公司的意见。

麦当劳公司曾有一段时间面临严重的亏损，克拉克用他的"走动管理"在各公司发现了一个很严重的问题——官僚作风盛行。公司的各部门经理都有一个很不好的习惯，喜欢靠在舒服的椅背上对员工指手画脚，把很多时间浪费在抽烟、喝咖啡和闲聊上。

克拉克为此十分生气，于是他下令："把所有经理的椅背都锯掉，马上执行。"命令下得很快，执行得也很快，不出一个星期，每个经理的椅背都被锯掉了。

锯掉椅背后，经理们对克拉克的做法很不理解，甚至还很气恼。椅背锯掉了就不能像以前那样舒服地靠着它抽烟、喝咖啡了，于是大家都走出办公室，学着老板的做法到各部门基层走走、看看、听听、问问。很快，他们就发现了管理当中出现的问题，顿悟了克拉克锯掉椅背的用意。于是，他们及时调整管理方案，现场解决存在的问题，终于使公司扭亏为盈。

克拉克推行的管理方式，为企业管理者如何推销自己的管理提供了一种极佳方法。走动管理体现了上级对下级或对客户的一种关怀。通过面对面的接触，管理者常常可以更好地对下级进行指导，同下级直接交换意见，特别是能够听取下级的建议，了解遇到的各种问题，从而能更有效、更及时地采取相应的措施。走动管理具有以下几种优势：

（1）能产生联动效应，即主管动，部属也跟着动。既然领导都已经做出表率了，那么下属自然也会紧跟领导步伐，加强走动管理。

（2）投资小，收益大。当今世界，人们都在努力提高效率。走动式管理不需要太多的资金和技术，就能提高企业的生产力。

（3）看得见的管理。最高主管能够到达生产第一线，与工人见面、交谈，期望员工能够对他提意见，能够认识他，甚至与他争辩是非。

（4）实现真正的现场管理。

（5）更能获得人心。优秀的企业领导要常到基层的员工中去多听一些"不对"，而不是只听"好"的。不仅要关心员工的工作，叫得出他们的名字，而且还要关心他们的衣食住行。这样，员工觉得领导重视他们，工作自然十分卖力。团队的凝聚力自然会得到提升。

用生动的演说感染员工

古人言：一言可以兴邦，一言可以误国。人与人之间交流思想、沟通感情，最直接、最方便的途径就是语言。有人说，巧舌如簧的人能用头发牵动一头大象。尽管这话有点夸张，却也说明了生动的语言表达在人们日常生活和工作中的重要性。

作为一个优秀的管理者，通过出色的语言表达，可以让领导与下属对你产生好感、加深感情，可以使有分歧的人互相理解，使矛盾化为乌有。巧妙运用生动的演说去感染员工、征服他人，不仅可使工作顺利进行，更是你事业成功的关键。

苹果公司创始人之一史蒂夫·乔布斯于 1977 年就推出了配有鼠标的个人电脑，并下定决心要做个人电脑出售给需求巨大的用户，虽然他认识到个人电脑将会具有广泛的市场，但摆在他面前的最大问题是他缺少启动项目的资金。

为了解决这个问题，具有演说天才的乔布斯凭借他的高超的说服能力，说服了一些顾客先付钱订购电脑，他利用定金购买设备；随后又说服了供应商免费提供电脑的原材料，等电脑售出之后再付款。他的第一台 Apple 个人计算机就这样产生了。很快，苹果公司的规模迅速扩大。以至于苹果电脑在 20 世纪 80 年代初期风靡美国和世界市场。

乔布斯事例说明，对于一名成功的管理者，善于说服他人是一项非常重要的素质。善于说服他人，是指能够运用生动的语言，向他人描述有关企业远景及长期规划，有理有据地提出自己深入的观点，使对方支持观点或做法。说服他人不仅要求对于交谈的对象有较好的把握，而且要注意表达方法和态度。一般来说，诚恳和坚定的态度有助于说服对方。

战国时期，以秦国最为强大，而弱小的燕国即将面临灭亡，侠士荆轲欲以刺杀秦王以救燕国。于是荆轲想到利用秦王感兴趣的樊於期的人头以取得近身行刺秦王的机会。毕竟人最宝贵的就是生命，那么怎样才能顺利得到这颗人头呢？

樊於期与秦王有不共戴天之仇，只有替他报仇，他才可能愿意牺牲生命。荆轲抓住樊於期这一心理，荆轲决定私下会见樊於期，完全以一个推心置腹的朋友的身份，用生动的语言描述樊於期的昔日之恨，以此来勾起对方心中"永远的痛"。

荆轲的动之以情终于引起对方的共鸣与力无从心的无奈。这时荆轲才和盘托出自己的计划：以樊的人头，作为进见之礼，接近秦王，然后又详细描绘计划步骤："压左手把其袖，右手把其胸，然则将军之仇得以报，而燕国见陵之耻雪矣！"

荆轲之所以把行刺过程说得如此详细，意在证明自己的计划是经过周密策划、胸有成竹的。你看，连左右手分工都如此明确，此番若去。必有十足把握，秦王在劫难逃，你樊将军的血海深仇也一定能报。这也是荆轲的高明之处。

于是刚烈的樊将军听了荆轲坦诚感人的一席话之后，义无反顾地拔剑自刎，奉献自己的人头。荆轲顺利地借得人头，完成了这一项重要的准备工作。

作为一名管理者，不管是在与领导还是下属沟通中，善于把握对方心理，进而运用生动的演说去感染对方，才是做到高品质沟通的关键。

生动的演说离不开幽默艺术的运用。美国心理学家特鲁赫伯说过："幽默是一种最有趣、最富有感染力、最有普通意义的传递艺术。"幽默已经成为古今中外许多管理者成功的法宝和秘诀之一。在实际工作中，每一个管理者遇到的矛盾和问题不同，学会运用幽默的语言艺术，效果会更为理想。

管理者语言表达水平是事业成功的关键，有些管理者说出去的"话"犹如磁场一般，既能对员工产生极强的吸引力，又能给员工愉悦之感，从而获得员工的认可和尊重，并有效地感染并激励员工的工作热情。用生动的演说感染员工，团队将会产生火一般的激情。

管理者要想使自己的演说富有感染力，需要做到以下三点：

首先是要充满热情。热情是可以感染的，是可以传递的。演说者的热情能够感染和传递给听众，能够调动起听众的情绪。我们很难想象，一个没有热情的演说者怎么才能够使听众热情澎湃？

其次要善于使用名人名言。成功的演说者总是有着上百万的名句在他脑海中，这些名句在演说中信手拈来，以此来增加演说的说服力。

最后要善于讲述故事。成功的演说者就是一个成功讲故事的人。在他的嘴里，他有很多的故事，并且这些故事都与他要传达的信息相辅相成。我们都有这样的体验：因为某个故事引发的道理更能使我们印象深刻。同时，通过讲述故事，能够使听众接受信息时较为轻松。

建立开放的沟通机制

唐代的柳宗元在《贺赦表》中说："广直言之路，启进善之门。"管理者一定要广开言路。这一点，摩托罗拉是最为典型的案例。摩托罗拉非常重视沟通渠道的构建。在摩托罗拉公司，每一个管理者都被要求与普通员工形成介乎于同事和兄妹之间的关系——在人格上千方百计地保持平等，并以此建立以"Open Door（敞开门）"为核心文化的沟通机制。

摩托罗拉企业文化负责人介绍说："我们所有管理者办公室的门都是绝对敞开的，任何职工在任何时候都可以直接进来，与任何级别的上司平等交流。"每个季度第一个月的1～21日，中层干部都要同自己的手下和自己的主管进行一次关于职业发展的对话，回答"你在过去3个月里受到尊重了吗"这类的6个问题。这种对话是一对一和随时随地的。

摩托罗拉特别注重沟通机制的开放性，在公司内部，管理者们为每一个下层的被管理者们还预备出了11条这种"Open Door"式表达意见和发泄抱怨的途径：

（1）书面建议。书面形式提出对公司各方面的意见和建议，全面参与公司管理。

（2）畅所欲言。这是一种保密的双向沟通渠道，如果员工要对真实的问题进行评论投诉，应诉人必须在3天之内对隐去姓名的投诉信给予答复，整理完毕后由第三者按投诉人要求的方式反馈给本人，全过程必须在9天内完成。

（3）总经理座谈会。每周四召开的座谈会，大部分问题可以当场答复，7日内对有关问题的处理结果予以反馈。

（4）报纸与杂志。摩托罗拉给自己内部报纸起的名字叫《大家庭》，内部有线电视台叫《大家庭》电视台。

（5）每日简报。方便快捷地了解公司和部门的重要事件和通知。

（6）员工大会。由经理直接传达公司的重要信息，有问必答。

（7）教育日。每年重温公司文化、历史、理念和有关规定。

（8）墙报。

（9）热线电话。员工遇到任何问题时都可以通过这个电话反映，昼夜均有人值守。

（10）员工委员会。员工委员会是员工与管理层直接沟通的另一个桥梁，委员会主席由员工关系部经理兼任。

（11）589 信箱。当员工的意见尝试以上渠道后仍无法得到充分、及时和公正解决时，可以直接写信给 589 信箱，该信箱钥匙由人力资源总监亲自掌握。

从以上可以看出，在摩托罗拉公司，上级和下级沟通的方式各种各样，从视听到面对面、一对一的交谈，全方位地进行，同一条信息可以从不同的渠道得到，信息的反馈也可以从不同的渠道及时得到。他们采取这样的方式取得了惊人的效果，"抱怨是一件积压已久的事，如果每星期、每天都有与老板平等对话的机会，任何潜在的不满和抱怨还没有来得及充分积蓄就都因此而被扼杀在摇篮里了。"

每个企业都应该像摩托罗拉那样建立开放的沟通机制。这样做的好处是：来自管理层和来自员工的信息经过不同渠道，采用不同方式集中地传递给对方，各自通过积极地反馈来促进对这些信息的理解，使双方都能真正理解彼此意图，从而尽可能避免采取单一沟通渠道而造成的信息失真、引起不必要的误会，使得公司上下相协调，最终达到完成任务的目的。

一位哲人说，当拥有众多细流时，才能汇聚成海。企业管理亦是如此，建立开放的沟通机制，当管理信息和员工反馈变得异常简单时，企业才能真正获得信任和凝聚力。

管理者发问的学问

作为领导，在与员工交流时，要注意多问些问题。优秀的管理者往往是喜欢更多地提出问题，而且更注意倾听问题的答案。但是，需要注意的是，一定要注意询问的方式。

"你擅长你的工作吗？"

"是的，擅长。"

谈话结束了。这是一个封闭式的问题，因为可能的答案只有"是"或"不是"，或其他简单的补充说明。请看另一个例子：

"难道你不认为定期开小组会议是一个好主意吗？"

"是的，当然是个好主意。"

同样，这个问题也没有过多可回答的，因为这是包含着赞同意见的引导性提问。这种问题不过是一种假意的提问。所以，希望有效影响别人时，还需要掌握一门技巧，那就是知道提出什么样的问题、什么时候提出。一般来说，提问有两种方式：

除了上述封闭式的提问，还有一种开放式的提问。

特别注意的是，开放式问题是所有问题中最有效的。当你想启发别人表述自己的观点以便能够更清楚地了解别人的时候，提这种问题是非常有效的。这种问题与倾听的技巧紧密相连。作为施加影响的一方，如果你能启发别人讲话，这会比你自己讲话更有用。

开放式问题鼓励每一个人讲话，因为这些问题都不能用简单的"是"或"不是"来回答。开放式问题通常包括这些字眼："什么"、"哪里"、"如何"、"什么时候"、"告诉我"，等等。

如果你想了解关于下属成员对团队未来发展有什么样的看法，你会怎么做？

柯达的做法是开放式收集信息。例如它在创业初期便设立了"建议箱"制度，公司内任何人都可以对某方面或全局性的问题提出改进意见。

公司指派一位副经理专职处理建议箱里的建议，收效甚大。第一个提建议被采纳的是一位普通工人，他建议软片仓库应该常有人做清洁，以切实保证产品质量，公司为此奖励了他20美元，公司共为采纳这些建议付出了400万美元，但也因此获利2000万美元。

要想与员工进行有效的沟通，弄清问题和解决问题必须善于提出问题，以便引导说清全部问题，引导其换个角度想，自我解决问题或者找出关键，便于最后解决问题。

在提出问题时，管理者要注意以下几点：

（1）要提出引导性问题，引起下属思考的问题，与下属意见紧密联系的问题。不要提表达自己不同观点的问题。

（2）要多用一般疑问句，少用反问疑问句。

（3）提问要在下属的话告一段落时，事先征询："对不起，我提个问题好吗？"要尽量使用商量的语气。

沟通不良往往来自于简单地问和简单地答。后者是对前者的回应，问的简单自然是回答简单。这不利于管理者收集信息。要想多了解，实现充分沟通，管理者一定要多问、善问。

搭建利于沟通的组织架构

是否利于沟通，是衡量组织架构的主要标准之一。管理大师德鲁克说，利于工作的最简单的组织结构就是最好的组织结构；不会产生问题的组织结构就是好的组织结构。组织结构愈是简单，它出毛病的可能性就愈小。组织结构只是手段，而促进员工获得成就才是最终目的。因此，组织结构必须为促进沟通助力，而绝不能成为组织内部上下沟通的桎梏。

在通用电气公司内部，有一种会议模式特别受推崇。这种会议模式被称为"快速市场智能"（英文缩写"QMI"）。这种电话会议使通用公司的管理层发现了同步交流的价值。由于公司的全球主管在地域上的分布很广，经理人不能很频繁地参加面对面的会议。QMI 通过视频和电话让他们聚到一起，遍布全球各分公司的大约 50 个人就会进行一次对话。通用公司规定，这种电话会议每两个星期举办一次。

这种针对电话会议的全体运行机制使所有 QMI 的参加者，不管他们是处于不同的阶层还是遍布全球，都能够及时了解在顾客、竞争对手身上以及全球技术方面到底发生了什么。这种模式为通用公司带来的是效率更高的会议。

因为是电话会议，全球同步进行，这就要求参会者必须考虑以下几个问题：讨论的问题必须要独特而且简单，能在 2 分钟内回答上来；所有的参加者必须轻松和有勇气做出贡献；为了不让人们失去兴趣，会议要简短；会议过程中要对信息进行处理，最后要作出总结。QMI 在公司内部获得了成效，它使公司的高层管理者不再为举办全球会议发愁，很多难度很大的事情能够轻松被这种会议解决。

为什么有些公司内部不能做到畅通沟通，其根本原因就在于：组织结构不能为促进内部沟通产生积极作用，以至于各部门各自为政，互相扯皮。通用公司创造了一种新的会议模式，并通过制度将其固定下来，使全球即时沟通成为可能，进而大大提高了企业效益。可见，建立利于沟通的组织是多么重要。

有效的组织沟通制度，能够规范组织沟通规则，增强全方位（纵横及内外交错）的组织沟通频次与途径。同时，通过对沟通中不良行为的约束，促进员工行为的一致性，提高组织沟通效率与效果。一个组织的沟通效果决定了组织管理效率，在企业的经营管理过程中，如果能做好组织沟通，对促进企业绩效目标的实现起到事半功倍的效果。

想方设法让对方张嘴

管理者要想方设法让对方张嘴，激发对方的谈话欲望。

正因为谈话是双边活动，一方对另一方的讲述予以积极、适当的反馈，能使谈话更津津有味，从而使谈话愈加融洽、深入。因此，领导者在听对方讲述时，应注意自己的态度，充分利用一切手段——表情、姿态、插话和感叹词等——来表达自己对对方讲话内容的兴趣和对这次谈话的热情。在这种情况下，领导者微微的一笑、赞同的一点头、充满热情的一个"好"字，都是对对方谈话的最有力的鼓励。

真诚地赞扬对方是激发的好方法。漫不经心地对对方说上一千句赞扬的话，等于白说，缺乏真诚的空洞的称赞，不能使对方高兴，有时还可能由于你的敷衍引起反感和不满。

足球教练文斯·伦巴迪是一位富有传奇色彩的人物。在训练队伍时，他发现一个叫杰里·克雷默的小伙子思维敏捷，球路较多。他非常看好这个小伙子。一天，他轻轻地拍一拍杰里·克雷默的肩膀说："有一天，你会成为国家足球队的最佳后卫。"克雷默后来真的成了国家足球队主力队员。他后来回忆说："伦巴迪鼓励我的那句话对我的一生产生了巨大影响。"

因此，要更好地发挥赞美的效果，则需要注意：

1. 实事求是，措词恰当

当你准备要赞美时，首先要掂量一下，这种赞美，对方听了是否相信，第三者听了是否不以为然，一旦出现异议，你有无足够的理由证明自己的赞美是有根据的。所以，赞美只能在事实的基础上进行，不可浮夸。

2. 赞美要具体、深入、细致

抽象的东西往往不具体，难以给人留下深刻印象。若称赞一个初次见面的人说："你给我们的感觉真好。"这句话一点作用都没有，说完便过去了，不能给人留下任何印象。但是，倘若你称赞某个好推销员，可以说："小张有一点非常难得，就是无论给他多少货，只要他肯接，就绝不会延期。"挖掘对方不太显著的、处在萌芽状态的优点，发掘对方的潜质，增加对方的价值感，这样赞美的作用会更大。

3. 表现自己的善解人意

领导该如何表现自己的善解人意与体恤下属呢？当然是要凭借自己对下属情感世界的细微体察，适时地表达领导式的赞赏与朋友式的关切，这样才能最大限度地打动下属，同时在彼此间建立起情感的纽带。

某单位举行宴会庆祝中秋佳节。常言道"每逢佳节倍思亲"，更何况是在这合家团圆的中秋之夜。来自四川的刘斌面对美酒佳肴，思绪又飞回了父母身边。大家都是本地人，没有人注意到刘斌情绪的变化，但逃不过王处长的眼睛。他看到置身于欢乐人群之中却欢乐不起来的小伙子，立即意识到年轻人是想家了。随即高举酒杯，朗声说道：

"在这中秋之夜，大家像亲人一样聚在这里举行欢宴，我非常高兴。尤其是小刘同志，远离故乡亲人，怀着极大的热情来我们这里工作，取得了很大成绩。我在这里向刘斌同志表示感谢。希望大家关心刘斌，把他当作我们的亲人，使他在这里更加愉快地工作和生活!"

细心的王处长在这种特殊的气氛下，通过观察刘斌情绪的变化，推测出他此时的心理，他不是直接地去安慰他，而是通过称赞和关心，使他抛却思乡之情，加入到欢乐的宴会中来。

让对方的嘴巴张开，这是完成沟通所必须做好的工作。谈话是双方活动，如果只顾自己滔滔不绝地讲，而使地位低于己者没有讲话的机会或无讲话的愿望，谈话就要陷入僵局，难于继续下去。因此，领导应具有细腻的感情和分寸感，注意说话的态度、方式以至语音、语调，旨在激发部下的讲话愿望，给对方讲话的机会，使谈话在感情交流的过程中完成信息交流。

以对方的语言来说话

管理大师德鲁克说：当我们对木匠说话时，我们需要使用木匠的行话。言外之意，管理者要想取得高品质沟通，就需要使用对方易于接受的、熟悉的语言。"你必须以对方的语言来说话。如果你对双方都有所了解，才会沟通顺利。"德国著名剧作家华格纳说，"除了留心你的声音听起来如何，还要注意你所使用的字眼。如果你是个大量使用词语的人，要当心并非每一个人都听得懂，而且可能很多人会觉得枯燥无味——即使他们同意你所说的主题。"

田中是一家日资企业的雇员，被派到中国分公司担任制造部门经理。他一来就对制造部门进行改造。但很快他就发现现场的数据很难及时反馈上来，于是决定从生产报表上开始强化。借鉴日本母公司的经验，他设计了一份非常完美的生产报表。报表发下去后，每天早上，工人们将各项生产数据填好后将报表汇总给田中。他很高兴，认为他拿到了生产的第一手数据。但是没有过几天，出现了一次大的品质事故，但这次事故居然在报表上没有丝毫征兆，经过调查，他发现报表的数据都是工人随意填上去的。

为了强化对报表的重视，田中多次找工人开会强调认真填写报表的重要性，但每次开会的作用不大，在开始几天可以起到一定的效果，但过不了几天又回到了原来的状态。田中怎么也想不通。后来，他的一位中国朋友让他换位思考一下：假如你是工人，你会认真填写吗？

田中的苦恼是很多企业的管理者一个普遍的烦恼。现场的操作工人，很难理解他这样做的目的，因为数据分析距离他们太遥远了。大多数工人只知道好好干活，拿工资养家糊口。不同的人，他们所站的高度不一样，单纯开会强调，是没有效果的。后来，田中将生产报表与业绩奖金挂钩，并要求干部经常检查，工人们才知道认真填写报表是与切身利益有关系，才重视起来。

同样一件事，只是做了一个小小的改变——与对方的利益联系起来，事情就得到圆满解决。这就像我们在和别人沟通时使用别人的语言一样，我们用对方不熟悉的语言与其进行交流，对方反应迟缓，而当我们开始使用对方常用的术语时，对方立即就会对我们的观点进行回应。

拜访过罗斯福的人，没有一个不对他广博的见闻佩服得五体投地的。一位拜访过他的人曾说："不论来访的是如何勇敢的骑兵队员，还是政治家、外交官，罗斯福都能谈起适合对方身份的话题，彼此的交谈都十分愉快。"他为什么能这样做呢？原因很简单，罗斯福知道有人来访时，就在前一天晚上查阅有关当事人的资料，所以不论来访者是大人物还是小市民，会谈时双方都能拥有共同的话题。

使用对方的语言进行沟通，容易与对方达成共识。当管理者用对方常用的语言进行沟通时，对方会感到亲切和真诚，更愿意将管理者看成是替自己考虑的人，从而将胸怀敞开，使沟通进入畅通阶段。相反，如果管理者对着木匠说着泥工的话，也许一开口，就会遭到抵触。

管理者应率先坦诚沟通

当组织中出现问题时，一个很好的解决方法就是直接解释问题，也就是坦诚沟通。对于管理者来说，坦诚意味着沟通时，表现得很直接、透明、开放、坦率。身为管理者，必须化解所有不确定性与疑虑。告诉员工他们应该知道的事。告诉他们你想要什么，对他们有什么期待，或对他们有什么打算。同时，询问他们想要什么、有什么期待，或对你有什么打算。

坦诚是一个领导者工作高效的秘诀。一位美国企业家说："在跟某人合作的第一天的第一个小时中，我就会开诚布公。在第一场会议上，我会说明我的目标是什么、我能提供的帮助，以及我需要何种帮助。如此一来，我们就可齐心协力地将重心放在即将面对的挑战上面。"

坦诚是每一位领导者都应具备的优秀的工作作风。作为领导者，身体力行、率先坦诚沟通很重要。这样可以在组织内部建立一种信赖感，这种信赖感可以带来组织成员高度的承诺。

在"蓝色巨人"IBM"病入膏肓"时，CEO郭士纳以"医生"的身份进入

IBM，由此创造了一个商业神话。倡导坦诚沟通是郭士纳成功的一大要素。

IBM 的总裁郭士纳上任后第一次会见公司的管理班子，他便采用了"开诚布公"策略，收效不错。下面便是他坦白告知下属的管理哲学和管理实践：

——我将按照原则而不是程序实施管理。

——市场决定我们的一切行为。

——我是一个深深地相信质量、强有力的竞争战略与规划、团队合作、绩效工资制和商业道德责任的人。

——我渴求那些能够解决问题并能帮助同事解决问题的人，我会开除那些政客式的人。

——我将致力于战略的制定，执行战略的任务就是你们的事了。只需以非正式的方式让我知道相关的信息，但不要隐瞒坏消息——我痛恨意外之事，不要试图在我面前说谎，要在生产线以外解决问题，不要把问题带到生产线上。

——动作要快。不要怕犯错误，即便是犯错误，我们也宁愿是因为行动太快而不是行动太慢。

——我很少有等级制度的观念。无论是谁，也无论其职务高低，只要有助于解决问题，大家就要在一起商量解决。要将委员会会议和各种会议减少到最低限度。取消委员会决策制度，让我们多一些坦率和直截了当的交流。

——我对技术并不精通，我需要学习，但是不要指望我能够成为一名技术专家。分公司的负责人必须能够为我解释各种商业用语。

通过阐述自己的管理哲学和管理实践，郭士纳让手下 50 名高层领导者了解了他的工作态度与工作作风，让他们明白他所看重的是什么、他所期待的是什么、他所强调的是什么。

可以说，坦诚沟通对郭士纳顺利开展工作起到了积极的作用，促使他能够很快赢得公司上下的信任与相助。在几年内，他力挽狂澜，让濒临倒闭或分拆的 IBM 转危为安，并且重新恢复了行业领袖的位置。

作为领导者，尽早沟通，经常沟通，并且做到坦诚沟通是十分重要的。当你与员工坦诚沟通时，你必须建立一种信任，通过你的沟通行为，传达这样一种隐含信息："我欢迎沟通；与我沟通是很安全的；对于坦诚的沟通行为，我很欣赏。"

/第 8 章/

激励员工的绝招

给员工一个值得努力的目标

设定目标是管理者的责任之一，事实上也是首要责任。确立一个明确而具体的目标，让这个目标成为企业所有员工的共同目标，激发每个员工实现此目标的愿望，并紧紧围绕此目标展开工作，不可能就会变成可能，梦想就会变成现实。

福特汽车公司的老板亨利·福特生产他的著名的 V-8 型引擎时，决定要将 8 个汽缸铸造成一个整体，并命令他的工程师们设计这种引擎。设计的蓝图是画出来了，但是工程师们经过研究讨论后一致认为，要铸造一个具有 8 个汽缸的引擎是不可能的。福特却坚持说："无论如何也要设法生产这种引擎！"

工程师们同声回答："这是不可能的。"福特继续命令说："继续去做，直到你们成功为止，不管需要多少时间。"这些工程师只好硬着头皮返回实验室继续去做。如果他们想在福特公司工作，他们只有做，别无选择，谁让福特是他们的老板呢。

6 个月过去了，毫无进展。又 6 个月过去了，仍旧没有结果。工程师们试尽了各种可能的办法，以执行福特的这一命令，完成任务。但是这件事似乎毫无实现的可想，他们的一致结论是"根本不可能"！在年终时，福特和工程师们进行讨论。工程师们再度告诉他，他们尚未找到执行他命令的方案。

"继续去做，"福特仍固执己见，"我要这种引擎，我一定要得到它。"于是，工程师们继续去做。奇迹出现了，他们找到了诀窍，最终设计制造成了 V-8 型引擎。

目标会激发活力。领导者就要敢于向不可能说"不"，通过不断制定新的更高的目标来鼓舞士气。管理者必须通过设立一个能够激励人心的目标来让每个员工焕发工作热情，激发新的思考和行为方式为企业创造价值。目标是一个方向舵，它指引企业发展的方向。

索尼公司开发家用录放像机时就是先给自己的人才寻找目标，然后引导开发。当美国主要的电视台开始使用录像机录制节目时，索尼公司就看好这项新产品，认为完全有希望打入家庭。这种新产品只要从内部结构和外观设计上再进一步加以改良，肯定就会受到千家万户的欢迎。

一个新的目标就这样确立了，公司开发人员又有了努力的方向。他们先研究现有的美国产品，认为这些产品既笨重又昂贵，这是通过研究开发加以改进的具体主攻方向。新的试验样机就这样一台接一台造出来，一台比一台更轻盈、小巧，离目标也越来越贴近。但在感觉上，公司总裁井深大老是觉得没到位。

最后，井深大拿出一本书，放到桌面，对开发人员说，这就是卡式录像带的大小厚薄，但录制时间应该在一小时以上。目标已经非常具体了。开发人员再一次运用已掌握的基础知识，结合应用科学，调动自己的聪明才智，进一步开发自己的创造力，终于成功研制出划时代的 Betamax 录放像机。

目标激励是最大的激励，给员工一个值得为之努力的宏伟目标，比任何物质奖励都更具有鼓励作用，也比任何精神激励都有效。

只有当人们明确了自己的行动目标，并把自己的行动与目标不断加以对照，知道自己前进的速度并不断缩小到达目标的距离时，其行动的积极性才能得以持续。因此，管理者应通过正确引导员工，帮助其明确目标任务，让员工在科学的目标诱引下，不断追求更大进步。

为员工提供挑战性工作

管理大师德鲁克说：工作要能够鼓励及引导个人的成长。因此，主管要善于发挥工作本身的激励作用。如何实现这一点？那就必须让员工感觉到他们的工作具有挑战性。

2008 年年底，郎平与土耳其某排球俱乐部签约，出任主教练。郎平在接受采访时说，她来土耳其之前是希望保密的，因为在北京只是她的经纪人与土耳其这边沟通，所以也无法确定自己是不是能签约，想利用一周时间进行考察。

没想到土耳其电信女排俱乐部在网上公布了她要来土耳其的消息，使她的行程暴露。她在土耳其时间 11 月 28 日晚抵达位于安卡拉的俱乐部，第二天与俱乐部方面进行面谈后感到跟以前经纪人所谈的情况基本相符，而且当时已经进入赛季，俱乐部希望她尽快执教，所以立即就与该俱乐部签约，正式出任主教练。

郎平说："土耳其的排球联赛10月就开始了，目前球队的成绩很不理想。我喜欢有挑战性的工作，所以最终决定留下来。"

工作是否具有挑战性，成为许多人选择工作的一个重要标准。

在公司待了已有5年之久的李婷，形容自己的现状是"一潭死水"。薪水也好职位也罢，在短期内都不会有大的变动，工作上也是按部就班。"现在每天都过得没什么生气，基本就是打发日子，我想挪挪窝换个新环境，是不是会有点干劲。"李婷还考虑到，她已经29岁，还没结婚，还有结婚和生子两件大事没落实，这会在一定程度上影响用人单位，因为职场女性普遍在生子后会把重心转移到家庭，自己最多还有个两三年的奋斗时间，有了小家庭后冲劲就会小很多。

调查后发现，在24～30岁的白领群体中，不少职场人在身处稳定环境时，心境反而容易产生变化。"拼死拼活地工作，还不是为了今后能有个稳定的生活，可是一旦这种稳定提前到来，反而有点无法适应，总觉得我还年轻，不甘心就这么不咸不淡地耗着。"多数白领都表达出这样的心声，然而，一旦有挑战性的新选择出现时，他们又很难取舍："在安逸的环境里待久了，人的顾虑反而越来越多，容易失去在职业'险境'中的果敢和勇气。"

最终，为了追求挑战性工作，不想让自己的人生轨迹过早地固定下来，李婷选择了跳槽，希望通过自己的努力使自己的职业发展更上一层楼。

企业管理者应该看到这种客观现象，精准把握员工的心理，充分调动员工的积极性。企业管理者应该认真思考这个问题：当公司给员工的资源够了，给的待遇够了，给的奖励也够了时，员工还追求什么呢？那就是开展挑战性的工作，实现飞跃式的发展。

给员工以挑战性工作，也是本田公司常用的方法之一。在1984年，本田技术研究所曾面临一次倒闭的危机，本田投下巨资增加设备，原本受欢迎的公司的商品销路却大减。种种困难，使本田公司难以负荷。在这种情况下，本田却宣布要参加国际摩托车赛，并宣称要制造一流的摩托车，争取拿世界冠军。

很多人把本田的口号看成是天大的玩笑，但是本田的负责人有着自己清晰的算盘。他期望这种决策可以激发下属的斗志。有些员工十分同情负责人，认为他是被公司的困境扰得神志不清，才想参加这样的比赛。但是也有一部分员工不这么想，相反，这种宣称使得他们精神振奋，虽然以他们当时的技术来说，还无法同欧洲相比，但是，这种挑战燃起了他们冲天的信心。没有任何人是不可战胜的，只要肯钻研，甘于付出。

本田负责人以身作则，为了研究开发技术，改良摩托车性能，不分昼夜，取消假日，每天都到公司努力工作，或许是他的敬业精神感动了员工，员工们个个精神抖擞，忘我工作，终于如期制造出一流的摩托车参赛，并取得了骄人的战绩，本田公司也因此一举成名。

给员工以挑战性工作，不仅使你的员工在自我挑战中得到成长，更能使企业在员工卓越成长中获得丰厚回报。企业管理者应该在如何激发员工潜能上多琢磨、多下工夫。

制订有效的激励计划

管理者制订激励计划是对下属进行激励的前奏，也是公平、有效激励下属的保证。对于管理者来说，激励计划不仅仅是一件工作成果，它更是一项作品。它拟定得好坏，会受到部门内部每个成员的审视与评价。一个行之有效的激励计划必须具备以下条件：

（1）具体。激励计划必须明确地表示具体的行动，这样管理者与下属都能充分了解自己该如何做，以及这样做的必然结果。

（2）时间期限。激励计划的最终目标就是提高员工的工作绩效，这个目标就像一只无形的手，在远处召唤着激励者与被激励者。因此，拟订激励计划一定要顾及到时间上的安排，以便在实行一段时间后就产生效果，并在适当时候根据效果做出相应的调整。

（3）控制成本。一项计划的出台，需要在费用、人员、资料等方面进行必要的考虑。对于激励预算而言，一般包括管理费、宣传性的物资和服务费、奖金。这三方面资金的合理配置将会使计划更具成效性。此外，激励不仅有精神上的激励，更要有物质上的激励。物质方面的激励要充分把握"度"，既要达到激励的目的，又要控制在财务部门可以承受的范围之内。

（4）简洁生动。激励计划绝不是事实的罗列，它应该是耐人寻味、鼓励他人积极参与的一项游戏。游戏的规则绝不能繁杂，那样会使大多数人失去参与进来的兴趣，同时计划也会因缺乏一定的可行性而变成了一项循规蹈矩的协议。

（5）富有弹性。保持适度弹性是拟订计划的一项基本原则。为了应付条件的变化与偶然因素的出现，拟订的激励计划必须考虑到修改甚至变更部分内容的可能性。

（6）突出重点。计划本身是面向部门内所有员工的，但要激励的对象是那些有真才实学的、在工作中肩负重任的骨干，通过对他们的有侧重的激励，会使部门内呈现出一股向上的好风气，从而带动后进人员一同进步。面面俱到的计划，看上去好像体现了公平的原则，但实际上是一种最不公正的待遇。

计划的重要作用并不在于计划本身，而在于计划的具体实施，并能提高工作绩效。对于激励计划来说也是如此。激励计划的实施结果与宣传鼓励工作密切相关。为了唤起员工执行计划的最大热情，有必要考虑进行一些有效的宣传鼓励与管理工作。

（1）使整个计划的实施有一个激励人心的开端。任何不声不响的劳作是得不到人们的认识与拥护的，单单将激励计划贴在显眼地方，或是印出"红头文件"一级级传达是绝不会收到好效果的。此时属员虽然获得了必要的信息，但在心理上根本没有形成一种被激励的状态，他们也许会沸沸扬扬议论一番，随后便抛在脑后了。因此管理者必须要为激励计划大造声势，让员工如同股民一般紧紧关注着计划的实施。

（2）让企业内部高层管理者参与计划开始执行时的造势运动，以及完成后的发奖活动。当属员看到平时难以一见的高层管理者为这项对他们来说还很陌生的计划亲自解释、指导、摇旗呐喊时，他们的心早已沸腾了。

（3）管理者本人以及财务部门内的其他负责人要切实关心计划和计划对他们本身提出的要求。一般来说，财务部门内部的骨干人员是其工作环境中最好的潮流引导者与煽动者，赢得他们的支持就能在部门内所有员工中间产生向心效应，使其最终参与到计划中来。

（4）在计划执行期间，管理者要对整个计划的实施进行监测，并做好书面记录。这是对激励计划实行的有效管理，管理者可在得力助手的帮助下完成，通过定期对计划的成本、属员心态、绩效显示、获奖人数、意见汇总等各项指标的综合测评，得到一个相对客观的计划实施的期间性总结。

（5）为使计划内容更加丰富多彩，计划实施更加切实可行，可以把一个长期计划分解为若干小计划，或是按照重点或奖励类型分为几个不同的短期计划。这样，激励计划就显得更灵活、机动，目标更加明确，属员也会在整个计划实施中尝试到不同层次的成就感，从而使激励更加有效。

（6）为属员家庭提供物质与精神上的奖励，争取他们对激励计划的关心与支持，这一点是非常重要的。家庭生活是个人精神慰藉的大后方，家庭成员的支持无疑会为属员增添无穷的奋斗力量。赢得了属员家庭的帮助与支持，就差不多赢得了属员的半颗心。

计划目标完成之后，管理者要及时组织财务部门的所有人员召开一个隆重的庆功宴会、颁奖会或总结表彰会。庆功会除了对所有表现良好、贡献突出的员工给予表彰以外，还要让这次激励计划产生的"利益"深入人心，以便日后开展更有效的计划时，属员会有一个良好的心理准备。同时，激励计划一定要做好总结并归档，为以后的工作提供经验上的保证。

以晋升激励精英人才

管理者在人员使用方面，常常会为如何令精英人才最大限度地发挥作用而烦恼。解决它的最好办法，就是将表现优异的精英人才提拔上来，把他安排到重要的工作岗位上，这不仅使员工的自尊心得到满足，最大限度地调动他的工作积极性，企业也会因为人才的合理安置而获得更大的收益。

人才是企业的资本，能够善于利用员工对工作的热情，并且适时给予训练和晋升，即使是庸碌之才也有不少被造就成才。在日本就有不胜枚举的企业家是因为被领导者适时提拔而跃居重要岗位，然后使自己的才华充分施展出来，把企业推向新的高峰的。

一般来说，获得晋升的人没有不欣喜若狂的。但有许多人常因难以适应突如其来的擢升，感受到无法承担的重大压力。所以，管理者也应先了解被晋升者是否有能力承受压力。

为了确认被晋升者的心态，某位心理学家制定了一项心理测验。首先，让两个人共同办理一件事情，在事情完成后，给予其中一个大幅度晋升，而给另一个仅少许的报酬，尽管做同样的工作，却故意出现待遇的差别。

由最初的实验显示，得到晋升的人不但自觉"不踏实、有罪恶感"，而且对于管理者有不良的评价。但是，进一步由测谎器的实验却发现，得到晋升的人，不仅没有罪恶感，反而有强烈愿效力于管理者的心态。

总之，人们虽然在心理上对获得晋升有不平衡的感觉，但是，实际上却为自己能受到上司较高的肯定而有满足感，甚至对管理者抱有良好的评价。因此，适度的晋升可以得到对方的向心力。也就是说，给员工一个晋升的机会，不仅能够满足对方的自尊心，同时也能获得对方的尊重和爱戴。

所以，管理者应经常提拔人才，得到利益的人由于找到依靠之处和肯定自我，就会逐渐发挥潜力，努力效命于知遇者。

世界著名的施乐公司每年都保持很高的销售业绩，除了以质取胜之外，很大程度都依赖于他们给员工注入的最佳动力——晋升。

施乐公司晋升的标准是将员工分为三类：其中一类是工作模范，能胜任工作和监督工作。凡是被提升到公司最高层前 50 个领导岗位上的人都必须完全是工作的典范，积极投入到质量管理中去。而要想成为较低层次上的经理，则起码必须能胜任工作。至于需要别人督促工作的那一类员工则根本不可能被提升。这样，表现良好的员工就会感到自己能得到迅速的提拔，于是他们会以更高的热情投入到工作中。

谢尔比·卡特就是这样一名员工。他是施乐公司的销售人员，最初是一名推销人员，工作积极肯干并善于动脑筋。他每天不停地在外面奔波销售，他的妻子总是在他的车里放上一大罐柠檬，这样他可以吃上一整天，而不必吃午饭。卡特以自己的聪明和勤奋为公司销售了大量的产品，于是他得到了逐步提拔，最终被提升为全国销售经理。

事实证明，他的确是个称职的管理者。卡特最喜欢做的事情之一就是将镶在饰板上的长猎刀奖给那些真正表现杰出的员工。这些猎刀代表着一种晋升神话，得到它比得到奖金更有意义。得到奖励的员工会把猎刀挂在办公室的墙上，所以在施乐公司的办公室里常常会看到这些猎刀。

由于晋升的机会把握在自己的手中，所以施乐的员工充满热情和干劲。即使在街道上散步，他们也会观察两旁的建筑群，思考如何使每一幢建筑里的单位都成为施乐复印机的用户。

就是这样充满趣味的竞争使每一个员工都竭尽全力去为公司打拼，每一个施乐的员工都深爱着自己的公司，公正的晋升制度使他们看到了自己的辛勤劳动付出是值得的，他们认为在这里确实可以实现自己的梦想。

千万不能总让员工原地踏步，特别是对那些能干的员工，而应更信任他们，适时提拔，如果对他们总是半信半疑、不放心，那么给他们的感觉是不信任他，怀疑他的能力，那么他还能尽心竭力地工作吗？

每个人在某个岗位上，都有一个最佳状态时期。有的学者提出了人的能力饱和曲线问题，作为管理者，要经常加强"台阶"考察，研究员工在能力饱和曲线上已经发展到哪个位置了。

一方面，对在现有"台阶"上已经锻炼成熟的员工，要让他们承担难度更大的工作或及时提拔到上级"台阶"上来，为他们提供新的用武之地；对一些特别优秀的员工，要采取"小步快跑"和破格提拔的形式使他们施展才干。

另一方面，经过一段时间的实践后，不适应现有"台阶"锻炼的员工要及时调整到下一级"台阶"去"补课"。如果我们在"台阶"问题上，总是分不清谁优秀谁不称职，不能及时提升那些出色的员工，必然埋没甚至摧残人才。如果该提升的没有提升，不该提升的却提升了，那将为企业带来很大的损失。

对于提拔自己的人，几乎没有谁会不怀感激之心，因此，管理者若是能够将一个出色的员工提拔到重要的岗位上，他在自己的自尊心得到满足，体会到自己的重要性的同时，也必会对赏识他的主管心存好感，积极配合主管的工作。这样，人力资源管理必然会进行得很顺利。

因此，管理者一定要关心员工的成长，对他们的工作多鼓励、多支持，并及时给予肯定，使能力突出的人到更合适的位置上大胆发挥自己的长处，从而大大提升人才的使用价值。

制定有效的激励系统

激励系统是指对公司员工以刺激、鼓励等手段的综合运用，使其能够认同公司的培养目标，并通过自己不断地努力达到该目标的一种过程和保障手段。

NATD 是美国加利福尼亚圣莱安德罗的一个计算机元件承包制造商。这个公司的总裁兼首席执行官信奉一种古老的哲理，认为是人制造了成功与失败。当他和他的合伙人买下 NATD 时，他们确立了三个目标：在增加利润的基础上扩大自己的公司；分享所创造的财富；创造出一种可以使每一个人都感到满足的环境，让其从工作中感到乐趣。

要实现上述目标，唯一的途径就是在管理者与员工之间创造一种彼此完全信任的气氛。为了达到这个目的，他与他的合伙人必须每一天、在每一种情况下，都为改善关系而努力工作，以免他们的员工们因为感觉到管理者的虚伪，而使一切努力全都落空。

这位出色的商人说："作为总裁，我的工作是提出公司的目标和制定实现这些目标的策略。为了保证实现这些目标，首先，我们与管理人员一起研究、制订计划，以保证我们的目标既明确而又切实可行；其次，我们给员工们提供实现这些目标所需的必要的培训和设备；再次，我们让管理人员独立工作，并允许他们灵活地处理问题。

"与此同时，我们非常注重员工的报酬。每一个领班负责使本班的生产达到最高效率而且无次品。至于这个领班采用什么方法，完全取决于他本人。我们只需要切实保证员工们能够因为自己出色地完成任务而从我们这里、在工资表中得到应有的荣誉和报酬。"

NATD 对失败从来没有责怪。因为，责怪和惩罚会使员工因为担心失败而受到约束，从而失去进行尝试的勇气。但如果不去尝试那些未曾探索和试验过的事物，企业的发展速度和赢利能力就会遭受损失。那可是一种灾难。他们不想因为责难而使员工失去积极性和干劲。

NATD制定了一套具有严密逻辑性的人力资源管理政策。这种政策与绩效评估这个主题是一致的，带有明显的激励倾向。它的制定遵循了以下几个指导原则。

（1）工作绩效定义化。NATD确立了目标、估量和评价方法。

（2）工作绩效便利化。NATD为提高工作绩效清除了障碍。它为员工们提供了出色完成工作所需的资源，并强调了精心挑选人员的重要性。

（3）工作绩效促进化。NATD为员工们提供了足够的奖励（股票所有权和现金），以促进将来的、更高的工作绩效；同时，它充分考虑了员工对所得实际奖励的喜爱程度，做出了适当的时间安排（一年进行两次报偿检查），并真诚地关心员工们的公平感。

（4）工作绩效的定义、便利和促进构成了激励员工的"三个阶段"。但是，真正能够提高员工们工作绩效的莫过于一个有效的激励系统。

NATD的激励系统作用非常明显，公司员工的流失率非常低，并且在订单繁忙的季节，员工都是自愿加班。他们的任何产品几乎都不会有缺陷，这都是员工精心工作的结果。

NATD的成功激励引起了许多学者对激励系统的研究，研究表明，要建立一个有效保持并提高绩效的激励系统，最好采用以下几个步骤：目标的合理制定；计划的有效实施；工作概括和总结；公平的奖惩。这些步骤都是必需的，缺一不可。

企业最大的原动力来自员工。决定一个企业成败的关键仍在于员工的绩效如何。管理的精髓就在于激励员工。有效的激励系统可以使企业用同样的代价收到更好的效益，同时让优秀的员工得以发挥自己的潜力。

设计激励性薪酬模式

薪酬就是企业对员工给企业所做的贡献（包括他们实现的绩效、付出的努力、经验与创造）、所付出的给予相应的回报或答谢。在知识经济时代，薪酬管理越来越成为管理的重要部分，它对激励员工、提高企业的竞争力有着不容忽视的作用。薪酬不仅是员工满足各种需要的前提，还能实现员工的价值感。因此，薪酬在很大程度上影响着一个人的情绪、积极性和能力的发挥。管理者必须认识到薪酬对于激励员工以及增强组织竞争力的重要意义。

激励性薪酬的基本构成主要有 5 部分：

（1）基本薪资。基本薪资也称工资，是薪酬中相对固定和稳定的成分，主要根据员工的工作性质、工作级别、工作责任大小等因素而确定。在不同国家、不同企业中，基本薪资所占的比重也不同。一般情况下，基本薪资是薪酬中的主要部分和计算其他部分金额的基础，因此，较受员工重视。

（2）奖金。奖金是根据员工超额完成任务或业绩的优良程度而计付的薪资。奖励薪资通常与员工个人绩效挂钩，也可与群体（班组、部门等）乃至企业效益挂钩。其作用在于鼓励员工提高劳动生产率和工作质量。

（3）津贴。因为津贴的种类比较多，其差异性和刚性表现出极其复杂的特点。有的是低差异、高刚性的，有的则是高差异、低刚性的。

（4）福利。福利是人人都能享受的利益，因此是低差异、高刚性的。

（5）保险。保险的成分比较复杂，如医疗保险是低差异、高刚性的，而养老保险则是高差异、高刚性的。

激励性的员工薪酬模式的设计，就是将上述 5 个组成部分合理地组合起来，使其能够恰到好处地对员工产生激励作用。这里有三种模式可供选择。

（1）高弹性模式。这种模式的薪酬主要是根据员工近期的绩效决定的。在一般情况下，奖金在薪酬中所占的比重比较大，而福利比重较小；在基本薪资部分，实行绩效工资（如计件工资）、销售提成工资等工资形式。在不同时期，员工的薪酬起伏比较大。这种模式有较强的激励功能，但员工缺乏安全感。

（2）高稳定模式。这种模式的薪酬与员工个人的绩效关系不太大。它主要取决于企业的经营状况，因此，个人收入相对比较稳定。这种模式有比较强的安全感，但缺乏激励功能，而且人工成本增长过快，企业负担加大。在这种模式中，基本工资占主要成分，福利水平一般比较高。奖金主要是根据企业经营状况及员工个人工资的一定比例或平均发放。

（3）折中模式。这种模式，既具弹性，使其具有激励员工提高绩效的功能；又具有稳定性，给员工一种安全感，使其注意向长远目标努力。现在，很多企业在制定激励性的薪酬体系时采用这种折中模式，事实证明，它确实能给企业带来良好的收益。

在管理中，制定激励性薪酬非常有必要。心理学家研究表明，当一名处于较低岗位工资的员工通过积极表现、努力工作，提高自己的岗位绩效争取到更高的岗位级别时，他会体验到由于晋升和加薪所带来的价值实现感和被尊重的喜悦，从而更加努力工作。相反，当员工认识到工作的勤奋与否不能影响报酬时，他必然会选择怠工。这一点，管理者必须认识清楚。

动态调整员工薪资水平

员工对薪酬管理的满意程度是衡量薪酬管理水平高低的最主要标准。企业进行薪酬管理的根本目的是让员工对薪酬满意，使其能更好地工作。员工对薪酬管理的满意程度越高，薪酬的激励效果越明显，员工的工作绩效越高，这是一种正向循环。

如果员工对薪酬的满意度较低，则会陷入负向循环，长此以往，会造成员工的流失，严重影响企业的效益。员工对薪酬管理的满意度，除了取决于社会平均比较和公平度之外，还取决于管理者如何做薪酬的合理调整。员工的薪酬需要不断进行调整，否则其激励的功能会大大退化。薪酬的调整大致有如下几个类型：

（1）根据绩效调整。这是指根据员工绩效考评的结果对薪酬所做的调整。它主要从两个方面影响员工的薪酬增长。一方面，员工在绩效考评中得到的评定等级越高，其薪酬提高的幅度就越大；反之，其薪酬提高的幅度越小。通常情况下，企业一般在年末根据员工在一年中各次绩效考评中的结果进行一次薪酬调整。

另一方面，从长期来看，对于两个处于相同工资幅度的员工，在绩效考评中经常得到较高评定等级的员工要比其他员工更快地达到该级别工资的上限。所以，绩效考评的结果不仅影响员工工资增长的幅度，也会影响员工薪酬水平的增长速度。

（2）根据生活指数调整。当通货膨胀情况严重时，会导致员工实际收入相对减少，这就需要为补偿员工的损失而做出相应的调整。这种调整通常有两种方式。

第一，等比式调整，即所有员工都在原有工资基础上调升同一百分比。这种调整虽使代表企业工资政策的工资曲线的斜率有变化，却按同一规律变化，可以保持工资结构内在的相对级差。但是，由于不同级别的工资调升的绝对值幅度也不同，整体上看似乎进一步扩大了级差，从而使工资偏低的多数员工很容易产生不公平感。

第二，等额式调整，即所有员工不论原有工资高低，一律给予相同幅度的调升。这种调整表面上看似公平，却会导致工资级差的缩小，造成薪酬管理的混乱，动摇原工资结构设计的依据。

（3）根据企业效益调整。当企业经营效益良好、有较多赢利时，可对全体员工进行普遍调高。这种调整可能是浮动式的、非永久性的，当效益欠佳时也可能重新调回。

（4）根据工龄调整。工龄长的员工多数具有丰富的工作经验，有着较高的绩效潜能。因此，工龄工资具有一定的按绩效与贡献分配的性质。现在通行的工资调整办法是实行人人等额逐年递增。

具体的调薪方案，应掌握以下几个原则：

（1）起草调薪方案并获通过。

（2）将调薪方案的目的、原则、内容、原因及注意事项告知所有员工。

（3）做好员工的思想工作，并对容易产生歧义的内容做说明解释。

（4）在条件允许的情况下，加薪方案中最好不要有减薪的个案，在减薪方案中也尽量不要有加薪的个案，最好是维持原状；应对所有员工平等对待，一律以百分比加减薪，或者按具体的岗位调整。

（5）在调薪方案出台前要做好民意调查及薪资行情调查（同行业、同职位），强行推行副作用太大，甚至会造成员工集体辞职，而且多数为公司的骨干。

（6）调薪要与公司的有关内容相互配合。

此外，管理者还应注意，薪酬的增长是取决于员工个人的绩效还是取决于员工所在集体的绩效，薪酬的增长是一次性的还是永久性的。如果是永久性的，那么以后的薪酬增长将以不断增加的薪酬作为基础来计算；如果是一次性的，那么员工在各个时期获得的薪酬增长是分别计算的，当期的薪酬增长不影响以后薪酬增长的基础。

奖励员工要讲究技巧

奖励是提高管理效能不可或缺的手段。一方面，可以使员工获得心理或物质上的满足；另一方面，可使员工精神振奋，提高工作积极性。奖励的目的不仅仅是对绩效的回报、奖赏，更重要的是希望员工获奖之后能够有更突出的表现。在使用奖励手段时，应当注意讲究技巧。

（1）对于不同的员工采用不同的奖励方法。对于低工资人群，奖金的作用十分重要；对于高工资人群，则晋升其职务、授予其职称以及尊重其人格、鼓励其创新、放手让其工作，会收到更好的激励效果。显然，每一个人在任何一段时间内都将关注不同层次的需求满足，并通过不同的因素来获得激励。如果他们感到处于危险边缘时，他们可能会重新关注一个较低的需求。研究表明，直到人的每一个需求得到满足时，人才会不去关注更高层次的满足。然而，很少有证据来说明人在瞄准更高一层需求之前必须要保证低一层的所有需求都得到满足。

（2）奖励不必人人平等。公平，并不意味着在给予奖励时不分职位大家都一样。在企业中职位有高低，这是由企业赖以正常运作的组织结构所定的。它取决于个人能力及对企业的作用大小，由此在企业中权力和所负的责任也不一样。企业视职位高低给予不同的报酬，是公平的，也是大家所认同的。

（3）避免员工期望过高。一般来讲，在绩效竞赛的动员阶段，应该提高广大员工的期望值，使大家都以积极的姿态响应竞赛；当工作中遇到困难和挫折时，应及时地加以鼓励，使下降的期望值重新升高，充满信心地克服困难；进入评比发奖阶段时，员工的期望值往往普遍偏高，这时管理者的工作是促使大家冷静、客观，使期望值降到比较接近实际，否则会诱发一系列挫折心理和挫折行为。

（4）安抚落选的员工。如上所述，每次评奖阶段是员工期望心理高涨的时刻，希望获奖的人数，一般总是大大多于实际获奖的人数，一旦获奖名单公布，其中一些人就会出现挫折感和失落感。解决这个问题的办法是及时对员工的期望心理进行疏导。让员工把目标转移到"下一次"、"下一个年度"上，树立新的目标，淡化过去，着眼未来。特别要及时消除"末班车"心理，以预防员工间发生冲突。

（5）公平地看待奖励。根据亚当斯的公平理论，每位员工都是用主观判断来看待评奖是否是公平的。他们不仅关注奖励的绝对值，还关注奖励的相对值。尽管客观上奖励很公平，也仍有人会觉得不满。因此，管理者必须注意对员工公平心理的疏导，引导大家树立正确的公平观。正确的公平观包括三个内容：第一，要认识到绝对的公平是不存在的；第二，不要盲目地攀比；第三，不要有按酬付劳的心理，造成恶性循环。

（6）调整奖励目标。在树立奖励目标时，要坚持"跳起来摘桃子"的标准，既不能高不可攀，又不能轻易得到。过高则使期望值过低；过低则使目标效用下降。对于一个长期的奋斗目标，可用目标分解的办法，将其分解为一系列阶段目标，一旦达到阶段目标，就及时给予奖励，即把大目标与小步子相结合。这样可以使员工的期望值较高，且不会有太多失望，从而收到满意的激励效果。

巧用负激励的正效应

激励即激发人的动机，诱导人的行为，使其产生一种内在的动力，朝着所期望的目标努力的过程。激励的方法有多种，但大多数管理者往往注重正面的激励，如嘉奖、表扬、晋升等，只有在不得已时才会采用负激励。事实上，在一些特殊环境或对特定的人采用负激励方法更能激发其积极性，使其产生良好的工作绩效。这里列举三种有效的负激励方法。

1. 斥责激励法

是指当面责怪、呵斥，甚至责骂员工的激励方法。

吉诺·鲍洛奇是一个出色的商人，他悉心经营的机械公司，从一个家庭化的小作坊一跃而成为拥有近亿元资产的大公司，这里面凝聚了他无限的辛劳和心血。

他深谙用人之道，将竞争机制引入公司内部，用竞争来督促员工、鞭策员工，让他们知道干得好、干得快，钱也挣得多，出了重大差错，则会被开除。在这样的压力下，大家都尽最大的努力干好工作。

鲍洛奇对部下非常严格，他能看到部下的长处，更能看到他们的不足。在公司，不管是谁，不管是什么原因，一旦工作没做好，将受到劈头盖脸的斥骂。

有一次，鲍洛奇决定兴建一个新厂，由于事关重大，他特意派了一批得力的下属。在预定开工前的三个星期，他前去检查工作。在那里，他看到员工们满脸是灰，身上是泥，满脸的疲惫，满身的狼狈，甚至连电灯都没有，只有一个临时的电灯泡在给大家照明……

鲍洛奇又着急又生气，他想宽慰一下员工，却又想到，新厂如不能按时开工，将会给公司造成更大的损失。这个后果令鲍洛奇忍不住火冒三丈，他不由地厉声训斥，"你们一个个无精打采，是干工作的样子吗？以这样的进度，公司不死在你们手上才怪呢！"

他走后，员工们个个怒气冲天。老板的怒斥让他们的好胜心燃烧起来，偏要做给鲍洛奇看看。大家努力快干，夜以继日，终于按期完成任务。

鲍洛奇在脾气发作时，毫不掩饰，不仅自身如此，他还鼓励员工之间互相发脾气，畅所欲言，甚至可以争吵不休。在鲍洛奇看来，不同的思想相互撞击，往往会产生智慧的火花。

斥责激励法在公司内部会形成一种民主的气氛，每个人都享有充分的权利和自由，独特的个性可以尽情发挥，高兴或不满随时可以表达和宣泄。没有森严的等级，在以公司的利益为重的前提下得到统一。如果你足够了解你的员工，那么这是一种很有效的激励方法。

2. 困境激励

心理学研究表明，人在遭遇困境时，不仅会不遗余力地奋斗，发挥潜能，爆发出异乎寻常的勇气，还将自动放弃平时的偏见与隔阂，团结一致共渡难关。一些有远见的管理者会有意识地利用这种负激励效应，适时制造些紧张气氛，让员工时刻有种危机感。

在松下幸之助担任松下电器公司总经理期间，他看到欧洲最大的飞利浦电器制造公司因满足于自身优势而走下坡路的教训，于是提出为了松下公司的将来，必须克服自满情绪。

他说："现在松下电器公司被公认为是最优秀的电器公司，这种观点本身就是很危险的。"他预言："今天的强者将成为明天的弱者。"在"强化经营体制，改变企业现状"的口号下，松下幸之助曾多次自我否定，有时不惜推翻现有的工作模式与企业规划格局，进行一系列的体制改革与技术革新，并为此起用了一大批具有新思想甚至在过去反对过自己的人才。正是由于松下公司经常查找自己的不足，能做到居安思危、未雨绸缪，才使得松下电器公司长盛不衰。

其实企业越大，衰落危险就越大，管理者要学会常用一些企业失败的教训告诫全体员工，使员工在大好形势下，也保持一种危机与警觉，时刻警惕着，勇往直前地向目标进军。

3. 竞争激励

是指通过激发员工的好胜精神而获得管理效果的激励方法。

在密苏里州的一家炼钢厂中，有一个炼钢车间，任务总是完成不了，经理为了提高员工的效率，使之更好地完成任务，便下到该车间与员工一起加班，临下班，经理问一当班员工："我们今天炼了几炉?"员工回答："6 炉。"于是经理取了支粉笔，在车间地面上写下一个大大的"6"字。

夜班员工接班后，见这"6"字便问这是怎么回事，白班员工无不自豪地说："这是我们的工作成绩，是经理替我们写的。"夜班员工听后顿时激起一股不服输的劲头，憋足劲非要超过白班不可。第二天白班员工接班时，见地上写了一个大大的"7"字。白班员工自然也不愿输给夜班，到下班时，地面上出现了一个特大的"10"字。就这样，炼钢车间的任务就在员工的自觉竞争中顺利完成了。

这种利用自尊、好胜心理，激发其竞争意识的负面激励方法，调动了员工的自觉性和积极性，比说教、劝诫的效果要好得多。但需要提醒的是，管理者一定要保证竞争的良性，而非恶性竞争，管理者一定要想方设法保证竞争的公正和公平，要坚决制止任何不正当的竞争手段。

满足员工的内在需要

企业的激励机制是否对员工产生了影响，取决于激励政策是否能满足员工的需要。精神激励是十分重要的激励手段，它通过满足员工的自尊、自我发展和自我实现的需要，在较高层次上调动员工的工作积极性。可以说，精神激励是管理者提高绩效必不可少的手段。

1. 员工的内在需要

渴望能力被肯定。在人类的 5 个层次的需求中，这个需求是最重要的。每个人都需要得到别人的肯定，一句肯定的鼓励所起到的作用比一百句批评还要大。精神激励会使员工们认识到整个组织的行为方针，认识到上司关注着他们的工作，心里会有被承认的满足和被重视的激励感，并进而保持高昂的工作热情和责任心。

伊利诺伊州林肯希尔的休氏合伙公司是一家资助福利公司。该公司把员工放在首要地位。有位叫斯蒂夫•彼得森的员工在有一年秋天，经历了一场大难。他三岁的儿子做了心脏手术，而他的妻子正值临产期，情况很不好，结果她早产了，生了个女儿。

那阵子，彼得森真是忙得团团转。正巧公司安排他负责一位重要的客户。在他急得没办法的情况下，只好向公司讲明情况。没想到公司非常体谅他，准许他三个月内每天只上半天班，并且还为他在家里装了一台电脑。这样彼得森就可以在家上班，好尽可能地照顾妻子和孩子。

另外，公司庆祝成立 50 周年时，特地雇了两名临时人员以替代公司服务台员工的正常接待工作，使得她们也可以参加庆祝大会。一位叫苏•凯奇诺维兹的接待员说："这真让我感动，公司没有忘掉我们这些不起眼的员工。"

注重员工的内在需要，对维持整个组织系统的高水平运作是非常重要的。渴望被尊重。这是每个人与生俱来的基本人权，不容践踏。作为管理者，倘若能经常聆听下层员工的声音，了解他们的真实想法，表示对他们的理解和支持，那么你将得到意想不到的收获。

2. 给员工真实的情感

怎样才能令一大群人朝一个共同的目标干劲十足地共同努力？除了物质激励，这只有在精神激励的作用下才能实现。随着时间的推移，令人们共同工作所需的不仅是技巧，还有情感。商业生活中最有力的感情即是"我关心所有成员"。这种感情令员工全力以赴，在需要时互相帮助，因为他们知道公司和同事会倾力回报他们。

在每个成功的企业中都可以看到这种盎然生气。这种情感在工作环境中是可以真切感受到的，但它并非产生于真空，而是企业的文化令其蓬勃发展。要令员工努力工作，就必须让员工信任上级，上级也必须信任员工。培养相互信任的最佳途径是始终和员工站在一起。

当员工遇到困难时，仅仅给员工发封信或者发表演说表示慰问是不够的。管理者必须亲临现场，问一问员工："你们有什么问题吗？取得了哪些成功？我怎么才能帮助你？我怎么才能帮助你们？"然后尽可能地为员工办些实事。

美国国家罐头食品有限公司是世界上第三大罐头食品公司，年销售额达几十亿美元。他们成功的主要原因在于采取了以人为中心，凡事从员工角度出发的管理方法。公司总裁弗兰克·康塞汀不愿意看到员工们不愉快，尤其是在工作的时候。康塞汀说："我总是努力地使下级为自己所做的工作感到自豪——甚至当这工作是擦地板时。如果你使他们对自己的工作有自豪感，这比给他们更多的报酬要好得多。你事实上是给他们地位、被认可感和满足感。"

3. 物质激励与精神激励相结合

精神激励是一种深入细致、影响极大的工作，它是管理者有效地统一集体与个人的目标，激发员工的团结协作和整体积极性，提高工作效率的有效手段。它能增强员工的智力效应，启迪丰富想象，发挥创造性。

它还能促使员工的感觉、知觉敏锐准确，注意力集中，提高操作能力；能缓和人际矛盾，增强集体荣誉感。企业的精神激励，就是管理者要善于启发员工的奋发进取精神，在给予他们鼓励的同时，帮助他们从各方面消除消极影响，以使员工的积极性得到最大的发挥，为企业创出最好的效益。

物质激励体现人们追求生活的需要，是人生存的本能。员工在不同的时候、不同的地点有不同的需要，而不同的员工又有不同的需要，因此管理者应综合分析，适当适度地运用物质激励和精神激励。

二者应有所偏重，但不能过分依赖于某一种方法，如果企业员工物质生活水平还不是很高，那么物质激励就可以用作主要激励手段；而当企业员工的物质生活水平相当高时，管理者若仍一味坚持物质激励为主的原则，就难以实现其提高员工绩效的目的。

精神激励的四大方法

物质激励自身并不是完美的，它存在许多缺陷。美国管理学家皮特曾指出重赏会带来副作用，它会使大家彼此封锁消息，影响工作的正常开展。而精神激励是在较高层次上调动员工的工作积极性，其激励深度大，维持时间也较长。精神激励的方法有许多，这里着重论述以下四种：

1. 赞美激励

对于一个管理者来说，赞美是激励员工的最佳方式。一个优秀的管理者从不会吝惜在各种场合给予员工恰如其分的赞美。赞美别人不仅是一个人待人处事的诀窍，也是精神激励的重要武器。

上级都希望自己的下属尽全力做好工作，然而要想使某人做好某事，只有一个方法，这就是使他愿意这样做。当然，可以强硬地命令下属去做，或以解雇、惩罚的威胁使部下与自己合作，但请不要忘记，这一切只能收表面之效，而背后必大打折扣，因为这些方法具有明显的令人不愉快的反作用。

林肯指出："人人都喜欢听赞美的话。"詹姆斯则说："人类本性中最深刻的渴求就是受到赞赏。"只有真正能够满足这种渴求的管理者才能留住人才。

赞美之所以对人的行为能产生深刻影响，是因为它满足了人渴望得到尊重的需要，这是一种较高层次的需求，也是一种有效的内在激励，可以激发和保持行动的主动性和积极性。行为科学的研究指出，物质激励的作用（如奖金）将随着使用的时间而递减，特别是在收入水平提高的情况下更是如此。

另外，高收入下按薪酬比例拿奖金，开支过大，企业也难以承受。而人对精神激励的需求是贯穿整个过程的，它将随着社会的发展而变得越来越重要。由此可见，重视赞美的作用，准确地运用它，是有效的激励方式之一。

2. 荣耀激励

对员工的贡献公开表示承认，这样做可以满足其自尊的需要，从而起到激励的效果。荣誉激励是一种低成本而效果好的激励手段，不仅可以使员工本人产生自豪感，形成较长时间前进的动力，还可以发挥榜样的作用，使其他的员工都受到鼓舞从而更加努力地工作。

所以，管理者不仅要采用物质激励来催人奋进，更要学会以荣誉激励来激发员工的上进心。

3. 目标激励

目标理论或更精确地说目标设置理论，认为目标是引起行为的最直接动机，设置合适的目标会使人产生达到该目标的成就需要，因而对人具有强烈的激励作用。最早提出目标激励理论的是美国马里兰大学心理学教授洛克，他和他的同事通过大量的实验室研究和现场试验，发现大多数激励因素（如奖励、工作评价和反馈、期望、压力等）都是通过目标来影响工作动机的。因此，重视并尽可能设置合适的目标将会有效激发员工的工作动机，使之向企业期望的方向前进。

不过，从激励的效果或工作行为的结果来看，并不是什么样的目标都可以使人受到激励，通常难度较高但又能被执行者接受的目标最受人欢迎。换言之，合适的目标，也即具体的、难度较大而又为人们接受的目标所具有的激励作用最大。

许多学者认为，遇到难度很高或复杂庞大的目标，最好把它分解为若干个阶段性的目标，即子目标。通过子目标的逐一实现，最后达到总目标。这是完成艰巨目标的有效方法。当然，在实现总目标的过程中，必须经常通过反馈了解工作进展情况，然后适时给予奖励或惩罚。

4. 休假激励

休假是很多企业用来激励员工的方法之一。只要是休假，不管是一天还是半年，几乎全世界的员工都热烈欢迎。

希尔顿饭店集团曾做了一项意见调查，1010 名员工里有 48% 的员工宁愿每星期放弃一天的工资，而多得到一天的休假。假如一星期多给他们两天的休假，而只扣他们一天的工资的话，有 65% 的员工愿意接受。

休假是一种很有效的激励，特别是对那些希望有更多自由时间参加业余活动的年轻人。用休假作为奖励有三种基本方式：

（1）如果工作性质许可，只要把任务、限期和预期质量要求告诉员工，一旦员工在限期之前完成任务并达到标准，那么，剩下来的时间就由他们自由安排。

（2）如果因为工作，员工必须一直待在现场，那么告诉他，在指定的时间之内必须完成多少工作量。如果他在指定的时间内完成工作量，而且质量也令人满意的话，可以视情形给予半天、一天或一个星期的休假。管理者也可以定一个计分的制度，如果员工在指定时间内完成指定的工作量，并且持续这种成绩，可以给他放一定时间的假。而且这个假期还可以积累，积累后的休假要大于积累时间。

（3）如果员工在工作的品质、安全性、团队合作或其他重要的行为上有所改进，也可以用休假来奖励他们。

有效的激励方法组合

企业的活力源于每个员工的积极性、创造性。由于人的需求存在多样性、多层次性和动机的复杂性，调动人的积极性也应有多种方法。综合运用各种激励手段可以使全体员工的积极性、创造性以及企业的活力达到最佳状态。

激励操作的形式多种多样，管理者必须好好把握。企业的每个员工都有其独特的个性，需求的层次也不相同，只有建立在对每一个员工需求充分认识的基础上的激励，才可能产生最佳效果。下面介绍几种基本的激励形式。

1. 物质激励与精神激励结合

尽管拿破仑说过"金钱并不能购买勇敢"，但为了保持部队的高昂士气，他总是慷慨地给立下战功的官兵赐以丰厚的物质奖赏。物质激励包含的范围很广，使用也十分普遍。不过，人们总认为物质激励存在局限性，其实，这是人们存在的一种误解，因为不只是物质激励有局限，其他激励方法也有局限性。但是，物质激励确实是针对人们的较低层次需要的一种激励方法。人人都有自己的物质需要和经济利益，物质激励就是通过满足这种个人物质利益的需要，来调动一个人完成任务的积极性。

然而，人毕竟也有精神上的追求，在物质需要得到一定程度的满足之后，精神需要就会变得迫切起来，满足这些需要，可以更持久有效地激发人的动机。物质激励和精神激励相辅相成，缺一不可，管理者只有把它们结合起来，才能有效发挥激励的作用。

2. 正激励与负激励结合

正激励是从鼓励的角度出发，当一个人的行为表现符合企业期望的方向时，要通过奖赏的方式来支持和强化这种行为，以达到调动工作积极性的目的。例如，对按时上下班的员工进行表扬、发勤勉奖等，以此调动员工按时上下班的积极性。负激励是从抑制的角度出发，当一个人的行为不符合企业期望的方向时，企业将对其采取惩罚措施，以杜绝类似行为的发生。例如，批评迟到、早退的员工，对平日懒懒散散不努力工作的人实行降职或开除等。

正激励与负激励是两种性质相反的激励手段，不仅直接作用于被激励的人，而且还会产生示范效应，影响周围的人。一般说来，正激励对实现企业的组织目标效果要好于负激励，长期经受负激励将导致员工情绪低落，工作积极性减退，自信心消磨，能力受到抑制，工作绩效差。因此，激励员工主要还是从正面入手。

3. 内激励与外激励结合

内激励是指通过启发诱导的方式，培养人的自觉意识，形成某种观念，在这种观念的支配下，员工自觉自愿地努力完成企业交给的任务，无需外界干涉、督促。内激励多是通过思想教育，让员工在企业传统中学习，逐渐将组织所欣赏的道德意识变成自律的标准。例如，对员工进行精神熏陶，培养员工的集体荣誉感、责任感、成就感，使员工在上述观念的引导下勤奋工作。由于内激励是对人思想的改造，需要一个过程，因而比较缓慢，但内激励一旦发生作用，则持续长久，激励质量高。

外激励是指采取外部措施，奖励组织所欢迎的行为，惩罚组织所反对的行为，以鼓励员工按组织所期望的方向努力工作。外激励多以规章制度、奖惩措施的面目出现，表现出某种强迫性。外激励通过外界诱导或约束影响人的行为，也可以对人的思想意识产生影响。长期的外激励可以帮助人们树立某种观念，产生内激励效应。

每个人的需要都不同，对某人有效的强化措施可能不适合其他人。管理者需要学会综合运用不同的激励方法，从各个方面去激发员工的工作激情，才能创出高绩效。

激励要与下属的期望同步

如何与员工的期望同步？唯一的方法就是要及时奖励。这是因为下属都是渴望能够在第一时间获得来自领导的奖赏。激励只有及时才能使人们立刻意识到做好事的利益或做坏事的恶果，所以给人奖赏不能错过好的时机。

如果留心，你会发现每个到饭店就餐的人都对桌子上的瓜子非常感兴趣。不管是否喜欢吃，反正他们一坐下就开始抓起瓜子，一粒接一粒地磕起来。即使中途出去接电话或者上厕所，回来还是很自然地抓起瓜子嗑。这到底是为什么呢？

心理学专家对此解释是：每嗑开一颗瓜子，人们马上就会享受到一粒香香的瓜子仁。这是对嗑瓜子的人即时的回报，在这种即时回报的激励下，人们不停地去嗑下一颗瓜子。另外，一盘瓜子嗑起来后，不一会儿就有一堆瓜子皮产生，这会使人们产生比较明显的成就感。

这个案例对企业管理具有相当的警示作用。作为一名企业管理者，如果有办法能让他的员工像嗑瓜子一样愉快地完成工作，那么他无疑是成功的。企业管理者应该懂得，对于员工每一次完成任务都应该给予及时的激励。也就是说在员工完成任务以后，第一要激励，第二是要马上激励。下属的任务就是嗑开瓜子，而企业领导者对下属的态度就是瓜子仁。如果下属连续两次吃到坏瓜子（不为领导重视，或者不能获得奖励），那么，下属肯定不愿意再嗑瓜子了。如果你的某个下属这个月任务完成得很好，那么你就应该按照制度当月兑现你给予他的奖金承诺，不要拖到下个月或者下下个月，更不能闭口不谈兑现奖金的事。否则员工的工作热情会因为出色的工作表现而没有得到上司的及时肯定或者奖励而衰退。

有位国外名将认为在战斗中表现突出的部队，应给予迅速表彰，奖励可以立即进行，向媒体宣布；随后再办理文书工作，不能因为各种报表的填写而造成时间上的延误，致使激励的效果减到最低，那种认为"有了成绩跑不了，年终算账晚不了"的想法和做法，只能使奖励本有的激励作用随着时机的延误而丧失，造成奖励走过场的结局。

海尔集团总裁张瑞敏曾经讲过一个开年终总结会的例子，他说："比如今天下午开会，那么中午的时候就一定要把奖金给大家发了，下午的会才会开得有效。如果某个员工工作很出色，应该给其加薪或者予以奖励，结果拖了半年才真正兑现，虽然花了钱，也起不到应有的激励作用。"

企业以追求效益最大化为目的，而员工业绩的最大化本身就是企业效益最大化的基础，因此管理者必须把握激励的及时原则，以使员工业绩最大化。在员工有良好的表现时，就应该尽速给予奖励。不要等到发年终奖金时，才打算犒赏员工。等待的时间越长，奖励的效果越可能打折扣。管理者应该明白的是，激励员工，受益的不仅是员工，企业的受益更大。

年度奖金分配三建议

通常的利润分享计划，着重在于引导员工关注企业的利润实现，但由于它忽视了其他非财务方面的因素，所以常常导致员工过度追求企业的短期利润，而忽视企业长期核心能力的培养。因此，很多企业在实施利润分享的基础上，需要结合其他非财务性关键指标的实现来最终确定分享的奖金。

建议一：事先约定。财年开始之前，一定要制定书面的绩效考核方案，并以员工签字认可为结果。绝大多数员工是很看重奖金的金额的。奖金最好是算出来。即把年终奖金的金额和量化的考核指标挂钩，事先用公式定下来。这样到年底，每个人都可以算出自己的奖金，而方案又是事先员工同意过的，这样可以减少争议，减少员工的抱怨。至于定性的指标考核结果，建议可以和员工的工资级别和职务的晋升挂钩。

建议二：区别对待。现实生活中，很多的企业出于现金流压力、避税和牵制员工等原因采取年终奖非一次性发放，或者摊在今后的工资，或者来年分期发放。不论企业采用这种安排的真实理由是什么，员工通常都会认为企业的动机是牵制员工。所以采用此种方式发放年终奖金的企业要和员工进行充分沟通说明其理由，避免出现影响员工对企业的归属感和信任感。而出于牵制员工的想法而采用此方式，留得住人身留不住人心，是不可取的。

分批发放奖金是不是一定不可取呢，也有例外。一种情况是，企业和员工事先约定，对奖金的小部分金额进行分批发放；还有一种情况是，企业只和高级管理者事先约定好了，对其的奖金分批发放。

有现金流压力的企业应该考虑第二种方式，因为高管的奖金金额一般数量较大，而且高管对分批发放的接受度高于普通员工。高管人数少，如果出现问题，沟通成本也较少。所以奖金的发放方式可以考虑不同级别的员工区别对待。

建议三：重视沟通。在绩效考核过程中，我们总在强调沟通的重要性，认为绩效面谈是绩效管理中必不可少的一环。要解决员工感觉合理的问题，沟通也是必不可少的工作。主管和其负责的员工进行绩效沟通，并征求员工对于年底奖金的看法，尽可能通过信息的补充来平衡员工的心态。

根据职位的高低来确定年终奖的多少，优点是操作简单。这对企业很重要，因为考核也需要成本。但此方案容易产生分歧。该方案解决了不同职务之间公平的问题，但没有解决同级别的问题。其实无论绩效考核体系多科学完善，员工都会有不满的，管理者应有相应预期和应对方案。而这些应急方案的形成，都必须与员工做好充分的沟通工作。

奖励制度应避免 8 大误区

心理学认为，奖励比惩罚更有效。必要的奖励，能调动人的积极性，焕发工作热情，所谓"重赏之下必有勇夫"，所以不少企业都将奖励作为一项重要的激励措施来抓。然而，奖励不当，也会反受其乱。常言道：种瓜得瓜，种豆得豆。奖励得当，种瓜得瓜；奖励不当，则种瓜得豆。管理者实施奖励时，制定奖励制度时应避免 8 大误区。

误区之一：奖励表面勤奋的员工。在办公室和车间经常可以看到这样一些员工，他们提前上班，推迟下班，整天忙忙碌碌的，在领导面前尤为卖力，于是常因表现勤奋而得到奖励。而另一些员工，尽管较好地完成了任务，但总是按时上下班，显得不够勤奋，连领导的好感也难以得到。效率是企业的生命。员工的勤奋应与效率相一致，如果奖励表面勤奋而实际效率低下的员工，势必会挫伤那些讲究效率的员工的积极性，他们也会有样学样，只做表面功夫，这样一来，企业的整体效率必然下降，弄得不好，企业丧失了效率，也必将失去生命。

误区之二：用奖励挽留跳槽者。企业应奖励忠诚的员工，给他们提供良好的工作环境和待遇，鼓励他们为企业多做贡献。对于打算跳槽的员工，应了解其跳槽的原因，看看有无其他挽留的余地，如果确因待遇不好或无用武之地应予改善；但若是已铁心要走，多高的奖金也是白搭，即使留住其人也留不住其心。另外，用奖励挽留跳槽者，还伤了那些忠诚于企业、安心于岗位的员工的心，甚至形成不良错觉：要得到更好的待遇就要以跳槽相威胁。

误区之三：强调竞争，忽略团队精神。企业越是面临激烈竞争，越要强调团队精神。管理者绝不能奖励那些没有团队精神，只顾自己出风头、争成绩、抢奖金的人。这种人即使能暂时使企业获益，但长远而言对企业是十分有害的。这种人往往会提高自己，打击别人。在同伴遇到困难时，也不会伸出援手，破坏团队协作关系。

误区之四：只顾全勤，不看效果。对员工的评价，必须是全面的和系统的，不要草率地根据一两件事就作出判断。在处理员工问题时，一定要公平，不应有偏见和不公的言行。

误区之五：奖金与职务挂钩。"工作是大家的，功劳是领导的"，只要是团队中的领导，无论有无贡献、贡献如何，他的奖金都要比下属多，这样做会严重挫伤普通员工的积极性。公平性是员工管理中一个很重要的原则，任何不公的待遇都会影响员工的工作效率和工作情绪，影响激励效果。取得同等成绩的员工，一定要获得同等层次的奖励，而不要简单地把奖金与职务挂钩。这样，可以鼓励员工在不晋升的情况下通过努力工作创造成绩来提高收入。

误区之六：将奖金当成工资的一部分。在一些公司，奖金已经成为一项固定收入，员工们把奖金当成另一种名目的工资，就像应得的权益一样，奖励失去它应有的作用。奖金的奖励作用在乎其浮动性，应与贡献挂钩，贡献大则奖金多，贡献小则奖金少，甚至不发奖金。否则会使员工养成"不求有功、但求无过"的墨守成规作风。

误区之七：奖励时犹豫不决。说好了完成目标有奖，却以"研究研究"、"考虑考虑"为借口拖延不发，失信于员工。奖励要有时效性，否则会失去激励作用。简化奖励程序，提高奖金发放效率，可让员工争取奖金的目的性更明确，工作起来更有干劲。

误区之八：奖励速度，忽略品质。一些公司特别欣赏工作速度快的员工，规定提前多少天完工有奖等，于是一些员工拼命加班加点，产品质量也顾不上了。质量是企业的生命。生产力的提高并不能靠加快速度来完成。管理者应该训练员工养成品质重于速度的态度。

/第 9 章/

评价员工工作的绝招

评价员工的使用价值

评价员工的黄金法则就是评价其使用价值。员工的工作能力主要体现在价值创造上。价值创造能力强的人一般都能够胜任岗位职责要求，这种人不仅能够卓有成效地解决工作中出现的问题，具有前瞻性地清除未来风险，还能最大限度地实现岗位效益，为公司创造较大价值。

日本最大的化妆品公司收到客户抱怨，买来的肥皂盒里面是空的。于是他们为了预防生产线再次发生这样的事情，工程师想尽办法发明了一台 X 光监视器去透视每一台出货的肥皂盒。同样的问题也发生在另一家小公司，他们的工程师想出的解决方法是买一台强力工业用电扇去吹每个肥皂盒，被吹走的便是没放肥皂的空盒。同样的事情，采用的是两种截然不同的办法，你认为哪个更好呢？哪个工程师的价值创造能力更强？答案显然是后者。

雇佣的本质关系是经济关系和交换关系，人力资源也是商品。管理者应该让员工知道，企业最看重的是其使用价值。人力的使用价值，与人的实践经验、专业技能有关。在实际工作中，时常遇到这样的场景：面试时人力资源经理们经常急不可待地询问应聘者：你能帮我们解决哪些问题？你能胜任这些工作吗？而解决这些问题，正是员工实用价值的体现。

管理者必须让员工认定的一个客观现实是，决定薪水的不是学历，不是外貌，而是他的使用价值。这里的使用价值概念是对管理者而言，从员工的角度来说，"创造价值"这个词语更为确切——员工的价值创造能力越强，在企业眼里，使用价值就越高；反之就一文不值。

管理者应该让员工明白，价值创造能力决定着员工的身价和薪水。工作是体现个人价值的试金石。任何人都应该找出自己在工作中的重要价值，需要用心好好地想一想：自己在做什么？自己是否提供必需的服务？自己是否看到完成的产品？自己是否是位发号施令者？然后再问自己：因为我的投入，这份工作是否不一样？自己的存在为公司创造了多少利润？

管理者应该告诉员工的一条职场规律是，要想在职场上获得高薪，唯一不变的事情就是要不断增强自己创造价值的能力。而一些工作不太积极的员工，他们工作的目的只不过是为了一份工资，"只要对得起那份工资就可以了"是他们的口头禅。这类员工在工作中不可能积极主动，他们大都抱着做一天和尚撞一天钟的观点，因而往往会成为企业管理的"鸡肋"。这类员工往往会成为企业的包袱，一旦企业有更好的员工可以替代他们，他们必然会被解雇。

需要特别说明的是，虽然价值创造能力是考查员工最重要的能力指标。但管理者对员工考查，不是为了考查而考查，目的在于促进员工和公司共同进步。管理者要想在企业内部真正落实以价值创造能力来对员工的表现进行评价，这需要管理者做好三方面的工作。

首先是在招聘中要保持理性。应聘者在应聘时的典型心理是尽可能美化自己，头上的荣誉光环越多，被重用的可能性就越大。大家都知道晕轮效应，常表现在一个人对另一个人（或事物）的最初印象决定了他的总体看法，而看不准对方的真实品质，形成一种好的或坏的"成见"。成熟的总经理都会掌握一些成熟的方法，来确保企业在使用人才方面的理性。

其次要重视人岗匹配问题。不要大材小用，也不要小材大用，要量才而用。

再者要加强培训，提升员工的工作能力。员工决定企业的成败，员工弱则企业弱，员工强则企业强。员工进步，企业才能进步。培训不仅要加强员工的专业技能，还要增强员工的综合技能。培训是最好的投资，通过提升员工的能力能使企业获得更多的经济效益。

启用平衡计分卡

平衡计分卡的概念最先由哈佛商学院领导力发展课程教授诺顿和罗伯特·卡普兰提出。它是 20 世纪 80 年代后出现的所谓"基于价值观的管理技术"的衍生物。它能帮助管理者关注绩效驱动力之间的因果关系，并找出绩效驱动力与战略性结果之间的关联。

平衡计分卡被《哈佛商业评论》评为 75 年来最具影响力的管理工具之一，它打破了传统的单一使用财务指标衡量业绩的方法。而是在财务指标的基础上加入了未来驱动因素，即客户因素、内部经营管理过程和员工的学习成长，在集团战略规划与执行管理方面发挥非常重要的作用。根据解释，平衡计分卡主要是通过图、卡、表来实现战略的规划。

从实践来看，平衡计分卡方法的最大突破意义就是打破了传统的只注重财务指标的业绩管理方法。平衡计分卡认为，传统的财务会计模式只能衡量过去发生的事情（落后的结果因素），但无法评估组织前瞻性的投资（领先的驱动因素）。

在工业时代，注重财务指标的管理方法还是有效的。但在信息社会里，传统的业绩管理方法并不全面，组织必须通过在客户、供应商、员工、组织流程、技术和革新等方面的投资，获得持续发展的动力。正是基于这样的认识，平衡计分卡方法认为，组织应从四个角度审视自身业绩：创新与学习、业务流程、顾客、财务。

为了改变传统业绩管理方法只为考核而考核的弊端，改变其未从愿景、战略出发来考虑问题的状况，许多公司开始尝试利用平衡计分卡来重新设定公司的绩效考核体系。通过制定过程和各方面反馈意见来看，以平衡计分卡法确定的绩效考核方案有如下优点：

（1）平衡计分卡法的最大优势在于将公司整体的战略目标作为核心目标，将公司战略以目标设定和评估的方式贯彻到公司经营的方方面面中去。实际上，平衡计分卡可视作公司高层关注的战略管理问题与基层关注的运营控制问题的整合系统。

按照传统的业绩管理方法，公司高层拟定的计划评估指标是由高层管理团队先预估一个数字，然后总部与各分公司谈判，谈判的结果实际是双方妥协的结果，体现不出公司的战略需要和分公司发展的根本需要。与此相反，平衡计分卡关注各方利益的平衡，其评估指标来源于组织的战略目标和竞争需要，这些经过科学分析的指标既符合公司的战略发展需要，又照顾了分公司的局部利益，实现了整体与局部、战略与战术之间的平衡。

（2）平衡计分卡法作为组织运作的战略手段，具有强大的统一思想的作用。在平衡计分卡的制定过程中，高层团队的思路被重新梳理，公司战略在每个成员的脑海中清晰呈现；在实施过程中，平衡计分卡能够让员工充分了解公司的目标，并能够在业绩指标规划的时候就将员工个人工作目标和公司整体的战略目标紧密地结合在一起。这样，公司全体员工的努力方向便是公司的战略发展方向，每一名员工的想法都是公司战略思路的细化。

（3）平衡计分卡促使管理者更加全面地考查企业业绩，这样就避免了单独考查财务指标时被考核者为追求长期效益而带来的对企业长远利益的损害，同时也促进了企业各方面的平衡稳定发展。比如，原来公司过分看重短期财务指标，但如果作为一个连锁零售业企业，企业的服务质量、消费者忠诚度、品牌的树立等都是重要的指标，是前置性因素，是公司长期财务指标实现的重要基础。通过平衡计分卡的建立，公司高层明确了这些认识，对财务和非财务指标进行了必要的平衡。

（4）平衡计分卡法提供了更加综合的企业业绩的提升方式。传统的财务指标只能报告上期发生的情况，不能告诉经理下一期该怎样改善业绩。平衡计分卡将客户、内部经营过程、学习与成长三方面的考核结果与财务方面的考核结果结合起来，则可以帮助管理者清晰地认识到公司当前运营与公司战略需要之间的差距，为平衡这个差距而采取的措施便是公司下一阶段改善业绩的办法。

平衡计分卡是基于企业战略与愿景而设计的一套管理系统。平衡计分卡是从企业的战略开始，也就是从企业的长期目标开始，逐步分解到企业的短期目标。在关注企业长期发展的同时，也关注了企业近期目标的完成，使企业的战略规划和年度计划很好地结合起来，解决了企业战略执行力差的弊端。许多企业的成功运用，充分说明其对绩效管理的科学性。

评估知识型员工的方法

在企业的管理中，凡是工作的主要成果都可以定量评估的职位，都可以采用绩效评估方法，但是现在企业里还有一类员工是不能用常规的绩效评估方法来考核的，因为在他们当中，有很多知识型员工所做的工作不能很快见到成果，比如媒体、咨询公司等，他们通常都在办公室里、电脑桌前，使用着阅读、思考、研究、讨论、写作等工作方式，运用掌握的知识来想方设法帮助企业的产品和服务增值。知识型的员工已经逐渐成为了一个企业较为重要的资产，但是知识员工所具有的追求自身价值的实现、较强的独立性、乐于挑战性工作和创新精神等特点，使得如何建立对知识型员工的绩效评估体系成了管理中的一个难点。

（1）知识型员工的评估核心是为工作态度、工作成果影响力附上系数。知识型员工绩效的考核公式是工作能力参数×工作能动系数×工作成果影响力。知识型员工的生产要素是知识和他们头脑里的思想，因此，他们的绩效产出更多地取决于两个方面，一个是他们自身的能力，另外一个就是他们的工作能动性，因此，对知识型员工工作能力参数是首先要设定的。评价其工作能动系数和工作影响力可以借助公司内部的评价和客户反馈双线体系来确定。

（2）把握住知识型员工的薪酬体系设计的"度"。一般来说，应该和操作型的岗位的薪酬结构分开，至少要高于操作型岗位的 15%～20%。但管理者也应看到，知识型员工不仅对于物质需求有要求，还会非常关注薪资外的福利，例如弹性工作制、带薪休假、保障及购房津贴等各种福利，因此企业在进行知识型员工的薪酬设计时，眼光不能局限于金钱量化的工资制度，各种非工资性薪酬也应纳入考虑的范畴，这样才能使知识型员工的心稳定下来。

（3）引进知识型员工自我管理绩效体系。知识管理专家玛汉·坦姆仆经过大量的调查研究后认为，激励知识型员工的前四个因素分别是：个体成长（约占 34%）、工作自主（约占 31%）、业务成就（约占 8%）和金钱财富（约占 7%）。这说明，对于知识型员工来说，个人成长空间和工作自主性是非常重要的，在这个基础上，比较好的做法就是引入自我管理绩效体系，因为知识型员工一般都自认为比其他的人聪明，对于公司提出的硬性规定常常不予理睬，因此，要衡量其绩效，公司需要让知识型员工进行自我工作认知和自我管理。

（4）建立没有终点的阶梯状的晋升体系。与其他类型的员工相比，知识型员工更重视能够促进他们发展的、有挑战性的工作，他们对知识、对个体和事业的成长有着持续不断的追求，因此，他们对企业发展目标和个人晋升体系也非常重视，有时候他们还担心自己的才能没有被企业及时发现。比较理想的情况是将绩效考核的体系进行分级，例如同样是营销主管的职位，可以分为初级、中级和高级，这样就能够让那些在企业里待了很长时间的知识型老员工也知道自己还有空间。

（5）激励知识员工更需要长期激励。要长期保留和吸引优秀的高级人才，需要使知识型员工觉得自己是企业的一员，而不是"高级打工者"。目前企业界运作效果良好的长期奖励计划是"认股期权"，认股期权最大的功效在于，它可以为他们提供一种比较优惠的税率积累资本的方法，同时把企业支付给高级人才的现金水平控制在最低的水平，由于股票的期权性质，使企业牢牢控制高级人才日益积累起来的庞大资产，使得他们积极努力工作。

（6）重视绩效，同时也要重视培训。知识型员工对于自己的学习是比较重视的，他们在企业工作，不仅希望从企业内部学习到更多知识，还希望能够获得进一步深造的机会。

精确预估员工的绩效水平

管理者必须知道并深刻了解，每个团队成员在组织的目标之下应该达到哪一水平的绩效。管理者必须知道每个成员的能量，并为他在团队中所达成的绩效做出精确的预计。

我们知道，如果期望过高，彼此就会失望；如果期望过低，下属就会产生不被尊重和重视的感觉，也会因为工作没有挑战性而丧失工作激情。清晰列出每人能达到的绩效，他们就会为这个目标全力以赴。

狮子对蚂蚁说：我希望你今天能带来一克的食物。

小马在旁边听到很不爽，不服气地问：它的任务怎么那么少？为什么让我带一百斤？

狮子说：因为你是马，而它是蚂蚁。你的躯体是他的躯体的几千倍。

团队是能产生聚合力的。一个组织的奋斗目标是团队发展的灵魂，是组织前进的路标。联想集团总裁柳传志曾说："中国有很多优秀的人才。这些人才好比一颗颗珍珠，需要一根线把他们连起来，组成一串美丽的项链。这根线就是企业的共同目标。这个目标能够引导大家为共同的追求去努力。"因此，组织目标必须明确，而且一旦目标确立，组织所有成员的行为都会自觉地围绕"为了达成目标"而进行。

无论是团队目标还是个人绩效目标，都是有力量的，是能够产生动能的，所以，我们时常听到团队成员这样表述：为了达成目标，我愿意付出我所有的精力。一个有着清晰目标的组织必然会有所成就，而目标不清晰的团队必定会一事无成。同样，在有着清晰目标的组织中工作，每个人都会全力以赴去实现最好的绩效。

要想列出每人的绩效水准，就要求组织的目标应该具备可测性。这如同我们到郊外的河流中游泳，如果这个河流的深度不能被我们所带的工具测量，这就会打击游泳技术不好的人的信心；如果我们的身高有一米八，而河水的深度被我们测量出只有一米六，我们的安全感就会上升很多。可测量的目标就是明确、不模棱两可的目标，这也是目标内涵的一部分。也就是说，应该要有一组明确的指标，以作为检查是否达到目标的依据。

要想列出每人的绩效水准，其实要沟通充分。肯斐尔德管理学院在 20 世纪 90 年代初期所作的一项调查显示，三分之一的英国经理人不赞同公司的未来形式与方向。这份调查指出，如果要让高层管理团队共同实现公司的长远目标，团队成员间就必须有高品质的对话与信息分享。

然而，很多的管理者都忽略了这一重要环节。尽管大部分有能力的领导者，都知道自己有责任为团队制定目标，也还是有不少团队领导者对如何使目标更清楚明确、如何将目标落实到团队成员的行动中毫无头绪。目标清楚明白，大家才明白团队追寻的方向，才能使团队知道自己的工作进度，才有激发团队成员的热情、好奇心、活力、创造力与能力的原动力。

要想列出每人的绩效水准，还需要在决策时吸引下属参与。团队目标的制定，可以由团队领导者一人负责，也可以由团队成员一起完成，关键是目标的本质。一个鼓舞人心的目标，会把枯燥无聊的统计数据（这些数据通常就是行动目标）转换成振奋人心、激励团队成员投入大量心力与时间的行动力量。一个清楚的目标，能够激发众人的想象力，释放无限的潜力。

具有想象力的目标，对团队成员有着强烈的吸引力，可以要求团队成员全身心投入，一门心思创造出非凡的业绩来，是团队成功的基石。制定目标的团队领导的工作，有时也可以由团队成员共同产生。但无论如何，只要有目标，就有成功的希望。

在促进团队目标转化为执行动能的过程中，团队领袖应注意两个关键问题：帮助成员充分地认知目标；建立科学的绩效管理体系。团队领袖应该尽最大努力帮助成员正确认识团队目标的内涵和实现路径，帮助成员彻底领会行动方案的关键和秘诀，邀请他们参与到目标执行中的程序设计工作，引导他们从被动执行状态转变为主动为自己设定目标的境界。成员一旦有了个人目标，就会产生更大的工作动力。

一个明确的目标会使个体提高绩效水平，也能使团队充满活力。明确的目标可以促进团队的沟通，还有助于团队把自己的精力放在有效的成果上。

褒奖为集体利益努力的人

一个优秀的团队，并不是简单的员工的集合体，而是通过团队的规则与精神，将每一个团队成员的优势与能力充分合理地凝聚在一起，形成 1＋1＞2 的效果，来壮大团队的力量。每个成员都要尽最大努力为团队贡献力量，要有一种归属感、责任感，即使失败也是功臣。

一个团队里聚集着一群有信念、有能力，为了共同的目标共同奋斗、互相支持的人。然而，金无足赤，人无完人，在团队协作中难免会有一些人犯一些错误，但只要是为了整体的利益，犯的错误再大，纵然失败也无需责罚。甚至有些时候还应该给那些诚心、大公无私的奉献者以适当的奖励，这样才会给团队这个整体以强大而持久的力量。

《西游记》中的猪八戒在他们这个团队里是一个不稳定因素：他能力不强，没有大师兄孙悟空的高超本领，也没有沙和尚的憨厚老实，甚至有些时候还起一些歪心思，要回高老庄。

但是他对团队成员有着难以割舍的深厚感情，取经路上也是任劳任怨，面对妖怪也不退缩，为救师傅也敢于与妖怪拼命，为了整个团队奉献自己的力量，为取经之路付出了巨大贡献。所以，尽管他的慵懒有时会给团队带来失败，甚至师傅被捉走，然而领导者唐三藏从来不责罚他，因为他知道，猪八戒也是为了他们的取经大任而奋斗。

在现代企业中，许多问题的解决需要团队的每个人的力量，任何个人的力量都是不可能完成的，这就需要把团队里每个人的知识与能力凝聚起来，这个整体的综合知识与能力是超越于每一个个体之上的，这个综合的整体是承担每一个个体不能够完成的艰巨任务的主体。中国有句古话"三个臭皮匠赛过诸葛亮"，这就是表述的一个团队的力量，并不是说三个臭皮匠凑在一起，其智慧就胜过诸葛亮了。对于一个团队，人多并不一定力量大，关键是看成员之间够不够团结、有没有奉献精神。对于有奉献精神的队员，无论成败都应该得到褒奖的。

在一次奥运会的马拉松比赛中，各个选手都顺利地完成了比赛后，人们发现坦桑尼亚选手艾克瓦里仍然坚持着，吃力地跑进了奥运体育场。

前三名获胜者的颁奖礼早已经结束，艾克瓦里却还在跑着，他是最后一个抵达终点的选手。此时他的双腿已经是沾满血污，但他没有放弃，还是忍着伤痛，努力跑到了终点。

有位记者等在终点线问他："比赛不是已经结束了吗？你为什么还要跑到终点啊？"

艾克瓦里气喘吁吁地回答道："我的国家送我来这里，不是叫我只是起跑的，而是派我来完成这场比赛的。"

在团队中，大家的地位是平等的，没有主次及高低贵贱之分的。只有大家在团队共同目标及组织原则基础上，精诚团结、相互协作、共同努力，团队的目标才可能实现。只有在团队共同目标实现的情况下，作为团队成员的每一个人的价值才能实现。也只有做到这一点，才能打造出一个真正的无敌团队。团队的核心是共同奉献，这种奉献精神可以调动团队成员的所有资源和才智，并且会自动地驱除所有不和谐和不公正的现象，同时会给那些自觉自愿的奉献者以回报。

商场如战场，战场上的"胜败乃兵家常事"的说法，同样适用于商战。而一个团队如果因为某个为了大家理想大公无私、默默奉献的队员的一时疏忽或是失策而导致计划的失败，就受到惩罚的话，那寒心的不光是这位被惩罚的队员，团队的其他人员也会对组织产生失望，从而导致以后在做事的过程中愈加保守，做事不积极，对自己的团队失去了信任，冲突是没有了，但也没有了好的建议，更没有了行动，最终导致的不是一个计划的失败，而将是一个团队的失败。

由此可见，一个优秀团队的形成需要团队中每一个成员的努力。在一个优秀的团队中，每一个成员都是不可缺少的主要战斗力量。他们都为了整体利益而奋不顾身地投入战斗。无论成功和失败都无须受到责罚。只要是全心全意为了整体利益而奋斗的，都是应该得到欣赏的。懂得欣赏，就能激发队员的斗志和潜力，这样更能激发那些自以为是，由于自己的原因而导致失败的队员会更加努力，知耻后勇，时刻想着奉献，团队也会越来越强大。

赢利能力是首要指标

管理者一定要使团队赢利。企业的本质就是赢利，经济效益是企业一切经济活动的根本出发点。获取利润虽然不是企业组织在社会发展中所要履行的唯一任务，但赢利绝对是第一任务。这是因为，无论是企业承担社会责任，还是自身的发展需要，都必须依赖于经济资源的剩余。而这些经济资源的剩余就是企业的利润。因此，企业管理者必须把创造利润放在首位。

1993 年郭士纳就任 IBM 公司董事长和首席执行官。郭士纳的加盟，对 IBM 有着重大的突破意义——他是 IBM 第一次从本公司之外引进最高领导人。当时的 IBM 形势不容乐观，公司的各条战线和各大板块都存在着致命问题。郭士纳上任后采取的第一项措施就是裁员——这就是空降高管的好处，因为是外来者，在公司内部没有枝枝蔓蔓的人际关系，裁起人来毫不手软。

郭士纳在一份备忘录中记载了当时自己出台这项措施的真实心境：我知道你们中的很多人多年来一直效忠于公司，对这个公司有很深的感情，令你们没想到的是，到头来却被公司评价为多余的人，这一定令你们很生气。我知道这对大家来说都是痛苦的，但我深切感到裁员就是公司最希望我干的事情，并且所有人都知道采取这一措施是必要的。

裁员措施与 IBM 一贯坚持的企业文化精神相违背——不解雇是 IBM 企业文化的重要支柱，IBM 的创始人托马斯·沃森及其儿子小沃森认为，不解雇政策可以让每个员工觉得安全可靠。但是，现在郭士纳所采取的政策使公司上下发生了翻天覆地的变化，他总共辞退了至少 35000 名员工。

裁员结束后，他对留下来的员工说：有人对公司怨声载道，要么说自己的薪水太少，要么说自己升迁太慢。我要告诉你们的是，要想涨薪或升职，必须拿出点成绩给我看看，必须为公司创造出能够赢利的效益。能否升职或涨薪，这一切取决于你们自己。

我们必须承认郭士纳的话很有道理以及他的措施是正确的——经过他的整顿和改革，IBM 在短短 6 年内重塑了企业的伟大形象，走上了迅速崛起的复兴之路。郭士纳提醒了我们，虽然赢利是任何企业生存和发展的根本目的，但是促进企业赢利目标的实现，却是公司上下共同的责任。

美国惠普公司创始人比尔·休利特和戴夫·帕卡德强调，只有在员工为公司创造出丰厚利润的条件下，他们的奖金和工作才能得到保障。公司只有实现了赢利，才能把赢得的利益拿出来与员工分享。作为企业组织的一名成员，任何员工都要为公司创造财富，而且要把为公司创造财富当作神圣的天职、光荣的使命。

员工最重要的任务就是为企业赚取最大的利润。这不仅是组织对其成员的要求，也是成员从组织赚取薪水和获利的基础。松下幸之助曾经说过："赢利是整个社会繁荣不可或缺的义务和责任。假如干不能赢利的工作，还不如一开始就不干，也没有必要干，因为干了也没有任何意义。"这就要求组织成员必须把促进组织创造利润作为最大职责。

杜邦集团创始人享利·杜邦宣称："企业利润高于一切。"所有杜邦家族的男性成员假如在杜邦公司工作一段时间之后被认定为无法为促进公司创造效益提供支持，就会被要求退出企业。在享利·杜邦眼里，只有家族服务于企业，绝不让企业服务于家族。不能为组织创造利润，那就是组织的累赘，是公司的冗员，为了公司发展的需要，这部分人必须被清理出去。

无论是杜邦，还是IBM，创造利润对于任何公司而言都是一样重要的，都是必须秉承的首要发展原则。而利润的产生必然仰仗组织成员的付出和努力，企业的兴衰成败、收益多少都与成员的努力紧密相连。

当每一名成员都把创造利润作为自己最大职责和神圣使命，并为达成职责和使命创造性工作时，这个组织将会迎来更大的利润和发展空间，组织成员也将获得更大的收入和成就。

保证对重要事件的信息灵通

任何部门的管理者都会时而从下属那里得到一些令其措手不及、手忙脚乱的事情，比如下属交上来的报告不合格、格式不符合要求；一项关键工作受到拖延却未预先通报；重要问题没有迅速解决以至于酿成大乱。这些情境令人非常尴尬，会使管理者的工作变得极为被动。

导致一些不受欢迎的、措手不及事件出现的原因是，沟通机制的失败。这种失败是部门领导的责任。下属之所以没有汇报重要的情况，是因为部门领导未能建立恰当的汇报体制。

每个管理者上任后的第一件事就是应该建立一个汇报体制，以监督部门内部发生的每一重要事件。这里的关键词是"重要"，如果部门领导陷入了事无巨细的泥潭里，也将承受不起这个代价。下面提供一些在建立这一信息系统方面的建议：

（1）通过向下属传达重要信息而树立正确的榜样，告诉下属为什么某些信息是重要的。定期召集会议，在会上相互交换信息。管理者自己要开放直率，作为回报下属也会开放直率。

（2）确保别人理解了你的指示。让下属对自己的工作任务进行理解以获得反馈信息，让他们把你的口头指示写下来。

（3）坚持让下属参与。当下属认识到别人希望自己有所贡献时，则会更为积极主动。

（4）在分配任务时，明确告诉下属他们需要提供一系列工作进程的汇报，这样做有助于你了解工作是否按计划如期完成。

（5）不要斥责带来坏消息或承认错误的员工。如果你这样做，下一次他们会尽可能长时间地隐瞒这种消息不让你知道。

（6）设立绩效标准，并根据标准衡量实际的绩效。如果本部门应该每天处理120份订购单，突然间每天的份额减少了50份，则数量本身就表明了问题的出现。

（7）偶尔要求在工作进行的过程中去实地看看工作完成情况。对好的进行表扬，对不好的进行改正，但不要斥责，除非你过去已经提供了修改方案。

（8）平易近人。敞开办公室的大门是一种无言的邀请，欢迎员工走进来并讨论问题。

（9）让你的下属知道为什么信息必须全面。提供咨询、鼓励和辅导。

（10）让你的下属知道你不喜欢措手不及、令你吃惊的事情。让你的下属知道，最终必定暴露出来的东西应该及早暴露才对。

（11）真诚地对员工及员工所说的话感兴趣。人们喜欢和对自己感兴趣的人交谈。

（12）少批评多表扬。被批评的员工下一次不会再对你"敞开心扉"，受到表扬的员工则急于再次来到你的面前带给你更多的信息。

汇报习惯的培养需要制度保证，更需要日积月累地塑造。如果一个管理者能做到上述各方面，就一定能够成为公司中消息最灵通的领导者，部门乃至公司的重要事件尽在一手掌握。

关键人物无功即过

任何一个企业都要有一些在关键岗位的关键人物，他们都是公司内的能人，曾为企业的发展立下汗马功劳。但作为领导应该知道，每个人思想上都有一根发条，只有采取适当的方法，经常拧紧这根发条，才能确保每个人都劲头十足地工作。否则的话，公司就会经营不善。

作为一种保护性的生理本能，人是容易滋生惰性的。生活安逸了、舒适了，同类之间不存在竞争了，这时候一些人就会满足现状，不思进取，自动放慢前进的速度。因此有经验的领导者都懂得，必须从上任的第一天起，就让所有下属知道，不能有无过即功的观念。企业追求不断发展，大胆创新，而企业的人才无功即过。这是一条原则。

所谓无功即过原则，顾名思义，就是指在用人行为中，领导者本着鼓励良性竞争的精神，无情调整那些长期占据关键性岗位而没有突出表现的人。

无功即过原则，主要用来激励那些占据关键性岗位的人。确定这一适用范围，完全是根据现代管理的需要，以及领导者面对客观实际情况而作出的明智选择。从领导者所管辖的下属的工作表现来看，绝大多数下属恐怕都够不上有功的标准，他们通常处于能够完成本职工作、不捅娄子的中间状态，真正能够构成有功或有错的，只占极少数，或奖或惩，虽然对处于中间状态的人产生一定的激励作用，但由于这部分人在数量上占据着绝对优势，他们互相观望、互相攀比所产生的一种惰性，在很大程度上抵消了运用奖惩手段所产生的激励作用。为此，精明的领导者不得不想出更进一步的激励办法——从处于中间状态的这部分人中，极审慎地提选出少数占据着关键性岗位的人，对他们猛击一拳，催促他们快马加鞭，努力奋进。

这样做，不仅由于他们和其他无功人员都属于同类，能够对绝大多数人产生强烈的激励作用，而且由于他们大都是各个关键岗位上的人，对他们要求严格一些，大家也能理解，本人也能接受。此外领导的精力毕竟是有限的，不可能也不允许对绝大多数人进行过于细微的管理，他只要将少数人管理好，整个企业就会高速运转。

对于企业占据关键岗位的能人来说，一来他们占据的位置重要，影响较大；二来他们人数较少，素质较高，理应严格要求；三来有充足的补充人员，你不干自有很强的人来干，因而具有较强的竞争性。鉴于这些原因，领导者一定要用好无功即过原则，让他们清楚地认识到，公司不赢利，他们就没用。

借助360度进行评估

360度反馈评价是一种从不同层面的人员中收集考评信息，从多个视角对员工进行综合绩效考评并提供反馈的方法，也称全方位反馈评价或多源反馈评价。

它不同于自上而下，由上级主管评定下属的传统方式。在360度评价中，评价者不仅仅是被评价者的上级主管，还包括其他与之密切接触的人员，比如同事、下属、客户等，同时包括自评。或者说是一种基于上级、同事、下级和客户等信息资源的收集信息、评估绩效并提供反馈的方法。

360 度反馈评价作为绩效管理的一种新工具，正被国际知名大企业越来越多地使用。据调查，在《财富》杂志排名前 1000 位的企业中，已有 90% 的企业在使用不同形式的 360 度反馈评价，比如 IBM、摩托罗拉、摩根士丹利、诺基亚、福特、迪斯尼、美国联邦银行等，都把 360 度反馈评价用于人力资源管理和开发。与传统的评价方法相比，360 度反馈具有如下优点：

（1）多渠道。360 度反馈评价法是一个多渠道的信息反馈模式，与传统的只有主管和员工两人介入相比能够发现更多的成绩和问题。它不仅重视员工的工作成效和结果，或对组织的贡献，并重视员工平常的工作行为表现。

（2）客观。基本可以避免由主管一人评价的各种主、客观偏差，员工对评价结果容易信服。

（3）准确性：如果从上司、同事、客户那里都得到同样的信息，如服务态度较差，那么这个信息是比较准确的，员工更应该接受这条反馈意见。

（4）匿名考核。为了保证评价结果的可靠性，减少评价者的顾虑，360 度反馈评价法采用匿名方式，使考评人能够比较客观地进行评价。

（5）共同参与。由于同事平时朝夕相处，因此有较多的机会观察，因此对每个人的表现都十分清楚，他们的评价可提供给主管作为重要参考。另外，授权给员工让其参与考评，不仅使部属有参与感，更可以将他们训练成为未来的优秀主管。

（6）提升组织效能。通过全体成员参与的方式，达到激励员工的效果，并通过运用这些正确、客观、有效的讯息，不但可以指出员工个人本身的优缺点与未来努力的方向，而且可诊断出组织目前和将来可能面临的问题，进而谋求解决之道。

要想成功实施 360 度反馈评价，需要遵循以下步骤：

（1）组建 360 度绩效评估队伍。必须注意评估要征得受评者的同意，这样才能保证受评者对最终结果的认同和接受。

（2）培训参与 360 度反馈评价法的所有员工。公司的培训环节包括所有可能参与反馈的员工。公司要处理的问题包括保密性、数据质量、查看合成报告的人，以及使用报告的方法。

（3）实施 360 度评估反馈。分别由上级、同级、下级、相关客户和本人按各个维度标准，进行评估。评估过程中，除了上级对下级的评估无法实现保密之外，其他几种类型的评估最好是采取匿名的方式，必须严格维护填表人的匿名权以及对评估结果报告的保密性。大量研究表明，在匿名评估的方式下，人们往往愿意提供更为真实的信息。

（4）统计并报告结果。统计结果要确保其科学性。例如，报告中列出各类评估人数一般为 3～5 人，如果某类评估者（如下级）少于 3 人的话，则必须归入其他类，而不得单独以下级评估的方式呈现评估结果。

（5）反馈和辅导阶段，经理人是成功的关键。360度反馈评价法用得好不好完全取决于经理人。所以训练经理人把注意力放在积极面上，那才是真正能提高绩效的地方。

（6）后续跟进措施。反馈后要有行动帮助改善现状。如果没有跟进计划，员工完全可能误读反馈的结果。后续跟进的重点在于责任制，激发受评者提升工作绩效的责任心。

宽恕下属的无心之错

领导者对于下属的过失性错误一定要宽容，这样才能赢得下属的追随和拥戴。这里的过失是指并非因为主观意图，而是出于轻信或者疏忽大意的心理状态而导致犯错误。由于人的思维有限，可能考虑不周，过失难免，并非其主观意图所致。对这类错误，容之，则宽其心，去其疑；不容，则使其谨小慎微，不敢进取。领导者应该有宽容之心。

春秋五霸之一的楚庄王，有一次邀宴群臣，要众人不分君臣，尽兴饮酒作乐。当君臣正打成一片时，突然一阵风吹熄灯火，全场一片黑暗，有人趁机调戏楚庄王的爱妾。爱妾扯下这个人的冠缨，暗中向楚庄王诉苦："请大王赶快把灯点燃，只要看到谁的冠缨断了，就可以证明谁是调戏妾的人。"

楚庄王却说："咦，寡人不是宣布这是一个不拘礼节的酒宴吗？怎么可以因为这件事而让我的臣子受辱呢？"楚庄王大声地宣布："谁不扯断冠缨，就要接受重罚。"当灯光再亮起，群臣都已经拔去冠缨，无法找出谁是调戏楚庄王爱妾的人了。

两年以后，晋军大举攻楚。这个时候，有一名将领勇往直前，杀敌无数，全军都向他看齐，终于击退晋军。楚庄王召见这位将领说："此次战役多亏你奋勇骁战，鼓舞士气，才能打败晋军。"将领却泪流满面地说："臣就是在两年前的酒宴中调戏大王爱妾的人，当时大王能够重视臣的名誉，不予处罚，还为臣解危，才使臣不致丢脸。从此以后，臣就决心效忠大王，等待机会为大王效命了。"

许多领导者对待犯了错误的下属，不是将其调走，就是降级使用，或是不再给予重要性的工作。其实，下属犯了错误，最痛苦的是其自身，应该给其改正错误的机会。

美国通用电气公司的一位部门经理，由于在一笔生意中判断错误，使公司损失了几百万美元。公司上下都认为这个经理肯定会被炒鱿鱼，这位经理也做好了被炒的准备。他向总裁检讨了错误并要求辞职。然而杰克·韦尔奇却平静地说："开除了你，这几百万学费不是白交了。"此后，这位经理在工作中为公司创造了巨大的经济效益。

按理说，这位经理造成了这么大的损失，开除也不为过，至少在某些领导者那里一定会电闪雷鸣地大加训斥一顿。但这样领导者就会造成下属与自己对立的局面，不仅剥夺了下属改正和证明自己的机会，还会损害下属的忠诚。

宽恕下属的错误，不仅能使员工自己知错就改，从内心出发真正愿意去修正错误的方式，还能让下属对管理者产生感恩之心。这样管理者就轻而易举地获得了员工的忠诚。

从重从轻都不应该发生

大多数企业管理者都能够按照奖罚公平的原则办事，但是，在具体工作当中，他们却通常会不知不觉地违背这一原则。这种违背并不是故意造成的，而是由于对奖罚制度的理解不够深刻而造成的。有这样一个事例：

有一家管理制度非常完善的民营企业。该企业董事长的亲哥哥在公司内担任人力资源部经理。有一次，董事长的哥哥醉酒后上班，于是总经理召集中层以上管理干部开会，讨论对哥哥的处罚。会议还未开始，董事长的哥哥率先道歉："我应该成为大家的表率，却犯了错误，请求从重处罚。"

但是，没有想到的是，他"从重处罚"的请求非但没有获得董事长的认可，反而招致更为严厉的批评。董事长说："请求从重处罚，这违背了公司一直倡导的奖罚公平的原则。所以，你要求从重处罚的错误，比你醉酒上班的错误还要严重！"

经历这件事之后，该企业上下员工都深刻地意识到，企业的管理政策是制度明晰、奖罚分明的。公司的奖罚只与工作能力、工作效果、工作态度相联系，而不与感情、关系等相联系。在这样奖罚规则明确的治理之下，该公司很快得到了迅速、健康的发展。

另外还有一个案例。

有一个叫李耀的人看准了能源日趋紧张这一市场形势，于是辞了铁饭碗，带着十多个技术人员，下海开了一家节能产品公司。创业初期，举步维艰，只有投入没有产出，研发人员跟着李耀一起加班，为了企业能够在市场大潮中生存下来，大家一起吃苦奋斗。历经 4 年，随着好几款新型节能产品的研发成功，企业得到了飞速发展。

可是正当李耀斗志昂扬准备筹划下一步发展的时候，跟随他一起创业的几位技术骨干突然同时提出辞职。这让一向自认为和员工关系不错的李耀无法理解：为什么当企业得到发展的时候他们却突然选择离开呢？原来，这几位骨干要走，是因为他们对公司有所不满。

公司刚成立的时候，大家都是公司能赚多少就拿多少报酬；随着公司发展，基本仍是李耀给多少，大家就拿多少。虽然李耀开的工资也并不算少，但因为无章可循，没有一个考核标准，很多人觉得付出与回报不成正比。

更令李耀想不到的是，相当一部分员工对公司的奖励制度怀有怨言。特别是公司关键项目的核心设计人员，他们夜以继日地工作为公司的发展立下了不可磨灭的功劳，但是得到的报酬却跟普通员工差不多。同时，由于公司还处在发展阶段，李耀总是考虑把利润用于项目的再投资，想方设法缩减成本，很大程度上忽略了对核心员工的激励。员工工资数额的多少经常根据他的喜好，奖金数额更是没有依据，员工对此颇有一些不满。

从这个案例可以看出，李耀在管理公司过程中，以个人兴趣和意志代替制度和标准，奖励随意，赏罚不明，没有认识到奖励制度会成为影响公司发展的大问题，结果引发核心员工不满或离职。其实，对于每个员工而言，不仅希望得到合理的报酬，也希望自身能力能够得到进一步提升。所以说，企业内部的奖罚制度要明晰、公平，不能随随便便奖罚。

无论是处罚还是奖励，都要坚持公平原则。因此，管理者应建立员工绩效评估体系，正确评估员工对企业的付出，为实施有效、公正的激励机制提供支持。过重或过轻都是违背公平原则之举，都不应该发生。该怎么惩罚或该怎么奖励，都必须有一套明晰、科学的标准。

考核员工的工作态度

很多成功的企业家都非常重视员工的工作态度，NTL 公司总裁罗伯特·威尔兹说："在公司里，员工与员工之间在竞争智慧和能力的同时，也在竞争态度。一个人的态度直接决定了他的行为，决定了他对待工作是尽心尽力还是敷衍了事，是安于现状还是积极进取。"

通用电气公司前 CEO（首席执行官）杰克·韦尔奇说过："在工作中，每个人都应该发挥自己最大的潜能，努力地工作而不是浪费时间寻找借口。要知道，公司安排你这个职位，是为了解决问题，而不是听你关于困难的长篇累牍的分析。"

微软公司前董事长比尔·盖茨也说过："如果只把工作当作一件差事，或者只将目光停留在工作本身，那么即使是从事你最喜欢的工作，你依然无法持久地保持对工作的激情。但如果把工作当作一项事业来看待，情况就会完全不同。"

其实，不管是企业还是事业单位，都不能容忍缺乏干劲、缺乏工作热情的员工存在。对于工作态度这一点，日本经济界泰斗土光敏夫有着独到的见解。从他长年从事的经营管理工作中他深刻地体会到："人们能力的高低强弱之差固然是不能否定的，但这绝不是人们工作好坏的关键，而工作好坏的关键在于其有没有干好工作的强烈欲望。"

美西战争发生后，美国必须马上跟古巴的起义军首领加西亚将军取得联系。但是没有人知道加西亚将军的确切地点，所以无法写信或打电话给他。但美国人必须尽快地获得他的合作。就在美国人不知道该如何是好的时候，有人对美国总统说："我知道有一个叫罗文的人，他会有办法找到加西亚，也只有他才能找到加西亚。"

于是，万般无奈下他们把罗文找来，把写给加西亚的信交给了他。那个名叫罗文的人拿了信，把它装在一个油布制的口袋里，封好，吊在胸口，然后划着一艘小船就去找加西亚了。经过很多艰难险阻，四天之后的一个夜里罗文在古巴上岸，消失在了丛林中。接下来的三个星期他又遇到了很多问题，但是凭借着坚定的信念和敬业精神，他终于冲破重重危险，从古巴岛走了出来，又徒步走过危机四伏的国家，把那封信交到了加西亚手里。

罗文送的不只是一封信，而是关系到美利坚的命运，牵扯到整个民族的希望。罗文的传奇故事之所以在全世界广为流传，主要在于它倡导了一种伟大的精神、人性中光辉的一面：忠诚、勤奋、敬业。

罗文的勤奋、忠诚、敬业精神其实都是现实中工作态度问题。有一位著名管理学者总结出这样一个公式：一个人的工作绩效＝工作态度×工作能力。因为公司既然招聘了你，那说明你是有能力的，所以在这个公式里工作能力是恒大于零的。至于工作态度我们可以把它分为积极、消极、负面三种，在这个公式中我们可以分别把它定义成不同的值，积极的态度是大于零，消极为等于零，负面的态度小于零。把这些值套进上述公式，就很容易发现工作的态度与一个人的工作绩效有多么紧密的联系。

我们常说"态度决定一切"。如果一个人工作态度不端正，不自我反省，缺乏责任心，那么他无论如何也不会成功。个人的成功需要一种全心全意的敬业精神，企业发展也需要有敬业精神的员工，所以，把工作态度纳入考核之中是非常必要的。

/第 10 章/

考核员工的绝招

借助智猪博弈模型

细心的人不难发现，在一个团队中，有的人能力突出而且工作积极努力，相反，有的人工作消极不尽心尽力，或者因能力差即使尽力了也未能把工作效率提高，这在无形中便建立起了"智猪博弈"的模型：一方面，大猪在为团队的总体绩效也包括自己的个体利益来回奔波拼命工作，另一方面，小猪守株待兔、坐享其成。长此以往，大猪的积极性必定会慢慢消退，逐渐被同化成"小猪"，届时，团队业务处于瘫痪状态，受害的不仅是其单个团队，而且会伤及整个公司的总体利益。

那么，如何使用好绩效考核这把钥匙，恰当地避免考核误区，既能做到按绩分配，又能做到奖罚分明？从"智猪博弈"中可以得到以下几种改善方案。

方案一：减量。仅投原来的一半分量的食物，就会出现小猪、大猪都不去踩踏板的结果。因为小猪去踩，大猪将会把食物吃完；同样，大猪去踩，小猪也将会把食物吃完。谁去踩踏板，就意味着替对方贡献食物，所以谁也不会有踩踏板的动力。其效果就相当于对整个团队不采取任何考核措施，因此，团队成员也不会有工作的动力。

方案二：增量。投比原来多一倍的食物。就会出现小猪、大猪谁想吃，谁就会去踩踏板的结果。因为无论哪一方去踩，对方都不会把食物吃完。小猪和大猪相当于生活在物质相对丰富的高福利社会里，所以竞争意识不会很强。就像在营销团队建设中，每个人无论工作努力与否都有很好的报酬，大家都没有竞争意识了，而且这个规则的成本相当高，因此也不会有一个好效果。

方案三：移位。如果投食口移到踏板附近，那么就会有小猪和大猪都拼命地抢着踩踏板的结果。等待者不得食，而多劳者多得。每次踩踏板的收获刚好消费完。

相对来说，这是一个最佳方案，成本不高，但能得到最大的收获。

当然，这种考核方法也存在它的缺陷，但没有哪一种考核方法能真正让人人都觉得公平。在绩效考核运作中，实际是对员工考核时期内工作内容及绩效的衡量与测度，即博弈方为参与考核的决策方；博弈对象为员工的工作绩效；博弈方收益为考核结果的实施效果，如薪酬调整、培训调整等。

由于考核方与被考核方都希望自己的决策收益最大化，因此双方最终选择合作决策。对于每个企业来说，这将有利于员工、主管及公司的发展。

但是从长期角度看，只能是双方中有一方离职后博弈才结束，因此理论上考核为有限次重复博弈。但实际工作中，由于考核次数较多，员工平均从业时间较长，而且离职的不可完全预知性，因此可将考核近似看作无限次重复博弈。

随着考核博弈的不断重复及在一起工作时间的加长，主管与员工双方都有一定程度的了解。在实际工作中，由于主管在考核结果中通常占有较高的比重，所以主管个人倾向往往对考核结果有较强的影响力。而且考核为无限次重复博弈，因此员工为了追求效益最大化有可能根据主管的个性倾向调整自己的对策。因此，从长期角度分析，要求主管做出相应判断与调整，如采用强制分布法、个人倾向测试等加以修正。

总而言之，在公司内部形成合理的工作及权力分工。一方面可以通过降低主管的绩效考核压力，使部门主管有更多精力投入到部门日常管理及专业发展；一方面通过员工能对自己的工作绩效考核拥有一定的权力，从而调动其工作积极性，协调劳资关系，从而激发员工的工作积极性，因此，将在极大程度上推动公司人力资源管理状况及企业文化建设。

考核与被考核存在着一种博弈关系，无论对于哪一方来说，建立一个合理的、公平的考核制度是非常重要的，尤其是分工制度，可以避免出现评估中的"智猪模型"，提高员工的工作积极性，把企业做大、做强。

绩效考核七部曲

绩效管理与员工的工作情况密不可分，好的激励和考核制度可以充分调动员工的积极性和创造力，促进企业业绩目标的实现。而差的激励和考核制度则会减弱员工的工作热情和创造力的发挥，最终导致企业经营绩效的停滞不前，甚至降低。

因此，激励和考核制度需要依据企业内外环境的变化作出相应的调整和改进，以激活集体创造力的程度为度量尺寸，用以满足企业在不同时期的激励要求。

1. 建立业绩目标

业绩是指创造对股东、顾客、员工来说都很重要的成就或价值，这样的目标可以使员工协调原来的自行其是的活动，把精力放在真正重要的事情上，并在工作过程中及时评估进度安排，适时改变工作的步调和方法。对此，我们可以扩大企业的目标范围，在考虑成本的基础上，将顾客和员工的满意程度也包括进去，并对建议和预标的落实情况进行跟踪，进行类似这样的系列控制，可以有效地纠偏和调整，以保证工作方向的正确性。

2. 构造业绩计划

为了有利于业绩计划的顺利进行，在召开业绩计划会议之前，一定要预作准备。普通的方法是让下属思考几个问题。如问：迄今为止，你做了哪些富有成效的工作？在工作中你有什么发现？迄今为止，你建立了什么样的合作关系？这三个问题与员工的成绩、创见、人际关系有关。有目的地提问，可以优化员工思考的质量。

在提出上述问题并经过初步讨论之后，将会议的话题转移到未来，提出以下几个方面的问题：未来三个月你主要的目标是什么？你计划有什么新的特定的发现？

在讨论员工的成功、困难及其目标时，应尽可能结合员工实际设定的目标，协助其改善工作风格，帮助他排除困难，以利于最大限度地发挥他的优点。建立之后，应在以后三个月及其以上时间，重复召开以强化员工意识，直到一年周期完全结束为止。这种量化的绩效管理方式有助于你更了解员工的特质，并利用你所了解的东西，去协助员工更精确地辨别自己真正的优点及缺点，从而更有效率地开展工作。

3. 合理用人

在人员安排方面，管理人要以企业的实际情况和个人经验为依据，判断企业中哪些因素和环节对于改善整体绩效是至关重要的。然后根据员工个人能力的大小，将选定的人员安排在特定的职位上。无论是总负责人还是小组的成员，都要满足一些基本的素质要求，这些素质要求也是再造管理人任命时的重要参考。

要让员工明确自己的工作范围，明确的工作范围有助于消除员工对于企业再造的迷茫和焦虑，有助于消除个人行动和相互配合时可能遇到的障碍，使员工可以更加顺利地完成自己的任务。这样一来，他们既不会把时间和精力浪费在无关紧要的事情上，也不会被没完没了的任务搞得精疲力竭。

4. 良好的控制

提供大量而丰富的解决问题的手段是管理者的必要任务之一。这些手段的来源各异，可以来自企业过去进行过的改造工作、其他公司的做法，或是内部的技能计划等。管理者可以利用这些手段提出问题，评估对策，并且将员工保持在既定的目标方向上。再造工程的高层管理者的全身心投入，有利于带动和鼓舞下属的信心和勇气，他们对员工个人以及再造小组的支持和帮助，对整个再造工程的成功发挥着重要作用。即使在管理层授权之后，所需的管理力不但不会减少，反而会更多，这就要求管理者要分析形势，相机而动。

当业绩计划制订以后，管理者还必须将计划过程划分为几个阶段，严格规定各阶段的完成期限，管理者也必须让员工清楚地知道再造的最终成果是什么，将在何时以何种方式获得，从而做到心中有数。在计划推行的不同阶段，参与的过程和手段会有所不同。

正式和非正式的沟通是业绩激励方法的润滑剂。管理者要能随时解答关于流程、再造的各种疑问，消除他们的困惑和迷茫；同时，管理者也需要通过沟通了解员工的有关想法，从而能够采取有针对性的对策。建立一条直接通往总部的沟通渠道，使员工可以清楚地了解到自己在工作中所处的位置和相应的职责，从而可以动员全体员工进行持久改革，得到良好的整体绩效。

5. 分配与奖励

分配制度是对员工的工作成果和奖励内容之间联系方式的规定。企业的考核制度应该体现企业对员工的行为导向。凡是企业积极提倡的行为应该给予奖励，而对于那些有损于企业绩效的行为，则要采取相应的惩罚措施。行为导向与考核目标的结合，有助于培养员工的全局观念和集体观念，对于员工工作方式的转变和企业文化的建设也大有好处。

通常的奖励包括奖金、荣誉称号、提供个人发展机会等。特定的奖励来自特定的行为，应让员工知道，他们可以通过何种途径去获得奖励。由于员工的价值观和需求不同，相同的奖励对于他们的价值也有所不同。因此，奖励制度的设计要有针对性，以便对目标群体发挥最佳的激励效果。

6. 评价员工

最佳的方式是让职工能正确地进行自我评估，做自我评估的目的，是要将员工个人的评估与经理对员工的评估报告加以比较，或是作为一个参数或反证。所以员工的自我评估报告只是一个参考资料，而不是对自己绩效的真实评估。

在日常工作中，可以将自我评估作为一种习惯，你可以要求员工写下自己的目标、成功的地方以及自己的发现。这个记录并不是为了给经理的评估或是批判提供借鉴。相反，它的目的是协助每一位员工为自己的绩效负责。利用这个记录，员工可以了解自己是如何计划更有效率的工作并衡量这些计划的效果，使员工可以将它视为一面镜子，这是一种超越自我的方法。

管理者评价的重点在于鼓励员工密切注意自己的绩效及学习，重点在于开发自我的潜力。即使员工很信任你，他愿意公开自己的所有一切，但你的评价切不可迷失方向，假如你掌握不慎，那么就像丢下一颗炸弹一样，其结果是不堪设想的。

7. 不断设计，不断激励

设置短期绩效目标，然后予以考核和控制，相对而言，比较容易取得成果。而要维持业绩持续不断地改善，则困难得多。也许管理者可以成功地发动全体员工，在几个月的时间里，集中精力追求更高的业绩；但是如果管理者想要继续发扬初期的成果，并且长期保持员工的工作热情和创造力，则要付出更多的努力与辛苦。

除了分段设计以外，最重要的就是要善于观察环境，不断进行自我设立，不断地调整目标。俗语道："计划不如变化。"管理者必须时刻把握顾客和竞争对手的最新动态，并据此不断调整企业的业绩目标和实施措施，对于员工的激励机制和考核制度也要随之发生改变，通过不断地再设计，适应不断变化的外部环境。管理者需要不断地激励员工，使他们在集体责任感的驱动下追求更高的目标。

总而言之，想使员工感到被激励的重要一点就是帮助他们在工作上更有效率和使他们对自己的工作感到满意。他们取得良好绩效的愿望越强烈，激励他们就会变得越容易。因此，管理者在再造企业业务流程的同时，也要为员工设计新的工作和激励机制。良好的绩效管理，能使员工的技能、职责和热情更好地结合在一起，为团队创造更多价值。

施行末位淘汰制

末位淘汰制是绩效考核的一种制度。末位淘汰制是指工作单位根据本单位的总体目标和具体目标，结合各个岗位的实际情况，设定一定的考核指标体系，以此指标体系为标准对员工进行考核，根据考核的结果对得分靠后的员工进行淘汰的绩效管理制度。

27 岁那年，格雷格·苏德兰斯被解雇了。刚从大学毕业，他就在芝加哥附近一家卖酒的公司当销售助理。苏德兰斯开着那辆现代"奏鸣曲"汽车整日奔波于 74 号州际公路，把一箱箱酒卖给酒店，每周工作 35 个小时，领着约 4 万美元的年薪。

但不管工作多么拼命，他从未完成过定额。终于，在一个寒风刺骨的夜晚，上司把他叫到了后台办公室。苏德兰斯甚至还未坐下，上司就开始大叫大喊，责备他妨害了经营利润，还对苏德兰斯的职业道德心存怀疑，然后他说："你被开除了！"

一名主管自始至终保持沉默，等到那位上司说完了，他拍拍苏德兰斯的肩膀，说了几句鼓励的话，然后就叫他走人。在一起做销售助理的 4 个年轻人当中，苏德兰斯是唯一被解聘的，因为他的业绩太差。

尽管末位淘汰制在管理学界存在很大争议，但现在，欧美大部分企业都已用这种机制来精简人员，中国也有很多企业效仿采用，实践证明其对绩效管理有着明显的提升作用。

佛罗里达的金腰带公司对所有销售人员每3个月根据业绩评定，进行一次职位调整，6名销售副总监业绩最差的一位自动下降为普通业务员，业绩最好的业务员自动上升为副总监。即使降职的副总监与倒数第二位只差一分也有可能被降级。这种制度弄得销售副总监人人自危，每个人都兢兢业业地工作，生怕自己一不留神就出局。即使是每个赛季销售业绩都在前三名的副总监也时时有被淘汰的危机，从不敢放松努力。结果，在实行"末位淘汰制"一年后，该公司的业绩比上年提高了60％。

身为一家轮胎厂的老板巴辛从报纸上看到"末位淘汰制"的报道后，深受启发，他认为这种"末位淘汰制"起到了鼓励先进、鞭策后进的积极作用。于是，他决定将这一方法借鉴到自己企业的管理中。第二天，他在公司部门经理会上宣布："本公司将全面推行'末位淘汰制'，我所说的'末位淘汰制'的具体内容就是：公司授权你们在座的各位部门经理，在年底之前，对你们的下属员工进行全面考核、打分、排名次；然后，各部门要根据考核后排好的名次，辞退掉名次排在末位的两名员工。"

命令一下，原本如一潭死水的公司顿时沸腾了，为了避免让自己被解聘，所有的人都拼上了全力，也正因此，使得巴辛原本已陷入危机的轮胎厂重又充满了活力，快速发展起来。

比尔·盖茨在微软公司内部推行了"达尔文主义"，向能够提供高生产效率的员工提供高额的薪水。员工的提拔升迁完全取决于个人成就。同时微软公司采取严酷的定期淘汰制度，每半年考评一次，并且淘汰5％的员工。正因为以上种种措施，微软公司才能在20多年的激烈市场竞争中处于不败之地。

由此可见，"末位淘汰制"可以刺激员工产生最优秀的业绩，它是员工从"要我做"变成"我要做"的动力，它把一股鲜活的力量注入了企业内部，让员工能够保持很高的工作效率，同时还把那些不合适企业环境、缺少工作能力的、影响企业效益的员工淘汰下去，不但精简了员工队伍，使企业的负担大大减轻，还使以后的各项措施得以更好地实施。

企业不是慈善机构，而是需要效率及效益，实行"末位淘汰制"，将企业冗员、不适合岗位要求的人员以及损害企业利益的人清除出去，是保持企业效率、保障企业利益的必要手段，否则员工没有压力，可能会变得越来越难管理。所以，尽管这看上去有些残酷，却是推动企业快速向前发展、不断提高效益的有效途径。

建立人性化的考核制度

提到考核，很多员工都会心里发怵、莫名地恐惧，因为员工对考核结果毫不知情，结果的不确定性使其内心不安。作为企业组织，对员工进行绩效考核是必需的。但是，一个让员工恐惧的绩效考核方案，首先就失败了一半。员工在恐惧心理的作用下，是没有创新力和战斗力的。

只有不科学的绩效考核会使员工感觉企业就是不留情面、榨取自己血汗的冰冷的机器，而卓越的绩效考核制度是原则和灵活相结合的，它始终是人性化的，是合情、合理、合法的，它给员工的感觉是温暖如春，可以成就自我价值的。

员工绩效排名方式曾被认为是最有效、最具有人性化的考核制度之一。美国通用电气公司的前首席执行官杰克·韦尔奇特别善于使用员工绩效排名。他把员工依照绩效排出名次，如果倒数10％的员工工作表现在接受培训后依然无法改观，那就可能面临被解雇的危险。韦尔奇对于那些落后的员工，并不是粗暴地开除，而是为他们制订成长计划。员工绩效排名使通用电气的员工表现非常突出，他们面对的不是业绩压力，而是自己的成长压力，只有自己不断进步，才能避免使自己成为位于队尾的人。

其实，绩效排名只是一种考核方法，评估员工绩效还有更好的方法，企业管理者只要能够设计出让员工对工作结果负责的、信息沟通渠道畅通、以工作表现为基础的薪酬报酬机制，能够在机制运行过程保证公平、公开、透明、人性化，公司便可以达到期望的管理效果。

国内某食品公司就是建立了一套新颖的员工绩效评估方法。每年年初，公司的近万名员工都要根据自己的工作内容制定出8～12个工作目标。领导和员工讨论这些目标后，一同为这些目标排序。企业管理者会全年评估追踪员工在这些目标上的表现，并且在必要的时候提供协助。年底考核，员工的绩效便以这些工作目标的重要程度及完成程度为基础。

绩效考核的人性化，就是把员工作为绩效管理的主人来看待，而不是一味地当成暗箱操作的对象。要把员工当成绩效管理的主人，企业的制度设计就得把持续沟通的思想融入到整个绩效管理的过程中，以提高员工的绩效为目的，把直线经理看作员工的绩效合作伙伴，让直线经理和员工始终站在一起，共同完成绩效管理的过程。

英国一航空公司在员工绩效考核方面，突出了领导者的作用。该公司将员工绩效分为"不及格"、"及格"、"良好"、"优秀"、"卓越"五类，主管将员工绩效分类后，不对员工进行评比或者排名，而是给予具体的评述和建议。该公司认为，员工绩效考核能否成功，直线经理是最为关键的一点，因此公司会对管理者进行员工绩效评估能力的培训。与此同时，对于员工绩效表现的各个类别，公司通过严谨研讨后进行严格定义。直线经理在评估员工时，必须严格按照定义的客观标准进行考核。

无论什么样的绩效考核方式，人性化是最为重要的。对于企业管理者来说，只有制定越来越人性化的绩效考核，才会削弱员工莫名的恐惧，使员工不由自主地激情迸发、昂扬奋进。当未来变成员工一种美好的愿景，当考核结果成为一种诱人的果实，那么考核就不再是约束和批评，而是激发人们潜能、成就人们价值的兴奋剂，人们会自觉、自愿地奔向未来，积极地去摘取这一胜利的果实。

考核的基本原则是科学

绩效考核过程的本质是将量化的东西通过量化形式反映出来，将不易量化的东西最大可能客观反映。因此，绩效考核的第一原则是科学。

小张大学毕业后进入当地一家大型公司当销售人员，在工作的头几年，他的销售业绩不太好。但是随着社会关系的扩大和对业务的熟悉，小张的销售额开始直线攀升。到第四年年底，根据平日里和同事们的接触，小张确信自己是公司的销售冠军。但公司为了避免造成相互比较，影响人际关系，所以不公布每个销售员的销售业绩，因此小张的业绩无法得到肯定。

其实他在当年10月份就完成了全年的销售额，可是销售部经理却对此无动于衷。这样一来，虽然工作上很顺利，薪水也很高，但是小张始终觉得自己的劳动没有得到应有的回报——公司从来都不公开每个人的业绩，也从不关注营销人员个人的销售业绩，好像业绩好坏无关紧要一样。

当听说另外两家外资企业都在搞销售竞赛和奖励活动、公司内部定期将营销人员的销售业绩进行通报、评价，并且通过各种形式对每季度和年度的最佳营销人员予以奖励时，小张非常羡慕。但是让小张特别恼火的是，在上星期与经理的谈话中，经理以这是既定政策，是公司的文化特色为由，拒绝了他的建议。所以当猎头公司给小张打电话时，小张毫不犹豫地辞职而去。

正是因为缺乏科学、有效、正规的绩效考核系统，使得该公司无法根据员工绩效对小张等人的骄人业绩给予肯定和应有的奖励，致使竞争对手有机可乘，最终使公司失去了一位优秀的员工。有道是"兵者，国之大事，死生之地，存亡之道，不可不察也"。从这个例子我们可以看出，绩效考核是企业存亡之大事，不可不问。当然，绩效考核不是简单地对员工的行为表现做出裁定，它还存在着以下四点问题。

第一，很多时候现有员工的素质和形象会影响到考核标准的制定，每个评定人看待问题的角度与价值观不同，评定标准也必然不同。这就会使标准不可能面面俱到，最终造成制定的标准本身就不公平。

第二，对于企业来说最重要的不是领导，而是把过程做到位。但是绩效考核是对员工心理的重要导向，考评指标使员工把注意力集中在指标的完成上。它使员工把注意力集中于考核结果和领导要求，而不是关注工作本身。这样就容易造成员工为领导而工作的局面，最终使得有些员工置过程于不顾，单单追求考核的结果。

第三，在绩效考核中最为扼杀人性的弊病是名额指标的限制。所谓名额是对人性的扼杀，试想如果一个人在企业中工作由于名额的限制没有进步的希望，他会努力吗？

第四，绩效考核最致命的缺点就是绩效考核的标准如果与市场标准不一致，造成对员工工作行为的误导。

针对绩效考核的种种弊病，企业管理者必须做到完善绩效管理体系，建立科学合理的绩效考评办法。

首先，要加大绩效管理的力度，不断优化绩效计划书和绩效考核评分卡，修改、淘汰难以考核、形同虚设的指标，尽量设立和工作职责密切相连、易于考评、可以衡量的指标；

其次，是要力争公平公正、科学合理地进行考核；

再次，是要统一部门绩效考核模式，将定量考核和定性考核有机结合起来，使考核工作既具原则性和科学性，又切实可行，便于操作；

最后，是要从整体战略的眼光来构筑整个人力资源管理的大厦，让绩效考核与人力资源管理的其他培训开发、管理沟通、岗位轮换晋升等环节相互连接、相互促进。

让员工感到适度压力

考核不是摆设，不是为了考核而考核，考核的目的在于激发员工的积极性，增强团队的战斗力和企业的竞争力。因此，考核要适度地让员工感到压力。没有考核压力的员工就会变得懒得、消极、不思进取，而有考核压力的员工自然会保持负责之心和进取之心。

明朝初年的吏治，在中国历史长河中是典型的清明时期。这与朱元璋的个人经历不无关系，他曾说："朕在民间，常见县官由儒者多迁而废事，由吏者多奸而弄法，靡砂不至，遂致君德不宣，政事日坏。加以凶荒，弱者不能聊生，强者起而为盗。"所以他意识到，如果没有清明的吏治、干练的官风，社会就难以安定，自己辛苦打下的江山，难免又要落入异姓之手。

在君主集权体制下，实际上对政治施加影响的是整个朝廷官员班子，只有这个班子时时保持朝气和活力，才能使一个王朝稳步发展。朱元璋为了澄清吏治，采取了不少行之有效的方法。施行对官员的考课制度就是其中重要的一项。

朱元璋亲自制定并颁布了《授职到任须知》，对地方官吏的职责做出明确、详细、具体的规定，把地方的公务分为"祀神"、"制书榜文"、"吏典"、"印信衙门"、"狱囚"、"起灭词讼"、"田粮"、"仓库"、"会计粮储"、"各色课程"、"鱼湖"、"金银场"、"窑冶"、"盐场"、"系官房屋"、"书生员数"、"耆宿"、"官户"、"境内儒者"、"好闲不务生理"、"犯法民户"等三十一项，逐项开列地方官员应负的责任和应注意的事情。而在某个应注意事项中，他往往还列出许多具体要求，例如"狱囚"，不但要了解已结案件的多少、在押犯人的数字，还要"知人禁年月久近，事体重疑，何者事证明白，何者取法涉轻。明白者，即须归结；涉疑者，更直详审，期在事理狱平，不致冤抑"。

朱元璋把对官吏的考课具体分为考满和考察两种办法。考满是仿照古代所谓"三载考绩、三考黜陟"之制，规定内外官在九年任职期内三年一考，六年再考，九年通考，具备其一，即可升转。考核评语有三种，"称职"、"平常"和"不称职"，据以决定升降。一般降职者少，升迁者多。

考察则分为京察与外察两种。京察即对京官的考核，根据官员的具体表现来决定升降。外察是对外官的考察。1378年，朱元璋令吏部在殿堂上考核朝觐官的政绩，"称职而无过者为上，赐坐而宴；有过而称职者为中，实而不坐；有过而不称职者，不预宴，序立于门，宴者出，然后退。"此后便成定制。在明初，考察的结果一般都是罢黜多而升迁少，正好可以借机换置新员，令能者上、庸者下。

明初对官员的考课，以及根据考课结果制订的陟罚臧否，调动了官员的积极性，约束了官吏们的行为作风，对明初的吏治清明起到了积极作用。明初的清官最多，有些官员纵使无甚才干也能循规蹈矩，不敢胡作非为。其主要原因就在于朱元璋制订的逐级审查的考课制度。

任何事业的完成，都得益于组织成员的积极性和紧迫感。只有严格的考核，才有正确的评价，才能对下属进行客观的评价。"干和不干一个样，干多干少一个样，干好干坏一个样"的大锅饭思想，是不良组织的最大弊病。只要让员工感到有压力，员工才会积极主动起来。

正确运用 KPI 考核体系

管理大师德鲁克说："如果我们知道目标，目标管理是有效的。不幸的是，大多数情况下，我们并不知道我们的目标。追求考核上的量化指标，而不是目标的明晰一致，这是量化管理的误区。"因此，在绩效考核体系的设计过程中，考核目标设定是关键的一环。

考核目标的设定确立了对员工绩效考核的内容以及绩效考核的标准，是整个绩效考核体系的参照系，对考核体系的实施具有重要的指导意义。从更深层次上来说，通过考核目标的设定，可以影响员工对待不同工作的态度，进而起到引导员工行为的作用。

从以工作能力、工作态度等为主题的主观评价到以增长率、下降率、达成率等为主题的量化测评，绩效考核的操作性得到了质的提升。关键绩效指标考核（KPI考核），作为量化考核工具的先进代表，深受企业的重视和推崇。然而，对于KPI考核的误解让很多企业陷入了数字陷阱而不能自拔，严重者令企业元气大伤。因此，很有必要洞察 KPI 考核的真谛。

为规避 KPI 考核目标空洞的问题，实现提升企业绩效管理水平的终极目的，需要注意以下几点：

其一，正确抽取关键指标，妥善处理 KPI 考核与日常管理的关系。每个业务部门只需要关注几个关键指标。指标一多，员工很快就会晕头转向。每个业务部门都能找到自己的关键指标。管理者要做的只是问问以下这个问题：根据公司愿景和需求，我们部门的目标是什么？

考核不同于日常管理，更不能取代日常管理，KPI 考核的成功推进需要日常管理的有力支持。绩效考核检测的是常规工作事项的完成情况，而难以预测的异常情况则需要日常管理予以及时解决。若发现问题不及时解决，而是秋后算总账，那么考核将失去应有的意义。

其二，对考核方案进行解码与重新编码，构建和谐的考核关系。有关 KPI 考核失败的许多案例证明，KPI 考核之所以沦为填表游戏，其关键不在于企业管理基础薄弱、员工认识不到位等这些表层因素，而在于 HR（人力资源）经理在 KPI 考核中角色转型不到位，致使原本科学的考核方案在执行中蜕化变质。

恃才傲物的知识型员工是难以说服的，力挽狂澜的 CEO 更是难以改变。HR 经理在传达高层考核指令或上诉员工绩效申诉时，如果不对"指令"和"申诉"进行解码与重新编码，再好的考核方案也难以执行下去。或者说，正是借助于 HR 经理的翻译，老板与员工才找到了对话的平台，构建起了和谐的考核关系，消除了员工的抵触心理，使企业的目标得以实现。

其三，目标设定要切合实际，不要含糊不清。毫无疑问，没有目标可循的指标是没有价值的。然而，缺乏有意义的目标，指标也是没有价值的。公司设定目标时往往只是简单地根据上一年的绩效情况提高 5％或 10％。然而，他们设定的有弹性的目标最后却如空气般空洞。《保持成绩》的作者布朗教授倡议根据以下几条内容设定目标：你自己过往的绩效表现、竞争对手的表现、行业翘楚的表现、自己公司的实力，以及员工和供应商的投入。

其四，不要只使用一个指标。绩效考核的一个关键是简明地传达指标数字。不厌其烦地重复，直到员工理解那些数字。而第二个关键则是定期开会温习这些数字。必须要召开战略会议，公开所讨论计分卡问题。同时管理者也要顾及数字背后的含义和需要放在首位的问题。这样的会议确保每个人不但知道得一样多，还保证每个人都知道他们需要做什么。

作为一种管理思想，KPI 考核既可以成为提升公司整体绩效的有力工具，也可以沦陷为劳民伤财的填表游戏，关键就看企业如何看待和运用。

刚性排名和强制排序要不得

刚性排名和强制排序是相对强硬的两种使用形式。刚性排名体系和绩效考核流程相辅相成，其标准既包括员工表现，也包括员工潜力。公司对表现好的员工，给予奖金和成长机会，表现差的员工则要求改进，或者请他们出门。理论上，公司找到了该奖励和该惩罚的员工，分别给予萝卜与棍棒，应该可以让公司更好，但是实际上，实行员工排名有利也有弊。

在典型的刚性排名体系里，20％的员工被评为 A 类员工，70％为 B 类员工，剩下的 10％为 C 类员工。即使每个人都达到了基本要求，一部分员工还是只能在排名中垫底，而且在有些公司中，这部分员工会因此遭到解雇。另一方面，刚性排名体系只着重在年度考核流程上，并不评估员工的工作潜力。

对于员工排名是否奏效，专家学者的正反看法参半。赞成者认为，员工排名简单而且公平，是衡量员工绩效的良好工具。平时可以改进或淘汰表现不佳的员工，在不景气，公司需要裁员的时候，更可以帮助公司精准减肥。此外，一般主管偏向于当好人，除非必要，不会告诉员工他们做得不好，实行员工排名，迫使主管正视员工绩效，并且要告知员工。如此一来，员工知道他们自己的表现如何，以及是否需要改进，可以激励员工努力工作。

反对者则认为，公司应该要创造团队合作，排名造成员工之间彼此竞争，这种竞争将打击工作士气。除了员工感到不舒服，主管也被迫比较员工的能力，即使所有的员工表现都在水平之上，主管还是得列出表现不佳的员工，让这些人受到不应该的评价及处罚。

在员工排名方面，经理是决定成败的关键。对员工排名持中立意见者认为，员工排名的好坏，大部分取决于公司绩效管理的方法。曼哈顿学院专业道德中心负责人韦尔斯在《劳动力》杂志上强调，系统及执行者是否公平，扮演了非常重要的角色，包括谁是执行评估者、被评为最差的员工，是否有机会申诉。为了维持公平性，公司需要制定客观、具体的评估标准，尽量让不同的主管参与，不要只有一个人主掌评估大权。

另外，考核还需要感性考量。如果绩效管理只是一摞硬邦邦的考核卡和一堆冷冰冰的考核数据，那就是不具人性化的管理工具，也就很难得到贯彻落实，即使强行推动下去了，也迟早会形式化。"感性"则是绩效管理由一个平面，变成有血有肉立体的内涵与灵魂。这里所谈的"感性"，不是随意、无原则，而是指要考虑、尊重人的感受。要想实现感性考量，在冰冷的绩效考核体系中揉入情感色彩，需要注意以下几个方面：

（1）目标制定上下沟通，达成一致。管理者在为企业导入绩效管理体系过程中，应采用"上下沟通，制定目标"的方法。制定目标过程中的上下沟通，既是制定合理目标的有效方法，也是充分尊重下级意见、听取下级想法的重要途径，还是将目标执行的困难与思想障碍提前扫清的重要手段。实践也证明，采用这种方法，能使各级人员执行目标的积极性提高，目标的达成效果也比以前好了很多。

（2）目标实施指导鼓励，共同达成目标。绩效考核不是月底累计数据，与员工进行"秋后算账"，而是要在目标执行过程中关注员工表现，及时表扬员工，及时纠正过程的不足，时刻关注目标完成的进度，让员工有动力、有压力，并及时提供帮助，与员工共同完成设定的目标。

有的企业老是盯着看分数有没有拉开差距，有没有分数普遍高了，而不去关注目标是怎么完成的，或者为什么没有完成，这与绩效管理强调的过程跟踪的管理思想严重偏离。目标实施过程中的指导和鼓励，是作为上级主管管理职能发挥的重要途径，如果没有目标过程的指导和鼓励，试问：员工凭什么认为你是他的领导？

（3）考核打分中肯评价，认真反馈。领导魅力是怎么建立起来？其中很重要的一点就是让员工得到尊重、重视与公平对待。在绩效管理中对员工中肯评价、认真反馈，就是让员工得到尊重、重视与公平对待的有效手段，其作用已远远超出了单纯的绩效考核成绩本身。

绩效考核应不唯绩效导向，并且要特别注重绩效沟通以及应该有的弹性。而通过反思则不难得出如下结论：纠正绩效管理过度刚性、绩效导向过头的办法，最根本的是要明确绩效管理的终极目的，然后是实施绩效管理的方式刚柔并济，即不放弃应该的标准和原则、不丢弃最初的目标和考核结果，但实际的操作中能够将人性化融入，注意区分不同的岗位特点和考核的模式、周期以及沟通的形式、频率，让员工发自内心认可和接受。

加强对管理者的考核

只有了解了一个管理者在计划、组织、人员配备、指导与领导、控制等方面的工作做得如何，才能确知那些占有管理职位的人是否有效地进行着管理工作。这是企业管理中的一个十分重大的问题，关系到企业目标的实现，关系到企业的生死存亡。因此，任何企业要想有效地实现其目标，就必须十分重视和切实搞好管理者的考核工作。对管理者的考核是绩效考核的核心。

怎样才能使管理者考核更加有效呢？明白考核工作的基本要求并且严格执行很重要。遵守这些基本要求会带来考核工作的高质量。做好考核工作的四项要求是，考核方法要可行、指标要客观、结果要反馈、时间要适合。

1. 考核方法要可行

首先，考核项目要适中，既不要太多，过于繁杂，也不要太少，达不到全面考核的要求。应根据各层次不同人员所在职位的重要性来确定。

其次，考核的结果要客观可靠。否则，不但起不到积极作用，反而会产生消极作用。

再次，要明确所采用方法的目的与意义。人们只有了解了所采用方法的真正意义，才会接受它，并自觉地配合，不会使之流于形式。马马虎虎地、随随便便地填写鉴定表，比没有鉴定制度更具有潜在的危险性，因为这会损害一个人一生的事业，因为错误的管理决策是由于基本情况失真所致的。

2. 考核指标要客观

考核是以考核的内容为基础的，在此基础上，需要设计一系列指标，才能具体地衡量管理者在各方面的工作绩效。指标设计的重要标准之一就是客观。要做到考核指标客观需注意以下内容：

一方面，指标的含义要准确、具体，不能含糊不清，更不能用一些抽象的概念来作为衡量的标准。在实际工作中，许多企业在考核指标方面存在这方面的问题。

另一方面，指标尽可能量化。考核指标可以分为定性指标和定量指标。在目前，考核指标中的定性指标较多一些，这是因为对人的考核不容易定量。但即使如此，我们还是要尽可能地将定性指标科学量化，以避免定性指标较大程度上的主观随意性的缺点。指标的量化，使一些数学方法得以运用到对人的考核之中，增加了考核工作的科学性和准确性。

3. 考核结果要反馈

考核的结果应该告诉被考核者，这是为了使被考核者能够及时知道自己的优缺点，知道自己在哪些方面做得比较好、在哪些方面还有欠缺，以便能在今后的工作中发扬长处，克服不足。此外，反馈也可促使被考核者通过别人的考核，对自己有一个正确的评价，例如自己有没有能力胜任工作、工作中出现漏洞或缺点，是由于自己知识和能力的欠缺所引起的，还是由于疏忽大意而引起的。如果是知识、能力的不足，能否通过培训来弥补，等等。

当然，考核结果的反馈需要较高的信息沟通技巧，一般来说，对一个人的评价既有优点也有缺点，优点的信息比较容易传递，而缺点的信息就不太容易传递了。因此，在考核结果的反馈中，一定要讲究沟通艺术，注意方式方法，使反馈能真正起到应有的作用。

4. 考核时间要合适

考核时间这个问题不可能有一个整齐划一的界限，因为组织内处于不同层次、不同职务的管理者的活动和要求以及与上下左右的关系等都不一样。因此，考核的时间也不可能相同。但是，考核时间的确定不能凭心血来潮，想什么时候考核就什么时候考核，而是应该预先有所规定。

具体确定考核时间的长短，需视其管理者个人情况以及职位的相对重要性而定。由于管理的效果总是要经过一段较长的时间才能表现出来，所以如果时间太短，则两次考核结果可能没有什么差别，而时间太长，则既不利于纠正偏差，也不利于鼓励工作出色的员工。一般来说，大部分企业为了方便起见，对各级人员的正式考核多是一年1～2次，对新选聘上来的人员考核次数要多一些，这是为了尽快了解他们的能力。

当前，由于环境变化和发展速度非常快，因此国外目前有一种增加对人员考核次数的倾向。这样做是为了尽可能多地获得有关人员的资料，作为人力资源管理的基础。同时，上级较多地进行人员考核工作，也有助于他们克服主观成见，增加他们对下级的了解。

评估中的敏感事件处理

绩效评估的工作对象是人，这就意味着任何完善的绩效管理都会遭到质疑、不理解和抵抗。在任何组织内部的绩效评估中，都会有敏感事情的发生。下面是一些评估工作中可能遇见的敏感事件，需要在进行绩效评估时给予高度重视。

1. 当员工误会管理者时

如果某个员工因偶然事件而受到过分的批评，他或她通常会认为这是对他们有偏见。这时不要试图与员工争论，因为管理者否认没有偏见可能不会被接受。相反，试着承认在评估工作中有不对的地方，但是要准备好资料为自己解释。

比如，"小王，你为什么会认为我偏向小陈？如果我给你留下了那种印象，或许你可以帮助我找找原因。"小王可能会说："你让小陈做的工作都很简单，而我干的活都是别人不愿意干的差事。"那么管理者可以这样回答："我并不认为我给小陈的工作都很容易，相反我发现我让他做了许多需要集中精力才能完成的工作。当我需要立即完成某些事时，他似乎很容易做到。另一方面，我一直不知道是否应该让你做任何日常工作以外的事情，那是因为你的表现似乎让人觉得我在不公平地对待你。难道你不认为我在这方面依靠愿与我合作的人来完成工作是人之常情吗？或许你认为我偏向小陈是我的错，以后我会注意。但你是否可以也来承担这些重任？"

2. 当员工认为升职机会渺茫时

对于那些等候提升而又知道如果其前面的人不能获得提升或离去，他也就很难提升的员工而言，他一定会觉得晋升机会渺茫。假定一个实验室的二号分析员对你说："每次总结工作时，你总是说我工作做得不错。但是对我来说，这并没有带来任何好处。如果一号分析员不调动工作，那么我就只能拿现在工作的最高工资。我算是被钉住了。对我而言，所有的业绩总结都无异于在伤口上撒盐。"

处理此类抱怨的一个好方法是承认事实的存在，但不要表示过分的同情。试着这样说："确实如此。我也认为让你排队等候机会是很难的。但是某些人总是错误地认为他们的升职只是靠他们的资历，我不希望你也陷入那个误区。如果再有更好的工作机会，我希望我们两个都能说你完全合格。你可以发现自己的弱点所在并且加以纠正。如果另一个人与你一样有能力，工作和你做得一样好，你就没有理由限制人家渴望获得一号分析员的愿望。或许你可以做一项选择，那就是跳到公司另外一个部门。"

3. 如何把握对新员工评估的时间

不必等到正式的评估时间。只要新员工一出现问题，就要提出建设性的批评意见。发现业绩不好的原因，询问业绩未令人满意的原因，看这些是否是因为遗忘、不精心、能力不够或未能理解预期的标准等因素造成的。提供给他们需要的任何帮助。对于新员工，管理者应该立即将谈话加以记录，送给他们一份备忘录并在他们的个人档案中放置一份副本。如果总是重复出现上述问题，可以立即与该员工面谈并采取措施。

4. 给员工较高的评价有无危险

了解自己在管理者心目中的位置对于业绩优秀的员工和成绩平平的员工都同样重要，如果管理者没有对优秀的表现表示认可，他们就可能认为：做好工作有什么好处，没有人会赏识的。因此管理者不要吝啬自己的评价。

5. 员工业绩不好怎么办

对待不好的业绩表现不要过于急躁，尤其要确保通过鼓励能够提高业绩。否则，他们可能认为他们的业绩不佳是管理者的错误，而不是他们的错误。

给予他们的指导应该是："以前我们已经做过这个，在以前 6 个月里我已经特意给你指出你在哪些方面做得不够。还记得你上星期忘了处理旋转装置，导致整个车间陷于困境的情景吗？在我看来，你再细心一点就会有大进步。"但是不要强迫员工，以让他们保留自尊。通过总结自己所发现的满意或不满意的事情来结束讨论。

6. 员工虽经努力仍未达标怎么办

可以从下面几个方面找原因：

（1）员工被分配去做那些与他们能力不相适应的工作，它可能太难或太容易了。一个解决办法是将其转到另一个更适合的工作岗位上，或者重新设计工作以便给员工更好的职位。

（2）员工可能未经过正确的培训。出现任何不良绩效时，管理者应该首先检查培训工作的情况，并和员工一起从头至尾总结工作程序上的问题，看是否把一个关键的东西忽略了。

（3）员工可能是来自工作压力的受害者。员工可能要尽力符合工作标准，但可能合作者不与其配合。为了改变这种情况，管理者可能要从整体出发去寻求改进或修正合作者状况的方法。

（4）员工可能因体力或情绪的原因达不到工作的要求，那么由企业的医务人员做检查则很有必要。如果有家庭问题——离婚、死亡、重病——管理者可以试试咨询。管理者应该显示出对其深表同情，但是对其不良绩效的容忍必须有个限度。

（5）管理方法可能也有错误。事情总是具有两面性。绩效不佳可能也是由于管理者未能提供准确的标准、未能有效地培训员工或在问题发生前未予以帮助所造成的。

绩效沟通必不可少

持续的绩效沟通就是一个双向追踪进展情况、找到影响绩效的障碍以及得到使双方成功所需信息的过程。持续的绩效沟通能保证企业和员工共同努力避免出现问题，或及时处理出现的问题，修订工作职责，因为这些问题在许多工作部门都会发生。

不管使用何种方法进行绩效沟通，只要它是以促进成功为目标的就可以。这里是一些常用的方法：每月或每周同每名员工进行一次简短的情况通气会；定期召开小组会，让每位员工汇报他完成任务和工作的情况；每位员工定期进行简短的书面报告；非正式的沟通（例如经理到处走动并同每位员工聊天）；出现问题时，根据员工的要求进行专门的沟通。

尽管绩效沟通的具体形式多种多样，从正式的书面报告到简单地聊天都有，但并不能确定哪种方法是最好的。企业应该根据使企业和员工都能成功的目标来决定何时沟通、如何沟通，以及多长时间沟通一次。对不同的员工可以采取不同的沟通方式，因为有些员工需要多介入一些，有些员工需要少介入一些；而有些工作相比而言需要更多的沟通。根据实际情况决定采取何种形式，以保证它实用且有意义。不要制定一些实际上行不通的沟通方式。

不管采用何种沟通方法，以下沟通技巧都将有助于改善绩效沟通。

首先是倾听技巧。绩效沟通主要是在企业管理者与员工之间进行。因此，企业管理者需从如下角度培养自己的倾听素质：

一是要呈现恰当而肯定的面部表情。作为一个有效的倾听者，管理者应通过自己的身体语言来表明对员工谈话内容的兴趣。肯定性地点头、适宜的表情并辅之以恰当的目光接触，显示自己正在用心倾听。

二是要避免出现隐含消极情绪的动作，如看手表、翻报纸、玩弄钢笔等动作，这样只会令员工感到主管对交谈不感兴趣，不予关注。

三是呈现出自然开放的姿态。可以通过面部表情和身体姿势表现出开放的交流姿态，不宜交叉胳膊和腿，必要时上身前倾，面对对方，去掉双方之间的杂物，如桌子、书本等。

四是不要随意打断员工。在员工说完之前，尽量不要做出反应。在员工思考时，先不要臆测。仔细倾听，让员工说完，再发言。

其次是绩效反馈技术。管理者可从如下角度锻炼自己的反馈技术：

一是要多问少讲。发号施令的管理者很难实现从上司到"帮助者"、"伙伴"的角色转换。管理者在与员工进行绩效沟通时可遵循 80/20 法则：80% 的时间留给员工，20% 的时间留给自己，而自己在这 20% 的时间内，用 80% 的时间来发问，20% 的时间用来"指导"、"建议"、"发号施令"，因为员工往往比管理者更清楚本职工作中存在的问题。

换言之，要多提好问题，引导员工自己思考和解决问题，自己评价工作进展，而不是发号施令，居高临下地告诉员工应该如何如何。

二是要将沟通的重心放在"我们"上。在绩效沟通中，多使用"我们"，少用"你"。如"我们如何解决这个问题"、"我们的这个任务进展到什么程度了"或"我如何才能帮助您"。

三是反馈应具体。管理者应针对员工的具体行为或事实进行反馈，避免空泛陈述。如"你的工作态度很不好"或是"你的出色工作给大家留下了深刻印象"。模棱两可的反馈不仅起不到激励或抑制的作用，反而易使员工产生不确定感。

四是对事不对人，尽量描述事实而不是妄加评价。当员工做出某种错误或不恰当的事情时，应避免用评价性语言，如"没能力"、"失信"等，而应当客观陈述发生的事实及自己对该事实的感受。

五是应侧重思想、经验的分享，而不是指手画脚地训导。当员工绩效不佳时，应避免说"你应该……而不应该……"，否则会让员工感到某种不平等，可以换成"我当时是这样做的……"

六是要把握良机，适时反馈。当员工犯了错误，最好等其冷静后再作反馈，避免"趁热打铁"或"泼冷水"；如果员工做了一件好事，则应及时表扬和激励。

考核从自我评估开始

哈佛管理学教授罗伯特·肯特在哈佛商学院教授管理沟通课程，他认为在企业管理中应该采用更加积极的绩效考核方法。他引用了小说家萨默塞特·毛姆的一句话："人们都问你要批评意见，但其实他们真正想听的只有好话。"来自布朗咨询集团的鲍勃·布朗认为，公司应该终止已经僵化或没有具体记录的评估。他的理由是："过于宽松的评估反过来会困扰员工。"

布朗建议考核最好从自我评估开始，这样做有三个理由：首先，员工常常会列出绩效问题，这样经理人对他们的指导就像是教练而不是监工。其次，这个方法有助于了解上级和下属对业绩的不同看法。最后，在准备文件上时间花得最多的人不是上级，而是员工。

员工自我评估之后，经理如何针对不同员工实施有效的绩效管理策略？这里套用波士顿矩阵，对企业中的员工做了一些类推。首先做一个假设，即员工对企业的价值贡献，取决于其所处的岗位的价值以及他相对此岗位的匹配度。以此把企业中的员工分为三类：

（1）明星类员工，他们是企业中岗位价值和岗位匹配度都很高的员工，是企业经营中的主角，既是创造大部分企业经济价值的明星，同时又是企业管理舞台中的明星。

（2）中间层，他们在普通岗位上很好地完成了自己的工作，他们在企业的管理舞台中属于"沉默的大多数"。

（3）问题类员工，他们处在企业中那些较为简单的基础岗位上，但仍然不能完全使所处岗位体现应有的价值。

对于企业中的员工做这样的划分，可以帮助我们在企业中针对不同的员工进行有效的绩效管理。针对中间层、问题类和明星类员工，可以用三种不同的方式进行绩效考核谈话。

（1）对待问题类。问题类员工可能不愿意接受绩效低下这个事实，容易和管理者产生冲突。因此管理者只要能把握好这种绩效考评，那么其他的考评就容易多了。要是员工表现不好，管理者应该直接告诉他，但是要为他留下提高能力的一线希望。如果能够弥补错误，尽可能详细地告诉员工哪里做错了。如果下次必须要解雇这个员工，管理者现在就要定下客观的标准。对待绩效差的员工，管理者一定要帮助其分析绩效差的原因，帮助员工制订绩效改进计划。另外，对绩效差的员工应进行适度的鼓励，哪怕是微小的进步，都值得管理者去表扬。但是也应该对长期绩效无起色的员工进行批评说明，暗示如果还不能及时扭转这样的局面，其可能会被团队所淘汰。

（2）面对中间层。所有组织都依赖稳定的中间层员工。不是每个人都能成为明星员工的。询问你自己下面几个问题：这个人还有没有提高能力的空间？他的能力是不是已经到头了？要是这个员工做得不够好，告诉他提高表现的途径和提高后的奖励。要是他已经尽了最大的努力并且表现尚可，那么或许最好的办法就是不要提高对他的要求，和颜悦色地和他谈话。

（3）认可明星类员工的表现。优秀的员工在其职责范围内的工作一定已经做得非常好，因此一定要及时对员工的优异表现加以肯定，同时总结优秀员工的典型行为以便推广到其他员工身上。优秀员工一般具有比较强的个人发展欲望，因此绩效考核面谈时应多了解员工未来发展设想，这样可以为优秀员工创造更好的发展空间。

对于优秀员工的加薪问题一定要慎重对待，一般而言，优秀员工已经比其他员工薪酬高，因此也不能再轻易为优秀员工加薪，除非优秀员工和普通员工目前薪酬处于同一水平。可以在职业发展上给优秀员工更大的发展空间，给予优秀员工晋升的更大机会和空间。

促使下属做出成绩来是对管理者自己最好的评估。每一次谈话都要精心设计，确保团队能做到最好。以这次谈话为契机，引导他们思考如何更有效地为组织做贡献。

需要重视的几对关系

绩效管理不是孤立存在的，相反，作为最重要的管理手段之一，绩效管理必须在整个管理系统中做全局考虑。绩效管理系统的建立、完善和发展，需要处理好以下几个方面的关系。

1. 绩效管理与战略计划

许多公司都有一些展望未来的方法。公司级的战略计划可能包括公司总的宗旨、存在的意义及长期目标等最重要的内容。长期的战略计划随后又分解成许多年度计划。

绩效管理是如何同它们联系的呢？组织的长、短期目标要逐级地分解为各小部门和个人的目标和任务。这种将公司目标转换为个人责任的过程，正是通过绩效计划过程来完成的。这个过程将每个员工的工作同公司的目标相连。

除此之外，从绩效管理中得到的信息对计划过程也有用。当管理者在做计划的时候，如果知道有哪些障碍影响成功的话，自然是最棒的。绩效诊断就能提供这方面的信息。管理者对潜在的障碍认识越深，就会对消除它们有越充分的准备。

2. 绩效管理与激励手段

绩效管理手段必须获得激励手段的良好支持才能充分地发挥作用。但是绩效不应仅与工资和奖金挂钩，那样会使员工认为实行绩效管理就是涨工资或减工资。应使激励的手段多样化，如员工个人能力的发展，让他们承担更多的工作责任，获得职位的提升，以及获得公开的精神奖励等。随着资本市场的成熟和规范，还可以尝试股票期权等激励方式。

奖励优秀的员工总比处理绩效表现不好的员工要容易得多。为保持并提升企业的竞争力，有效地管理绩效低下的员工可能更为重要。如通用电气实行严格的 ABC 管理法，规定必须有 10% 的员工为 C 类，这些人会被降职或淘汰。在海尔，通过考评将员工划分为优秀、合格及试用三类，并将三类员工的比例保持在 4∶5∶1，试用的员工必须设法提高绩效，否则会被淘汰。还有一些企业采用末位淘汰制。这些做法均是市场竞争的残酷性在企业内部的反映，管理者必须正视绩效不良员工的管理问题，使绩效管理制度真正地运行起来。

3. 绩效管理与绩效指标

管理者往往对绩效管理制度有一种不很现实的期望，希望通过指标体系的设计，将所有的工作过程和任务量化，以此减少管理人员在考核过程中的主观因素，达到绩效考核的公正和公平。绩效管理的指标体系很难实现全部的定量化。例如对于销售人员，尽管可以直接用销售额去衡量其业绩，但是考虑到企业的长期战略目标，对销售人员开发新客户的能力、与客户沟通的效果、服务客户的态度及水平的定性评价也很重要。对于一些依靠知识、经验及技能从事创造性工作的员工，如研发人员，定性的评价可能比定量的考核更重要。

因此，一个良好的绩效管理制度的设计，一定要将定量的考核与定性的评价有机地结合。任何一个好的管理制度，都不能替代优秀的经理人的作用。管理者应当承担起而不应是逃避绩效管理的责任，对员工的绩效作出客观公正的、定性与定量相结合的评价。

4. 绩效管理与预算过程

做预算是公司的一项核心工作，绩效管理以两种方式同它联系。首先，公司的预算对员工完成工作职责时能做什么和不能做什么会形成一些制约。绩效管理是确保员工了解这些限制因素的理想途径。因此，预算给绩效管理提供输入变量。

另外，绩效管理的有关研讨过程也会为制订预算提供信息。例如，在制订绩效计划时，管理者和员工发现了完成一项工程的技术障碍。由于事先发现了这个问题，他们就可以追加预算，购置新设备以确保工程完工。

5. 绩效管理与企业信息系统

绩效管理体系对企业的管理信息系统有较强的依赖性。例如按照平衡计分法的绩效管理模型建立的指标体系，需要处理大量的财务、运作流程及市场的数据并使信息在企业内部快速地流动，才能使绩效指标及时地反映企业的经营状况，提高经营绩效反馈和调整的效率，缩短企业响应市场变化的时间。

但是这并不意味着不具备良好信息系统的企业就不能建立绩效管理体系。企业仍然可以借鉴平衡计分法的管理思想，根据发展战略，确定关键业务环节进行绩效控制，与此同时建立相应的信息系统，使绩效管理与信息系统相辅相成，相互促进，从而逐步得到发展和完善。

/第 11 章/

搞好团队建设的绝招

管理者的 10 项职责

在团队中，领导者的职责慢慢发生变化。最初团队的领导是这样的：关键的商业信息，诸如生产、计划、资源和最后期限等的决定权均掌握在领导者一个人手中，他必须对完成任务的整个过程负责，团队的其他成员只要按照分配下来的任务做事即可。

但现在，团队成员也被要求担负责任，他们也享有相应的权力以及一定的领导权。这令领导者的个人权力相对减小，但协调团队工作的难度却因此变大。团队领导者需要确保形成有效的团队凝聚力的沟通机制，培养团队成员的自豪感，并要协助团队工作的实施。以下是一个高绩效团领导者的 10 项基本职责：

（1）为团队确立目标。领导者应该确定自己的团队要达到什么样的目标，这些目标的各个领域应该有些什么要求，必须采取哪些措施才能确保这些目标的实现。他还必须就这些目标与其他人进行沟通，因为他们工作绩效的好坏会直接影响到目标的实现。

（2）提高团队成员的忠诚度。要努力培养整个团队的忠诚。优秀的团队领导者会抓住一切机会向团队展示团队成员的表现是多么出色，鼓励成员尊重彼此的能力和技术。而且，当他的团队成员主动采取行动时，他会表明自己是多么欣赏这一举动。他通过这些做法使那些组成团队的个人变得更加忠诚，同时也更加具有责任感和自制力。

（3）增强团队成员的专业能力。团队领导者需要不断努力加强团队内各种技术的组合，同时提高团队成员的各种技术水平。如果团队所需的各种技术和实际具备的技术之间存在着严重的技术缺口，那么，团队就不可能获得成功。因此，团队领导要不时地对团队成员具有哪些能力进行评估，并找机会提高他们的能力。

（4）确定衡量绩效的尺度。团队领导者要确保团队的每一个成员都有能够用来衡量自己工作的尺度，这种尺度是依据整个团队的绩效形成的，也是依据个人的工作形成的。团队领导者要使他的团队知道为什么确定这样的尺度，以及用这种尺度衡量出来的结果如何。

（5）协调外部关系。一般来说，团队领导者要负责处理团队与外部的关系，不管他是该企业的成员还是来自其他企业的人员。总之发生时，即使这一责任由团队承担，外部人员也往往去找团队领导者，而且认为理应由团队领导者负责团队的对外交涉。因此，团队领导者的一个重要任务就是协调好与团队外部的关系，以使团队能够创出良好的绩效。

（6）激发全体成员的工作热情。团队领导者要把那些负责不同工作的人组成一个协调的整体。在实现这一目标的过程中，团队领导者需要不断激发团队成员的工作热情。可以采用的手段有：充分发挥管理措施的作用，充分利用与被领导者之间的良好关系，对工作做得好的进行奖励，充分利用晋升政策，坚持经常性的上下沟通。

（7）利益分享。团队领导者与一般工作群体的领导者之间的差别在于，团队领导者将整个团队利益置于个人利益之上，因此不会自己抓住所有最好的机会和功劳。他退到后面，让其他团队成员负起责任，或者让他们学会如何执行新任务，这就为每个团队成员创造了进一步发展的机会。通过这种做法，也培养了团队成员对团队的忠诚。

（8）提供援助。协助团队实施计划是领导者的又一项重要职责。许多团队成员在完成任务时或者在与其他部门协同工作时会遇到困难，需要帮助。领导者可以通过在企业内部为团队争取支持等来帮助工作计划的实施。

（9）对团队成就给予认可。在大多数团队里，正式的认可经常是特定的、有限的且比较滞后。非正式认可是使团队成员获得认同感和被激励的最佳工具。

（10）强化激励。领导者要经常从工资、奖惩、福利和晋升等方面对团队成员进行激励，通过建立有效的物质激励体系，更容易形成一种荣辱与共、休戚相关的命运共同体。

营造轻松氛围的方法

让一根木尺不断地弯曲，到了某种程度它自然就会断裂，团队也是一样，加压到某个程度就会撑不下去了。当然，每个团队成员都是生活在压力之中，但要是压力太大，就会出现明显的焦虑症状，有时甚至会引发严重的后遗症。不同的人有不同的"临界点"，超过这个容忍极限，后果就不堪设想。

英国作家维龙·可曼博士写了一本书《舒缓工作压力的技巧》，书中提到了在英国公司里，平均每个团队成员每年因为压力过大而折损了价值 1000 英镑的生产力。也就是说，假如这个公司有 1000 人，每年就要平白损失 100 万英镑的收入。为什么会这样？很简单，团队的管理者没有学会为自己的团队减压。

鉴于现在的员工都处于极高的工作压力之下，许多跨国公司都积极提倡开放的企业文化和轻松的工作氛围，这一点在微软尤为突出。软件业的从业人员显然处于更高的工作压力之下。为了减轻员工技术层面上的压力，微软在做任何一项软件开发的时候，每天都有一个"check point"，员工们以研讨会的方式在一起探讨问题。为了减轻业务人员的压力，经理们通过"one on one"，即直接对话的方式定期与之交流，帮助减压。

虽然生活中没有固定的模式可以保证免受压力，但还是有许多方法可以减轻压力，团队管理者可以采用下列几种方法在团队中营造出轻松的氛围。

（1）用培训减压。培训一方面可以提高团队成员的专业知识和技能，另一方面也会让他们学会如何减少和对付工作压力。这将有利于他们掌握沟通的技巧，学会处理上下级、同事之间的关系，更合理地安排工作时间，从而做出更好的成绩。

（2）重新设计工作内容。为了改变工作和团队成员的不适应状况，除了进行人员调整外，还可以重新设计工作，使工作变得富有挑战性和刺激性。当然，通过工作再设计只能减轻而不会消除工作中固有的压力因素。通常，许多工作在设计之初就应考虑到可能存在的压力，尽量使团队成员能够控制他们自己的工作进度，允许他们更多地运用自己的技术和能力。通过这种方式，将会提高团队成员的工作满意度，减少压力反应。

（3）把压力宣泄出来。实际上就是为团队刻意创造一种情境，使员工紧张的情绪发泄出来，取得一种心理平衡的方法。精神发泄的方法可以有多种形式。日本有些企业专门设置了"情绪发泄控制室"，使有压力的员工随时可以去室内痛打模拟人形等，发泄自己的怨气和不满。美国著名的威尔逊培训中心也有类似的精神发泄室。让团队成员把压力宣泄到一个安全对象上，可以避免他们把不良情绪带到工作中，影响工作绩效。

辨明团队成员的角色

建立一个高效团体的第一步，是把合适的人聚在一起以形成团队。如果我们能够识别各种团队角色，并且能够根据这些角色来匹配团队成员，我们就有了形成具有巨大成效的团队的基础。这种成功将会远远大于所有团队成员独自工作的努力之和，不论他们每个人多么有天赋。

再进一步说，如果每一个人拥有一种角色，这种角色既适合于他们的技能，又与他们的个性相吻合，那么他们就会感到他们正在做着更大的贡献。他们将会得到更多的认可和赏识。由于人们是在将他们自己独特的贡献予以价值化，而不是与其他团队成员为角色而竞争，团队中就会有更少的对峙与冲突。事实上，这些就是有助于在团队中形成更多激励、更旺盛士气的因素。换句话说，一旦我们建立了一个强大的人人都有其角色的团队，有关团队的其他工作也会变得更加容易。

每个团队都希望自己的团队内角色分配清晰、合理，但是当团队人员配备不平衡时，将怎么办呢？那么，团队不妨借助下列方法进行解决：

第一个办法就是改组。这听起来有点戏剧性，但是两个或多个团队成员互换工作或大量互换工作却可能是个好主意，这样能使他们去扮演他们能做得更好的角色。

第二个办法是增加团队功能的灵活性。找出每个团队成员喜欢什么任务、什么任务做得好，然后区分这些任务。这与整个职责领域的交换有所不同。团队给这个人一些另一个人的工作，再将他的一些工作给另一个人，再将这另一个人的工作给其他一个人，依此类推。当然，团队需要谨防拿走他们都喜欢并且擅长的工作。

第三个办法是将相互冲突的团队成员隔离。团队可以将自己划分为更小的工作群体，使每个群体负责不同的项目或负责同一项目的不同阶段。如果团队不能将相互冲突的团队成员隔离开来，那么，当他们在一起开会或讨论时，都要确保当时有一个协调的人员。

第四个办法是与其他团队交换。也许本团队旁边恰好还有一个团队，这个团队或许正需要你团队中那个被认为不适合你团队的人。这种交换有可能使每个人都更高兴。

要将一个组合较差的团队转变为一个不断胜利的团队当然需要时间，但上述这些措施会有助于加速这个过程。一旦团队辨明了每一个团队成员的团队角色，并且使他们工作于最合适的职能，那么团队就形成了建立高效团队的基础。

描绘清晰的团队愿景

不同的企业组织有着不同的团队愿景。如何描绘团队愿景，并无一定之规。一般来说，它分为 5 个阶段：告知、宣传、检测、咨询和共同创造。

1. 告知

所谓"告知"，首先要求高层领导十分清楚团队的愿景是什么，然后将愿景告知部下。例如："我们一定得这么做，这是我们的愿景。假如这个不能打动你，那么你最好重新考虑你在公司的前途。"在这个过程中，传达信息的方式要直接、清晰和一致；领导者对于公司的现状一定要说实话；应该清楚说明哪些事情可以妥协，哪些事情不容置疑；可以描述细节，但不要描述太多的细节。因为愿景只是一幅想象的图景，需要人们根据各自的偏好进行想象。你的描述只能反映自己的偏好，未必是别人希望的。

2. 宣传

宣传阶段，领导者应随时保持与组织成员的沟通；帮助他们自发地投入，而不要操纵他们；不仅要较具体地勾画出愿景，而且要把重心放在愿景所能够为组织及其成员带来的好处上。简言之，要多进行正面宣传，反馈积极的信息。至于宣传方式，从开会、张贴标语到个别交谈，方式多种多样，只要有效，都可采用。

3. 检测

检测，即了解下属对愿景的真实反应，了解下属对愿景的各个部分的想法。此时须注意的是，领导者应为下属提供充分的信息；在使用问卷进行调查时，不要对答案进行诱导，要倾听下属的真实想法；保护下属的隐私；采用面对面交谈的方法；想办法测试出下属对于组织的效益和能力的看法与希望。

4. 咨询

咨询阶段，高层领导者应邀请整个组织来当顾问，以塑造共同愿景。此时应注意不要让信息遭到扭曲，并应整理及发布讨论的结果。

5. 共同创造

所谓"共同创造"，已经是具体实施的阶段，也就是每个人开始为他们想塑造的愿景而工作的阶段了。

一个高效团队的建设，若没有领导者的参与和推动，根本无法完成。而领导者在推动建立共同愿景时，也应注意一些方法与技巧。

（1）以个人愿景为团队愿景的基础。管理学家史密斯说："组织变成了人们自我实现的工具，而不只是他们隶属的机器。"这就是说，只有当团队成员不把自己视为团队的附属物的时候，他们才可能将共同愿景视为个人愿景的体现，并为建立共同愿景而贡献自己的智慧与才能。

（2）平等对待每一个人，并彼此尊重。这包括两个方面：一是领导者对每位成员及他们的个人愿景给予应有的尊重；二是团队成员彼此尊重，特别是对别人的个人愿景应当给予充分的尊重。例如，某人的愿景是升官发财而不是造福人类，只要他的行为与组织的共同价值观不相冲突，就不能认为他的动机是不高尚的。

（3）达成共识不等于意见一致。所谓共识是指对共同愿景的理解与认同，而不是在任何事上总是意见一致。一般组织中的常见做法是，对某个问题要得到一致的结论，于是将意见搁置一边或掩盖起来。压制不同意见，无异于剥夺了人们发表意见的权利，必将影响士气。正确的做法是，行动上相互合作，目标一致；观念上相互交流，允许不同意见。

（4）每个人的意见只代表自己。对于共同愿景的意见各个成员可能有所不同，事实上这取决于团队成员对团队目标的认同程度。在这里，同样不能有任何强加的成分。

（5）过渡的愿景来鼓舞士气。共同愿景应是组织发展的远大目标，应能反映组织中各个成员的个人愿景。但情况往往是，如果共同愿景的目标过高，与现实之间的距离过大，那么就有可能使得组织成员觉得目标高不可攀而失去信心。因此，作为组织的领导者，一方面应将共同愿景具体化；另一方面，可将共同愿景阶段化——即设定一些过渡性的阶段目标，以便让成员们看到未来发展的可能性及实现远大目标的可行性。

（6）以团队学习为基本形式，来提炼组织的愿景宣言。团队学习是团队修炼的有效形式，是团队成员之间进行深度沟通的有效方式。在建立共同愿景的过程中，应充分利用这种形式。

塑造团队文化的方法

塑造团队文化的方法是多种多样的，它与团队管理活动相随，相互渗透、相互推动。但从相对独立的角度讲，塑造团队文化的方法主要有以下几个方面：

1. 培育团队英雄

团队英雄是指在团队活动中涌现出来的，一批具有较高思想文化水平、业务技术能力和优秀业绩的劳动模范、先进骨干分子或英雄人物等。他们的观念、品格、气质与行为特征都是特定价值观的具体体现。他们是集中体现团队主流文化而被团队推崇、被广大成员一致仿效的特殊成员。这些人在团队正常的活动中起着带头作用，是团队先进文化的体现者，是团队价值观的化身。

团队英雄是在团队实践中逐步成长起来的，但最后真正成为人们所敬仰的英雄又需要团队的外在培育，他们是由典型人物良好的素质所形成的内在条件与团队天时、地利、人和的外在环境形成的催化力共同造就的。团队在造就英雄时主要应做好三个方面的工作：

首先是发现英雄"原型"。英雄在成长的初期往往没有惊人的事迹，但是他们的价值取向和信仰的主流往往是进步的，是与团队倡导的价值观保持一致的。团队的决策者应善于深入到团队成员中去，善于透过团队成员的言行了解其心理状态，以及时发现具有英雄特征的"原型"。

其次要注意培养英雄。团队决策者应为所发现的英雄"原型"的顺利成长创造必要的条件，帮助其提高文化知识水平，开阔其视野，扩展其活动领域，为他们提供更多的参与文化活动的机会，增强他们对团队环境的适应能力，以使他们更深刻地了解团队文化的价值体系。

最后是塑造英雄。团队决策者可以通过对英雄"原型"的言行给予必要的指导，使他们在管理活动或文化活动中担任一定的实际角色或象征角色，使他们得到锻炼。当英雄基本定型得到大部分团队成员的拥护之后，团队应该认真总结他们的经验，积极宣传他们的先进事迹，提高他们的知名度和感染力，最终使他们被团队绝大多数成员认同，发挥他们的英雄作用。

2. 确立团队文化礼仪

团队在长期的文化活动中所形成的行为模式、规范性礼节和固定的仪式构成了团队文化礼仪。它规定了在特定文化场合，团队成员所必须遵守的行为规范、语言规范、着装规范等。团队文化礼仪根据不同的文化活动内容，具体地规定了活动的规格、规模、场合、程序和气氛，这种礼仪往往有固定的周期性。不同的团队文化礼仪体现了不同的团队文化特点和个性。

团队文化礼仪并不是在团队文化活动中静态存在的，而是需要在实践中不断补充、丰富和创新的。优秀的团队，其文化礼仪也是丰富多彩的，主要包括以下 5 个方面的内容：

（1）工作礼仪。指与团队生产经营、行政管理活动相关的带有常规性的工作惯例礼仪。这类礼仪一般包括早训、升旗仪式、表彰会、庆功会、攻关誓师会等。

（2）生活礼仪。指与团队成员个人及群体生活方式、习惯直接相关的衣着、谈吐礼仪。

（3）纪念性礼仪。主要是指对团队具有重要意义的纪念活动中的礼仪。举行这类礼仪活动的目的是使团队成员产生自豪感、归属感，增强团队凝聚力。

（4）服务性礼仪。主要是指在营销服务中接待顾客的礼仪。包括营业场所开门礼仪、关门礼仪、主题营销礼仪、接待顾客的程序规范和语言规范、上门服务的礼仪规范等。

（5）交往性礼仪。主要是指团队成员在交际过程中的礼仪。包括接待礼仪、出访礼仪、会见礼仪、谈判礼仪、宴请礼仪以及送礼打电话、写信礼仪等。规定这类礼仪的目的主要是对内创造文明、庄重的工作氛围，对外树立团队良好的形象。

3. 营造团队文化氛围

团队文化氛围包括三个方面：团队的物质环境氛围、团队的精神氛围以及反映团队日常管理的制度氛围。同任何其他氛围一样，团队的文化氛围也是无形的，但接触它的人能强烈地感受到它，人们会因此受到感染而逐渐接受并融入其中。

团队的物质环境氛围是指团队的物质因素及其组合所反映出来的风格和情调；团队的精神氛围是指团队成员和团队整体的精神生活和思想状态，既包括团队成员对待工作和日常管理制度的态度、团队成员之间进行交流的方式、方法和思想感情等，又包括团队的整体精神追求；团队的制度氛围是指团队的各项政策、规章制度及其贯彻执行方式，它具有一定的强制性，但在团队文化的建设过程中，其强制程度随团队成员价值观念的逐步树立而降低。

物质环境氛围和制度氛围通过影响精神间接地强化团队成员的价值观念，具有辅助作用。团队的精神氛围则处于主导地位，起主导作用。三个因素紧密联系、相互影响，统一于一个团队之中，共同组成一个团队的文化氛围。

营造团队文化氛围作为强化团队价值观、塑造团队形象的手段，在团队文化的延续过程中起着重要作用。事实上，一个团队成立后，必然会形成一定的文化群体，也必然会建立相应的物质设施以及由此构成的物质环境、各种规章制度等，从而表现出一定的文化氛围。

但是，团队的文化氛围，必须与团队已经确立起来的文化核心协调一致，以加速文化管理的进程和增强其效果。这种良好的团队文化氛围是人们有意创造出来的，而不是自然产生的。营造团队文化氛围就是运用各种手段向人们展示团队的核心价值观念。

在营造团队精神氛围中，团队感情氛围的营造尤其重要。

第一，要从思想上、事业上关心团队成员，如关心团队成员文化、技术水平上的提高，在工作上给予支持和帮助等，使团队成员感受到团队的重视与尊重，感觉到事业有发展前途，从而促进上下级之间感情的融洽；

第二，善于利用各种文化活动，沟通团队成员个体与个体之间、个体与群体之间、群体与群体之间的感情，协调相互关系，增进情谊；

第三，从生活上关心团队成员，尽力为他们办实事，解决实际困难，增强成员的归属感；

第四，要利用各种场合进行感情投资，建立团队领导与被领导者相互信任、相互支持的新型关系；

第五，要通过做思想政治工作、宣传团队目标、开展民主管理、进行物质和精神激励等办法，加强对团队成员的引导，使他们在思想上与团队保持一致；

第六，要创造良好的学习环境，积极鼓励团队成员求知上进，形成学习型组织的良好氛围。

学习型团队的修炼方法

建立学习型团队非一日之功，需要进行 5 项修炼，即自我超越、改善心智模式、建立共同愿景、团队学习和系统思考。只有将这 5 项修炼综合运用，学习型团队才能塑造成功。

1. 自我超越

自我超越是指突破极限的自我实现和获得娴熟的技艺的过程。精熟于自我超越的人，能够不断地实现他内心深处最想实现的愿望，他们对生命的态度就如同艺术家之于其艺术作品一样，全身心地投入，忘掉自我，不断地创造和超越，这是一种真正的终生学习，真正的"活到老，学到老"。整个团队的学习意愿和能力来源于团队中每个成员的学习意愿和能力。

自我超越的修炼包括以下一些主要内容：建立个人愿景，即树立个人的远大理想和宏伟的奋斗目标；保持创造性张力，即不断地从个人愿景和现实之间的差距中创造学习与工作的热情与动力；解决结构性冲突，即排除阻碍个人追求目标和迈向成功的结构性心理障碍；运用潜意识，即发展潜意识和意识之间的默契关系，以增强意志力。

2. 改善心智模式

心智模式是指植根于心中，且影响着人们认识周围世界，以及如何采取行动的许多假设、成见甚至图像、印象。改善心智模式就是团队成员和团队自身打破思维定式，解放思想，进行创造性思维的过程。改善心智模式的修炼，主要包括以下一些内容：

（1）辨认跳跃式的推论，即认真分析自己是如何从粗浅的、直接的观察，跳到概括性的结论（这些结论通常是片面的、浅薄的，甚至是错误的）。

（2）找出对事物的假设，即对自己所经历的事件以及处理方式，坦诚地写出内心深处的隐含假设，找出其中不合理的地方。

（3）探询与辩护，这是一种在多人之间进行开诚布公地探讨问题的技术。它一方面允许对未知的情况进行询问，另一方面允许对自己的观点进行辩护，在这种面对面的互动过程中改善心智模式。

（4）对比拥护的理论和使用的理论，即对自己拥护的理论（通常是口头表示的）

与实际使用的理论（反映在实际行动中的）之间的差距进行分析，并加以改进。

3. 建立共同愿景

这是团队成员树立共同的远大理想和宏伟目标的过程。通过建立共同愿景，可以把全体团队成员团结在一起，创造出众人是一体的感觉。一旦共同愿景深入人心，每个团队成员都会受到共同愿景的感召和鼓舞。

建立共同愿景的修炼，主要包括以下内容：鼓励个人愿景，即鼓励个人设计自己的未来；塑造整体图像，即培养团队成员的集体观念、全局观念，从全局利益出发分担自己应尽的责任；融入团队理念，即将共同愿景融入到理念之中；学习双向沟通，协调个人愿景与共同愿景的关系。

4. 团队学习

在现代组织中，学习的基本单位是团队而不是个人。不少实例显示，团队确实能够共同学习，团队的集体智慧高于团队成员个人智慧之和，团队拥有整体搭配的能力。当一个团队真正在学习时，不仅团队整体产生出出色的成果，团队成员个人成长的速度也比在其他的学习方式下快。

5. 系统思考

系统思考这个工具对团队学习非常重要，因为管理团队的每一项主要工作，如发展策略、塑造共同愿景、设计政策与组织结构等，都需要克服复杂性。而这个复杂性并不是静止不动的，而是在不断地变化着，必须化局部思考和有限思考为系统思考才能把握事物的本质，有效地解决问题。

学习型团队的 5 项修炼应交叉运用，才能更加有效。每一项修炼都有独特的优势，一味地把它们孤立起来，就不能充分地发挥其应有的功效，交叉运用则可发挥团队的作用——既能充分发挥各自的优势，又能通过整体搭配，发挥出高于各种个人优势之和的绩效。

辨识何谓高效团队

团队管理的根本落脚点就是塑造高效的团队，为企业创造效益，开拓企业远景。高效团队的特征主要从以下几个方面得以体现：

1. 共同制定团队目标

成功的团队管理者大都主张以成果为导向的团队合作，这将使团队获得非凡的成就。团队的每一个成员对自己和群体的目标十分清楚，并且深知在描绘目标和远景的过程中，让每位伙伴共同参与的重要性。

高效团队的团队管理者会经常和成员一起确立团队目标，并设法使每位成员都清楚了解并认同团队目标，向团队成员指出一个明确的方向。当团队的目标由团队成员共同协商产生时，团队成员有一种拥有"所有权"的感觉，并从心底认定"这是我们的目标和远景"。这样，作为团队管理者，就为以后的工作奠定了良好的基础。

2. 团队成员具备相关技能

高效团队的每一位成员都具备实现理想目标所必需的技术和能力，具有能够良好合作的个性品质，从而出色完成任务。在一般性的群体中，有精湛技术能力的人并不一定就有处理群体内人际关系的高超技巧，高效团队的成员却往往兼而有之。

3. 彼此信任

成员间相互信任是高效团队的显著特征，每个成员对其他人的行为和能力都深信不疑。团队具有坦诚、开放的沟通气氛，团队成员相互依存，友好合作，公开分享信息和专业知识。当然，维持群体内的相互信任，还需要引起管理层足够的重视。组织文化和管理层的行为对形成相互信任的群体内氛围很有影响。如果组织崇尚开放、诚实、协作的办事原则，同时鼓励员工的参与和自主性，它就比较容易形成信任的环境。

4. 角色明确

高效团队的每位成员都清楚地了解他所扮演的角色是什么，知道自己的工作成绩对团队目标的达成会产生什么样的影响，知道什么该做、什么不该做，彼此之间也清楚其他成员对自己的要求。

高效团队在最初分工时，彼此就已经建立起相互依存的关系。大家既清楚合作的重要，也知道在团队的荣辱成败中，自己有多么重要的分量，并且彼此间能避免发生矛盾冲突。

5. 管理有效

高效团队的管理者能够为团队指明前途，让团队跟随自己共同度过最艰难的时期。他会向成员阐明变革的可能性，鼓舞团队成员的自信心，帮助他们更充分地了解自己的潜力。管理者应对团队提供指导和支持，但并不试图去控制它。

6. 具有良好的支持环境

高效团队通常都有良好的支持环境。从内部条件来看，团队有一个合理的基础，包括适当的培训，以培养团队成员的技能和知识；一个易于理解的评估员工绩效的测量系统；一个支持团队建设和运作的人力资源系统。良好的基础结构可以支持并强化团队成员的行为，取得高绩效水平。从外部条件来看，高效团队还获得了管理层所提供的完成任务必需的各种资源。

创建一支高效团队对于企业的管理者来说，并不是一件轻而易举的事情，它将导致整个管理各方面发生转变。这不但对所有的员工都提高了要求，对管理者自身也是一个严峻的考验。因此，管理者要在员工中努力建立良好的行为规范，上下一起调整自身的状态和行为，以建立真正有效的团队。

打造高效团队的要点

只要是办企业，谁都希望自己的企业越做越强、越做越大。管理者如何才能把企业做强做大呢？个人的力量是有限的，团队的力量是无穷的。企业只有充分发挥团队的力量，才能把企业做大。可是团队又如何打造呢？打造高效团队到底需要哪些要点呢？

1. 清楚的任务

团队的任务是所有要素中最重要的，没有一个清晰界定的任务，团队不可能合理构建。因此，要创建团队的组织，首先要弄清团队的任务是什么，如果没能做到这一点，可能会带来严重的问题。例如某经济学家在分析质量循环工程的成功与失败时，发现所有不成功的工程都是由于任务的模糊造成的，组织文化的导向也无法弥补这一缺憾。

2. 足够的资源

基本资源对团队来说至关重要，这些资源必须由团队所处的企业提供。资源可能具有多种形式，当然会需要财政资源，但也需要员工资源，例如秘书工作的支持。在组成团队的人中间需要大量的综合性技术，也需要其他的技能。企业应该保证为团队提供必要的资源，使其能够有效地完成任务。而管理者要做的，就是不断地提供资源支持。

3. 可靠的信息来源

可靠的信息是保证团队良好运作的要素，它的获取可能需要特别的信息媒介通道，比如去发现一个特别程序是如何进行的，或者去发现特定的成本是如何获得的。促使团队获得正确的决定，具有准确的信息至关重要。团队必须考虑到知识的新发展，这也需要信息。因此，具有细致、可靠的信息来源是企业有效地运转的保障。

4. 持久的培训

美国得克萨斯州中洛锡安市的查帕罗尔钢铁公司的管理者为自己的工作团队设定了 22 门不同的课程。85％的团队成员都会接受其中一门或一门以上课程的学习。

该企业规定，凡是利用业余时间学习的人，每进行 4 个小时的培训，就可得到 20 美元的奖励。这种现金奖励的数额还将随着他们所完成的课程门数的增多而增加。这种培训活动使查帕罗尔公司拥有了更多的掌握多种技能的员工，也拥有了一支由综合素质优秀的人士组成的高效团队。

很多大企业认识到，给团队成员提供持续的培训就等于为企业和员工支付股息。全方位的培训使团队成员不仅多才多艺，而且能够灵活地完成分配下来的任务。每个人都能得到机会学习新技术，获得观察事物的新方法，结识新的工作伙伴并与他们通力合作。团队成员一旦具有了打破常规的勇气与能力，就可以不断地进行自我激励，不断学习、不断自我完善，这样的团队能令企业充满生机，不断向前发展。

5. 及时反馈

团队执行任务需要来自企业的可靠的定期反馈。如果团队与企业的其他部分隔绝，它就会很快分裂。因为团队需要向企业其他部门学习，使团队工作与之相适应，能够与组织其他部门更好地结合，弄清什么时候是做某事的正确时机，甚至当其他部门改变时，也能够保证该部门的任务完成。最重要的是，反馈使团队清楚了自己的成就和下一步企业要求完成的任务。

根据对许多企业的研究发现，大部分团队成员总是认为自己没有得到足够的重视，也就是说，大部分的企业都认为团队成员的努力与付出是理所当然的，所提供的反馈也不够。所谓没有得到足够重视，并非仅限于加薪或升官。团队成员最需要的，是在有所成就之后受到肯定和赞扬。管理者可以通过一声"谢谢"、一份小礼物、公开赞扬等方式，表达对团队成员努力付出的肯定。除了听取团队成员的工作汇报，给予他们各种指示之外，这种激励性的回馈也必不可少，它会使团队朝气蓬勃，不断进取。

6. 技术与过程协助

任何工作团队都需要一定的技术援助以有效地执行任务。简单的如需要为一次演示制作幻灯或打印正式报告，复杂的如需要某人在一个特殊的生产过程中提供详细的化学方面的专业技术知识，需要市场专家参与以帮助团队如何将新产品推向市场，也可能需要流行病学家对保健团队提一些关于交通事故应急处理方面的专业建议。这些技术支持将使团队的工作效率大大提高，避免人力和财力的浪费，还能促进各部门之间的相互协调。

研究结果表明，所有的成功团队都将这 6 种要素应用得非常好。无论哪一类团队，目标是什么，人员有多少，应用这 6 种要素都可以有效激发团队自身潜力，使团队释放最大能量。

创建高效团队的步骤

管理学家德鲁克对如何创建高效团队有着多方面的论述，这些论述在他很多著作里都能发现。根据德鲁克的管理思想，欲建设一个高效团队，可以采用以下步骤：

1. 构建基本的团队框架

坚实的团队框架可以使团队有能力解决棘手、困难的问题。以下是成功的团队结构带有普遍性的组成形式：

（1）方向引导者。它由高层管理人员和经理、主管、团队领导成员及其他关键人物组成。就像夜行的船只离不开灯塔的指引一样，团队也需要这样的方向引导者，他们要能确立团队工作和服务的方式，同时又是提意见者和工作过程中的错误的纠正者。

（2）智囊团。这类智囊团通常是由多个部门成员组成的群体，它的成员来自企业内部的各个部门和各个阶层。它检查作为整体的企业制度系统是否存在问题，并在某些方面确立目标以提高企业的生产率。这是一个行动性团队，它决定了主管者、管理者和任务担当者各自的具体责任，并检查他们的作为是否达到了公司的期望，以及是否有必要立即改正。

（3）称职的管理者。他们是团队成功的关键。一个富有魅力和威望的管理者会把团队成员紧紧地团结在自己周围，反之就会人心涣散，更无从谈起团队精神了。

（4）团队顾问。他们是团队的指导者兼顾问，可帮助团队确定风险性，帮助解决团队内部冲突问题或团队与外部人员的冲突问题。由于不是团队内部成员，所以他们看问题会更具客观性，在帮助团队工作时会有更大的自由度。团队顾问可帮助团队建立工作标准和限度，指导其成员使用各类工具和图表，以保证团队成员准确有效地向既定目标前进。

2. 提高团队技能

团队建设过程的关键集中于这一点上，即高效率地开展团队工作所必需的活动，使团队技能得到加强和发展。

（1）明确角色。要使一项任务得以圆满完成，有必要使每个人清楚自己的职责和权力范围，这将使团队成员搞清自己的任务，并明白它与他人任务之间的关系，这种理解会创造出一种很强的团队内部的团结度和忠诚意识。

（2）解决问题。知道如何使用解决问题的工具和技巧对团队的成功很重要。综合培训加上耐心的督导，将有助于团队成员借助外力省时省力地完成任务。

（3）消除冲突。提高解决冲突的技巧有助于员工产生相互间的尊敬，并使团队达到更好的决策水平。

3. 团队的整合

团队管理者的任务是懂得组合团队并使团队合作。那么，如何使团队既分工又合作呢？团队的基本要求是拥有不同才能的人，但若团队因分工而无法合作，或缺乏相互支持、相互学习的风气，不清楚团队的职责所在，那么企业依然摆脱不了处处受阻的困境。

在团队运作中，除了因个人才能及企业需要设定工作职位外，更重要的是要有共同的价值观。价值观不同，人与人就会无法有效地沟通，无法达成共识。面对问题时，也会因个人的才能或看问题的层面不同，而采取不同的解决方法。出色的团队领导者懂得抓住时机进行团队整合，达成共识，培养合作精神，让大家把力量用到一个点上，从而实现团队的高绩效。

选择适合的管理模式

团队管理的有效性均取决于三个因素：团队建设的背景，企业员工及管理者的素质，团队期望执行的任务类型。若要成功地管理团队，应对以下 4 种管理模式有所了解：

1. 价值观管理模式

团队管理的重点是形成团队成员间的一致意见、共同的价值观和应用于工作中的原则。的确，分享对于工作的共同看法可以被看作是团队的基本特征，如果没有它，团队就只是一些人松散的无意义的集合。具有共同的目标让人们团结在一起，感到能够与其他人合作共事，并获得"他们和我们"的感觉。

因此，根据这个结论，建立一支有效团队的主要任务是形成一致的宗旨。团队的管理者致力于统一团队成员的价值观，通过各种手段让人们把工作的意义与团队本身结合起来，从而使将来可能出现的问题减到最少，并有效减少团队成员之间的矛盾。

价值观管理模式实施的前提条件是团队必须长期存在。它可使团队成员彼此高度理解，并建立彼此长期合作的心理准备，当团队成员来自不同的专业时，这种管理模式特别有用。

2. 任务导向管理模式

这种管理模式属于管理者向下属"兜售"管理决策。这种管理模式要求团队所有成员都将任务放在第一位，个人感受、"地下议程"等都不被看作团队行为的合法部分，即只有完成工作任务才是唯一一件重要的事情。

这种管理模式最容易打造出高效团队，它能够将团队的操作或交流困难清晰地表达出来，从而迅速加以解决，使团队成员不会造成对如何运作的误解。或者说，这种管理模式如同诊断工具，可以使管理者及时看到问题并予以解决，帮助整个团队很好地行使职责。

3. 人际协调管理模式

这种模式强调的是团队工作中的人际特征。暗含的观点是，利用人们相互之间的足够了解，让团队有效运作。其原则是开放而公正地对关系、矛盾，充分进行讨论，产生一种互相信任的气氛并建立有效的团队。这种管理模式让下属群体享有很大的自主权，但决策仍然要管理者来定。

4. 角色定义管理模式

团队管理以角色定义为基础，倾向于强调将团队成员的角色和角色期望进行归类，每个团队成员都可以列出他认为应由别的成员来做的事，然后团队成员聚在一起讨论他们的清单，并且商议相互间的要求。商议结果会被写下来由双方签字认可。

这种团队管理模式虽然仍以诚实和公正为基础，但与人际协调法有很大不同，它的焦点在于自己做什么和别人要做什么，只要依照这个模型，人们公开其在工作中对别人的需求就可以了，不必再做更深层次的分析。

提升管理模式的绝招

任何管理模式都有修正和完善的空间，如果想让团队创造出良好的效益，就有必要根据团队的特点对管理模式不断地做出修正，使其功能越来越完善。

1. 以默契增进团队精神

作为团队管理者，仅仅依赖自己的能力管理好团队是远远不够的。光靠自己做事，会给团队成员留下独断专行的印象。一名优秀的管理者应运用团队协作，同心同德处理内部事物，增进团队精神。

一个真正的有效率的管理模式，会让团队看起来就像一个人一样，每一部分的配合与协调都自然随意、恰到好处。要做到这一点，管理者必须学会在团队成员中间培养默契，使其彼此能够愉快地合作。

培养下属整体配合的团队默契，可以增进团队精神。作为团队的领导人，应让每位成员都能拥有自我发挥的空间，但更重要的是，要破除个人主义，建立整体搭配、协调一致的团队默契，同时，努力使彼此了解取长补短的重要性。

完美的合作会产生巨大的力量。因此，培养成员相互依存、互相支援达成任务的观念，是团队领导者责无旁贷的重要职责。

2. 让团队更加民主

团队应具有开放、坦诚的沟通气氛，使团队成员在其中感到很随意，在工作中能充分沟通意见，能经常从团队得到反馈，愿意倾听、接纳其他团队成员的意见，尤其是愿意把工作中出现的问题及时向管理者提出来，从而得到调整和解决，使工作进展更加顺利。

通过培养民主气氛，团队成员之间的关系将更加融洽，从而更好地配合团队管理。具体做法有：使所有团队成员都能获得充分的信息，对一切均有所了解；所有团队成员都充分参与团队的各项组织和决策活动；所有团队成员有同等发言权，他们的观点同等重要；在团队内部培养尊重不同观点的态度；认可团队内部不同的动机、价值观和意见。

3. 让团队成员全力以赴

只有团队成员都乐于贡献自己的智慧和力量，全力投入团队工作，才能让团队运作成功。也就是说，唯有团队成员任劳任怨地付出，才能实现整个团队运作的持续改善且有高品质结果的产出。而要完全做到这些，管理者应鼓励团队成员自觉地将工作放在首位。

要使团队成员愿意对团队的成败负共同责任，愿意相互协调合作，共同完成团队目标，且相信自己对这个团队及其他团队成员负有责任，对其被指派的工作负责。

使团队成员能始终保持活力与热情。团队运作过程往往冗长且常常遇到困难与挫折，唯有保持活力与热情方能使团队成员有效工作，这样可以使团队成员相处愉快，并享受成为团队一员的乐趣。

鼓励团队成员不断地追求改善与进步，让团队成员能从团队工作中实现自我成长。

4. 推行"参与管理"

管理者如果真的希望团队管理有成效，就应倾向于员工参与或领导，因为这种做法能够满足"参与就受到尊重"的人性心理。

成功团队的成员身上总是散发出挡不住的参与热情，他们积极主动，一逮到机会就参与。他们的无私奉献和热情建议不仅使团队的管理模式一步步趋向完美，更给企业创下了良好的收益。

玫琳·凯化妆品公司创办人玫琳·凯说："一位有效率的管理者会在计划的构思阶段时，就让下属参与其事。我认为让员工参与对他们有直接影响的决策是很重要的，所以，我总是愿意冒损失时间的风险来这样做。如果你希望下属全然支持你，你就必须让他们参与，越早越好。"

亲自参与的成员永远会支持他们参与的事物，当大家的热情都投入到团队运作中来的时候，团队所汇总出来的力量是无法想象的。

5. 有效利用时间

彼得·德鲁克认为有效的管理者懂得让自己的团队学会集中利用时间。时间分割成许多小段，等于没有时间。所以时间管理的一个重要原则在于管理者将零碎时间集中起来，加以利用，使团队的绩效进一步提高。需指出的是，集中时间的目的是为了办大事、要事，如果把次要的事集中起来办理，这样的集中就没有太大的意义。

6. 创造学习的氛围

要想建立敏捷、具有生产效率的团队，唯一的方法是培养不断进取的员工队伍。重视进取的企业视学习为一种投资，并不断鼓励和培养员工发展，其目的是提高企业自身能力及其成功率。这种企业往往会创造出有助于企业内员工学习和发展的环境。

团队管理者必须倡导团队学习，它是提高团队成员互相配合、整体搭配与实现共同目标的能力的主要途径。有不少实例显示，团队的集体智慧高于个人智慧之和，团队拥有整体搭配的行动能力。当团队真正地在学习的时候，不仅团队整体会产生出色的成果，个别成员成长的速度也比其他学习方式更快。

多数团队未能实现整体搭配，这是因为管理模式的不合理造成的，在团队内部，个人可能格外努力，但他们的努力未能有效地转化为团队的力量，结果许多个人的力量被相互抵消掉了。当一个团队经过有效的学习之后，就会朝着共同的方向，调整个别成员的力量，而使成员之间力量的抵消或浪费减至最小，发展出一种共鸣的综合效果。

就像凝聚成束的激光，而非分散的灯光，团队的目标就会一致，团队拥有共同愿景，团队成员知道如何取长补短。因此，为团队创造学习的氛围，大力倡导团队学习就成了管理者改善管理模式，促进团队发展的必要的步骤。

培养团队精神的技巧

团队精神是一个成功团队建设的血脉。团队精神有凝聚团队成员的作用，团队的目标和理想把团队成员联结在一起。团队精神不仅能激发个人的能力，而且能激励团队中的其他人，鼓励团队中的所有成员发挥潜力、探索和创新。如何培养？需要从以下几个方面着手。

1. 培养团队成员树立远大目标

明确、具体、可行的企业发展目标，是员工最好的航向。目标越明确、越具体，由此激发出的团队动力也就越大。俗话说，对于没有目标的航船来说，什么风都不是顺风。

有目标只是你管理行动的一半，另一半则是要大家明白你的远见和目标。你必须通过沟通来使受你领导的人目标一致。

20世纪70年代，惠普电脑公司总裁约翰·杨就根据这项原则设立了自己的印刷厂。他自筹款10万美元，购买设备，训练操作人员，找厂址，前后共花了45天的时间。他全靠和属下沟通，让他们和他有一致的目标，这样事情就迅速办成功了。他认为："一个秘密的目标，无法得到参与者和其他人的助力。将目标解释清楚，让参与者全都明了，可以激发他们的热忱，使他们发挥出最大的力量，这是靠压迫所得不到的无限力量。"

假若你有远大的目标，而又能和别人沟通，虽然其他条件不佳，你仍然会成功。

美军第51空降步兵团团长朱利安·艾威尔上校，在1944年12月18日晚，率领他的部队抵达比利时的巴斯顿。两天以前，德军就已开始他们的亚耳丁作战。这是在第二次世界大战中，德军所做的最后一次大攻势，历史告诉我们，这次战役是战争结束前的反弹。艾威尔只带了不到1000人抵达战场，而上级司令部无法告诉他敌情、友军状况……总之，什么情报都没有。

但艾威尔有他的主见，并且和下属做了良好的沟通。他告诉他们："我们要攻击德国人。"他们果真做到了。他们阻止了德军第27装甲军团3万多人的进攻，迫使希特勒不得不改变亚耳丁作战计划，并且影响了整个第二次世界大战的局面。

假若你要别人跟随你，你就必须有远大的目标，而且要把这个目标建立在下属的心里。

2. 培养团队成员的向心力

据说以面谈为职业的人，都是在事先调查过对方的资料之后，根据此资料，再找出谈话的内容的。一个杰出的面谈者，必须了解此诀窍。

性格内向的，不易在第一次见面时就与人坦诚交谈。但是如果对方与自己具有亲戚关系，或都是校友、同乡等，那么即使是第一次见面，也往往会表现出友好的态度。所以管理者如果能让下属产生"自己人"的意识，自然可加强团队的凝聚力。

对于下属，找出自己与他们的共同点，据此加以强调是很重要的。

从心理学角度来看，使对方与自己的心理连在一起的作用称为"促进彼此信赖的关系"。而寻找与下属的共同点，便相当于此种"促进彼此信赖的关系"。这种共同点越多越好，而且关系越近越有效果。例如出生地、毕业的学校、性格、类似的遭遇等，只要能找出二、三项，即不难加强团队内成员的向心力。

3. 让团队成员充满自信

要想使你的团队团结，必须先培养成员的自尊心。就是说，假若你的团队成员是一群生产汽车零件的工人，那你要使每个人都感到他们是在生产世界上最好的汽车；假若你的团队是从事咨询顾问工作的，那么你就应该让他们感觉自己是在世界上最好的顾问公司工作。不管你是在哪个行业，全都可以应用这项原则。

4. 管理者要率先将"伙伴优先"原则放在第一位

永远把你的伙伴放在一切事情之上，这样你才会愿意采取行动，去关怀、珍惜他们，支持他们，赐给他们力量，激励他们去做好每件事情。当你把"伙伴"放在第一优先位置时，其成效是相当惊人的，下属内心的无限潜能和爱心就会被激发出来，那么他们所做的任何事情，都将相当杰出和完美。

5. 培养团队成员的默契感

培养伙伴们整体搭配的团队默契，是增进团队精神的另一个重要方法。作为团队的管理者，你固然要让每位成员都能拥有自我发挥的空间，但更重要的是，你要用心培养大家，破除个人主义，要有整体搭配、协调一致的团队默契，同时努力使彼此了解取长补短的重要性。如果能真正做到这一点，自然就能凝聚出高于个人力量的团队智慧，随时都能造就出不可思议的团队表现和成绩来。

毕竟合作才会产生巨大无比的力量。因此，经常教导灌输成员了解相互依存、依赖支援才能达成任务的观念，培养他们的协作精神，是管理者责无旁贷的重要职责。

6. 培养成员的归属感

希望别人怎样待你，你就要怎样对待别人。玫琳·凯称这句话为"管理的金科玉律"。你也许认为这句话只能用在宗教和道德行为上，其实这和良好的管理也有极大的关系。为什么？因为人们不愿意跟随不关心他们待遇的管理者。

提升团队凝聚力的妙招

在积极引导之下，具有高凝聚力的团队将创造出出色的工作绩效，凝聚力使团队得以完成个人无法完成的目标任务；通过共享知识资源、技术及领导能力，凝聚力可以促使团队变得牢不可摧。因此，如何有效地保持并促进团队凝聚力，就成为管理者必须考虑的问题。

（1）让员工获得较高的工作满足感。在凝聚力较高的团队中，成员对工作的责任感通常都很强。共同的利益价值观使他们能够在达到目标之后获得一定的工作满足感。同样，在这样的团队中，成员之间彼此容易接纳、相容，因此增强了友谊和吸引力。

（2）提升领导魅力。领导者是组织的核心。一个富有魅力和威望的领导者，会自然成为团队的核心与灵魂，全体成员会自觉不自觉地团结在其周围；反之，则会人心涣散。一个团队是否能取得高绩效，很大程度上取决于领导者自身的人格、知识、胆略、才干、经验，取决于自己能否严于律己，能否敬业、精业，能否与员工坦诚相待、荣辱与共等。

（3）科学地管理团队。建立一整套科学的制度，使管理工作和员工的行为制度化、规范化、程序化，是生产经营活动协调、有序、高效运行的重要保证。一个团队，如果缺乏有效的制度来规范，就会出现盲目和混乱，无法创出高绩效。

（4）促进团队成员间的交流。良好的沟通和协调可使团队成员通过信息和思想上的交流达到共同的认识。有效地沟通和协调能及时消除领导者与团队成员以及团队成员彼此之间的分歧、误会和成见。会议、谈心和私下交流是领导者常用的几种形式。

（5）提供个人发展机会。如果一个团队无法让成员看到美好的愿景，是不可能得到人心的。马斯洛指出："团队要有畅通的升选管理、公平公正的晋升制度，让成员了解到只要努力，必定会有往上升的机会，这样才能有效激励团队成员，让他们安下心来努力工作。"

（6）重视对团队成员的培训教育。只要是人，其需求的层次就会不断提升。团队成员，尤其是能力较强、有潜力的团队成员，希望自己能够不断自我成长。要留住他们就必须提供机会给他们，最直接的方式就是重用他们，给他们教育及训练。倘若提供的学习机会太少，甚至根本没有培训，团队成员很快就会失去工作的乐趣，凝聚力开始下降。因此，领导者要尽可能地为他们创造学习和培训机会。

（7）尊重每一位团队成员。尊重的需要是人的较高层次的需要。在团队管理中，命令式的管理方式已经行不通了。人人都需要受到别人的尊重，所以，领导者要时时关心并尊重团队成员，重视他们的意见，采取人性化管理的方式来管理团队。

许多团队的领导者都有一个通病，就是对成员不够关心。如果平时不关怀、尊重团队成员，处处以命令的方式叫他们做事，则团队成员肯定会心有不甘，产生抵触情绪，甚至离开团队。反之，如果能够改变管理的方式，重视团队的成员，平时多关心他们，重视他们的表现，听听他们的心声，采纳他们好的意见，他们就会自动、自觉地参与团队的各项工作，积极配合他人来完成任务。

（8）表彰业绩突出的成员。在美国密歇根州迪尔伯恩市，每年都会举行多米诺比萨饼公司奥林匹克大赛，和往常一样，运动会以点燃三足鼎（鼎身为比萨饼状）开始。手持火炬的不是普通的运动员，而是多米诺比萨饼公司老板汤姆·莫纳根（他是一个由布衣变为巨富的企业家），和一位双截肢员工安东尼·斯盖尔斯（据他的上司说，他"眼明手快，负责刮盘子、揉面团，干得非常出色"）。

在 8 年中，这家公司每年的总增长率达 75％。多米诺比萨饼公司是怎样实现这种增长的呢？公司总裁唐·弗尔谢克提出来的奥林匹克大赛，就是问题的答案之一。

这个奥林匹克大赛将对获得成功的员工进行大张旗鼓的表扬，领导者潜心评判和定期奖励表现突出、令顾客（此处指的是多米诺比萨饼公司各特许经营店）满意的行为，它所取得的效果可能比公司每月发放的奖金更令人难忘。这就是多米诺比萨饼公司的发展秘诀。

第 12 章

解决员工冲突的绝招

处理冲突的几种方法

我们建立了团队，并不意味着就能顺利达到目的。因为在团队工作过程中，有许多因素可能会阻碍团队的正常工作，其中最常见的就是团队冲突。正确地处理团队冲突是团队管理成功的重要保证。处理组织内的冲突有下列几种方法：

（1）"冷却"制怒。在激化了的矛盾面前，一时又不好解决问题的情况下，作为冲突双方要理智地控制自己，冷静地思考；作为主要管理者要设法"冷却降温"，而后再解决冲突。运用这种方法的核心是制怒。

（2）协商解决法。又叫交涉与谈判法，主要由双方派出代表通过协商解决冲突，双方的意图是澄清差异，求同存异，以谋求共同的解决方法。在以下情形运用这种方法较为有效：卷入冲突的双方都受过解决问题的技巧培训；冲突双方有着共同的目标；冲突原因是双方缺乏交流或仅仅是因为有误解。这种方法的缺点是，对价值观不同或目标各异的人无效。

（3）双方适度退让。管理者个人发现自己在冲突中处于理亏地步时，应该有正视错误的勇气。然而在冲突中主动退让是很难的，特别是在职务相当的管理者之间。这时就需要管理层或威望高的管理者出面调解，迫使冲突双方各自退让一步，以达成彼此可以接受的协议。

（4）竞争决胜。这种处理手法适合以下情形：需要迅速行动当机立断；冲突双方均认可强权关系。采取这一策略的弊端：冲突的真正起因得不到解决；另外，还需考虑输者的情感，他们有可能报复。

（5）黄牌警告。对冲突不止且日趋加剧的双方，在批评教育的基础上，采取一定的行政手段和组织措施，如民主会诊、责令检查和"最后通牒"等出示黄牌警告的方法。

（6）自我补偿。管理者个人意见被管理层否定后，管理者个人为了缓和心理冲突，可以改变原有的意见和主张，提出新的认识、可能被大家接受的意见或主张来补偿。管理层则应慎重考虑这种新的意见和主张，尽可能使管理者与管理层取得一致性意见。

（7）回避矛盾。指的是一个人可能意识到了冲突的存在，但希望逃避它或抑制它，使其不了了之。这种方法的有效范围是，冲突起因不过是些琐碎小事；冲突双方缺乏双赢协商技巧；冲突带来的潜在利害关系得不偿失；没有足够的时间。这种方法的不足之处是，只能暂缓人们直接的面对面冲突，而无法主动化解。

（8）设置更高目标。提出一个新的高层次的共同目标，该目标不经冲突双方的协作努力是不可能达到的，这样，通过双方的共同努力来逐步缓解对立情绪。这种方法知易行难，因为首先要冲突双方互相信任，充分合作；其次，若目标定得太大，只是一种理想，未必切合实际。

应当说明的是，这8种处理冲突的方式对个人来说，各有各的好处，在特定情况下，无好坏之分。也就是说，当面对冲突情境时，有些人希望不惜一切代价获胜，有些人希望发现一种最佳的解决方式，有些人希望逃避，有些人希望施惠于人，还有一些人则希望共同分担。

人们崇尚和谐共处，顾及长远，往往以互惠互利的方法处理纷争，所以宁可采用妥协、逃避等较为忍让的方法，至于竞争的方法一般不太重视，以免伤害彼此融洽的关系及有损面子。无论采取何种方式，管理者需要始终坚持的原则是，必须将冲突转化为团队追求成就感的动力。

利用正向冲突达成结果

身为团队的管理者，应该适时地引导认知层面的正向冲突，让成员彼此之间公开而直接地交换意见，同时避免情感层次的冲突发生，并确保最后可以达成实质的结果。

其中具体的方法包括以下几种：

1. 鼓励成员表达不同意见

管理者主动激发不同的意见，确保每个人有发言的机会。管理冲突的第一个重点就是鼓励所有人公开而直接地面对冲突。管理者应该清楚地让所有人知道，当他们有任何不同的意见或是心里有丝毫的疑惑时，就应该直接说出来，当下解决，这是每个成员应有的责任。

"每个人只有两个选择：直接面对冲突，否则就闭口不提。"《如何解决主管之间的冲突》作者霍华德·葛特曼说。对于私下的抱怨或是事后的批评，管理者必须明确地加以拒绝，因为私下解决问题，会破坏团队成员彼此之间的信任关系。

管理者可以运用一些方法，鼓励大家在会议中主动发表不同的意见，例如：

从管理者自身开始做起。有时候要提出反对的意见，总是让人感觉不自在，不如就从自己开始做起，提出不同的想法或意见让大家讨论或主动反驳自己的意见，这样团队成员也比较愿意说出一些不同的想法。

当有人提出不同的意见时，管理者也可以表示认同，以增加对方的信心或减缓心里的压力，最好能具体说出认为这个想法好在哪里，而不只是简短的"很好"两个字就匆匆带过。

接受情绪上非理性的反应。在争辩的过程中，每个人都尽力维持客观，但难免还是会有情绪上的波动，例如愤怒的情绪许多的心理学研究显示，一旦情绪受到压抑或是批评，反而更难摆脱无谓的争执。当一个人感觉受到威胁或是遭受攻击时，就更难改变立场或是接受别人的想法。因此，管理者不应该批评或是指责这些情绪反应，而是鼓励团队成员诚实面对自己的情绪，意识到自己的情绪变化。

除此之外，管理者必须了解每个团队成员的个性以及响应冲突的模式，尤其是个性内向或是比较不喜欢主动发言的人，管理者应该适时地给予鼓励或是引导，避免只有少数人发言的情况。

2. 多听，多观察

只用十分之一的时间表达，其余时候应多听多观察。除了主动鼓励之外，在过程中，管理者不应过度地介入或是干预。"有时候你必须让紧张的气氛持续下去，"海湾集团顾问公司的行销研发执行副总裁保罗·汉尼瑟说。让成员彼此挑战与刺激，才有可能激发出最好的创意以及解决方法。

所以，应该要多听、多观察。《第五波领导》的作者莫里斯·夏契曼说："倾听与说话的比例应该是 9：1。"你可以适时地重复某个人所说的话，确认自己以及其他成员没有误解对方的意思。当所有人都表达完自己的意见后，最后再提出你自己的想法。

通常团队成员很容易受到上级意见的影响，所以不应该在冲突一开始的时候就先开口，这样反而容易导向单一的思考，压缩了讨论的空间。

另一方面，当陈述自己的意见时，也应该明确表达心中确实的想法或是立场，"最糟糕的领导人就是模棱两可，没有人知道他确实的想法。"夏契曼说。如果你自己都有所保留，又如何说服团队其他人坦白？

3. 明确冲突的焦点

理清冲突的发生是因为事实、目标、方法还是价值。加州大学管理研究所教授华伦·史密特与罗伯特·坦能鲍姆认为，领导人在面对任何的冲突时，必须搞清冲突的根本原因，才能让讨论过程有明确的焦点，并达成具体的结果。因此，管理者必须引导大家专注于实际作业面的讨论。例如，管理者可以问："在这样的定位前提下，你会怎么做？"

4. 适当打破僵局

适时地提出问题，化解冲突过程中的僵局。

有时候讨论的过程可能陷入了僵局，争论的双方彼此争执不下，这时管理者可以采取比较间接的方法，提出一些问题，提醒大家讨论的重点，例如：我们争论的目的是什么？这个问题有什么重要性？我们现有的资料能够确认哪些事实？如果我们换另外的角度，可以有什么样的想法？我们希望达成的结果可能有哪些？

管理者也可以针对之前大家提出的意见做简短的总结，提醒大家先前讨论的重点。或是针对某一个大家一直争执不休的问题，直接指定讨论的方向。

而如果发生以下的三种情况时，管理者必须立即加以制止，避免情况继续恶化下去。一是当讨论成为彼此之间相互的责难或是攻击，必须制止；二是如果牵涉到意识形态或是价值观等争论时也必须制止；三是如果大家的情绪都过于激动，也必须制止。

作为管理者，最重要的责任就是确保所有不同的意见都有表达的机会，更重要的是能够达成实质可行的结果，这样的冲突才是有意义的。

做一个清醒的审判官

社会中普遍存在着竞争的现象，组织中成员之间也有竞争。正常的竞争能促使成员积极向上，奋发图强；但如果片面强调竞争，不注意处理好相互合作的关系，可能会引起成员间的冲突。

在调解下属冲突之前，管理者首先要做好全面周详的调查研究工作，要分清冲突的性质，摸清楚冲突产生的原因，是利益之争还是观点分歧、是误会还是感情纠葛，然后才能对症下药。否则，糊涂官断糊涂案，只会弄巧成拙，更加激化冲突。

1. 公正平等

上级管理者在处理与下级的关系时要公平合理，不偏不倚，一碗水端平。同时，要平等待人。这里既要警惕权力效应，反对"有权就有真理"；也要警惕地位效应，反对"官大一级压死人"。如果管理者由于地位的优越、权力的拥有，不尊重下属，轻视下属的人格、劳动、作用等，并总是以高人一等的身份出现，盛气凌人，那么久而久之，冲突就在所难免。

在对下属之间的冲突进行仲裁时，管理者应该以公平的面貌出现。如果过于偏袒一方，被偏袒者自然会拥护你；可是在另一方心里，你将不再有权威性，他对你的裁决将会产生成见，从而为将来的冲突留下隐患。所以，一碗水要端平，这是管理者在处理下属之间的冲突时最起码的原则，尤其是调解利益冲突时，更需要如此。

2. 充分调查

下属之间的矛盾冲突往往是事出有因的，因此作为管理者在处理此类问题时，既不能出于个人的好恶，也不能偏听偏信，更不能单凭想象或经验，自以为是，随便决断。正确的做法是要先做好调查研究，通过对事实的了解，弄清楚冲突的内在原因、双方应负担的责任等，然后再做出应有的决定。这样才可能做到公正合理。

在调解冲突时，最好分别了解情况，避免对立双方碰面，以致激化矛盾。如果发现是误会，最好让对立双方碰面，当面阐述理由，以便使双方有机会互相沟通、交换信息，有时候根本不需要管理者调解，双方在互相理解之后，误会自然地就会消失。管理者如果能有耐心，冷静地听取各方意见，那么当他裁决之后，裁决不利的一方也会心平气和地接受他的意见，并乐于服从。

3. 维护大局

现代社会化大生产带来的一个不可避免的缺陷，就是使各个专业分工者之间缺乏相互了解，一些下属成员往往只对本职工作熟悉了解，而对其他领域、其他环节的情况了解甚少。这种局限性是产生狭隘的本位主义的根源，是局部利益冲突的土壤。当这种利益冲突发生之后，管理者应当让冲突的双方站到一个更高的角度，全面了解整个组织的运营过程，让他们同时也熟悉其他领域的情况。

4. 促进理解

在局部利益的冲突中，冲突双方所犯的错误多半是考虑自己，以自己为中心，而不能体谅对方。要让他们互相了解、体谅对方的最好办法，莫过于让他们各自站在对方的立场上去考虑一下问题。交换双方的位置的方法是解决感情冲突的灵丹妙药。

例如，某推销员去会计室取款，因嫌会计动作太慢而恶言伤人，会计一怒之下拒不付款，于是由于感情冲突而影响到了工作。解决办法是让双方都各让一步，推销员向会计取款，会计迅速付款，并检讨自己以公务相报复的错误；但如果要使双方都心甘情愿地让步，最好的办法是让双方交换立场，对推销员提问："如果你是会计，对方用这种粗鲁的态度对你，你有什么感想？"对会计问："如果你是推销员，急等着拿钱去付给客户，你急不急？"

孔子说"己所不欲，勿施于人"，设身处地，从他人角度看问题，双方将相互谅解，并能很快意识到各自的错误。

5. 适当劝导

下属之间发生冲突后，内心一定很苦闷，也淤积了很多话，甚至有许多思想疙瘩没有解开。在这种情况下，管理者如果能及时地找他们谈谈，即使有些问题一时难以解决，也可以起到缓解矛盾、减轻郁闷的作用。在劝导时，要有真诚的态度。不要有应付差事的思想，不要为表示关心而去劝导。管理者的劝导内容要真实可靠，给人以真挚可信感。为此，劝导者的外表神态、讲话的信心及技巧等都会成为有真挚感的因素。比如劝导者口气坚定、语言流利、目光集中、外貌端庄、举止文雅，都会增加对方的可靠性和真挚感。

6. 晓以利害

管理者对下属固然主要应采用晓之以理、动之以情、导之以行的办法，进行说服，但这仅是一方面；另一方面则应晓以利害，以达到预期的效果。当然，在使用警醒法时也并不排除说服教育。人人都有自尊需要、社交需要、发展需要，等等，如果能够巧妙地利用人所具有的这些需要，讲清楚矛盾冲突对双方利益的损害、对工作的损失、对自己前途的影响，等等，就会产生有益的作用。

7. 控制气氛

在进行调解时，首先要缓和气氛，这时选择场合与时机都很重要。真正解决冲突并非一定要在会议上，有时在餐桌上、俱乐部、家里的客厅等地方效果反而会更好。前一种场合气氛比较严肃，冲突的双方都会处于紧张状态，时时带着防备心理，一被戳到痛处，就会立即剑拔弩张以致激化冲突；在气氛比较轻松的场合，冲突的双方不带防备心理，比较容易倾听对方的意见和调解人的意见，也比较容易互相谅解。作为冲突的仲裁者，也不应板着像法官一样的面孔，用一副公事公办的口气说话；适当的幽默，在某些场合有利无弊。

其实有些感情冲突不需要调解，随着事情的冷却，当事人头脑清醒后，冲突会自然缓和，甚至消失。冲突发生之初，冲突的双方都会很激动，立即调解往往收效甚微，搞不好，还会火上加油、弄巧成拙。在这种情况下，明智的办法是暂时将双方分开，不要彼此接触，使他们情绪冷静，之后再进行调解。

团队出现冲突时，管理者的处理方法和态度很重要。尤其是冲突是在组织成员之间产生，并需要一个审判官来为冲突进行盖棺定论时，管理者就会成为全体组织成员所关注的焦点。采取何种态度和方式、如何做到公平和合理，将是对管理者的一大考验。因此管理者在解决冲突过程中一定要拿捏到位，不能因为解决的不当造成新的冲突。这是最忌讳的事情。

员工冲突产生的根源

团队最重要的存在目的就是为了融合不同的意见，"如果两个人的意见永远一致，就表示其中有一个人是不需要的。"箭牌口香糖执行长小威廉·来格礼如是说。

只有当团队认识到冲突是不可避免的，避免冲突的负面效果，激发冲突的正面效益，妥善处理冲突，才能成为高效的团队，这也是高效团队的一个显著特征。

冲突在团队内部是普遍存在的一种现象，一些人要求工作具有高度的稳定性，另一些人则希望工作具有挑战性。那么，是什么产生了冲突呢？归纳起来讲，主要有以下几个方面：

1. 对稀缺资源的争夺

团队内的各部门都需要设备、人员、供应品以及其他资源。来自团队各个部门的这些要求的总和通常远远超过其所能得到的资源总量，这样便会产生相互争夺。例如，团队的资金在某个时期总是一定的，尽管我们可以采用各种复杂的技术对各部门的资金需求作量化的预算，但这不可能消除根本的冲突：言过其实的要求，片面性的证词，恐吓、笼络参加会谈的代表，会前和会上产生的成见，等等。如果我们不提防的话，这样的过程可能会一直蜕变下去，直到丧失原有的动机和诚实。

又比如说，在团队用于开拓市场的资金一定的情况下，如果 A 产品得到较大的重视，B 产品得到的重视就会较少。这样在负责不同产品的人之间就会形成紧张的关系。人力在团队内部也是不充裕的，特别是高素质的成员，如果一个部门高素质员工多、效率高，部门的扩展就会较快。因此，如果存在雇佣限额的话，自然就会产生对高效率员工的争夺。

2. 人为制造的冲突

在对团队的工作进行设计时，我们可能需要设计出一些会造成冲突的工作。如把控制和生产划分开有时就会产生冲突：与生产有关的人当然不会反对可靠的质量、快速的服务、低成本，或由于我们常单独设立控制职位的目标，但是总的生产任务和进行工作的条件必须要具有独立的检查，而当独立的控制人员提出反对意见时，生产经理就可能会恼火，就像我们误闯红灯时收到交警的一张罚单一样。

许多技术人员的工作就有造成冲突的倾向。例如，我们分配给某位工程师一项任务，要求他设计一种更经济的生产方法。但他那种新的高效的生产方法常常难以实施。在开始的时候，质量可能难以保证，工人们原有的社会关系也被打乱了，因此可能会抵制这种变化。负责监管生产的人员也并不只关心新方法对生产成本的影响，他还必须关心几个不同目标的顺利实现，如雇员的态度、质量、设备维修，等等。因而他对新的生产方法会采取谨慎态度。所以，我们可能会发现当这位工程师在热情地执行自己的特殊使命时，直线主管都在拖他的后腿。

3. 分歧的目标

许多时候，团队冲突都是因为各成员的行为目标存在差异。生产部门乐于接受定型的生产任务，而销售部门则希望产品的多样化。同一团队内的不同成员由于对市场调查的信息掌握不同，而对开发市场有不同看法，甲想以改进产品的质量来帮助公司得到更多利益，而乙却想要看到公司因为降低价格而得到更多好处。这必然引起冲突。

4. 职责不清

由于对出现的任务应该由谁负责存在着不同的看法而出现的冲突，这是团队内经常发生的事。由于职责规定不清，使得两名或多名成员对工作互相推诿或者争着插手，引起冲突。

5. 个人的素质和经历

团队是由不同的成员组成的，这些成员在知识、态度、经验和观点等方面都存在差异。差异就是矛盾，差异的存在必然导致团队成员之间不可避免地会发生这样或那样的冲突。如对周围世界的感受，没有两个人的感觉是一样的，每个人的感觉像独特而有个性的过滤器，透过它，把每一件事解释为主观的现实，而这通常会导致误解、困惑及冲突。引起冲突的原因很多，如还有沟通问题、角色的压力、知觉问题，等等，在此不一一列举。

6. 组织系统的缺陷

团队组织的一个重要功能就是要对做什么有一个明确的分工。权限方面的争执从团队的高层到基层都可能出现。尽管团队有职务说明书来界定每个岗位的职权和责任，但团队工作是多方面的，而且是发展的，职务说明书难以全面反映企业的实际。一个好的职务说明书也可能经过一段时期后而变得过时。团队发展越快，业务越广，职责边界不清造成的冲突就可能越严重。

了解冲突根源是为了更好地管理冲突。上述 6 种基本涵盖了组织冲突爆发的种种原因，把握各种冲突的特性能够使管理者更容易找到解决之道，从而实现对团队的高效管理。

防患失败后立即解决

管理者应随时密切关注组织内部潜在的或已发生了的冲突，努力找出冲突发生的根源，采取适当措施加以处理。对于可能带来不良影响的破坏性冲突，更应予以密切关注和重视。管理者要防患于未然，但是一旦防患失败，就要立即解决。处理群体冲突的方法是多样的：

（1）铁令如山。当你对事情有绝对自信，非马上去做不可时；当你相信别人的意见不太可能改变你的想法时，或是你认为事情没有重要到需要讨论时。通常单方面运用权势和影响力，使他人听从其意见。

（2）按兵不动。面对不同意见，单方面决定维持现状，不采取任何行动。这种策略只能暂时使用，不是一个最终的解决办法。当你需要时间搜集更多资料、争取更多支持，或是暂时没有精力来处理这件事情时，可以考虑使用"按兵不动"的策略。这样做的好处，是让彼此的情绪冷静，能够更从容地解决问题。

（3）和平共存。在共同协议下，各执己见，各行其是。如果这样做花费太大，或容易造成混淆，且当争议双方都坚信自己的想法是对的时，则采用"中间"路线，以达到共同目标。这时，你可以对争议双方说："我们先按自己的想法去做，试行三个月之后，再看看谁的办法最有效、最省钱。"

（4）寻找共同点。通过强调共同点、淡化差异点的方式，来"推销"你的观点。当你对自己的想法很清楚，但缺乏决策者支持时，或是当你没有时间、精力组织长时间讨论时，都可以运用这个策略。此外，当你觉得你手上的资料可能会伤害到别人，或是别人没有能力去处理它，而你想要撤回时，也可以考虑用这一策略来化解。如一位总经理有一套大刀阔斧的改革计划，但管理班子中的意见分歧很大，实施计划困难重重，考虑到班子稳定问题，总经理决定暂不进行人员变动，号召大家团结一致、齐心协力，先推行已取得共识的改革措施。

（5）全力支持。即使你不同意对方的看法，可是你仍然不要表示意见，并按照对方的看法去做。适用状况：当你相信对方的专业能力的确高出你许多时，或是当事情对你来说无关紧要，而对对方却非常重要时。这时，你可以微笑着说："我不赞成我老板最近提出的一个改革构想，但是我想，他是不会接受我的建议的。"

（6）以规则服人。当决定的过程比结果更重要时，当任何进展都会比原状好时，可以客观的规定或准则（如抽签、测验等）作为处理不同意见的基础。

（7）搁置"冷却"。有些问题双方之间存在冲突，但一时又难以断定谁是谁非，如果不是急需解决的问题，不妨先放起来"冷却"一下，暂缓解决。

（8）协商合作。可以经过冲突双方或多方协商，以求达成一致的意见；或者，通过彼此坦诚的讨论，将所有参与者的意见系统地整合在一起。适用于以下状况：事情非常重要，却难妥协时；当所有参与者都非常值得信任，且有充裕的时间可以互相沟通意见时。

（9）权威仲裁。在双方争执不下时，由管理或权威机构经过调查研究，判断孰是孰非。有时对冲突双方很难立即作出对错判断，但又急需解决冲突，这时就需要由权威人士（机构）作出并不代表对错的裁决。但裁决者应负起必要的责任。

（10）求同存异。冲突不应只是对立，还应相互启发、相互谅解和让步。这一方法尤其对于解决"鸡毛蒜皮"一类的冲突有必要，同时对解决重大问题的冲突也有积极作用。

管理冲突的 5 种策略

每一种方法都有利弊和各自适应的情形，没有一种是通用和标准的。作为管理者，你也许经常使用特定的方法（与你的冲突处理基本思路有关）。但是优秀的管理者应该知道每一种方法能够做什么、怎样做，以及什么时候使用效果最好。一般解决冲突的策略包括：

（1）回避。管理实践证明，并不是每一项冲突都必须处理，有时回避，即从冲突中退出或者抑制冲突，就是最好的方法。回避策略什么时候效果最好？当冲突微不足道，或者冲突双方情绪极为激动而需要时间平静的情况下，这一策略效果很好。

（2）退让或迁就。迁就的目的就是把别人的需求和考虑放在高于自己的位置上，从而获得和谐的关系。例如，你顺从其他人对特定事情的看法就是迁就。当争端的问题不是很重要或者你希望为今后的工作打下基础的时候，这个选择很有价值。

战国时赵国舍人蔺相如奉命出使秦国，不辱使命，完璧归赵，所以被封了上大夫；又陪同赵王赴秦王设下的渑池会，使赵王免受侮辱。为表彰蔺相如的功劳，赵王封蔺相如为上卿。老将廉颇居功自傲，对此不服，而屡次故意挑衅说："以后让我见了他，定让他下不了台。"蔺相如以国家大事为重，始终忍让。后廉颇终于顿悟，向蔺相如负荆请罪。将相和好，共同辅国，国家无恙。

在国家大义面前，蔺相如能够退让或是回避廉颇的挑衅，终于也使廉颇意识到了自己的错误。这才使得双方关系能够和好，将相同心，才保证了国家利益不受损害。

（3）强制。强制与迁就相反，就是试图以牺牲对方为代价而满足自己的需求。在管理中就是管理者运用职权解决争端。当你需要对重大事件做出迅速的处理时，或者需要采取不同寻常的活动时，以及与其他人无关紧要时，这种选择会取得很好的效果。

（4）妥协。妥协是要求冲突的双方都做出一定的有价值的让步。当冲突双方势均力敌的时候；或者希望一项复杂的问题得到暂时的解决方案时；或者时间紧迫需要一个权宜之计时，妥协是最佳的选择。

（5）合作。这是一种"双赢"的解决方式，冲突的双方都满足了自己的利益。合作要求双方开诚布公地讨论、积极地倾听，并理解双方的差异，对有利于双方的所有可能解决方案进行仔细的考察。什么时候使用这一招呢？没有什么时间压力，冲突双方都希望获得"双赢"的解决方式，问题十分重要不可能妥协折中时，合作就是最佳的策略。

综合运用各种解决之道

冲突的负面作用是：冲突破坏了团队的和谐与稳定，造成矛盾和误会。基于这种认识，所以很多管理者都将防止和化解冲突作为自己的重要任务之一，并将化解冲突作为寻求维系现有团队稳定和保持团队连续性的有效的、主要的方法之一。

然而通用汽车的前总裁所言："意见相左甚至冲突是必要的，也是非常受欢迎的事。如果没有意见纷争与冲突，组织就无法相互了解；没有理解，只会作出错误的决定。"从积极的角度去理解，冲突其实是另一种有效的沟通方式，管理者建设性处理冲突反而能实现共赢。

但是即便是冲突利于获得不同意见，但是如果不加以解决，必然会演变成破坏团队凝聚力的矛盾。因此管理者一定要对冲突加以重视。团队成员之间的冲突一般可以采用下述 6 种方法予以解决：协商法、上级仲裁法、拖延法、和平共处法、转移目标法及教育法。

（1）协商法。这是一种常见的解决冲突的方法，也是最好的解决方法。当冲突双方势均力敌，并且理由合理时，适合采用此种方法。具体做法是：管理者分别了解冲突双方的意见、观点和理由，然后组织一次三方会谈，让冲突双方充分地了解对方的想法，通过有效地沟通，最终达成一致。

（2）上级仲裁法。当冲突双方敌视情况严重，并且冲突的一方明显地不合情理，这时采用上级仲裁法，由上级直接进行了断比较合适。

（3）拖延法。双方的冲突不是十分严重，并且是基于认识的冲突，这些冲突如果对工作没有太大的影响，采取拖延法效果较好。随着时间的推移和环境的变化，冲突可能会自然而然地消失。

（4）和平共处法。对于价值观或宗教信仰的冲突，易采用和平共处法。冲突双方求同存异，学会承认和接受对方的价值观和信仰，这样才能共同发展。

（5）转移目标法。当成员自身产生冲突时，采取转移目标法更为有效。比如，让成员将注意力集中在某个兴趣点上，淡忘那些不愉快的事情等。

（6）教育法。如果成员是因为一些不切实际的想法而产生自身冲突时，管理者可以帮助成员认清自身的现实情况，教育成员用正确的方法来看待问题、认识问题，从而帮助成员缓解冲突。

除按照既定的方案和对策来解决成员间的冲突问题外，管理者也应该注意一些可能会影响冲突解决的因素，并且尽量将各种对策有机地结合起来，使解决方法发挥的作用更为理想。

除了选择正确的解决方法之外，对冲突中"关系人"情绪的控制也非常重要。当发生冲突时，人的情绪很难控制，有的时候会发生失控的情况，做一些不应该做的事情和说一些比较极端的话。所以，管理者除了必须控制自己的情绪外，还应注意控制冲突双方的情绪。

人的情绪的确很难掌握，尤其是在发生冲突的时候，人的情绪往往会产生比较大的变化。有时可能不是因为所说的话或做的事情对某人的影响，而是从根本上来讲，某人对冲突中的一方本身就讨厌，这样有可能导致冲突的进一步升级。

情绪的反应在很多情况下都容易产生负面的影响，因此，提醒管理者一定要注意冲突中冲突双方的情绪控制，尽可能避免出现激烈对抗的情绪。

需要提醒的是，解决冲突需要结合运用各种解决方法。在解决冲突中，有许多对策与方法。现实中虽然某一个对策会发生比较好的效果，但多数情况下，由于冲突双方在冲突中的心态和环境的影响，光采用一种对策与方法可能达不到预期的效果，因此，管理者应灵活运用各种对策，包括复合的方法。

例如，用强制的办法解决问题，强制的方法可能是控制了事态的进一步恶性发展，对局面控制有一定的作用，但产生冲突还是有一定的原因，如果问题不解决，冲突的局面控制了，但潜伏着更大的冲突。

所以在控制局面的同时，要注意解决问题。而我们采取回避的方法，目的是使冲突的各方能自己发现问题的所在，但也并非所有的条件下都能奏效，还是需要运用其他的方法来帮助冲突的各方能对存在的问题达成一致的看法。总之，管理者解决成员之间的冲突，目标就是化解各种矛盾，必须考虑在可能条件下的各种方法的运用。

部门冲突的 4 种解决方法

同一团队里的冲突多为个人之间的冲突，而部门之间的冲突也很常见。解决部门间冲突的方法有很多种，归纳起来主要有 4 种。它们分别是职权法、隔离法、缓冲法和目标升级法。

1. 职权法

职权法就是运用职权控制来解决冲突的方法。当部门间发生冲突时，管理者可以运用自己的职权来对冲突进行裁决，从而解决冲突。典型的例子是，当各部门在争夺公司有限的资源时，往往由总经理最后决定资源的分配。

2. 隔离法

垂直管理体系实际上就是隔离法的具体应用。当一个部门需要与其他部门合作时，通常不是直接去向该部门提出请求，而是向自己的直接上级进行汇报，由自己的上级出面进行协调，由对方的上级向该部门进行安排。这种隔离的方式减少了部门之间的冲突，但缺点也是显而易见的，它不适合现代企业快速发展的需要，并且缺少团队的主动协作精神。

3. 缓冲法

缓冲法具体可分为以储备作缓冲、以联络员作缓冲、以调解部门作缓冲 3 种形式。

（1）以储备作缓冲。在两个关联部门之间进行一些储备，从而减少部门间的冲突。比如，行政部门负责公司办公用品的采购，如果行政部门对物品有所储备，当其他部门需要领取办公用品时可以及时领到，自然就会减少它们之间的冲突。

（2）以联络员作缓冲。各部门的经理往往充当联络员的角色，负责处理本部门和其他部门的协作和协调问题。当然，也可以设置经理助理的职务，让经理助理充当联络员的角色。

（3）以调解部门作缓冲。对于规模较大的团队，通常有专门的协调部门负责对部门间的冲突进行协调。实际上，办公例会往往就起到这个作用。在办公例会上，由于团队决策层和冲突的相关代表都在场，所以较容易解决部门间的冲突。

4. 目标升级法

提出一个新的高层次的共同目标，该目标不经冲突双方的协作努力是不可能达到的。

谢里夫曾做过一个实验。他召集 12 岁的男孩兴办夏令营。这些孩子被分成两个彼此没有交往的独立小组。小组内通过一系列的活动非常亲近。后来，谢里夫故意挑起争端，使两个小组互相不满。

当冲突明朗化后，谢里夫又试图使他们和睦。他先后尝试了多种方法，如分别向每组说对方的好话、邀请两组的孩子一起吃饭、看电影，让两组的组长坐下来讲和，均以失败而告终。要么是拒绝这些信息，要么是互有敌意，成员之间很难接近，要么是这些领袖们不敢背叛自己的成员，怕被罢官。

最后，谢里夫设置了一个共同的目标，这个目标只有大家都共同参与才能实现。他故意弄坏了营地的食品运输车，使得双方孩子必须一起来推车才能把食品运回营地。由于需要一起克服困难，两个小组的孩子最终采取了友好的合作行为。

这种方法知易行难，因为首先，要冲突双方互相信任，充分合作；其次，若目标定得太远大，只是一种理想，未必切合实际，人总是比较现实，往往只顾及现在及眼前的利益，所以目标究竟该定多高，对每一个管理者来说都是一个不小的考验。

通过组织途径管理冲突

正式组织的管理职能实现和维持着组织的有效运行，对于企业组织冲突的管理，正式组织拥有非正式的群体组织及个人无法比拟的支配力、影响力和管理效果。

正式组织对企业组织冲突的管理依靠的是公正而合理的法则和权力。企业组织冲突管理的组织主要有党组织、工会组织、行政职能组织等。不论哪种组织形态，组织层级分明的等级结构都可将冲突管理从支配方式转换为理智和有序的组织管理。

1. 由冲突当事人共同的上司裁决

组织中不同层级的管理者所拥有的支配权力是由管理者所处的层级地位决定的。管理者的地位越高，权力越大，他的管理幅度也就越宽，他有权对他管辖范围内的冲突进行管理。在同一个企业组织内，人们习惯于将个人、群体或部门间的争论、冲突交由上级部门或企业领导者裁决，甚至同一行业内不同企业之间的冲突也大多依靠他们的共同上级主管部门裁决。

出于领导职责的要求和注重个人威望的目的，管理者对下级人员间的冲突处理，大多从企业组织或所在部门单位的整体利益出发，进行公正而合理地裁决，并督促他们按照正确的处理意见行事。管理者处理冲突并不拘泥于某一特定的方式，在企业组织冲突管理过程中，管理人员有时遵从法规或行政指令处理冲突，有时又充当中间调停人或公诉人。

为了有效地利用行政权力管理好冲突，绝大部分的企业都有专门负责处理冲突事务的副总裁，在必要的情况下，可以由最高领导者作出决断。

完善的指挥系统和遵从统一指挥是组织运行的基础，同时也是组织的上层解决冲突的依据。企业组织内外任何两个冲突主体，都能找到联系他们的共同上司。由此也可看出，利用行政职权解决冲突是企业组织冲突管理的主要途径。

当然，依靠共同上司的裁决，只有当管理者公正而明智，且有充分的时间去判断时，才会有良好的效果。遗憾的是，这种理想的情况是很少的，因总监的主观偏见或情感认同等方面原因而造成的不公正或不合理裁决常常发生。另外，企业组织的发展如今已进入无疆界时代，组织本身的不断扩展和变化，使原本清晰的部门间的界限已渐模糊，有时冲突双方或各方不易确定谁是他们真正的共同上司。

显然，求助于共同上司的方法，也存在许多不足。弥补这些不足可从两个方面进行，一是通过正当的程序，使用自己的申诉权利，即如果组织成员觉得他们的问题并未获得其直属上司公平合理的处置，他有权向更高一层的管理者、仲裁部门或特设的申诉委员会提出申诉；二是直接向有关的司法部门提出诉讼，由司法部门公断。

2. 通过人员调动，减少或消除冲突

对于冲突发生较频繁或存在潜在冲突的组织，采用组织调动的办法常能成功地减轻压力和冲突。通过组织人员的调动，管理者可将正在或易发生冲突的人员调离分开，这样，冲突双方缺少正面的对抗机会，易从对方的压力中解脱出来，有机会冷静地思考发生的冲突行为，稳定情绪，容易接受总监的调停或裁决。对丁存在潜在冲突的双方或各方来说，组织的人事调动使得潜在冲突双方的矛盾失去激化的机会，还可以形成避免未来群体间冲突的有利环境。

3. 使用赏罚系统

目标差异是引起企业组织冲突的主要原因之一，不同的组织成员和部门之所以不顾企业的总目标，为各自的利益相互对抗，在于使他们协作的诱因不足。这种诱因即是对组织成员共同协作完成企业或部门总目标的奖励和对他们因协作不力而损害整体利益的惩罚。所以，在企业组织中，一套有效的赏罚系统，不仅能帮助组织成员培养正确而合理的利益得失观，而且能促进不同的组织成员或群体共同协作，实现他们的共同目标。

4. 减少组织成员相互依赖

企业组织冲突发生的基本前提，来自于组织成员之间相互依赖。当人们必须在一起工作或共同使用有限的资源时，冲突必然随之产生。所以，减少组织冲突发生的一种有效途径，就是减少组织成员之间的相互依赖或对有限资源的争夺。

减少群体之间的依赖性，最直接的方法是分离冲突群体，使他们减少正面接触

的机会或使他们完全分开。这有两种比较现实的途径，一是利用组织调动的办法使冲突双方分开，二是利用缓冲物加以分离。

减少群体之间对有限资源的争夺，最简单的办法是增加资源的供应，使他们的基本需求都能得到满足。当这点无法实现时，比较有效的方法是制定一套公平合理的分配规则，让他们自己控制自己的资源，这样，他们之间的冲突会大大减少。若以上两种方法能结合使用，那么，冲突管理效果更佳。

5. 减少组织成员个性差异

研究发现，组织成员的个性差异是许多企业组织冲突产生的根源所在，如果能够减少组织成员之间的个性差异，相关的企业组织冲突必然相应减少。企业组织成员的个性差异，既有认识水平的高低，也有习惯认同、性格特征等方面的不同。

实践证明，这些成员的个性差异，通过有组织的教育培训可以消除或减少。在有组织的教育培训下，企业组织成员容易形成对某些事物一致的看法，并能够培育共同的价值观，每个成员的个性特征都将融会在群体或组织文化中。因此，新的组织文化的形成过程，就是组织成员个性差异的磨合过程，也就是组织成员之间因个性差异所发生冲突的管理过程。

6. 企业组织结构改革

企业组织结构本身的一些功能缺陷和障碍，不仅是组织冲突产生的一个重要原因，而且在许多方面不利于冲突的管理。所以，改革企业组织结构的不合理部分，可以达到有效的管理冲突的目的。一方面彻底消除一些冲突的产生根源或消除一些激化冲突的媒介，另一方面为其他冲突管理方法的有效运行提供了保障。

减少扯皮亦能减少矛盾

推诿扯皮是管理效率的天敌。企业组织管理的好坏，最为关键的指标就是企业组织的整体协调配合能力。整体协调能力的高低，与组织成员的水平和素质有关。在那些组织成员素质不高的企业里，时常出现的情况是，一旦出现了问题，每个人都开始推卸责任，从别人身上找原因，努力证明别人怎样做得不好。企业组织由此而产生各种各样的矛盾。

推诿扯皮是不敢承担责任的表现，是一种负能量。无论是组织或者个人，如果具备了强烈的责任感，一定会目标明确、生气勃勃，面对任何艰难困苦的挑战绝不犹豫退缩。相反，如果失去了责任感，则会遇事推诿，消极懈怠，不敢决策，任凭组织滑行到错误的深渊。

在今天，更多的人对沃尔玛感到熟悉，而对凯马特逐渐忘却。其实，直至20世纪90年代，凯马特一直是美国最大的零售商之一。凯马特的失败，就是团队成员在问题面前推诿的典型例证。关于凯马特的失败，有一个故事广为流传。

在某一年的年度总结会上，一位高级经理认为自己在工作中出现了一个失误，他向坐在他身边的上司请示如何改正和修补。这位上司不知道该作何回答，便向上级请示。

他对上级说："我不知道该怎么办，我需要听从您的指示。"而这位上级怕承担责任，便又转过身来向他的上司请示。据传，这样一个小小的问题，一直推到公司总裁那里。

总裁后来回忆说："真是不可思议，居然没有人愿意为这个小事情承担责任，而宁愿将问题一直推到我这里。"凯马特为什么会陨落，由此可见端倪。

推诿扯皮是一种不良风气，是影响企业肌体健康的毒瘤。企业管理者需要致力于创造一种团员赖以运行的企业文化，使团员既能建立勇于承担风险的自信心，又能承受基层对上级管理者制定的战略方案，让成员在团队中达到自己潜能的最大释放。

著名企业西安杨森就十分重视团队合作，企业在团队问题上十分注意培养员工的"雁阵意识"。任何一个销售区域、办事处或产品小组都是一个团队。公司在工作、活动、绩效考核和奖励方面，都很注意以团队为单位，目的是使员工学会在团队内求得个人最佳发展。总裁庄祥兴认为，"雁文化"的实质就是团队的合作精神；雁阵当中的每只雁展翅高飞时都获得了来自同伴的"向上之风"；只有团队内成员齐心协力，互相帮助，才能实现团队的目标。

但凡冲突频繁的团队，必然存在责任感不强的人。遇事不推诿、不扯皮，主动寻求解决办法的人是企业最为欢迎的人。富有责任感的人最受敬重。

拿破仑征战期间，一个士兵为了能够把信送给拿破仑，连着三天三夜滴水未沾。敌人设有重重关卡，为了尽快将信送到，他不曾休息过一秒钟，并且在冲破敌人的围追堵截时，左臂也受了伤。当他赶到拿破仑面前时，由于劳累过度，他一下子晕倒在地，而那匹战马也一命呜呼。

拿破仑看了信后，起草了一封回信交给他，并吩咐他骑自己的马，快速把信送回。这名士兵拒绝了拿破仑的好意，说："我只是一个普通的士兵，我不配骑元帅的战马。"拿破仑回答说："这个世界上没有任何一样东西是勇敢而负责的法兰西士兵所不配拥有的，我现在将这匹战马赠送给你。"士兵大为感动，翻身一跃，奔驰而去。

提升管理效率需要从加强合作开始。我国著名科学家王选说："美籍华人有个说法：日本人是围棋作风，讲究团队作战。比如松下当初把彩电倾销到美国时，联合了几家企业共同决定在美国卖成本价，占领市场。美国人喜欢桥牌作风，所以两家联合。比如英特尔和惠普，两个200多亿美元的大公司能够在下一代的CPU芯片上紧密合作。而有些中国人喜欢孤军作战，像打麻将一样，看着上家，防着下家，盯着对家，自己和不了，也不让别人和。"

而加强合作、减少团队内部矛盾需要从管理扯皮开始。一个处处扯皮的团队是不可能富有合作精神的。为了避免部门间、员工间的扯皮现象对工作造成的影响，除了不断完善企业内部的组织结构、明确职责之外，更重要的是要培养员工的责任意识，强化组织成员的责任心，做到事有人管，减少踢皮球的现象，顺利、快速、有效地完成公司布置的工作。

将冲突由坏事变成好事

并非所有的冲突都是坏事，有时候就是需要不同的观点彼此激荡才能迸发出改进的火花。如果有一天团队中的人都可以自由表达自己的心声或喜恶，或者不把这视为一种毒瘤而是一种健康的表现时，那整个团队必会因为多元化而受益。

当年，梅克如果不把团队搅起来，不让团队的竞争性表现出来，《福布斯》恐怕早已如同那些陨落的杂志一样湮灭在历史的深处。

大卫·梅克是一位才华横溢的编辑，可是他当总编时的管理方式却叫人难以接受。他对待下属从不留情面，而且总是一副冷冰冰的模样。尤其是他总是让团队成员感觉不安，总是会时不时地解雇一些表现不好的员工，逼得每一个编辑不得不为了饭碗竭尽全力工作。

有一次，梅克说要解雇一个人，有位员工实在太担心、太紧张，最后忍无可忍就直接去找大卫·梅克并问道："大卫，你要解雇的是不是我？"大卫·梅克慢悠悠地说："本来我还没有想好是谁，不过，既然你提醒了我，那么就是你了。"于是，那位员工当场就被炒了鱿鱼。

梅克的管理方式得到了老板的认同，布鲁斯和福布斯两位总裁都很信任他，并且委以重任。因为他们知道，大卫·梅克的鲶鱼式管理方式一定会为《福布斯》带来巨大的成就。大卫·梅克的确不负众望，他对《福布斯》的最大贡献就是为《福布斯》赢得了声誉。1964年，《福布斯》销量已达40万份，与当时的领头杂志《财富》和《商业周刊》并驾齐驱。

管理者应该看到团队冲突带来的好处。团队冲突能够充分暴露团队存在的问题，增强团队活力。冲突双方或各方之间不同的冲突意见和观点的交锋打破了沉闷单一的团队气氛，冲突各方都能公开地表明自己的观点，且在这种交流中，不存在安于现状、盲目顺从等现象，冲突激励着每个人都去积极思考所面临的问题，从而易产生许多创造性思维，使整个团队充满活力。这种活力能够保证团队在市场上的竞争性。

有了冲突虽不一定都是坏事，但却是一件令人忽略不得的事，它听之无声，看之无影，却以一种无形的力量影响着人们的一举一动，如果处理不妥，其后果是团队内成员流失，绩效下降。所以必须高度重视团队中的冲突，寻找到最科学的解决之道。

这个实验为如何解决团队中不同小集体之间的冲突提供了一个很有效的方法，那就是为他们设置一个共同的目标，促进他们之间加强合作，以此来增进了解，化解误会和纠葛。

采取此法，关键是把握好适度点。一是看冲突双方的"调子"的高低，分析双方的起初意图；二是视冲突的事实和抑制冲突的气氛对双方心理的影响程度，分别向他们提出降低"调子"的初步意见；三是在冲突双方或一方暂不接受调解意见的僵持阶段，可以采取欲擒故纵的临时措施，明松暗紧施加压力，促使其早转弯子。

冲动是提升团队凝聚力的契机。在团队中，过分的和睦可能会使不良的工作绩效得到宽容，因为没有人想指责或解雇一个队友，队友们往往不愿相互争执或批评，使团队缺乏斗志和竞争性。只有在时有冲突的团队里，成员才会因为彼此竞争而快速进步，从而推动团队高效成长。团队的凝聚力因冲突得到完美解决而不断加强。

加强部门之间的配合和协调

组织理论研究者卢桑斯通过研究认为，组织中团体之间的冲突一般有 4 种情况，即组织不同层次间的冲突、不同职能间的冲突、指挥系统与参谋系统的冲突，以及正式组织与非正式组织间的冲突。组织是由若干个部门或团体组成的。组织中部门与部门、团体与团体之间，部门、团体与组织之间，由于各种原因也常常发生冲突。

形成组织内部门之间冲突的原因很多。首先，各团体目标上的差异即可导致冲突。组织由于分工划分成不同功能的各个部门、单位，每个部门、单位在组织设计时就已确定其目标，各个子目标的组合就构成组织大目标。但在执行过程中，各部门和单位的工作行为常以本单位利益为中心，可能会忽视大目标与其他部门和单位的协调，使各部门各单位相互隔绝，致使冲突产生。

另外，由于各团体认识上的差异，职责权限划分不清，或各团体的利益没有得到满足，甚至于不健康的思想意识或不良的团体作风，也可引起团体间的冲突，如小集团主义、自私自利、以邻为壑、虚伪、欺诈等。由上述原因而酿成的冲突，不仅会造成各部门之间关系的不协调，而且也会给整个组织系统工作带来不良影响。因此，处理好组织内部各部门之间的关系，对于形成组织系统的合力，发挥组织系统的整体效应，具有重要的意义。

冲突源自于人，许多矛盾都与部门管理人之间的关系非常密切。因此管理人能否顾全大局、他们之间的人际关系是否融洽，对部门关系影响很大。因此，作为管理者来说，要处理好部门之间的关系，就要加强配合与协调。

1. 力倡合作

互相支持，是圆满完成组织工作任务的前提。一个各部门之间相互支持的组织，才是有力量的组织。各部门之间的相互支持，体现在具体的工作之中。当某一部门工作遇到困难、阻力时，主动去排忧解难，在人财物方面给予帮助，是一种支持；当某一部门工作取得了成绩或出了问题，给予热情的鼓励或提出诚恳的批评，也是一种支持；当某一部门与其他部门发生矛盾，不是置之不理而是出面调解，帮助消除误会、解决矛盾，更是一种支持。部门之间的相互支持，是避免冲突、消除矛盾、友好相处的重要原则。

各部门管理人在强调自己工作的地位和作用时，不能贬低而要同样肯定其他部门的地位和作用。工作的配合与支持不能仅是单向的企求，而应成为双向的给予，并用以取代"鸡犬之声相闻、老死不相往来"的自我封闭状态，以及"各人自扫门前雪，休管他人瓦上霜"的狭隘做法。

2. 强调沟通

沟通是双向的，也是多方面的，主要应当从目标上、思想上、感情上和信息上加强沟通，进而取得共识，这是协调各部门管理人关系的重要基础。这既是做好部门工作的需要，也是处理好部门关系的需要。

（1）沟通思想。各部门管理人应避免单纯以本部门的利益得失考虑问题，而应当从各部门利益的互相联系上也就是全局上考虑问题，包括设身处地地替其他部门着想，达成彼此可以共同接受的意见，以防止思想认识上的片面性。对于因工作关系所引起的思想误会、隔阂，各部门管理人之间应严以律己，宽以待人，必要时多作自我批评，求得谅解。各部门管理人在思想观念、思想方法、思维方式上也是互有差异的，由此而形成的观点上的争鸣和分歧，可以通过平等的交流、启发，缩小认识上的差距，以达到统一。

（2）增进感情。感情上的联络和加深，对部门管理人来说是很重要的。因为很难设想，没有任何感情交流的部门管理人之间，工作上可以融洽。要增加感情上的沟通，除了目标思想上的认同外，还可通过工作交流、参观访问、文体活动、公共关系活动等不断加深，从而创造一种和谐共事的情感环境。

（3）强调目标。在工作中反复强调整体目标，可以使各部门管理人认识到各部门、各个人对整体目标做贡献的重要性，以及相互配合、协调的必要性，力争把部门利益与共同的目标联系起来，进而增强各自对组织目标的关切感，减少部门与个人间不必要的冲突。同时，要在具体目标上取得沟通和共识。各部门管理人，在目标的确立上，要相互理解和关注；在目标的实施上，要相互支持和推进；在目标的冲突上，要相互调整和适应；在目标的成功上，要相互总结和鼓励。

（4）互通信息。部门之间的矛盾与隔阂，都可以从信息沟通上找到原因。沟通是传达交流情报信息的过程，一般而言，凡缺乏沟通的部门，信息传递必然不畅，极易造成部门之间的不了解、不理解和不协调，甚至造成某些冲突，既影响工作，又影响团结；凡主动沟通的部门，必然信息流畅，往往容易赢得对方好感，形成部门之间的良好关系。

3. 合理竞争

部门之间不但具有共同的利益和目标，而且还具有各自不同的利益和目标，因此必然存在竞争。合理竞争要求部门之间形成一种正常的竞争关系，求同存异，互相支持，密切合作，千帆竞发，百舸争流，最大限度地发挥积极性和创造性，努力实现组织系统的整体目标。组织内各部门的地位差，功能差，既反映了相应的权利和义务，也反映了相应的责任和贡献。这是组织系统各部门在协作过程中存在竞争的客观基础。

在组织内部，竞争是一种最活跃的因素和力量，具有使组织系统不断发生变化的功能。这种功能既可以使组织系统发生进步性变化，使组织的作用充分发挥出来，也可以使组织系统发生破坏性变化，造成组织系统的不稳定，产生结构性内耗与功能内耗。

为了最大限度地实现公平，合理竞争，既反对封锁信息，互相拆台、制造矛盾、增加内耗；也反对满足现状、不求进取、被动应付、得过且过。特别应反对的是那种不择手段、以邻为壑、尔虞我诈、冷酷无情的倾轧和竞争。只有这样，才能减少部门之间的冲突，提高各部门协同作战的工作效率，也只有这样，组织才能得到稳固与发展。

当然，出现矛盾是不可避免的。当组织系统部门之间出现矛盾冲突时，如果涉及范围小，则可以采取"协商解决法"，即由相互冲突的部门彼此通过协商解决冲突。协商时双方都要把问题摆在桌面上，开诚布公，摆出各自的观点，阐明各自的意见，把冲突因素明朗化，共同寻找解决途径。

如果冲突涉及面较广，影响到全局活动时，则可采用仲裁解决法和权威解决法。仲裁解决法，即由第三者出面调解，进行仲裁，使冲突得到解决。这是部门之间经过协调仍无法解决冲突时才使用的方法。这里要求仲裁者必须具有一定的权威性，最好是冲突双方都比较信任的，或者社会和法律认可的，否则可能仲裁无效。

权威解决法，即冲突双方既不能通过协商解决冲突，又不服从仲裁者，可由拥有权力的上级主管部门作出裁决。在一般的情况下，最好不采用这种办法。但是由于它可收到一时之效，在某些特殊或急迫情况下，采用这种方法也是必要的。

过后，应做更细致的思想工作。这是利用权威的力量，按照"下级服从上级，个人服从组织"的原则，强迫冲突双方执行命令。运用这种方法一般只能改变双方表面的行为，无法影响其内在态度的改变，因此不能消除引起冲突的内在原因。

/ 第 13 章 /

裁人的绝招

删除团队中的 C 类员工

如果把一汤匙酒倒进一桶污水中，你得到的是一桶污水；如果把一汤匙污水倒进一桶酒中，你得到的还是一桶污水。如果一个高效的部门里，混进一匹害群之马，会全盘破坏组织的健全功能，这就是有名的酒与污水定律。下面这个小故事很好地说明了这个定律。

两匹马各拉一辆大车。前面的一匹走得很好，而后面的一匹常停下来东张西望，心不在焉。于是，人们就把后面一辆车上的货挪到前面一辆车上去。

等到后面那辆车上的东西都搬完了，后面那匹马便轻快地前进，并且对前面那匹马说："你辛苦吧，流汗吧，你越是努力干，人家越是要折磨你，真是个自找苦吃的笨蛋！"

来到车马店的时候，主人说："既然只用一匹马拉车，我养两匹马干吗？不如好好地喂养一匹，把另一匹宰掉，总还能拿到一张皮吧。"于是，主人把这匹懒马杀掉了。

几乎任何企业团队中，都会存在几个"刺头"员工，他们往往不会为组织增添多少成果，反而会拖团队的后腿，将事情弄得更加糟糕。这就是团队中的害群之马。

管理者不要忽视一两个"害群之马"的破坏力，他们会使一个高效的部门迅速变成一盘散沙。我们总说：破坏总比建设容易。一个能工巧匠花费时日精心制作的瓷器，一秒钟就会被破坏掉。如果一个团队中有一匹害群之马，即使拥有再多的能工巧匠，也不会有多少像样的工作成果。作为管理者，遇到这样的情况，若想保持团队的高效，你只有一个选择，按下清除键，迅速将其清除掉。"美国第一 CEO"

杰克·韦尔奇对待害群之马的员工非常干脆。

每年，GE 公司的高管都被要求将他们团队的人员分类排序，其基本构想就是强迫公司的领导对他们领导的团队进行区分。

他们必须区分出在他们的组织中，他们认为哪些人是属于最好的 20%、哪些人是属于中间大头的 70%、哪些人是属于最差的 10%。

如果他们的管理团队有 20 个人，那么公司就要求知道，20%最好的 4 个和 10%最差的 2 个都是谁——包括姓名、职位和薪金待遇。表现最差的员工通常都必须走人。

韦尔奇把员工分为 A、B、C 三类，C 类是"烂苹果员工"，即害群之马。

A 类是指这样一些人：他们激情满怀、思想开阔、富有远见。他们不仅自身充满活力，而且有能力帮助带动自己周围的人。他们能提高企业的生产效率，同时还使企业经营充满情趣。

B 类员工是公司的主体，也是业务经营成败的关键。我们投入了大量的精力来提高 B 类员工的水平。我们希望他们每天都能思考一下为什么他们没有成为 A 类。经理的工作就是帮助他们进入 A 类。

C 类员工是指那些不能胜任自己工作的人。他们更多的是打击别人，而不是激励；是使目标落空，而不是使目标实现。管理者不能在他们身上浪费时间，那对团队没有任何好处。

而韦尔奇规定，区分出三类员工后，按照等级进行奖惩，A 类员工得到的奖励应当是 B 类的两到三倍，公司还会给予 A 类员工大量的股票期权。对 B 类员工，每年也要确认他们的贡献，并提高工资，大约 60%到 70%的 B 类员工也会得到股票期权。至于 C 类，不但什么奖励也得不到，还要承担被淘汰的后果。

很多管理者会认为，剔除落后的 10%的员工是残酷或者野蛮的行径。这是一种曲解，事实恰恰相反。平庸的员工对于优秀的团队是一种伤害，而对于其本身也并没有什么好处，因为让一个人待在一个他不能成长和进步的环境里是真正的"假慈悲"，对任何一方都没有好处。找出你团队中的害群之马，毫不犹豫地清除掉，你会发现团队面貌会发生积极可喜的变化，当然，还有业绩的大幅提升。

恰当地解决问题员工

任何团队都会有问题员工的出现。如何面对问题员工、如何纠正问题员工的缺点，以及如何使用及管理他们，成为衡量管理者领导水平的一个重要标尺。当问题员工的问题已经暴露，当我们要对他们进行惩戒性谈话时，管理者要兼顾到以下三方面技巧。

1. 用问题员工之长，容问题员工之短

问题员工可能是企业中能力颇高的员工，也有可能是有着个性思维、创新力强的员工。因此，我们要正确面对问题员工的表象。挖掘他的优势和强项，用其所长，对在工作中有求上进、出业绩、敢突破的情形，给予恰当奖励。同时，要包容问题员工的缺点，私下进行真诚规劝和忠告；督促、鞭策他不断改正，要给问题员工以机会，而不是一棒打死。

2. 以企业文化感化教育问题员工

企业文化应当旗帜鲜明地回答：公司弘扬什么、反对什么，提倡什么、制止什么，并拿这些标准要求问题员工进行自我纠正。企业要通过不断的企业文化宣传、企业文化活动来培育员工的团队意识、敬业行为和责任心，在潜移默化中改变问题员工的行为方式；通过定期的员工品绩考评，来改变问题员工的工作态度和不当行为。注重对问题员工进行多频率、高效率的正面教育、赏识教育，来感化教育问题员工。

3. 围绕问题型员工，找针对性管理方法

作为一名优秀管理者，应是一个能够及时化解团队内部矛盾，围绕"问题"寻找方法的人，不仅能够坚持原则，更能突现灵活性和管理创新能力。问题员工的形成原因一般不外乎两个方面，一是自身原因造成的问题，二是外部环境改变造成的问题。

有些员工因为自身的素质局限而使自己的心理、行为出现异变而产生的问题。对这类员工要多给予关心、培训、帮助和支持，鼓励其努力上进，不断表扬和激励是必需的。另一部分员工是由于外在环境改变而导致一些员工蜕变而成为问题员工，比如上司调走、工作业绩下降、家庭变故、失恋、工作失宠等。因此，要根据其情况，采取正确的解决办法，或正面鼓励、或私下沟通、或帮助渡过难关等方法，使问题员工感激你、信服你进而尊崇你。

在进行惩戒性谈话时，要全力指导员工把业务搞上去。可以通过重温要达到的业务指标，让他明白规规矩矩办事的道理。惩戒性谈话会使用到以下三种管理方式：

（1）口头提醒。找该员工谈话，必须讲清楚他所犯的错误及问题，这是正式惩罚过程的第一步，还要说明他以后要采取的行动。不要忘记做谈话笔录。

（2）实施"积极惩罚"。积极惩罚又叫"没有处罚的惩戒"，其核心部分是让员工自己作出选择。这个选择就是经过仔细考虑公司的业务要求后，要么保证在一定时间内达到要求，要么离开公司。这是要求员工自己对所犯的错误承担责任。

（3）解雇。不处理那些有问题的员工可能代价高昂，甚至可能从多方面伤害你的公司；比如说机会成本：如果解雇了这些绩效不佳的员工，你可能会找到一名明星员工。

有人认为解雇政策对于员工是一种伤害，其实不然。那些无法达到绩效要求的人应该更高兴去做点别的什么事，他们也许会更有效率，这对他们是一件好事。

处理不适合团队的人

团队经过一段时间的运行，作为管理者，必须要有重新评估你的团队的勇气，要找出哪些人是不适合团队的。一般而言，有 5 类员工必须严肃处理，就是平时不处理，也应该用强烈的态度，给予他们明确的讯息。这 5 类员工是：

1. 行为失德的员工

有些员工品行不端，甚至心术不正，虽然没有做什么有损组织利益的事，但对其他员工却可能造成滋扰，最常见的就是性骚扰，有些男性员工，对女同志口无遮拦，拿她们的身材当作评论对象，喜欢说性话题，这会令组织的气氛变得很恶劣，有些甚至更过分，可能借故挨身挨势、毛手毛脚，使女同志几乎有被非礼的感觉。这类员工绝不要容忍，必须加以指责，如果劝而不改，就应大骂，或更严重的，可能要考虑解雇他。

2. 态度恶劣的员工

有些员工的性格不善，如果领导的性格温和，他们就不会把领导放在眼里，对领导毫不尊重。这类员工，有些是恃着自己工作表现好，办事效率高，他们甚至可能在领导面前闹脾气，或是驳领导的面子。这类员工，如果不还以一点颜色，他们就会变本加厉。创业初期，中层领导的性格通常比较温和，就可能被恶人所欺，这时绝对需要用严厉态度加以处理。

3. 浪费的员工

为了避免浪费，首先，领导就要以身作则，起好带头作用。让下属从刚一开始参加工作，就养成不浪费的好习惯。

领导发现下属有小的浪费现象时，就要对其进行忠告，因为小的浪费会带来大的损失。即使下属发牢骚说："我们领导对这一点小事都斤斤计较，真是太小气了。"但是，领导仍然不要对他们妥协。只要看到下属有浪费现象就要对他们进行批评。

领导要对下属那些有碍正常工作的行动提出警告。人们很容易养成不良的习惯，而且很难纠正。所以，要在坏习惯形成之前，就帮助他们纠正过来。

一点一滴都不要浪费。当日本《经济时报》面临危机的时候，为了重整旗鼓，正坊地隆美从日立事务所调到那里去当老板。年末大扫除的时候，他看到地上扔着几根短的铅笔头，于是，他把财务部长叫来，并让他把铅笔头捡起来。正坊地隆美的这种行动使得下属对勤俭节约有了新的认识。大家想连经理都这么节约，自己今后一定要注意。

如果不注意小的浪费，那么积少成多就会造成大浪费，任何企业都是经不起浪费的。为了避免造成巨大的浪费，领导就不应当允许有小的浪费。

4. 懒惰的员工

领导有权要求员工做好工作，有什么合理要求，他们都应该达成。但懒惰似乎是很多人的天性，他们总想找种种机会偷懒，尤其是领导不在时，更是得其所哉，如果是跑外勤的，偷懒的机会更多。如果你在下午三、四时，经过快餐店，进去看看，估计当中有多少个是组织的外勤人员，就知道偷懒者何其多，若再加上下午跑入电影院看电影的营业代表，数目就更多。

你和员工一起工作，大家要像战士一样努力前进。工作效率差、懒散不负责任的员工，会把整个团队精神拖垮，尤其如果公司规模不大，员工数目不多时，就更应排除这些害群之马，要先改造他，要激起他的自尊自重之心。使他奋发起来。不过，有些大懒虫的确是没有自尊自重感的，骂了也是一条软皮蛇，无计可施，唯一的方法就是解雇。

5. 怠工的员工

对属下时常怠工不能视而不见。有很多人经常迟到，然而他们都会找出很多借口，说什么汽车晚了、突然头痛起来没法出门，等等。这种人会影响集体中其他人的士气。对这种人要给予明确的批评。对缺勤很多的人，在办公室谈恋爱而影响工作的人，也要视不同情况给予批评或警告。

裁人时采用强迫的方式

个别员工尤其是老员工自大到漠视团队的制度法规，试图搞特权，凌驾于权威之上，游离于纪律约束之外，令团队的工作无法顺利进行，甚至直接阻碍着团队的成长与发展。面对这种情况，管理者切不要放纵自流，一定要当机立断，严惩不贷。最好的方法是，不管是谁，无论其功劳多大、资格多老，都应对其运用一定的手段，强迫其出局。

如果不能用铁腕，这些员工的表现不仅是对你作为领导者个人的不敬，还是对整个组织管理秩序的破坏。因此，必须让他归其本位，正常的手段不行就只能强迫其出局，总之必须把管理的权力收回到自己手中。清帝康熙就是采取强迫的方式将越轨者鳌拜剔除出局的。

数年前，伊藤洋货行的董事长伊藤雅俊突然解雇了战功赫赫的岸信一雄，这一事件在日本商界引起了不小的震动，就连舆论界也以轻蔑尖刻的口气批评伊藤。

人们都为岸信一雄打抱不平，指责伊藤过河拆桥，将自己"三顾茅庐"请来的一雄解雇，是因为他的东西给全部榨光了，已没有利用价值。

在舆论的猛烈攻击下，伊藤雅俊却理直气壮地反驳道："秩序和纪律是我的企业的生命，不守纪律的人一定要处以重罚，即使会因此降低战斗力也在所不惜。"

事件的具体经过是这样的：

岸信一雄是由"东食公司"跳槽到伊藤洋货行的。伊藤洋货行是以从事衣料买卖起家，食品部门比较弱，因此从"东食公司"挖来一雄。"东食公司"是三井企业的食品公司，对食品业的经营有比较丰富的经验，于是有能力、有干劲的一雄来到伊藤洋货行，宛如是为伊藤洋货行注入了一剂催化剂。

事实是，一雄的表现也相当好，贡献很大，10年间将业绩提高数十倍，使得伊藤洋货行的食品部门呈现一片蓬勃发展的景象。

但是从一开始，伊藤和一雄在工作态度和经营销售的观念方面即呈现极大的不同，随着岁月增加裂痕愈来愈深。一雄是属于新潮型，非常重视对外开拓，善于交际，对部下也放任自流，这和伊藤的管理方式迥然不同。

伊藤是走传统保守的路线，一切以顾客为先，不太与批发商、零售商们交际、应酬，对员工的要求十分严格，要他们彻底发挥他们的能力，以严密的组织作为经营的基础。伊藤当然无法接受一雄的豪迈粗犷的做法，为企业整体发展的需要，伊藤因此再三要求一雄改善工作态度，按照伊藤洋货行的经营方式去做。

但是一雄根本不加以理会，依然按照自己的方法去做，而且业绩依然达到水准以上，甚至有飞跃性的成长。这样一来充满自信的一雄，就更不肯修正自己的做法了。他说："公司情况一切都这么好，说明我的经营路线没错，为什么要改？"

为此，双方意见的分歧愈来愈严重，终于到了不可收拾的地步，伊藤只好下定决心将一雄解雇。

这件事情不单是人情的问题，也不尽如舆论所说的，而是关系到整个企业的存亡问题。对于最重视纪律、秩序的伊藤而言，食品部门的业绩固然持续上升，但是他却无法容许"治外权"如此持续下去，因为，这样会毁掉过去辛苦建立的企业体制和经营基础的。

从这一角度来看待这一事情，伊藤的做法是正确的，严明的纪律的确是不容忽视的。管理现代企业，如同治军一样，要有严明的纪律和有令则行的作用。若置纪律于不顾，人心便会叛离，组织便会不再发生效用。在执行纪律的过程中，应一视同仁，不可受人情因素的影响，不能感情用事。纪律是军队的灵魂，同样也是企业管理的灵魂。

高效治理需要敢于解聘

人们总是习惯性地对解聘心怀反感，认为解聘事件的发生，如果不是企业的运营状况有问题就是员工的个人能力有问题，很少有人从社会角度上来看待这件事。不能否认，解聘也有其积极的一面。

解聘可以优化员工组合。每个企业都会有一部分闲置或是与工作岗位不相称的员工，如果长时间不能对他们加以使用，就会让企业背上沉重的负担。要在企业中真正实现优胜劣汰的用人机制，就要把一些不能胜任工作的人员淘汰，这样才会使更多的优秀人才脱颖而出，从而使企业的员工队伍充满生机和活力。因此，作为企业的管理者，不仅要清醒地认识人才的重要性，掌握用人的技巧，还要学会通过合理的淘汰机制提高绩效。

解聘可以使员工更认真地对待自己的工作。一部分员工的被迫流出，无疑会从反面刺激那些墨守成规和不思进取的员工，他们将因此产生危机感，从而更加认真地对待自己的工作，积极性、责任感都会进一步提高。

一位研究者研究过曾经在美国非常成功但传到第二代后经营却失败的 75 家公司，结果发现症结都在于人才问题。公司创办后，渐渐地成长，不能否认某些创建元老的贡献。但由于时代的变迁，这些因有功而身居要职的人，有不少人已不能适应新时代的需要。但第二代的经营者，却碍于情面，不便辞退这些人，以致公司终于倒闭。当然，也有许多公司因为其他因素而倒闭，但这位研究者调查的 75 家公司，都有上述的现象。

管理者不仅要知人善任，还要敢于解聘，在企业中真正形成优胜劣汰的用人机制。

但是在实际工作中，解聘并不那么容易，还有许多阻力和障碍需要加以克服和清理。许多人认为，只要不背离原则，不违法乱纪，即使有些人能力差，总还要给他个位子。也有人受个人感情的羁绊，如日本企业，对一些资历长、任职久、感情深的同学、老乡，迁就照顾，宽容短处，即使责任心退化、使命感弱化、奋斗意识淡化，也不予免职。在人才使用上，仍保留论资排辈的习惯。一些有胆识、有魄力、有作为的年轻人才，敢说敢干，独当一面，能够打开工作局面，但由于有棱有角，于是被说成自高自大、盛气凌人，不予使用；而那些能力平平，老实听话，善于拉关系、做人情的却受到重用。

市场就是战场，战争是残酷的，若想提高企业整体效益，改善绩效管理，在用人问题上，就绝不能被感情所羁绊。

送走价值观不同的人

德鲁克说：想要在企业内取得成就，个人的价值观必须与企业的价值观兼容。德鲁克认为，相互兼容的价值观是企业获得高效执行力的认知基础。世界大多数成功的企业，除了物质技术设备优越之外，更重要的是，员工个人价值观与企业价值观兼容上的成功——共同的价值观能够促进组织全体成员在对企业、战略、任务和执行的认识上趋于一致，从而提升企业的战斗力。

在日本市场上站稳脚跟之后，京都制陶总裁稻盛和夫希望公司走向海外世界，首先开辟美国市场。1962 年，稻盛独自一人飞往美国，由于语言不通，也没有志同道合的代理人，结果无功而返。

1963 年，原来在松下工业任贸易部长的上西阿沙进入京都制陶公司。上西出生在加拿大，他在松下时充分利用自己的语言优势，一直从事与海外的贸易往来。上西比稻盛年长 12 岁，对外贸易经验极其丰富，正是京都制陶急需的人才。

上西刚加入时，稻盛如获至宝，每天一到傍晚，稻盛就跟上西促膝长谈，竭力想使他的思想与公司一致。而上西自恃是精通贸易的专家，心高气傲，无法马上接受稻盛的想法和领导。

稻盛希望上西马上开辟海外市场，而上西认为想开展对外贸易，做市场调查的时间就得有一年左右。稻盛却绝不允许这样按部就班的慢吞吞的做法。稻盛的过度执着和上西的循序渐进产生了矛盾，二者在许多业务问题上各不相让，经常闹得不欢而散。

稻盛本来打算把经验丰富的上西当作自己的左右手，协助自己扩大海外市场。现在却为上西不能理解自己的意图而满怀怒气。这时候，稻盛深切地感受到再丰富的贸易经验，再优秀的人才，不能同心协力就没有战斗力。他觉得自己无法与上西共事，决定解雇上西。

上西的养父听说这个消息十分着急，跑到稻盛家中苦苦哀求，因为上西由于过于自负在其他公司也无法待下去。稻盛决定再和上西交谈一次。他把自己所能想到的对生活、工作的态度、思考问题的方式等一一提出，向上西追问到底，想借此改变上西的思维方式。稻盛恳切的肺腑之言，终于使上西和他心心相通了。

在上西的协助下，京都制陶很快就在美国的高科技产业的圣地——硅谷，建立起了海外兵团，成为日本企业打入硅谷的先驱。

作为一个企业，如果员工各有打算，各自努力方向不一致的话，就会缺少合作力，影响企业发展，只有全体员工同心同德、齐心协力才能带来最大效益。

共同的价值观、目标是一个优秀团队所必不可少的。企业领导者必须让每一个员工明白团队利益永远大于个体利益，个体利益永远服从团队利益。

因此，在团队治理上，考核价值观应该是管理者的第一要务。个人价值观与团队价值观相融，这是合作的基础，在此之后才能谈论其他。如果价值观不同，就要立即送走，千万不要留用。

坚决驱逐不务正业之人

在一个团队里，也许总有一个或者几个只说不干、胡乱捣蛋的员工，他们不仅影响其他员工的工作热情，甚至是阻碍团队前进路上的绊脚石。身为管理者必须对下属的工作能力、工作态度有充分的认识和了解。

聪明的主管深知，集体的团结和纪律的严明是企业生存和发展的通行证，因此，管理者对团队中的那些不务正业的员工时刻保持着高度的警惕，该批评的时候就批评，不留情、不手软，绝不对其姑息迁就，必要的时候要毫不犹豫地清除，这样才能保持企业的凝聚力和竞争力。

人的性格是多方面的，为人处世、对待工作的态度亦因性格、修养等因素表现各异。有兢兢业业、开拓创新之士，也有应付敷衍、背地捣乱之流。身为管理者，如何才能认清员工的真面目，并对其相应地管理呢？这里总结了几种常见的"不地道"员工的行为，亦是不能容忍的，管理者应立即予以批评，严重的话也可以考虑清除：

（1）只说不练。社会上曾流传有这样一句话："干的干，看的看，看的给干的提意见。"事情是要一件一件来做的。工作中的事每一件都是具体而实在的，不身体力行是无法完成的。

此类员工净耍嘴皮子不干事，也就是说得多、干得少，他们的存在，不但影响其他员工的情绪，也会败坏整个工作作风。

（2）当一天和尚撞一天钟。这类员工没有干劲、缺乏责任感，只是一种抱着"混"的态度应付工作。对待工作草率、马虎，对分内的事也不认真去做，"当一天和尚撞一天钟"。至于这钟撞得好不好、声音响不响，全然不管。

（3）唯我独尊。这类员工往往心目中只有"自我"、工作中突出"自我"，我行我素，其他员工一般很难与之合作，甚至不会把上级领导放在眼里，听不进别人反对意见，受不了批评，自然不利于工作的整体推进。和谐融洽的工作环境有利于团队的成长，况且一项工作通常是需要各部门之间互相协调、员工之间通力合作的。

（4）心胸狭窄。这种员工多少都有一点才气。因为这点才气，表现自然自负，容不下别人。然而，其又不愿意看到别的同事超过自己，无容人之量，这种员工多数群众基础不好。由于其心胸狭窄难容人，和同事少不了有磕磕碰碰的事情发生，别人也不愿意和其同处。

（5）阿谀奉承。这种员工的心思不在干好本职工作上，而是寻找机会和主管拉关系、套近乎，以求得对自己的"照顾"。对工作往往心不在焉，得过且过。这类员工不愿付出辛苦努力，而找机会投机取巧，钻空子。

（6）抱怨不满过多。这种员工在工作上稍有不顺就牢骚满腹，对别人说三道四，影响其他员工的积极性。这种员工的存在，对稳定员工思想具有消极作用。他们常常对许多事情都看不惯，乱说乱讲，尤其对新员工的成长不利。其危害不可小觑。

任何管理者都不希望自己的部门出现员工不团结、影响工作的现象。要维护工作的正常进行，对以上几类害群之马必须采取果断的措施予以制止，否则将后患无穷。

不适合再优秀也不留

企业的经营者总是以为空降兵"很美"。"空降兵"多为高人，多年的职场打磨，让这些职业经理人看上去"很美"。所以，当企业遇到困境或者业务发生变更时，管理者通常都会选择从其他企业"挖"优秀的职业经理人，以此来担负起改变企业命运或承担新业务开拓的重任，这似乎已成为企业管理者解决问题最简单、最有效的途径。

然而，距离产生的"美"是一种假象。当优秀的"空降兵"们渐渐进入企业的日常运营中时，企业却发现一切并没有想象中的"完美"。等双方短暂的"蜜月期"过去后，剩下的往往是痛苦而又无言的结局。难怪很多企业管理者都曾经感慨："挖人容易用人难。"在对待空降兵的时候，管理者通常存在这样的误区：他们认为在其他地方优秀、出彩的人才，到了自己的企业也会继续优秀。但事实却并非如此，企业的管理者不要期望优秀的人才一进来就优秀。

吴士宏加盟 TCL 的案例就足以说明，"优秀"也是需要条件的。1999 年，"打工女皇"吴士宏离开给她带来巨大声誉的微软中国公司，加盟 TCL 集团。吴士宏在 TCL 并没有能够继续辉煌，直到 2002 年黯然退出，在 TCL 集团短暂的经历，让吴士宏遭遇了职场上的"滑铁卢"。

吴士宏拥有 IBM 高管和微软中国区总经理的外企从业经验，而且是从一个普通销售员一步一步上升为高管，在多个岗位都具有丰富的工作经验。正如盛大天价聘请唐骏，是看中其在资本运作方面的能力，而 NBA 中国挖来陈永正是看中其在中国高层的公关能力，TCL 邀请吴士宏加盟之时也对其寄予厚望。

但是，无论是吴士宏，还是 TCL，他们都低估了不同企业文化冲突的严重性。吴士宏一直接受的是国际企业的文化训练，而 TCL 是一家迅速成长的本土公司，不同的企业文化之间必然存在着磨合的问题，最终，水土不服成为吴士宏兵败的首要原因。

作为传统家电企业的旗帜，TCL 有着根深的企业文化底蕴。空降兵吴士宏要想实施其战略，势必要涉及整个集团内部的利益重组。而集团内部纷繁复杂的人事关系，让外企出身的吴士宏想一展拳脚的时候感觉牵制太多。尽管初上任的吴士宏改革力度很大，但终究拗不过企业原有体制的力量。她忘了作为一家老牌企业，TCL 是不会为一个职业经理人而轻易改变自身的企业文化。

除了文化冲突之外，吴士宏失败之后，她也需要自省。她从跨国公司的执行者到国内企业的管理者，其自身的转型也不成功。吴士宏在微软中国担任总经理时，一直执行的是微软总部的战略与决策，更多的是其执行力的体现。到 TCL 后，则承担起组建 TCL 集团信息产业板块的重任，这时的吴士宏已经肩负着决策 TCL 信息产业的战略发展问题。

她已经不再是简单的执行者，现在已身居管理层，需要有决策力。工作内容的变化，需要她及时调整自己，从而满足工作的需要。这样导致 TCL 在对吴士宏工作不满意之后，最终还是选用自己企业一手培养起来的杨伟强掌管 IT 业务，而吴士宏只能选择黯然离开。

已经被证明优秀的吴士宏在 TCL 的表现实在谈不上"优秀"，对于此次意外，业界和 TCL 本身都表示诧异。其实，职业经理人的加盟，也要符合企业需求，并非所有优秀的"空降兵"都适合任何一个企业。

企业管理者要认清这样的事实：并非外来的和尚会念经。有时候，磨合和时间是必需的，即便如此，"空降兵"也不是"全能战士"。"优秀的人才一进来就优秀"，这本身就体现出企业管理者急功近利的思想。让空降兵实现软着陆，才是管理者最应该去做的。

情感上欢送离开的员工

思科公司是全球领先的互联网解决方案供应商，它在人事管理上实行的政策就是：人皆有股。因为思科公司每年有 60％ 的增长速度，所以对人才有迫切需求。为了留住原有人才，同时吸引优秀人才来思科，踏踏实实地为思科作研究开发，思科总裁钱伯斯采用了"人皆有股"的办法。思科不像其他硅谷公司那样，只把公司期权的全部或大部分分配给高级管理层，钱伯斯实行的是真正意义上的"人皆有股"，只要是思科公司的员工，每人就都有股份。

思科的薪水结构由工资、奖金、股票三部分构成，而思科的薪水和企业一起成长。思科一年会做一至两次薪水调整，不断更新。薪水的涨幅跟每个人的能力直接挂钩，业绩好会多涨，业绩平平涨得少。在硅谷流行着这种说法：年仅 30 岁的思科年轻技术人员随随便便就可以丢下 100 万美元，买下一幢人人称羡的豪宅。但是在思科，员工们对工资多少并不是很在意，他们更关心通过自己的努力工作，可以拥有多少股票。因为这几年员工手中的思科股票，每年增值最少要翻一倍。

"人皆有股"的股权制度，成为了思科拴住人才的无形绳索。员工们明白，只要留在思科努力工作，自己也能有很大的"钱"途。以钱伯斯为首的思科人才队伍也从"人皆有股"的制度中，依靠公司分配的期权股票大幅度地增加了收入。比如在 1999 年度，思科支付给钱伯斯的薪金加上各种奖金及补贴仅 100 万美元，但分配给他的期权股票却使他当年的额外收入达到 1 亿多美元的巨大数额。

俗话说得好，没有梧桐树，引不来金凤凰。从这个例子上我们可以看出，高薪留人是留住人才的一个重要杠杆。高薪留人无疑是保持一支高素质团队的有效措施。换而言之，企业对于适合的人才，一定要给予令其满意的报酬。当然，对于人才而言，工资、福利、待遇固然重要，但是绝对不是唯一的因素，他们更重视的是自我价值的提升和实现。

有一个有趣的故事。美国西雅图和华盛顿大学准备修一座体育馆，消息传出来以后立即引起了教授们的反对，原来，校方选择的地址是华盛顿湖畔，体育馆的选址正好挡住了从教职工餐厅玻璃可以看到的美丽湖光，校方最终尊重了教授们的意见，取消了体育馆计划。原来，和美国其他大学相比，华盛顿大学教授的工资并不高，之所以它能吸引那么多的人才，完全是因为教授们留恋西雅图的湖光山色。为了美丽的景色而放弃更高的待遇，这的确是很有意思的事情。

与留人相对应的一件事情就是如何面对决意要离开的员工。普通员工的离开，对公司的运营不能构成重大影响，许多管理者并不会给予重视。而一旦核心员工离开就会暴跳如雷。显然这种管理者不是一个成熟的管理者。成熟的做法是：如果他决定离开，就应该尊重对方的选择和意愿，不仅不有意设置障碍以阻拦，还要在情感上欢送他，让他对公司的好感始终氤氲在心。

解聘的原则和步骤

不要以为解聘谁就是若无其事地来到某一人面前，双手一摊说句"很抱歉"就可以解决的问题，这里面有很多必须掌握的原则和方法，按照这些原则和方法对员工进行筛选和过滤，优化员工队伍，可使解聘正规化，而且被解聘者心理上也不会有太大的落差，这才是正确的员工解聘途径。

1. 解聘的原则

（1）以事实为依据。辞退员工要有理由，那种随便处置员工的企业永远得不到全心全意为企业着想的员工。只有以事实为依据，才能使被辞退员工心服口服，同时也不影响企业其他员工。

（2）体面。我们所处的是一个双赢的时代，在辞退员工时，也应充分考虑被辞退员工的面子，减少因被辞退而给其带来的不快，同时也减少了对企业潜在的威胁。

（3）坚决。勇敢地表达企业的立场，不要拐弯抹角。

另外，辞退决定一旦作出，就应坚决实施。最忌讳信息已传出，但管理者却无相应行动，尤其是对待有不轨行为的员工，更应迅速。

2. 解聘的步骤

（1）调查工作业绩。首先需要弄清楚员工失误的原因，看能否在企业内部调动，让员工更好地发挥技能。如果无法进行内部调动，只好终结雇佣关系。

（2）用书面材料说明解雇员工的原因。保留书面警告的副本和记录该员工业绩不良所造成的影响，包括事件日期和详情。

（3）制定终止雇佣关系的条件，按照规定可以给予补偿。

（4）最好让对方在合同终止那天离开办公室。这可以减少蓄意破坏的可能性，降低对其他员工的负面影响。

（5）准备好进行解雇会谈。整理好需要的文件。准备一下应如何进行会谈，会谈持续的时间不要超过 15 分钟。

（6）在独立的会议室中进行会谈。最好找个同事作为见证人，支持自己的观点，这将会有所帮助。

（7）尊重对方。简要解释解雇的原因，说明这是一个无可挽回的决定。

（8）解释有关解雇的财务安排。将最后的薪金准备好，交给员工。可能的话，为员工准备一封介绍信。

（9）收回该员工使用的企业的财物，将员工的私人东西物归原主。

3. 不要省去离职面谈

西方一些管理专家提出，应建立"辞退预警"制度，这是对双方负责，使双方互利的行为。所谓"辞退预警"，就是在辞退员工前，通过正常的渠道，让员工预知被辞退的可能。同时，在实施辞退时，还必须与员工沟通，在进行离职面谈之前使之做好心理准备。但一些企业由于对裁员工作事先没有做周密的考虑和设想，没有与被解聘的员工进行离职面谈，结果导致裁员时出现了一些难以收拾的局面。

其实无论是辞职者还是被辞退者，管理者都应像最初面试一样，与他们做最后一次面谈。这样做有三个好处：第一，表示企业对个人的尊重；第二，管理者可以直接从离职者那里了解一些情况，避免了一些因沟通不足造成的误解。如果确实是企业做得不妥，企业可通过离职面谈留人；第三，企业对离职者做一些统计和分析，找出共性的问题，以便采取有针对性的政策去调整。

解聘员工是管理者在工作中面对的最困难的任务之一。即使以前被警告过多次，有些被解聘员工往往还是会表现出不相信甚至做出激烈反应。因此，管理者在解聘前谈话时应做到以下几点：

（1）开门见山。不要通过寒暄或谈其他无关紧要的事情来旁敲侧击，而应在放松片刻后就将解聘的决定告诉他。

（2）说明情况。简短地用三四句话说明让这个人走的原因。例如，记住要说明情况，而不是要攻击雇员个人，比如不能说"你的产出还达不到一般水平"一类的话。还要强调这个决定是最后的、不可改变的决定，已调查过企业里其他的职位，各级管理人员都同意，也考虑过所有有关因素，如工作绩效、工作量等。

（3）听取意见。重要的是要持续谈话直到那个员工能放松地谈话，能比较心平气和地接受自己被解聘的原因以及将得到的成套补贴费（包括解聘费）。不要陷入争执，而要用重复员工的看法、静听并不时点头等方式让员工开口讲话并积极地倾听。

（4）提供帮助。被解雇的雇员可能会迷失方向，不清楚下一步要做什么。管理者应当告诉该员工离开办公室后上哪里去，在哪里可能有适合他们的工作，真诚地帮助他们。

也许有些管理者认为离职面谈是小事一桩，可有可无，但事实不是这样。进行过离职面谈后，员工对解聘从心理上开始接受，不再觉得突如其来、晕头转向了，这就减少了发生冲突的可能性。而且，由于没有了心理负担，他们会将对公司管理方面的看法和盘托出，这又让你得到了平时调查所得不到的信息，从而审视和改进自己的工作，使管理工作效果更突出。

违背民意的骨干也要走人

在团队内部，不乏一些能力强、水平高的员工，他们有创新意识，勇于接受挑战，是领导者的好帮手、团队的业务骨干。但这类员工往往由于业务做得比其他员工好而产生盲目自信心理，与同事相处表现出优越感，通常表现是，做事以自我为中心，我行我素，听不进反对的声音，一意孤行。这样一来，难免引起其他同事的反感，严重时很可能会引发大家的共愤。这时，管理者最好的办法就是，忍痛割爱，请这个触犯众怒的业务骨干下课。哪怕他是一个能力超群的优秀人才，如果导致严重的后果，也可能不得不壮士断腕了。

李智是南方一家大公司刚上任的总经理。为了革新技术，李智特意聘请了年轻工程师刘东。刘东早年在国外留学，毕业后一直在欧美工作，有丰富的理论和实践经验，是推动公司技术革新的理想人选。为说服刘东，李智亲自去美国把刘东接回来，让其任生产部经理。

刘东长期的海外管理方式使公司员工有抵触情绪，加之其个性容易和别人发生摩擦，尤其是在与下属打交道的时候。刘东在进公司时曾明确表示，他不能容忍任何人干涉他的工作方式，包括李总在内。由于人才难得，李智答应了，并与公司高层进行了必要的沟通。

李智是一个信奉民主管理的总经理，所以在各种方面比较照顾员工的意见和利益，这也是他获得大家信任的重要原因。另一方面，他也非常支持刘东在改善企业生产方面所做的努力。

接着刘东提出了一项影响更大的计划。这项计划将原本每个工人负责一台机器的方式，改为两个人负责三台机器，这样可以减少一个人同时又不影响产量。实施这项计划需要花不少的钱，但是效果会很好。他保证新计划的花费可以在一年内收回。这项计划也意味着马上有三分之一的员工成为新计划的牺牲品；留下的工人、干部的工作量大大增加。这是一项影响公司所有人的重大变化。

刘东的新计划提出后，立即遭到公司很多人的反对。李智就向大家承诺，实施新计划将不会裁员，公司可以用加薪的方式解决增加的工作量。由于李智急于飞往美国与那家大客户谈判，因此很快就离开了公司。临走之前，授权刘东实施他的新计划。

得到李智的支持后，刘东全力投入了新计划的实施。但由于刘东常常与干部和工人直接接触，大部分工作刘东现场处理，强力执行，因此双方的关系越来越僵。当李智从美国回来的时候，双方的危机已经一触即发。虽然刘东所计划的设备重新布置的工作已经结束，但工人还是不同意这种安排。调整后的设备仍然是每人负责一台机器。

工人代表与李智进行了谈话，表达了大家对新计划的严重不满：大家不能接受三分之一的工人下岗，因为很多人都服务了很长时间，出去之后也难以寻找合适的工作；另外，技术革新后，增加的工作强度很难接受。代表还要求李智免去刘东的生产经理职务，否则，中层干部将集体辞职。并暗示他将会把此事告知董事长。

李智很快就接到了董事长的意见："绝不能让工厂停产，因为现在的订单不能按时交货，公司将面临巨大的赔偿。"

此时，李智不知如何是好，看来工人们已经和董事长有过沟通。如果工人们真的摊牌，董事长会接受他们的要求，甚至牺牲自己。另一方面，从生产经理的职责出发，刘东真的十分称职，而且自己亲自把他请来，并一直支持他的工作，现在能够牺牲他吗？

李智经过认真分析、仔细考虑之后，作出决定让刘东离开，尽管刘东的技术和管理能力强，但他容易与人摩擦的管理风格以及他对工人漠不关心的做法，显然与整个公司的传统和文化格格不入。加上新计划的影响实在太大，并不具备真正实施的条件，所以，生产经理刘东必须辞职，尽量以最优待的方式来处理。

一名优秀的工作人员，除了才华之外，还要具备很多其他的条件，才能真正获得成功。在这个案例中，刘东成为新计划的牺牲品。尽管面子上无光，刘东也应当理解这次教训对自己的重要意义。时下，一些青年才俊往往恃才自傲，目中无人，而忽略人际关系的重要性。这样往往在工作中到处碰钉子，成为特定危机的牺牲品。

刘东尽管十分委屈，也应当接受这个事实。身为管理者李智，应当从中吸取教训：必须选择适当的人选担任重要的职务，犯众怒的骨干自然无法委以重任。管理者从中应得到这样的启发：考察骨干时不能唯能力，还要看其人际关系处理水平，两者皆优，才是真英雄。

/第 14 章/

管理特殊员工的绝招

对女强人多加肯定

不可否认，现在高层还是以男性为主的，女性高层主管的数量相对较少。如何安抚手下的女强人确实有些棘手。

宁静担任某跨国大公司的营销经理，负责国内某区域的化妆品市场。为了挤进公司的主管阶层，8 年来，她已经付出了不少的努力。

总经理吉姆两年前加盟这家公司，他上任不久就了解到，公司的产品在国内市场已没有多少潜力可挖，他致力于开拓海外市场，并把自己前任公司年轻聪明的业务主管马克带了过来。马克在宁静手下做了很短一段时间的助理，就被提升为国际营销经理。马克的表现超出公司对他的期望，在他的努力之下，欧洲、日本市场发展迅速，利润增加较大。

宁静仍然是局限在国内市场，少有表现的机会。她觉得自己在吉姆到来之后根本没有发展的机会。宁静虽然有着平易近人的性格，但也具备强烈的女权主义。平日大部分的主管同事总是小心地避免和她顶撞冲突。大体来说，她和他们之间相安无事，但大伙儿对她敬而远之，也没有办法培养朋友之谊。

吉姆也觉得没法跟她坦然相处，但也互不打扰，其实从内心来讲，吉姆对她的工作是很赏识的，只是从来没有对宁静讲过。有一次，由于缺少沟通两人关系出现了紧张的局面。

吉姆第一次主持董事会议，他请宁静做会议记录却碰了个钉子，因为宁静事前并未被告知开会的主题，吉姆根本就不想把他的计划告诉她。终于，宁静按捺不住找上门来。

没等她开口，吉姆先发制人："我正要跟你谈谈就要召开的会议内容。你已经做了8年国内市场销售经理，我想也该有所改变了。"他接着解释说，"鉴于政府和消费者对公司的压力日益增加，我们需要有一位代表，能列席政府单位以及消费团体的会议，为公司说话，而你正是最佳人选。不光是因为你有营销的经验，也因为你是女性，你更能博取主妇型消费者的同情。"

"非常抱歉，您的好意我心领了，但是我更喜欢继续营销方面的工作。"宁静打断他的话。

吉姆从未见过如此态度强硬的下属，强压住心头的怒火，他说："这似乎不太可能，除非你愿意做马克的副手。公司势必要把营销组织集中起来，我已允诺要任命马克总体负责全球的营销业务。"

"原来如此！"这时宁静忍无可忍，脾气爆发了出来，她对着吉姆吼道，"你是一步一步逼得我走投无路……"见宁静情绪如此激动，吉姆赶忙解释，自己非常器重这个代表的工作，绝不是降级。但是宁静哪听得进去？她冲出门去，"砰"的一声，门在她的身后关上了。

事情到了如此尴尬的境地，吉姆一时不知如何是好。吉姆不得不承认，他忽略了一点，应该先让她表示一下意见。

这个案例表面上是一个女性争取权益的问题，而事实上，宁静是男是女并不是问题的关键。一开始，当吉姆接任总经理时，他从前任的公司带来一位"年轻聪明的业务主管"，这种方式直接导致了不幸的后果。

吉姆上任后并没有及时表达对宁静工作的赏识，没得到肯定的宁静一直不知道自己在上级心中的形象，这就为误会创造了一个前提条件。

如果吉姆在充分了解宁静对公司的贡献之后，给她一个试验的机会——派她做海外营销经理，也许就不会出现后来这样的两难境地。可是在吉姆充满男性主义的脑子里，总对她不很放心，怀疑她与外国买主商谈的能力是否强，立场是否坚定以及自信心是否十足等。再加上对吉姆而言，旧属马克的能力他早已一清二楚，而对宁静则了解不多。

这个案例给我们这样的启示：要想安抚好女强人式的下属，首先要肯定她的工作，并让其知道你对她的赏识。除此之外，男上级在与女下属相处还要注意以下事项：

一是距离要保持好，公私分明，杜绝流言蜚语。

二是注重细节，答应或者承诺了的事情，一定要做到。

三是主动多关心，有困难要主动帮助，女性大多数时候有困难不会主动说。

四是强调以制度为先，可以在会议中先立下制度，这样就方便沟通和管理。

五是灵活运用情绪化管理，多和女下属进行工作上的互动，以鼓励和表扬为主。

漠视喜好攻击的人

在团队里有这样一种人，他们总是喜欢不遗余力地攻击指责别人，或散布流言蜚语，或造谣中伤，或出言不逊地辱骂等。如果他们出于不怀好意的目的对领导者或其他成员进行攻击，领导者除了要勇于面对恶意的进攻之外，还应注意与这种人的相处方法与技巧：

（1）给对方发泄的机会。当对方情绪激动时，一时无法控制场面时，管理者可以先给对方一点时间，让对方把火发出来。

（2）适时打断。当对方说到一定程度时，管理者可以打断对方的话，随便用哪种方式都行，不必客气。

（3）站着比坐着更易失控。一般说来，站着不易控制情绪变化，如果可能，设法让其坐下来，使他不那么好斗。

（4）表明自己的观点。管理者应适时地以明确的语言阐述自己的看法，让对方明白其实是误解或者原本就是一场误会。

（5）避免正面冲突。管理者最好不要与对方发生针锋相对的正面争执，最好避免与对方抬杠或贬低对方。

（6）不在公开场合解决问题。越是在公开场合越不易解决问题，如果需要并且可能，休息一下，平息彼此的情绪，再私下解决问题。

（7）必要的友好。在强硬后作一点友好的表示很有必要，可以缓和紧张的氛围。

管理者要想正确对待攻击性的下属，就要具体情况具体对待，其中最关键的一条，就是弄明白你所遇到的是不是真正的攻击，然后再考虑和选择自己的行为方式，要不要针锋相对地予以回击？根据日常的表现，下面几种情况很容易被误认为是攻击：

第一种情况：由于对某种事物持不同的看法，对方提出了比较强硬的质疑或反对意见。此时，如果你能够给予必要的解释和说明，矛盾很可能会很好地解决。

第二种情况：由于自己对某事处理不当，对方在利益受损的情况下表示不满，提出抗议。如果的确是自己处理不当，或虽则并非失误，但确有不完善之处，而对方又言之有理。那么，尽管对方在态度和方式上有出格的地方，也不能看成是攻击。

第三种情况：由于某种误解，致使他人发脾气，或出言不逊。在这种情况下，只要耐心地、心平气和地把问题搞清，事情自然也会过去。如果领导忽视了判别与区分真假攻击的不同，往往会铸成大错。

以上三种情况都不是有针对的恶意攻击。即便管理者完全能够确定他人在对自己进行恶意攻击，也不必统统地给予回击。在与下属的交往中，对付恶意攻击最好的方式莫过于不理睬。

如果你不理睬，对方仍不依不饶，那也不必对着干。因为这样恰恰是"正中下怀"。不难发现那些喜欢攻击他人的人，大多善于以缺德少才之功消耗大德大智之势。你对着干，他不仅喜欢奉陪，还会恋战，非把你拖垮不可。在这种时候，你应果断地甩袖而去。

中国古代哲学名著《老子》中曾经有这样一句话："天下莫柔弱于水，而坚强者莫之能先。"攻击者并不属于真正的强者。对那些冒牌的强者采用对攻，是很不值得的。

知识型员工更注重精神需要

计算机技术带来的知识革命已经影响到世界的各个层面。知识型员工已经取代产业工人成为许多公司的主体。根据知识型员工的特点进行有效管理，已经成为管理者的必备技能。

知识型员工具有以下特点：

（1）自主性。知识型员工不再是流水线的一颗螺丝钉，而是富有活力的细胞体。与流水线上的操作工人被动地适应设备运转相反，知识型员工更倾向于拥有一个自主的工作环境，不仅不愿意受制于环境，甚至无法忍受上司的遥控指挥，而更强调工作中的自我引导。这种自主性也表现在工作场所、工作时间方面的灵活性要求以及宽松的组织气氛。

（2）劳动具有创造性。知识型员工从事的不是简单重复性的工作，而是在易变和不完全确定的环境中充分发挥个人的资历和灵感。

（3）劳动过程很难监控。知识型员工的工作主要是思维活动，依靠大脑而非肌肉，劳动过程往往是无形的，而且可能发生在每时每刻和任何场所。加之工作并没有确定的流程和步骤，其他人很难知道应该怎样做，固定的劳动规则并不存在。因此，对劳动过程的监控既没意义，也不可能。

（4）劳动成果难以衡量。在知识型企业，员工一般并不独立工作，他们往往组成工作团队。因此，劳动成果多是团队全体智慧和努力的结晶，这给衡量个人的绩效带来了困难，因为分割难以进行。除此之外，成果本身有时也是很难度量的。比如，一个市场营销人员的业绩就难以量化，原因不仅在于营销效果的滞后性，也在于影响营销业绩因素的多样性。

（5）较强的成就动机。与一般员工相比，知识型员工更在意自身价值的实现，并强烈期望得到社会的认可。他们并不满足于被动地完成一般性事务，而是尽力追求完美的结果。因此，他们更热衷于具有挑战性的工作，把攻克难关看作一种乐趣、一种体现自我价值的方式。

（6）蔑视权威。专业技术的发展和信息传输渠道的多样化改变了组织的权力结构，职位并不是决定权力有无的唯一因素。知识型工作者由于具有某种特殊技能，往往可以对其上司、同事和下属产生影响。自己在某一方面的特长和知识本身的不完善使得知识型员工并不崇尚任何权威，他崇尚的就是他自己。

（7）流动意愿强。知识经济对传统的雇佣关系提出了新的挑战，"资本雇佣劳动"这个定律开始受到质疑。因为在知识经济时代，资本不再是稀缺经济要素，知识取代了它的位置。长期保持雇佣关系的可能性降低了。

德鲁克说：知识将成为一种新的关键性资源，知识型员工将成为社会新的统治阶层。德鲁克认为，在当今的企业中，拥有某方面专长的知识型员工越来越多，因此对知识型员工的管理问题就越来越突出。知识型员工更加注重精神需求的满足。因此，管理者对知识型员工要有更多的理解和交流，没有什么比激励他们的斗志、满足他们的精神需要更重要。

在知识经济时代，作为管理者，必须深入反思和转型，因为管理对象已发生了巨大变化，管理手段就必须跟进。对知识型工作者的管理，必须建立在人本主义的基础上，他们更需要管理者关注，更需要管理者以一种平等的、友善的态度去交流和沟通。

对知识型工作者的管理，将会引起一场管理革命。如果你注意微软公司或者谷歌，你就会发现，他们的管理模式逐渐变得更加生活化，更加贴近人性，更加符合人的需要，而这一切，在不久的将来，会成为大多数公司普遍的管理模式。每个管理者都应做好如此思想准备。

奉承话一文不值

在团队中，可能会有几个溜须拍马的人，对管理者极尽阿谀奉承之能事。如果是太明显的奉承话，就容易遭斥责。

善于讨好谄媚的人在社会的各行各业中都可以找到，这类人有一个基本特征：永不反对或驳斥上司的指示。无论在什么场合下（私人聚会或公开会议上），谄媚的人只会做一种动作，点头同意上司说的每一句话。在他们心里，只相信一个真理：同意上司令上司对他有好感。

爱谄媚的人总会有这样的观念：许多上司虽然口口声声表示自己很民主开放，乐于听取各方面的批评或意见，其实最讨厌下属指出他们的不是，因为这无形中已损伤了他们的权威。实际上，绝大多数上司都喜欢下属赞成自己的提议或想法。既然事实如此，那又何必下那么多无谓工夫，索性从一开始就点头到底好了。

这类人之所以能够在公司生存，乃是由于他们看透了人性的弱点（上司喜欢听奉承话），更加上他们奉承有术，才能风光一时。对付这类人，最适当的处置方法便是降他们级或调他们到另一部门工作，作为一种警告。当然，只有精明的上司才会这样做。

面对爱谄媚的下属，更可怕的是"虚应场面"奉承，当你要求他们批评自己的行为时，他们就会说些不痛不痒又不得罪管理者的话应付了事。

某贸易公司的营业经理，在某个早上的员工会议上对他的下属说："不要等经理吩咐了才去做，这样太被动了，希望各位能在经理交代之前，就主动把工作办好。"

结果相关单位的主管有了不同的反应。

A职员："不愧是将来重要负责人的候选人，太了不起了，真令我们年轻人感动，我们一定会好好干。"

B职员："我认为说得很好。"

C职员："刚开始的时候，被经理这么教训，觉得很不服气，因为我们一直都抱着自动自发的心态在做事。但是试着反省一下，似乎是不够主动。再仔细想一想经理的训勉，觉得应该更积极地努力工作。都是您的训示让我有所醒悟，今后还是要请经理多指点。"

相比较而言，我们可以看出。A职员是一位典型的奉承者，再看看反应冷淡的B职员，他就是一种虚应场面的奉承。比较之下，还是C职员的话，比较能打动管理者的心。

作为一个能干的管理者，他所希望的应该是另外一种令他感到满意的反应。职员应该有这样的反应：

大部分职员的理想反应："经理说得有道理，应该提出一个更能发挥员工独立自主精神的改善方案。"

也应该有人提出建设性建议："不知道能不能说得更具体一点。依我的看法，是不是等早会后补充说明一下。可能的话，下次早会再将这个问题提出来。不知道您觉得如何？"

管理者要珍视任何一次管理沟通机会，要善于从部属的不同反应中找出能够推动工作的建议。尽管有些建议令人讨厌，可是每一个管理者都应该认真倾听，因为他们所提出来的都是忠实的建议，和那些爱拍马屁的人不同。

让有情绪的人安静下来

有些员工因为某些事情而非常生气，他们在与你沟通的时候也就会极富攻击性。这种时候你就该想办法安抚他的情绪，化解这种攻击性。

一大早你刚在办公室坐定，凌峰就冲进你的办公室，将一大沓印刷品扔在你的办公桌上，他大声嚷道："看看这些东西！每一页都有错误！这台该死的计算机放在这该死的地方根本没用，要我怎么去工作？！"

说这些话时，他脖子上青筋暴起，拳头紧握，咆哮起来就像一头发怒的公牛。

他又继续说："那些安装这套系统的白痴也不知跑哪儿去了。你明天就想要这份报告？告诉你，这不可能，除非我能够拿到准确无误的数据。简直太不可思议了！"

假若你说道："凌峰，冷静下来。"凌峰会怎样做呢？他会变得更加愤怒，而且会嚷得更大声，"别让我冷静！你根本就不知道这些报告要用到些什么。"

这时，如果你对他说的这些情况随意地表示"你知道"，那结果会更糟，因为那样在凌峰看来就是你怀疑他在撒谎，所以你最好不要那样说。

最好的方法就是什么也不说，任凭凌峰将情绪发泄完了，再去询问事情的根源，共同探讨解决之道。

通常，为了能与攻击性的沟通者有效地交流，先理解他们行为的缘由对你是有所帮助的。一般而言，攻击性的沟通者都具有三个特点：对控制权的过度需求；力求正确的需求；力求胜利的需求。了解这些，当你与攻击性的沟通者相处时，就知道应该做什么、不应该做什么。

你与他人沟通的目标是：减少沟通的攻击性带来的紧张程度，同时把讨论引向富有喜人成果的方向上。为了实现这个目标，充分使用你的人际沟通技巧，保持你稳定的情绪，可以参考下面的几条原则：

（1）保持冷静。理智地从攻击性的沟通中撤退出来，要认识到这并不是针对你个人，而是针对发生的事情。

（2）先让对方发泄，在对方说话时不要打断并妄加评论，攻击性的沟通者就像上了发条一样，在你让对方放出怒气之后，对方的攻击性就会逐渐减弱。不要试图通过语言来解除他们的愤怒，你说得越多，他们就越感觉到你试图控制他们。

（3）对情势的认同，像这样说，比如"我能够理解那将是多么令人沮丧"或者"发生这一切真是不幸"表达出你的同情。

（4）做出"安全"的反应，提早说一些简短的话语，比如"告诉我具体情况是怎样的"、"让我知道一些更多的细节"或者"继续说下去"。这些反应都是很安全的，因为它们不会引起对方更进一步的攻击。因为攻击性的沟通者说话的时间越长，他们就越有可能逐渐减弱攻击性的气势；他们说得越多，你就越能观察到事情的本质所在。

（5）集中在问题的核心上。攻击性沟通者的作用力非常强，以至于很容易让人卷入其中受到控制或者被他们的行为分散注意力。他们试图要戴上叫嚣者的面具。因此需要仔细聆听以确定他们的想法究竟是什么。

处理这类问题时，了解手下员工的工作习惯非常有用。你的员工安排他的工作时间和工作量是否得当？他是不是经常临时抱佛脚？还是……了解这一切都有助于你决定作何反应。

（6）问一些关于"什么"和"怎样"的问题。"你认为我应该怎样做？"和"你觉得我应该怎样处理这个问题？"这样的问题表明你在征询他们的意见，同时也让攻击性的沟通者们获得一种控制感，这样有利于稳定他们的情绪。

（7）使用一些建议性的表达，像这样说，"如果……那么……"这种表达提供了这样的信息：如果你让我说下去，你也会有所收获的。换句话说，你应该让攻击性的沟通者知道他们会获得一些控制权。

上述是一些面对富有攻击性的人所采取的方法，恰当地运用，就有可能打消对方攻击性的念头，使沟通有效地进行下去。

撬开被动沟通者的嘴

何谓被动沟通，可以通过下面的例子加以理解：

你与员工在一起开会讨论怎样加快工作节奏，好几名员工提出了一些颇有帮助的建议。一个名为苏珊的员工发言不多，只是应付附和。

其实苏珊就是一位被动的沟通者。在马克提出建议之后，你问苏珊："你觉得怎么样？""很好。"她回答道。当汤姆也提了意见后，你接着问苏珊，"你是要执行各种建议的人，你觉得这样做可行吗？"苏珊还是边笑边点头表示同意："当然。"

她的附和让你不能肯定她说出来的话是否代表了她的想法。会议结束之后，你单独找苏珊交谈。

你：你对今天的会议有什么感想？

苏珊：很好啊。

你：大家都提出了很多建议，但是我却没听到你说什么。有什么问题吗？

苏珊：没什么问题。

你：那么你最喜欢哪种意见？

苏珊：嗯，我也不知道。

你：苏珊，关于这个问题你到底怎么想？

苏珊：无论怎样都行。只要别人高兴，我做什么都行。

这就是典型的被动沟通者反应。被动的沟通者们不想制造事端，不想惹是生非，也不想去干涉别人，他们不愿意冒险去说一些话、做一些事，以免给其他人带来失望和不安。于是乎他们几乎沉默不语。

如果被动的沟通者们开口了，通常而言也是奉行一种很中庸的态度。一旦有人向他们提出问题或者对他们的发言进行攻击，他们立即就会退缩。

你怎样才能与被动的沟通者进行有效的沟通呢？当你与被动的沟通者交流时，你的目的是要让他们发言，为此你可以按以下几个方面去做：

（1）流露亲善的态度。用一种适中的音调讲话，显得愉快而有耐心，如果情况允许，你可以面带微笑，投射出一种轻松自如的感觉，这样有助于让被动的沟通者也感到放松。

（2）寻求共同点。把你的兴趣与理解他们的难处和关心的事联系起来，可以像这样说："如果我处在你的情况下……"和"如果我干的也是这样一项工作，我觉得……"这样，对方就会轻松许多。

（3）表达出确信。你不妨采用这样的语句："你一定……"，"我希望你知道你能……"和"我相信……"。听到你这样说，对方会感到被信任。

（4）问一些开放性的问题。当你等待答案时，要显示出你充满期待之情，身体稍稍靠前一点。如果需要的话，再问一遍问题，"你最喜欢哪种建议？"或者问："你认为哪种意见可能最有效？"

（5）表达出责任感。如果你仍不能让被动的沟通者开口说话，那么清楚地表达你的意思，"最终应该由你负责。"为了强调他们的责任感，说这样的话："你不能求助于我。""如果你一言不发的话，我希望你能接受这个建议在执行中带给你工作的任何影响。"

通过上述努力后，被动的沟通者就很容易说出自己内心的想法，你们就可以达到有效沟通的境地。

如何对待恃才傲物的下属

有的下属恃才傲物，仗着自己才高，目空一切，有时甚至玩世不恭，对谁都不在乎。掌握这种下属的个性特点并学会与之和谐相处，那么，工作就容易开展多了。

身为领导者必须拥有一颗宽容的心——宰相肚里能撑船嘛。时刻保持冷静，以宽容的态度对待那名不把你放在眼里的下属，不仅仅是为了在他人眼中更进一步地树立成熟稳健的形象，实际上你的做法本身也是对他的一种教育。

美国前总统富兰克林·罗斯福还是个心高气傲的年轻人的时候，曾在海军内的一个部门担任副官。而他的顶头上司是一位年长而和蔼的老人，他总是对罗斯福微笑，尽管罗斯福常常对他显出傲慢无礼，甚至骂他"老古董"。上司几乎对罗斯福的每一个意见都仔细地考虑和研究，对其略加改动后立即采纳。这令罗斯福愈发自信，并且对工作投入了更大的热情。

他们的合作渐入佳境，老人依旧和蔼如故，罗斯福却逐渐抛弃了激进傲慢的性格，他感到有种力量在改变他，但他却不知道那是什么。许多年之后，当他已不再是个毛头小子的时候总是不自觉地回忆起那段时光，老人的无私豁达让他时常为自己过去的行为自责。同时，罗斯福也逐渐明白了老上司的良苦用心。

一般恃才傲物者都有三个共同特性：

第一，自以为本事大，有一种至高无上的优越感。总以为自己了不起，别人不如自己，说话常常硬中带刺，做事我行我素，自信和自负心强，对别人的态度则表现为不屑一顾。

第二，恃才傲物者大多自命不凡，好高骛远，眼高手低，自己做不来，别人做的又瞧不起。所以，做什么事都感到浅薄，认为不值得去做。

第三，恃才傲物的人往往性格孤僻，喜欢自我欣赏，听不进也不愿听别人的意见。凡事都认为自己做得对，对别人持怀疑和不信任态度。

与这些下属相处，领导者必须采取有效的措施，才能让其心服口服。以下向你提供三种办法：

（1）要有意用短，善于挫其傲气。恃才傲物者并非万事皆通、样样能干，充其量只是在某些方面或某个领域里才能出众、出众拔萃，在其他方面可能就不如别人。

所以，你可以找机会，人为地给他制造一些麻烦。最好是在单独场合，安排一两件做起来比较吃力而且比较陌生的工作让他去做，并且要求限时完成任务。只有当他发现他独自一个人不可能完成所有任务的时候，他才会意识到他人的重要性。

当然这也不必刻意地"密谋"，只需在问题出现的时候你"无意"促成一种"巧合"，使他突然孤立无援而且不会意识到这是一个有意的安排就可以了。此时的他在你小心地施压下，也许会体会到自己的那份力量简直微乎其微，对自己的能力也会有一个重新的认识。

（2）要用其所长，切忌压制打击。恃才傲物的人，大都怀有一技之长，否则，无本可"恃"，更无"傲"之本。领导者在与这种下属相处时，要有耐心，要视其所长而用之，绝不能采取冷处理的方法，为了压其傲气，将其撂在一边不予重用。

须知，这样做不仅不能使下属正确地认识自己的不足之处，相反，会使其产生一种越"压"越不服气的逆反心理，说不定从此便会与你结下难解之仇，工作中有意给你拆台，故意让你出丑。

（3）要敢于承担责任，以大度容傲才，这种人干什么工作都掉以轻心，即使再重要、再紧迫的事情，他们也会表现得漫不经心。所以，常常会因其疏忽大意而误事。作为上司切不可落井下石，一推了之，要勇敢站出来替部下担责任，使他感到大祸即将临头，领导一言解危。日后，他在你的面前再不会傲慢无礼，甚至会对你言听计从。

对老员工要尊重

"老吾老以及人之老，幼吾幼以及人之幼"，这句古训名言教给了我们做人的道理。这个道理也同样适用于团队管理及企业经营之中。团队管理中如何"老吾老以及人之老"？

就是要善待老员工，任何时候都不能扣减老职工的工资，降低退休职工的工资（养老金），不能因为老职工的工资高而愤愤不平，因为老员工在企业的发展中起着不可限量的作用。

日本著名企业家稻盛和夫在他的企业管理中始终以利他的思想来作为指导。他十分重视员工的利益，即使在经济危机中的困境中，他还是向员工作出承诺，绝不裁员。当然，他也十分重视在企业中安置、任用老员工。正是由于稻盛和夫这种绝不将老员工弃之不顾的人文关怀，得他经营的企业渡过一次次的难关，跻身世界五百强。

老员工是企业中一个特殊的群体，他们是开拓者，是先行者；他们见证了企业的发展历程，与企业一同经历过失败与成功；他们忠诚于企业，所以不能将老员工弃之不顾，要善待老员工，留住这些"宝藏"，他们会继续发光发热，为企业的发展提速。

企业善待这些老员工，能让新员工从他们身上学到敬业精神，企业从他们身上得到的是稳定发展的力量，还能让新员工了解公司的待人之道，让新员工了解公司的员工福利政策。

每个人都有一个最佳工作的年龄阶段，老员工在企业开创时，奉献自己的精力、体力、才能。过了这个阶段，人创造财富的能力就会下降，如果在这时抛弃老员工了，就是不道德。其次是集团的财富不是凭空而来的，而是一步一步地积累起来的；尽管一些老员工因年龄关系不能再工作了，但这里面有他们的功劳，应该让他们得到一份享受。

但是有一些企业一方面不遗余力地培养新人，给他们创造种种条件，不惜花大量时间、精力和金钱培养年轻人，另一方面对老员工越来越冷漠、排挤，新人越来越傲慢、光鲜。这样做对内对外都有一种导向作用——今天的新员工，就是明天的老员工，如果你不能善待老员工，哪个新员工还有心在你的企业里待下去？外面哪个人才还敢到你这里来服务呢？

其实善待老员工更有助于企业的发展，企业善待老员工一方面可以给企业做宣传，这将吸引新的人才；另一方面，老员工相对熟悉公司的各种制度、经营状况，他们可以带新的员工熟悉公司，而且还可以给新人树立榜样。

善待老员工的企业能形成一种人气旺盛、内和外助的企业经营文化氛围，在这种文化氛围中发展的企业当然能业绩蒸蒸日上、蓬勃发展。

有一位企业领导人在谈到成功经验时说，他们之所以能够取得如此骄人的业绩，是全体员工共同努力的结果，所以他们企业现在拥有的所有资产不是他一个人的，也不是某个股东的，而是全体员工的，因为企业是全体员工创造的。

他又说，虽然企业现在吸纳全球各地的人才。但他始终不忘老员工，凡在他企业工作过的人，都能受到很好的待遇，特别是那些开创者，要让他们终身享受丰厚的待遇。

企业领导者应该既要善待新人，更要善待老员工，因为这是保证企业持续、稳定、快速发展所必需的。稻盛指出，企业不能以改革为名，损害老员工利益，只有保障老员工的利益，才算是对企业的前途负责任。

企业领导者应该把保证每位职工得到自己应得的利益看成是企业追求的一个最基本的目标。企业是大家的，由大家创造、由大家分享企业的一切，最终使企业服务于每个人，这个重要思想一直贯穿在企业活动中。正因为这样，企业才能深深地扎根在每个员工的心目中，才能深深地扎根在社会生活的土壤里，因而才能生机勃勃，日益健旺。

提高核心人才的忠诚度

依据"80/20"原理，在企业中，20％的人才创造了80％的效益。毫无疑问，这20％的人才是企业的核心人才。在产品、技术、渠道等要素趋于同质化的市场环境里，人才成为企业构造差异化竞争力的关键因素，而创造了企业80％效益的核心人才，更是成为企业竞争力的灵魂。甚至可以说，企业之间的竞争，归根结底取决于企业是否拥有、用好和留住核心人才。因此，加强对核心人才的管理，提高核心人才的忠诚度，成为中层领导的重要职能。

西门子全球人事副总裁高斯说："西门子企业能将几十万员工凝聚在一起，靠的是两大法宝：一是金钱，二是人力资源管理。"核心人才为企业创造的效益，远远高于普通员工，根据按劳分配原则，他们的所得，也应远远高于社会平均薪酬。因此，核心人才的薪酬应随行就市，确保其薪酬与其创造的价值相应，甚至不能低于意欲挖角的竞争对手的出价。支付具有绝对竞争力的薪酬，是留住核心人才的第一招。

除了以高薪来留住核心人才这个方法之外，对企业而言，为核心人才提供必要的培训也是必需的。对于核心人才来说，要维持、拓展自己的工作业绩，保持长久的竞争力，必须不断地充电。给予核心人才持续不断的充电机会，可以培育他们的忠诚度，同时也为核心人才跳槽设置了较高的机会成本，更为企业的可持续发展奠定基础。

核心人才一般都具有很强的自主性，工作中他们习惯于自我引导，而不愿意过多地受制于他人。核心人才具有过人才干，他们也有能力作出正确的决策。因此，给予核心人才一定的经费、人员、资源的支配权，让他们参与企业决策，为他们搭建一个宽广的平台，有助于提升他们的忠诚度和工作热情。

此外，提高核心人才的忠诚度，培养和谐宽松的人文环境也很重要。企业管理要提高亲和力，在布置任务时，切忌生硬地下命令；要做好协调沟通工作，建立良好的人际关系，通过谈心等方式将管理的触角延伸到员工的生活领域。避免核心人才之间的过度竞争。适度竞争很有必要，但要控制好竞争的度，防止核心人才间的内耗，出现"一山不容二虎"的局面；倡导核心人才之间的尊敬、团结与协作。

亲密无间的交流与沟通对于企业提高核心人才的忠诚度具有重要意义。沟通能对核心人才起到激励作用，管理层通过对核心人才的工作及时做出反馈，可以引导其积极行为，增加企业与人才之间的粘性。通过交流与沟通向员工传递企业的远大战略和宏伟目标，有利于增强核心人才的主人翁意识，促使核心人才畅所欲言，提出工作意见，并努力工作。

莫让权臣干扰管理

一般来说，"权臣"是指做事干练、能力超强的下属，面临一些重大事情或者难题时，他会挺身而出站在前沿，帮你解决一些棘手的问题，从而抵挡冗事杂务的侵扰。这样的下属能力强，可以为管理者分担，但也有其消极作用的一面。

能力强往往会自恃清高，大多数权臣向来不怎么好管，如果管理放任自流，一旦他的影响力威胁到你对整个局势的控制，恐怕不管也得管了。秦王嬴政就坚决扼制了"权臣"吕不韦的影响力，从而把权力牢牢握在自己手里。

嬴政初为秦王时，秦国目睹耳闻之处，都是吕不韦的声威。喧宾夺主，的确压过了年轻的秦王。此时在诸侯列国君臣眼中，确乎如没有嬴政这个真正的秦王存在。

随着嬴政逐渐长大，自然是无法容忍这种有名无实的尴尬处境。但他深知处置吕不韦需要一个渐进突变的过程。于是他先果断地斩杀了嫪毐，想等到确有实力了，再向吕不韦果断出击。

在政局趋于平稳时，嬴政决定扼制吕不韦的权力。罢免一个让诸侯仰望的权臣总是需要一个充足的理由。其实早在审理嫪毐叛党的过程中，嬴政就已发现，正是由于吕不韦的推荐，嫪毐才得以受母后宠幸。嬴政决定以此为由来惩罚吕不韦。

嬴政先是罢了吕不韦相国职务，然而回想吕不韦为秦国所做的杰出贡献不忍心杀他。再加上众多大臣替吕不韦说情，嬴政终于放弃了杀他的念头。

嬴政罢了吕不韦的相权后，又把其逐出咸阳，到洛阳的封地去了。但吕不韦回到封地之后，百姓们都欢迎他的归来，其门客也纷纷转道来投，诸侯国的使者也不断地去宴请吕不韦。这又让嬴政不安了，他没想到吕不韦的影响力竟然如此之大。

吕不韦为秦国所建的功绩嬴政自然清楚，正是他的功绩和他所实行的各种内外政策为他赢得了巨大的名望。作为一名清醒的政治家，嬴政明白，吕不韦所赢得的这种尊重和名望一旦变成一种可怕的力量，就会危及大秦江山。

嬴政担心吕不韦被贬之后，思想有所转变，成为六国的风云人物，怎可了得呢？经过一番考虑之后，嬴政决定抛开个人感情，对吕不韦再次做出处理。他写信给吕不韦说："君何功于秦？秦封君河南，食十万户。君何亲于秦？号称仲父。其与家属徙处蜀！"

这两句话说得何等无情，这话从国君口里说出，吕不韦自然无力争辩，他知道早晚难免一死，于是，吕不韦喝下毒酒，自杀身亡。在吕不韦死后，他的门客数千人偷偷地聚集起来为他办理丧事，这些人是自发且冒着生命危险来为吕不韦吊唁的，由此可以看出吕不韦在秦和诸侯国之中的影响之大。

在听到众门客吊唁吕不韦的消息之后，嬴政十分震惊，他下令对吕不韦的门客进行处置。命令：凡是吕不韦的门客临丧的，如果是晋人，一律驱逐出境；如果是秦人，俸禄在六百石以上的官员一律免除爵位，迁到别的地方去；如果是俸禄在五百石以下的官职，又不曾临丧葬的，迁到别的地方后可以保留原来的爵位。最后嬴政又特别强调："从今以后，如果有像嫪毐、吕不韦那样专横的，一律按照此例籍没他的全家为奴。"

秦王的做法有些残酷无情，但从嬴政个人角度来看，对于像吕不韦这样影响力极大的"权臣"，没有嬴政这样的铁腕还真的不容易制服。若任其发展下去，势必形成尾大不掉的局面。作为管理者，一定不能让权臣来干扰你的管理。

为空降兵落地做好缓冲

应该说，空降兵到某一企业之后，由此带给企业的反应是：空降兵急于表现，因为他期望表现来获得老板的更大认可；企业内有的员工要保护自己的利益，从而对空降兵进行本能地排斥，即便是领导要求配合，也只是表面形式而已。有这样一个案例：

某企业曾从竞争对手处挖来一位业内营销高手，"空降兵"上任后，改革力度很大，新官上任三把火。他的这种改革全部推翻了企业内原有的做法，自然会损害部分老员工的利益，引起了该团队内企业元老的极大反感。"空降兵"为维护自己的权威，毅然撤换了多位不听话的元老，从而导致该部门动荡不止，业绩大幅下滑。最终，"空降兵"以辞职而收场。

企业的管理者一定要看到空降兵与旧势力必然发生冲突这种客观现实。企业的老员工可能会制造麻烦来抵制外来管理者，而外来管理者又想尽快树立起威信，通常都会拿老员工开刀。同时，引入"空降兵"的企业管理体系和管理基础往往又是空白，一般不太讲究规则。外来人才要想运作好，势必要不按套路出牌，由此产生了"空降兵"和老员工的职业行为、职业方式上存在的沟通困难和天然文化冲突。

企业的老员工和职业经理人的磨合是一次痛苦而漫长的过程，企业管理者要妥善处理好两者的关系，既要让"空降兵"的才华得以表现，又不会过分伤害原来的老员工。

还有这样一个案例。

这家公司不是很大，员工在一百人左右，近半数都是跟着老板打江山过来的，彼此很信任。本来公司里气氛融洽，年轻人又多，办公环境很轻松，下班后大小聚会也是常有的事儿。但是，随着新任主管张素的到来，公司的气氛悄悄起了变化，大家工作时正襟危坐，说话时谨小慎微，下班后行色匆匆，就怕被新主管抓住工作上的把柄。

张素是公司老板从对手那儿挖过来的"空降兵"，她对于出现这种情况感到很委屈，"我来之前，公司的管理确实太松散了，人浮于事，效率不高，老板既然重金请我来，我觉得就应该发挥自己的作用，把能办的事情办好。"基于这样的思考，她决定从自己部门的工作入手，整顿办公室纪律，严肃工作程序和流程。

又到月底了，员工去财务报销一些日常的办公费用。上一任主管往往不看这些花花绿绿的发票，立即就在报销单上签字。张素却非常认真，逐条逐笔详细审核。从中她发现了很多问题：有总款额核算不对的，有发票种类和事由不符的，有非公务开支不应报销的。她的这种做法效果明显，一个月下来，办公开支减少了数万元，老板甚为满意，但公司上下对她意见很大。

没过多久，那些利益受损的老员工开始集中向张素开火。"没能力"、"搞派系"、"自以为是"，他们对张素的这些负面评价越来越多。甚至在部门经理会议上，有人公然指责财务部门不支持工作。随着向老板打小报告的人越来越多，本来对张素还很信任的老板逐渐对她不满起来。在张素来到这个公司的两个月之后，老板为了维护公司的和平氛围，只好将张素解雇。

在这个案例中，无论是张素，还是老板，都需要反省。张素应该知道，在一个新的工作环境中，改革应该循序渐进，而不是一步推倒。老板应给"空降兵"以精神上的支持，让员工感到配合"空降兵"是大势所趋，只有顺势而为，才能真正保护自己的利益。

一般而言，空降兵都是在其他公司里已经被证明的人才，但是，空降过来，能否克服水土不服，能否适应，还需要管理者为其做好缓冲。管理者应给"空降兵"营建良好的生存环境，在提出高要求的同时，更要关心、鼓励和支持，使他们安全着陆。

/第15章/

赞美员工的绝招

培养乐于表扬的习惯

作为一种肯定性行为，表扬在使一个人感觉重要方面能起到非常有价值的作用。而批评是一个不得已才使用的办法。

当你期望一个员工提高工作能力时，使用表扬的方法会比使用批评的方法能够显出效果。当你表扬下属时，他们会在工作中更有进步，是因为你给予了他们的承认，这种承认正是他们非常需要的。在表扬你的下属时可以通过两种形式进行表扬。第一就是私下表扬；第二就是公开表扬，虽说私下表扬也能起到一定的效果，但公开表扬更能够提高员工的工作积极性。

然而，如果你想采用批评的方法期望某个员工在工作上得到改善，那就事与愿违了。没有一个人愿意被人否定或者被人批评后还去卖力工作的，包括我们大家在内都是一样。

如果你的某个下属请你去看看他的工作并指点一下有什么不对的地方时，你可不能信以为真。看看工作可以，但如果想指点什么，那就不是他真正的想法了，他只是希望你告诉他，他工作做得很好，他希望你能拍拍他的背后说他没有什么地方做得不好，各个方面做得都不错，他需要的是表扬，而不是批评。听他说话，要去理解他的心愿，要明白他的本意。千万要记住，在每个人的基本需求和愿望中，没有希望被别人批评这一条。

批评不能帮助人获得卓越的领导能力。恰恰相反，批评常常会使被批评的人把工作做得更不好，批评毁坏了他想改进工作的动机。你要批评一个人，就不能不伤害他的自尊，降低他的自以为重要的感觉，批评从心理上挫伤了人的自信心。

所以说，对于批评你能做到的最好办法就是把它忘掉。而对于表扬，你要时刻记住，不要错过任何一次机会。表扬比批评的效果要好。

你希望一个人誓死忠实于你并全力支持你吗？你希望他信任你并尊重你吗？如果你希望得到这些，那你所要做的只有一样：表扬他，不是一次，而是要经常地表扬他，不怕次数多。

我们都渴望能够得到一句表扬的话，我们都需要被别人承认和被别人欣赏。每个人都喜欢被人恭维，谁都不愿意默默无闻。

你的表扬要显得慷慨大方些，绝不能在说话方面表现出任何吝啬。其实，这也并不费什么事，更不需要你付出什么代价，只要你张张嘴就可以了。但是在表扬人的时候，有两点要记住。第一，绝不能表现出你表扬他想换取什么回报；第二，不能使被你恭维的人感到你想得到他的恭维。

表扬是使一个人感到自己重要的最好方式。批评则是激怒一个人，使他成为你的敌人的最为迅速的方式。如果你批评了一个人，他马上就会恨你。批评是伤害一个人的自尊心的最有效的方法。如果能记住这样一句话是明智的：没有人会错误批评自己的，不管他可能错到了什么程度。他总会找到一些借口去为自己的行为争辩。如果一个人不能够接受自己对自己的批评，那他怎么会接受别人的批评呢？

表扬的激励效果大小，不仅取决于内容选择和方式，还取决于是否适度。适度表扬，才会收到最佳效果。表扬适度应做到以下两点：

1. 实事求是

古语说，"誉人不溢美"。对被表扬者的优点和成绩，应恰如其分地如实反映，既不缩小，也不夸大，有几分成绩就说几分成绩，是什么样子就说什么样子，不能"事实不够笔上凑"，添枝加叶，任意修饰，人为美化，随意拔高。不实事求是的表扬，于被表扬者无益，会使其感到内疚、被动；于其他人则会不服气，议论纷纷；于领导者本人则损害其威信。

实事求是地表扬，还要求对象确定要公平合理。表扬谁不表扬谁，应完全根据下级的实际表现，而不应受到领导者个人好恶与亲疏远近的影响。有的领导者为了树立自己喜爱的人为"典型"，把别人的长处、事迹也记在这个人身上，这种"把粉全往一个人脸上搽"的做法，必然"高兴了一个人，冷落了一群人"，不仅典型立不住，而且会引起下属的不满，影响内部团结，被表扬者也会感到孤立。

2. 不能滥用

领导者发现下级的良好行为就及时表扬，这是对的。如果时过境迁，人们的印象已经淡漠，再提出表扬，效果就会差些。表扬要反复地经常地进行，当上一次表扬的作用快要消失时，就要进行下一次表扬，以使表扬的作用长期保持下去，经久不衰地激励着人们的行动。

但表扬却不能滥用，不能天天表扬、处处表扬，更不能没有什么值得表扬的良好行为时硬找点什么来表扬，不能搞"瓜菜代"。表扬太滥，会使人们丧失新鲜感、严肃感，被表扬者也不会增加多少光荣感，其他人也不会重视。这种过度使用表扬的做法，只能使表扬固有的激励作用丧失殆尽，走向愿望的反面，劳而无功且有过。

表扬要客观公正

领导赞扬下属实际上也是把奖赏给予下属，也是一种分蛋糕的事，这就要求公平、公正。但有的领导不能摆脱自私和偏见的束缚，对自己喜欢的下属则极力表扬，对不喜欢的下属即使有了成绩也看不到，甚至把集体参与的事情归于自己或某个下属，常常引起下属的不满，从而激化了内部矛盾。这样的领导不仅不总结经验，反而以"一人难称百人意"为自己解脱，实在是一种失败。要做到公正地赞扬下属，领导必须妥善处理好下面几种情况。

首先，称赞有缺点的下属要客观。十指伸开都不一样长，下属也是各有长短。有的下属缺点和弱点明显，比如工作能力差、与同事不和、冲撞领导，这些缺点一般都受领导的厌恶，领导对这样的人也容易产生一叶障目的错误，看不到他们的成绩和进步，或者认为成绩和进步可以与缺点抵消，不值得称赞。

其实，有缺点的人更需要称赞。称赞是一种力量，它可以促进下属弥补不足、改正错误，而领导的冷淡和无视则使这些人失去了动力和力量，无助于问题的解决。在一般人心目中常常这样认为，受到领导称赞的人应该是没有很多缺点的人，受到赞扬应该把自己的缺点改掉，才能与领导的称赞相符，同事看了也提不出意见。

陈某上班经常迟到，杨经理看在眼里但没有说出来。一次，陈某来得很早，恰好在电梯口碰到杨经理。杨经理赞扬陈某道："来得很早啊！公司的员工都像你这样就好了！"当着那么多人的面，陈某当时可算露脸了，还谦虚了几句。后来，陈某细细琢磨了一下杨经理的话，觉得应该改正错误才能对得起杨经理的夸奖。从此，陈某不再迟到了。

杨经理虽然表面上没有批评陈某迟到的事，但心里确实不满。他是一个肚量大且公正的人，发现陈某改过立即表扬，收效甚好。

其次，对自己喜欢的下属，称赞时要把握好分寸。领导与下属交朋友很常见，每个领导都有几个比较得意的下属，不仅工作合作愉快，而且志趣相投。称赞这样的下属也要不偏不倚，把握好分寸，不能表扬过分过多，也不要不敢表扬。

表扬过分过多，一有成绩就表扬，心情一高兴就夸奖几句，喜爱之情溢于言表，很容易引起其他下属的不满，与其说是搞好上下级关系，倒不如说是在弄僵上下级关系。也有的领导怕别人看出与某个下属关系密切，因而不敢表扬，这也是错误的做法。

领导喜欢某个下属无可非议，但要一视同仁，公平对待，该表扬的表扬、该批评的批评，不能搞差别待遇。对自己喜欢的下属可以作私下的朋友，相互帮助，相互促进，但感情归感情，工作归工作，在工作上还是严格要求、公平对待好。

再次，称赞比自己强的下属要公正。现代社会中什么能人都有，许多单位里也不乏"功高盖主"的下属，一些下属在某些方面也超过领导，从而使领导处于一种不利的局面。小肚鸡肠的领导往往会容不下这些强己之处，对这些强人或超过自己长处的人不敢表扬，甚至采取打压的办法，这也有失公正。

刘邦在这方面就做得很好，能够公正地称赞臣下的过己之处。一次，他在与大臣谈论打败项羽的原因时，除了说明自己会用人之外，还赞扬张良、萧何、韩信：要说运筹帷幄之中，决胜千里之外，他不如张良；要说整治国家、抚慰百姓、供应给养、保证粮道畅通，他不如萧何；至于统一指挥百万军队，攻无不克，战无不胜，他就不如韩信。一个封建帝王竟然也有此等胸怀，公正地称赞大臣的才能，实在值得当今的领导仿效。

最后，不要把集体的功劳归于一人，更不要据为己有。单位的工作成绩往往是下属和领导集体智慧的结晶，是齐心协力的结果，在评功论赏时要表扬集体，而不能归于一人，有失公道。有的领导贪功心切，为向上司请赏，汇报工作时往往据为己有，这种做法其实很不明智，迟早会露馅，最终会搬起石头砸自己的脚。

表扬下属需要智略

很多领导都可能会犯这样一些错误：明知下属有成绩却很少表扬；该表扬员工时却批评，以为这样更能激励员工。古人指出"求将之道，在有良心、有血性、有勇气、有智略"，对于那些忠义的下属，一定要大胆表扬，以鼓励他们的忠心。但表扬员工时，一定要注意以下几点：

1. 要具体，切忌含糊其辞

表扬本来是激发热情的一种有效方法，但有时运用不恰当则使下级反感。因此，管理者在谈话中表扬下级时应斟酌词句，要明确具体。比如，有些领导者赞扬下级时使用这样含糊的评价："你是一名优秀工人"、"你工作得很好"之类。其实，以这种方式表扬是毫无用处的，因为他们没有明确赞扬评价的原因。有时部下甚至因此而产生误解、混乱和窘迫，乃至关系恶化。一般认为，用词越是具体，表扬的有效性就越高，因为下级会因此而认为你对他很了解，对他的长处和成就很尊重。

克莱斯勒公司为罗斯福总统制造了一辆汽车，因为他下肢瘫痪，不能使用普通的小汽车。工程师钱柏林把汽车送到了白宫，总统立刻对它表示了极大的兴趣，他说："我觉得不可思议，你只要按按钮，车子就开起来，驾驶毫不费力，真妙。"

他的朋友和同事们也在一旁欣赏汽车，总统当着大家的面夸奖："钱柏林先生，我真感谢你们花费时间和精力研制了这辆车，这是件了不起的事。"总统接着欣赏了散热器、特制后视镜、钟、车灯等，换句话说，他注意并提到了每一个细节，他知道工人为这些细节花费了不少心思。总统坚持让他的夫人、劳工部长和他的秘书注意这些装备。

2. 抓住时机

在与下级的谈话中能把握住有利时机去表扬对方，其效果可能是事半功倍；失掉有利时机，其效果则可能是事倍功半。一般说来，部下开始做某件有意义的事情，就应在开头予以表扬，这是一种鼓励；在这种行为的进行过程中，管理者也应该抓紧时机再次表扬，最好选在他刚刚取得一点成就的时候约谈一次，这样有助于你的下级趁热打铁，再接再厉。

另外，请不要忘记，当他的工作告一段落并取得一定的成绩时，下级期望得到您的总结性的公开表扬。当然，在与下级交谈中，表扬也是有"度"的，适度表扬将会使下属心情舒畅，反之，则可能使他感到难堪、反感。因此，管理者在讲话中必须从内容、方式等诸方面把握好这个"度"。在上下级的语言艺术中，表扬总是"点石成金"之术，但它仍需根据不同情况巧妙运用，只有恰当适宜的表扬，才能在交谈中架起"心桥"，使上下级关系更加和谐。

3. 多表扬对方才华

希腊有句谚语："使人幸福的不是体力，也不是金钱，而是正义和多才。"才能，是一个人区别于他人的最明显的标志，是他幸福的源泉之一。我们表扬一个人，就要深深地打动他，而最能打动他人的表扬，莫过于对其才能的认可和高度评价。我们周围不乏才华横溢之人，有的人有能言善辩的口才，有的人能潇潇洒洒、妙笔生花，有的人善发明，有的人演技高超……诸如此类的才华都是有价值的表扬题材。

4. 放下架子

放下架子表扬下属可以用谦虚、真诚的姿态来表现。

秦穆公得知百里奚是个人才，就想方设法用五张羊皮把他从楚国的囚牢里赎出来。此时的百里奚已是年逾七十的长者。当把他带到秦穆公面前时，秦穆公亲自为他打开囚犯的镣铐，尊之以上座，并向他求教治国之策。秦穆公的行为使百里奚感到受宠若惊，推辞道："臣乃亡国之臣，还有什么值得您垂问的。"缺乏信心的百里奚语气里透着伤感和自卑。秦穆公恳切地说："虞君不信用您，所以才招致亡国之祸。这并不是您的罪过呀！"

秦穆公通过剖析虞君之过巧妙地表扬了百里奚的政治才能，鼓励了他的信心，而秦穆公诚恳、谦虚的求教态度，更是对百里奚治国之才干的表扬。真挚的表扬使百里奚鼓起了信心，大为感动，与秦穆公连续三天交谈了自己的治国施政主张。

5. 少说"我"，多说"你"

"少说我、多说你"的表扬原则，主要是指要使对方始终成为你们谈话的重心，你可通过表示欣赏、求教等方式来显示你对对方的由衷赞叹。你要善于分享他的欢乐，肯定他的成功，为他所骄傲的事情喝彩。总之，你要使他得到在别人那里得不到或未被满足的某种心理需求，使对方感到被关怀，自我价值得到某种实现。

挖掘优点并加以赞赏

赞美是最有效的激励手段之一，同样可以运用在管理中，达到激励的最佳效果。心理学家威廉姆·杰尔士说："人性最深切的需求就是渴望别人的欣赏。"优秀的管理者要巧妙运用赞美激励你的员工。管理者希望下属具有怎样的优点，就要怎样地去赞美他。美国化妆品皇后玫琳·凯的成功之道就在于善于用赞美来激励自己的员工。

玫琳·凯认为，人的天性喜欢被人赞美而不喜欢被人批评。她在自己的公司中倡导了一种重要的管理理念——赞美。为了赞美员工，从玫琳·凯这位最高领导到最下层的主管，都努力地去发现每一个员工的优点，不放过任何一个赞美员工的机会。

有一次，业务督导海伦新招进一位美容顾问，这位顾问由于经验不足，因此两次展销会上没有卖出一美元的化妆品。在第三次展销会上，她终于卖出了35美元的产品。尽管这35美元的产品与其他人一次卖出了一两百美元的美容产品相比数目少得可怜，但玫琳·凯却大加赞赏："你卖出了35美元，比前两次强多了！你是很有前途的。"老板诚恳的赞扬，令这位推销员很受鼓舞，通过自己的努力一直做了下去，后来被提升为业务督导。

玫琳·凯认为赞美可以激励员工发挥他们的潜能、实现他们的理想，可以建立他们的信心，并使他们更快地成长。为此，她出版了一本专门的月刊《喝彩》杂志。杂志主要是对销售新人、团队领导方面有突出表现的员工给予书面表彰。因而在公司内形成了你追我赶的局面，公司事业蒸蒸日上。缘于此，玫琳·凯化妆品公司的销售网络不断得到扩展，成为美国乃至世界上最具影响力的化妆品之一。

玫琳·凯认为，赞美是一种有效而又不可思议的力量。的确如此，赞美能够使员工树立自信、提高工作热情，并且可以进一步提高工作的效率。作为管理者，对于这种不需要成本而效果明显的激励"武器"，为什么不经常使用呢？人的天性就喜欢听好话、受赞美。

每个人在得到来自他人的认可及赞美时，都会感到自尊心和荣誉感上的满足。而听到别人对自己的赞赏，并感到愉悦和鼓舞时，不免会对说话者产生亲切感，从而使彼此之间的心理距离缩短、靠近。人与人之间的融洽关系就是从这里开始的。

日本有关部门总结了日本战后迅速发展的原因，他们认为："日本国民的最大优点是，对外人不停地鞠躬，不停地说好话。善于发现他人的长处，善于赞美别人是日本迅速繁荣的一个重要原因。"

很多时候，如果没有赞美，我们便很少会主动为自己设太高的目标，而有了赞美，有了鼓励，为了不辜负别人的欣赏与肯定，我们更加严格要求自己、全力以赴地做好眼前的工作。由此可见，赞美也是一门艺术，管理者要理解员工的动机和需求，给予员工恰到好处的赞美是企业付酬最低却能换回效果最佳的方式之一。

管理者要学会多对自己的员工表达认可和欣赏。但赞美方式不恰当就成了变相批评，甚至有时候比批评还难受。赞美也是有技巧的：

首先，赞美要及时。一旦发现员工的优点或取得了成绩，立即赞美他，为他打气，过时的赞美无效。宝马首席执行官赫尔穆特·庞克每次与管理人员谈话时都会问："今天，你表扬员工没有？"他说，表扬应该"现在进行，不要因为有急事而改为明天"；并且要结合具体事情赞美你的员工；表扬时要有感情，语气要诚恳，可以拍拍员工的肩膀或者给他一个加油的手势。管理者可以在每天下班前，抽出几分钟时间写个便条对表现好的员工表示赞美。

其次，要公开赞美。赞美要尽量以公开的方式对优秀的员工进行表扬。一位企业家说："如果我看到一位员工杰出的工作，我会特别兴奋。马上冲进大厅，告诉所有其他员工这个人很优秀，取得了成果。"其实他的用意不仅仅告诉大家如何把工作做好，更重要的是想说明要想获得赞美只有把工作做好，更好地引导大家努力工作。

优秀的管理者总是善于在表扬中一箭双雕，既鼓励了先进，又鞭策了落后。因为对先进的表扬，也就意味着对落后者的批评。由于这种批评间接地起到一种引导与鞭策的作用，往往比直接的批评更有说服力，更有利于激发落后者的内在动力。

再者，赞美要注意真诚和客观。表扬要实事求是、客观公正，管理者要发自内心地赞美，语言、表情要严肃认真，不能给人造成虚假做作、漫不经心的感觉。如果一边看报、喝茶，一边说几句赞美的话，即使再动听的语言，员工听着也不舒服，只会以为是讽刺他或敷衍他。

表扬方式要灵活多变

每个下属都希望得到管理者的表扬，因为这就意味着自己的工作受到了肯定，也说明自己在管理者心中有一定的地位。同样，管理者也要不断地通过表扬与赞美下属，使他们有一种成就感。但是，也并不是所有的表扬与赞誉都会产生好的效果，事实上，不加注意、随意的表扬或赞美往往还不如不表扬。

1. 不轻易表扬

赞美本身虽是好意，但如果经常予以不痛不痒的赞美，对方在习以为常之后，便不再心存感激了。也就是说，对方已在心理上形成一种习惯，就像寓言中，看守羊群的孩子一再喊"狼来了"欺骗众人，当狼真的来了时，众人反而不再相信他一样。所以，一旦当事者不认为值得赞美而你予以赞美时，他不会心存感激；虽然你是真心诚意要赞美，但得不到预期的效果。管理需要赞扬这种艺术，但千万不要使赞扬泛滥。

2. 挖掘下属的优点

管理者的表扬与赞美，就意味着下属的工作受到了肯定，得到了管理者的重视与注意，不仅会使被表扬者更加努力工作，还会使他们对管理者产生好感。但管理者如何满足下属这种心理与精神上的需要，则是很有艺术和方法的。表扬得好，可以使管理者的威信倍增，更加顺利地开展工作，使手下人愉快地接受和听从其指示、命令；反之，管理者只一味指责下属的不足和缺点，或不加选择、随意滥用这一手段，却会适得其反。

3. 及时奖励

当下属在业务和工作上取得成绩的时候，要及时鼓励，这对于受鼓励者是至关重要的，因为他会觉得，管理者在时刻关心着自己。这儿有两个非常好的例子。

美国企业家老托马斯·沃森在对公司巡回管理时，每每见到下属们有创新和成就时，就当场开支票进行鼓励，并立即贴出告示公开予以表扬。

美国福克斯博罗公司急需一项生死攸关的技术改造。有一天深夜，一位科学家忽然解决了这个问题，于是，他招呼都没打就闯进了公司总裁的办公室。总裁听完他的来由和介绍后，不仅没有生气，反而不断地赞美他的高明，并说"简直难以令人置信"，并在心里琢磨着该怎样给他最快的奖励。但时值半夜，总裁在办公室的各个角落找来找去也只找到了一只香蕉，但他仍然躬身对那位科学家说："我现在实在找不到更好的东西奖给你了，这个先给你吃。"自此以后，"金香蕉"形的东西，就成了福克公司对有突出贡献者的最高奖赏了。

4. 通过第三者进行赞美

赞美若是通过第三者的传达，效果便截然不同了。此时，当事者必认为那是认真的赞美，毫不虚伪，于是往往真诚地接受，并为之感激不已。当然在深受鼓励之下，这位属下一定会更加认真工作，其结果自是可想而知的。

5. 不看地位大小

地位高的人所完成的工作，从绝对值来说，一般比地位低的人要大，但那是他职务上的本分，也就是说这是他工作中应做的事。因此，我们在表扬员工时鼓励论功行赏。论功行赏，就是鼓励每个部件都发挥出最好的作用，最终求得整个机器的高效率运转。论功行赏，强调的是各人在各个职位上的贡献，而不是以地位的高低进行评判。

6. 巧用暗奖手段

明奖的好处在于可树立榜样，激发大多数人的上进心。但它也有缺点，由于大家评奖，面子上过不去，于是最后轮流得奖，奖金也成了"大锅饭"了。同时，由于当众发奖容易产生嫉妒，为了平息嫉妒，得奖者就要按惯例请客，有时不但没有多得，反而倒贴，最后使奖金失去了吸引力。

许多国际化企业大多实行暗奖，老板认为谁工作积极，就在工资袋里加钱或另给"红包"，然后发一张纸说明奖励的理由。暗奖对其他人不会产生刺激，但可以对受奖人产生刺激。没有受奖的人也不会嫉妒，因为谁也不知道谁得了奖励，得了多少。其实有时候管理者在每个人的工资袋里都加了同样的钱，可是每个人都认为只有自己受了特殊的奖励，结果下个月大家都很努力，为争取下个月的奖金。

鉴于明奖和暗奖各有优劣，所以不宜偏执一方，应两者兼用，各取所长。比较好的方法是大奖用明奖，小奖用暗奖，例如年终奖金、发明建议奖等用明奖方式。因为这不易轮流得奖，而且发明建议有据可查，无法吃"大锅饭"。月奖、季奖等宜用暗奖，可以真真实实地发挥刺激作用。

7. 更换方式

现代企业最常用的激励和表扬方法就是发奖金，管理者们不难发现，这样的效果往往并不是很好。因为事实证明，陈旧的、单调的、传统的激励方法已不能使员工们兴奋，因而也就达不到激励和表扬的效果。怎样才能给员工和下属们一些新鲜感呢？这就需要管理者开动脑筋，别出心裁地想出新颖的办法来，如像组织优秀员工旅游观光，或给他们一定的自由时间，当然还可以组织各类活动等。

某一企业的经理在给优秀的下属们发奖金的同时，又在地方电视台为他们点播歌曲和文艺节目，此举令全体员工倍受鼓舞，取得了很好的效果。新的表扬和激励方法给员工们留下了不可磨灭的印象，也使表扬得到了预期的效果。因此，表扬与激励方式一定要灵活多变，要多样化。

肯定是一份绝佳礼物

管理学家赫茨伯格认为，当一个人完成某件事，而另一个人以一些方式来表扬这个人的成就时，"肯定"便发生了。赫茨伯格告诉我们，"受肯定"是影响工作绩效最强烈的动机，是最有效的激励方式之一。

管理者提高部门和员工工作绩效、增加生产力的有效方式是，在工作中提供更多产生成就感和肯定员工的机会。员工都希望自己受到上级和同事的承认与肯定。一位管理学家说过，肯定你所希望的行为比惩罚你所不希望的行为投入的资源少，而且能取得更好的效果。虽然这种观点在很大程度上是从"经济人"角度出发的，得出的结论也单纯是一种"投入—效益"比例关系，但也从某种意义上说明了"肯定"员工行为的价值所在。

一个成功的管理者，懂得激励员工工作业绩的关键是肯定他们所做的，即使是少犯一点错也应该得到肯定。比如在检查汤姆过去两个月来的出勤记录后，你发现每个星期一，他都会迟到15～20分钟。你在星期五的时候跟他谈及这件事，并要求他准时上班。下个星期一，当他迟到两分钟的时候，你对他说："嗨！汤姆，我看到你为改正迟到所做的努力，今天已经有90％的改进了，继续保持，你将会达到一个月只迟到一天的标准。"

不难想象，当你试着使用肯定激励时，下属内心改进工作绩效的决心有多大。石油大王洛克菲勒的创业老臣、高级行政副总裁贝特·福特，就因为曾亲自领教了肯定激励的妙用，因而开始成为肯定激励的高手。

贝特·福特在一次惨败后非常沮丧，本以为会面临责难，但洛克菲勒并没有向他询问失败的详细情形，却充满鼓励地说："好极了，贝特，我们刚刚听说你在南美的事情。"贝特心想他一定会责难自己，就说："实在是一次极大的损失，设法才保护了 60％的投资。"

"这已经很不错了，要不是你处置有方，哪能保全这么多呢？你干得出色，已经在我的意料之外了。"从此，贝特明白了，身为主管，如果在一个本该指责的一方却一反常态，找出一些值得赞美但也十分诚恳的话来说，其激励效果让人终生难忘。

管理者应该将这些话挂在嘴边："这看起来是做得非常好的工作。""我感谢你对这工作所做的所有努力。""谢谢你如此辛苦地工作，让我得以在最短的时间看到成果。""连我都无法把它做得这么好。"这些都是最好而且有效的肯定方式。但有些主管吝于表达，当员工试着与他沟通时，他的回答是："走开！你打扰我了，我没有时间可以浪费，我正忙着想如何提高绩效！"多妙的讽刺，他不是骑驴找驴吗？绩效找上了他，他却将其拒之门外。

其实，部分管理者吝于肯定员工是因为他们对成就的曲解。大部分管理者知道员工有一个杰出的成就时，会很快地肯定它。这就需要提醒管理者思考一个问题，他们可以随时准备好去肯定那些有目共睹的成就，但是对于那些犯错率减少的人呢？

有些管理者认为对改正错误做肯定，等于是赦免了这项错误。有些管理者没有能力把下属错误的改正当作是一个成就，他们通常认为，去对犯错误减少的人进行称赞时，不知道该如何讲，才能够避免讽刺、误解或尴尬。他们也怀疑，当一个好的员工听到一个失败的员工因为错误而被肯定时，会有什么想法。其实这些管理者的这些想法毫无必要。对待那些犯错率减少的人，解决的方法是不要因为错误而肯定，要肯定他们改正很多，往后还会更多。

增强肯定效果的方法有：要提出正面的建议，谈成功率，而不是失败率；要明确地指出受称赞的行为；员工有所成就后，立即给予肯定；赞扬无疑是最有效的肯定形式。

许多管理者发现批评要比赞扬更容易，他们因此失掉激励员工的机会。每个对工作尽心尽力的人都需要得到别人肯定。报酬固然重要，但多数员工认为获得报酬只是一种权利，是他们工作付出的交换。正如管理学者所言："报酬是一种权利；给予则肯定是一件礼物。"

很多研究表明，最能激发员工全力以赴、高水平发挥的是给予他们赞扬与肯定。一声真诚的感谢，既表达了管理者对员工某种行为或价值的欣赏，如坦诚、正直等，也能大大鼓舞员工继续表现出你所看重的行为，使这种行为蔚然成风。它所反映出来的不仅是你的工作能力，更反映出管理者掌握全局、着眼整个工作环境的能力。

管理者肯定下属的方法有很多，比如举行庆祝活动，向那些为成功做出贡献的人表示感谢和肯定，或在公司简报中宣扬此类成功故事等。无论如何，你要记住，如果你鼓励员工的某种行为，那么看到这一行为时就做出肯定吧，这是对于每个员工都屡试不爽的。

让每个人觉得自己最受青睐

有位老板接到一单任务相当重的业务，客户要求必须在半天内把一批货搬到码头上去，而老板手下只有十几个伙计，半天之内很难完成。

为了解决这个问题，老板苦思冥想一夜，第二天一早，他亲自下厨做饭。饭做好了，老板把饭给伙计盛好，而且还亲手捧到他们每人的手里，把饭给每个伙计时，老板脸上都摆出一副极有深意的表情。

一个姓刘的伙计率先接过饭碗，拿起筷子正要往嘴里扒时，一股诱人的香味儿扑鼻而来。他急忙用筷子戳开一个小眼儿，发现竟然有三块油光发亮的红烧肉躺在米饭下面。他终于明白了老板看自己时那意味深长的表情，于是立即转过身，狼吞虎咽地吃起来。

一边吃他一边想："老板真是看得起我，今天我一定要多出点力！"于是那天干活的时候，他一改往日懒散，把货装得满满的，一趟又一趟来回飞奔，汗如雨下也不顾得擦。整个上午，其他伙计也都和他一样卖力，所以一天的活，只一个上午就干完了。老板在旁边偷偷乐了起来。

老板为什么要单独在每个人碗底放红烧肉，而不是端在桌子上大家共分享呢？红烧肉单独放在每个人碗里产生的激励作用，与放在桌上共享的激励作用，究竟哪个会更大一些呢？很显然，故事中的老板这么做，意在激励每一个人，而那位老板的做法妙处在于，他让每个员工都感到这份激励只是针对自己。如果这碗红烧肉放在桌子上让大家去夹着吃，那大家就不会如此感激老板了。正面想一想，老板的这种精明其实也是一种很用心的精神激励手法。对于管理人员来说，怎样让大家吃红烧肉而且吃得有劲头，是个永恒的且常新的话题。

作为员工，每个人都渴望得到精神激励，在获得有效激励的时候，他们都会因为这种激励而产生自豪感、成就感。从表面上看，老板给了所有员工三块红烧肉作为物质激励，但事实上，老板给予员工的是精神上激励，这种激励使员工意识到自己与众不同，为了感激老板的高看，他们自然会加倍努力、愿意"士为知己者死"了。

所以说，如果你是这样一位管理者，就要用良好的工作环境传达关爱之情，有亲自为员工端茶倒水的思想，抓住给员工雪中送炭的时机，了解员工的真正生活。要知道，无薪的精神激励更能体现管理者的领导能力和企业管理水平。

真心诚意地感谢下属

领导的能力之一在于善于发现下属的优点，并且最大限度地激发下属发挥他们的优点。当下属完成工作任务时，要真心诚意地感谢他们，这可以让他们的工作进行得更加顺利。因为他们是可敬的，也是值得感谢的，能做到这些，怎么能不激发出下属的工作潜能呢？

通用电气公司前董事长杰克·韦尔奇曾是某一个下属集团公司的主管经理，这个公司外购成本过高一直是韦尔奇十分头痛的事情。后来，他只是在他的办公室里装了一台特别电话，问题便得到了非常圆满的解决。

这部特别电话对外不公开，专供集团内每个采购代理商使用，只要某个采购人员从供应商那里赢得了价格上的让步，他就可以直接给韦尔奇打电话。而且全体采购人员确信，无论韦尔奇当时正在干什么，不管是在谈一笔上百万美元的业务还是同秘书聊天，他一定会停下手头的事情接电话，并且高兴地说："这真是太棒了，天大的好消息，你竟把每吨钢材的价格压下来两角五分！"然后他马上就坐下来起草给这位采购人员的祝贺信。

真心诚意地感谢下属，就能激发出下属的工作积极性。我们知道，如果一个人不管出现了什么小错误，总是挨训，他的情绪一定会大受挫折，信心也会在不知不觉中丧失殆尽。一旦一个人精神上萎靡不振之后，就算有高超的才能也是难以发挥出来的。因此，领导者如果能以欣赏的眼光来观察下属的优点，那么下属会因受人尊重而振奋，对上司交付的工作，也能愉快地去完成。如此，不但能激发员工的工作效率，甚至能在公司内部挖掘出优秀的人才，这对任何公司来说都是大幸。

从领导的角度来看，绝不能自炫才能和智慧，要知道个人的才能毕竟是有限的。有些人喜欢赞扬下属的优点，有些人则喜欢挑别人的缺点，比较之下，往往是前者的工作推行得较为顺利，业绩也不会太差，而那些好挑剔下属的上司则正好相反。由此可见，唯有懂得如何欣赏下属，善于挖掘他们潜力的管理者，才能领导更多的人。

对于稳定型性格的下属，要着重培养其刚毅、富有自信的精神，对其弱点则多加保护，不宜在公开场合下指责，不宜进行过于严厉的批评，可以通过鼓励他们多参加集体活动，培养友爱精神，增强他们的自信心。

对奔放型性格的下属，要着重培养他们的热情和生气勃勃的精神，对其弱点的批评、帮助要有耐心，要容许他们有考虑和做出反应的足够时间。

对于坚定型性格的下属，则要多培养其自制能力和坚持到底的精神，不要轻易激怒他，可以对其进行有说服力的批评。

对于下属的过错，如果是经过慎重的决策和艰苦的努力之后，因为某些不能控制的因素而失败，即使出现大笔亏损，也不要去责备下属，而应该去安慰他、鼓励他，使他鼓足信心，迎难而上，反败为胜，将功抵过。

成功的管理者往往不会拘泥小节而忽略大事，用人亦是如此，管理者对部下的缺点应详加了解，但不可斤斤计较，重点在于发挥他们的优势，挖掘他们的潜力，这才是真正积极的管人方法。

/第 16 章/

让员工达标的绝招

帮助下属养成好习惯

下属的工作习惯直接影响着团队的运行效率。但凡犯同样错误的人，大部分都是由于其职业习惯不好造成的。

因为公司最近修改了考勤制度，部门里的人屡屡违背考核。这让他百思不得其解。在召开部门会议时，他决定来一次突然抽查，结果发现，能把新的考勤制度说上三五条的人寥寥无几。看着自己下属工作起来敷衍搪塞的样子，他很无语。事后他了解到大伙都没有看公司文件的习惯。公司文件已经在内网上发布了，不去看，自然不知道其内容。

员工是需要雕琢的，而雕琢的核心途径就是培养其职业习惯。

一位木匠师傅总是不厌其烦地交代学徒要保养好刨子、斧子、磨刀石等这一套工具，为什么呢？磨刀石的功用不只是能磨出锋利的刀刃，更重要的是它能磨出学徒的耐力和毅力。做事马虎者，其磨刀石必然长满了红色的铁锈，反之，名匠的磨刀石，应当光泽明亮才是。

下面这些场景在组织里并不鲜见：椅子或桌子上，文件放得乱七八糟；桌子、椅子上，用手一摸，尽是灰尘；复印机忘了关，连续一小时在空转；人都下班了，电灯不关，电脑不关，如果管理者问起来，解释的理由振振有词："忘记关了"、"忘关的人多的是，为啥只说我。"

这些细微的表现，看似无伤大雅，实则体现了对办公设备的不珍惜，也间接地说明了工作态度的不慎重。从这些小地方可以直接看出一个人的内心与修养。因此作为一个领导，只要懂得从这个地方入手，就可以很好地培养下属的修养。

当年，海尔引入了一条冰箱生产线，预计要达到 9000 台的产量，张瑞敏就把目标分解到每一天，于是有了"日清"工作法。后来演进成"日事日毕，日清日高"的"OEC"。

"OEC"法则，即英文"Overall、Every、Control and Clear"的缩写。其内容：O—Overall（全方位），E—Everyone（每人）、Everything（每件事）、Everyday（每天），C—Control（控制）、Clear（清理）。"OEC"管理法则也可表示为："日事日毕，日清日高。"

"日事日毕"，就是要求对当天发生的各种异常现象，在当天弄清原因，分清责任，及时采取有效措施进行处理，以防止问题积累，确保工作责任的真正落实。

所谓"日清日高"，就是对工作中的薄弱环节不断地进行改善、不断提高。公司算了一笔账，职工坚持每天提高 1‰，70 天工作水平就可以提高一倍。

OEC 管理法由三个体系构成：目标体系→日清体系→激励机制。首先确立目标，日清是完成任务的基础工作，日清的结果必须与正负激励挂钩才有效。

这个管理法的落实过程需要借助一个叫作 3E 卡的记录卡。"3E"卡，就是用来记录每个人每天对每件事的日清过程和结果。"3E"是英文 Everyday、Everything、Everyone 的缩写，即每天、每件事、每个人。"3E"卡是"日事日毕，日清日高"的具体化。

海尔要求每个员工每天都要填写一张 3E 卡，3E 卡将每个员工每天工作的 7 个要素量化为价值，每天由员工自我清理，计算日薪（员工收入就跟这张卡片直接挂钩）并填写记账、检查确认后给班长，不管多晚，班长都要把卡拿回来签字后并交给上面的车间主任，车间主任审核完后再返回来，就这样单调的工作天天填、月月填，不管几点下班都得完成。

在 OEC 管理法实施后，海尔集团获得了长足的发展，企业管理精细化程度、流程控制能力都得到了提高，为后来成为世界家电百强奠定了基础。

要培养下属良好的工作习惯，领导者可以制定各种各样的规章制度，制定后，不能只挂在门后边的墙上，而要定期且及时地落实执行。遇到有些下属能做到又故意不做的事，可以狠批其一顿。良好的工作秩序若能保持下去，对于培养下属循规蹈矩的习惯是很有效果的。

企业之间的竞争不仅是产品或技术的竞争，也体现在团队工作的细节上。一个团队是否具有较高的执行效率，和团队成员的职业习惯密切相关。同时，衡量一个管理者管理成效的重要标志就是团队成员是否有好的习惯。因此，领导应重视下属良好工作习惯的培养，这是打造高效管理的必经之路。

匹配每个人的"热键"

关于人才的匹配，管理界有个耳熟能详的故事：

所有人都说千里马是马中极品，有一个农夫于是就花了几年积蓄在市场上买了一匹千里马，回到家中后却发现实在没有什么大事需要千里马去完成，便让它和一头驴子一起拉磨。千里马被囚禁在磨坊里拉磨，传出去很丢千里马一族的脸面，于是，每次拉磨时千里马总是很不老实地折腾一番。农夫很生气，就用鞭子使劲抽打它，没过几日，千里马活活被打死。有了这次经验，农夫再也不买千里马了，为了和驴子搭配，他就又买回了一匹骡子。骡子和驴子很和谐，干起活来，搭配得很好，磨坊的效率很高。

有一天，农夫得了急病，需立即送到城里救治。家人拉出了骡子，骡子在磨坊里磨叨惯了，任凭农夫的家人使劲抽打它，它始终跑不快。抽打得急了，骡子就更加放慢了速度，最后索性在原地转起圈来了。家人无奈，只好迁就着骡子，晃晃悠悠地赶往城里。因此延误了治疗，农夫落下了后遗症。回来后，农夫一怒之下宰了骡子。

看完了这个故事，大家就会明白：农夫其实相当于企业的总经理，千里马、骡子、驴子是企业的员工。这里面，千里马最优秀，但是因为被放置在不合适的工作环境里，活活被折磨死。骡子本来也是很优秀的人才，和驴子搭配起来，能够为企业产生很高的经济效益。但是，却被抽调出拉马车，这本是千里马的长项——结果，骡子也死在它不适合的岗位上。

四季酒店是一家世界性的豪华连锁酒店集团，在世界各地均有酒店及度假区。四季酒店曾被评为世界最佳酒店集团之一，并获得 AAA 5 颗钻石的评级。酒店属于服务业，服务型企业的成功共性就是要拥有一批能够执行企业服务理念的人才队伍。一位入住过四季酒店的旅行者在他的日记中写道："别的酒店是把酒店单纯地当作酒店来经营，而四季酒店却把酒店当作旅行者之家来经营。这种浓郁的家庭氛围，一路奔波的旅行者怎么能拒绝？"

为顾客创造家的氛围的是四季酒店的训练有素的员工。人才是四季酒店成功的根本原因。四季酒店亚太区人力资源总监吴先生认为符合四季用人理念的人才应该包括以下素质：诚信、灵活、踏实。优秀人才不是凭空产生的，是要结合具体一个行业、一家企业、一个职位来定义的。四季身为服务行业的企业，对人才最大的要求就是"灵活"。这个灵活体现在对客户上，适应力、变通能力与抗压能力都要强。当然在这些能力之前，最为关键和基础的就是道德品质。

了解了企业的工作特性，四季酒店总是很容易找到企业最需要的人，然后把其放在最合适的岗位上，为企业创造出最大价值。四季用人最大的特点就是无论是高学历者还是普通学历者，包括"海归"，都需要从基层做起。吴先生认为一名优秀的员工，哪怕是把他放到最基层的位置上，经过一些时日，肯定会比其他人"跑得快"。

吴先生说："曾经有个新人，学历背景很优秀，能力也很强，他信誓旦旦要在两年内做到部门经理。我当时立刻否决了他。不管一个人多优秀，在四季，要做一个部门经理至少需要15年的时间，这是许许多多前辈留下的经验，是经过实践检验的，我不认为会有特例。所以，一个人需要磨炼，更需要有被磨炼的耐心。"

正是对员工孜孜不倦的长期打磨，使企业充分了解了员工的特点、特长、能力和发展潜力，无论员工晋升和调岗，企业总是能最快地实现人岗匹配，从而保证酒店不为人员的调动而降低组织运行效率。

优秀的企业管理者从来都不把人岗的匹配问题当作小事情。企业管理者应采取正确的措施和手段对人力资源进行合理配置，合适的人工作在合适的岗位上，这将会使员工的工作绩效、工作满意度、出勤率等得到提升，从而提高组织的整体效能。

主管要善于把优秀的人才放到合适的岗位上，发挥他应有的作用。要想实现人尽其才，就必须要了解人才的特长、专长和优势，找到人才身上的"热键"，并根据这些去匹配工作。只有完美匹配，才能创造高效益。

改善不合理的执行架构

促进员工工作达标，管理者还需要审视公司的组织架构。任务和目标的执行需要具备完善的组织结构，不合理的组织结构会拖慢任务执行进度和工作目标的达成，进而影响员工绩效水平。企业要改善组织结构，可参考以下做法：

1. 变"垂直"为"扁平"

人数一样多的企业，在组织上，有的采用"垂直式"，有的采用"扁平式"。如果企业的组织形式是：部门经理—业务组长—班长——一般工作人员，这样称之为"垂直式组织"。企业应该设法变换为阶层更少的"扁平"式组织，这样对企业才更加有利。

一般说来，垂直的组织形式不利于目标执行中的双向沟通，这种组织形式等于在沟通双方中间增加了关卡，妨碍了主管和员工之间信息的有效传递；而处于扁平式的组织结构中，由于主管所拥有的是具有直接关系的员工，交流双方则不必煞费心思，就可以达到双向沟通的目的。

2. 化"整"为"零"

以往的目标执行活动常以部门和个人为单位，但效果并不理想，这种方式也不适应目标管理的要求。建立"行动小组"是一个很好的方法，采用行动小组这种方式既可以避免以部门为单位执行目标时的互相推诿，又可改善个人行动的孤军作战。如果行动小组发展顺利，组织就会旺盛，同时个人也会活泼起来。

3. 以"面"代"线"

构成各组织的各成员间，不仅应具有与主管直接联系的纵的联结面，而且成员彼此间也应具有横的联结面。由于业务高度的复杂化，横的联系将更为有用。也就是说，企业需要采用"面"的方式对企业进行管理。所谓把"线"变成为"面"，也就是"纵线×横线＝面"，把小组成员的纵向联系和横向联系都加强，可以更好地发挥行动小组的作用。

4. 小组重叠

在目标执行的组织结构中，中层管理人员往往都扮演着双重角色，即在上级执行小组中为组员，而在下级执行小组中为组长，这样在上下两个小组中，这些人的位置正在上级和下级的重叠处，这个关系可称之为团队的"重叠关系"。如果能把整个团队用这样的重叠关系联结起来，那么就能把整个组织加以团队化。

需要说明的是，作为中层管理人员，如果工作跟经理级团队有关时，必须发挥成员的功能，去做一个成员应做的事；如果工作和组长级团队有关时，则必须发挥作为主管的领导作用。将不同的执行小组重叠在一起可以改善工作流程，加强意见沟通，协调人际关系，对目标执行工作大有帮助。

总之，组织结构是否合理对于目标执行及团队绩效的影响很大，合理的组织结构可以使执行人员协调一致，共同努力去达成目标，还可以节省成本，提高工作效率。

集中精力简化工作

在企业行动中，企业管理者需要找到提高执行效率的方法，这个方法就是"奥卡姆剃刀"定律。

公元 14 世纪，英国奥卡姆的威廉对当时无休无止的关于"共相"、"本质"之类的争吵感到厌倦，于是著书立说，宣传唯名论，只承认确实存在的东西，认为那些空洞无物的普遍性要领都是无用的累赘，应当被无情地"剔除"。他所主张的"思维经济原则"，概括起来就是"如无必要，勿增实体"。因为他是英国奥卡姆人，人们就把这句话称为"奥卡姆剃刀"。

大哲学家罗素高度评价"奥卡姆剃刀"定律，认为其在逻辑分析中是一项最有成效的原则，后来爱因斯坦又将它引申为简单性原则。爱因斯坦是利用简单性原则的大师，其相对论的构造是如此简单，但对自然规律的揭示却是如此精深。

奥卡姆剃刀定律在企业管理中可进一步深化为简单与复杂定律：把事情变复杂很简单，把事情变简单很复杂。这个定律要求人们在处理事情时，要把握事情的本质，解决最根本的问题。尤其要顺应自然，不要把事情人为地复杂化，这样才能把事情处理好。

2009 年 1 月中旬，在麦迪和阿泰因伤无法上场后，火箭反而确立了以姚明为核心的战术，并因此固定了首发阵容。最为重要的是，火箭在战术上非常明确，那就是以姚明为核心完成球队的进攻。

火箭的进攻非常简单，就是将球传给姚明，让姚明去单打，如果对方不对姚明进行包夹，姚明就坚决上篮完成单打，如果对方对姚明包夹，姚明就把球分出来传给外线的队友，然后将球由一侧移动到另一侧，这样火箭外线队员就利用热火另一侧防守空虚的机会突破上篮或者远投三分。

1 月 18 日，在与热火的比赛中，姚明 12 投 12 中得到 26 分，命中率达到 100％，如此高效率让热火抓狂，火箭将姚明的作用发挥到了极致。简单就是美，其实火箭的战术并不用布置得多么复杂，只要发挥姚明的内线统治力，让每个人都能够明确自己在球队中的责任，火箭就是一支实力非常强的球队。

奥卡姆剃刀定律不断在哲学、科学等领域得到应用，但使它进一步发扬光大，并广为世人所知的，则是在近代的企业管理学中。好的理论应当是简单、清晰、重点突出，企业管理理论亦不例外。在管理企业制定决策时，应该尽量把复杂的事情简单化，剔除干扰，抓住主要矛盾，解决最根本的问题，才能让企业保持正确的方向。

1994 年 2 月，美国国家银行发展部的主管吉姆·沙利和约翰·哈里斯召集下属开会，会议的议题是改善领导层、员工和客户之间的沟通与联系，最终目标是使美国国家银行成为世界上最大的银行之一。

为期两天的会议结束之际，墙上挂满了草案、图表和灵光闪现的新主意。总结的时刻到了，约翰拿着记录本站了起来。"我们要说的就是这些，"约翰举着记录本说，"简单就是力量。"他在白板上写下这几个红色大字后，结束了自己的总结。

约翰抓住了我们提升工作效率的一个关键。无论做什么事情，我们都应当树立这样一个信念：简单就是力量。

通用电气公司的前任CEO杰克·韦尔奇认为，最简单的方法就是最好的方法。曾任苹果电脑公司总裁的约翰·斯卡利说过，"未来属于简单思考的人"。如何在复杂多变的环境中采取简单有效的手段和措施去解决问题，是每一位企业管理者和员工都必须认真思考的问题。

张强是某电子科技公司的一名测试员。公司新近开通一项新业务，按照以往的惯例，业务开通前不可避免地需要进行大量的业务费率测试、功能测试等。如何最有效率地完成业务测试，并保证尽可能地覆盖现有业务，成了他与另一位同事争论的焦点。

同事主张将所有现网的业务都进行一次测试，如果人不够，可以加人，测试工作量大概为8人/小时，这么做的目的在于免得以后出了问题，反过头来一看是因为没测而承担责任。张强则主张分析业务的系统实现特性，有针对性地进行业务测试。他认为这个业务是原有业务的延续，重新从头进行测试没有什么必要，简单抽测即可，而应该将更多的时间和精力放在业务功能测试等方面，免得出现真正的测试漏项。

最终，经过多次争论，同事最终同意了张强的意见，工作效率比以往的任何测试都提高了一倍，为此，公司领导在全体员工大会上对他们进行口头表扬，号召大家学习他们这种敢于创新、抓住关键环节解决问题的意识和能力。

简化工作是一种提升工作效率的重要方法。它可以帮我们把握工作的重点，集中精力做最重要或最紧急的工作。在高强度的工作条件之下，我们如果不能理清思路，以复杂问题简单化的思路来开展工作，有针对性地解决重点问题，最初制定的各项目标就难以实现。

企业管理者要想充分利用奥卡姆剃刀定律，让执行高效起来，有以下几种方法可以借鉴：恪守简单原则，将简单观念贯穿于工作的过程中；清楚了解工作的目标与要求，可避免重复作业，从而减少发生错误的机会；懂得拒绝别人，不让额外的要求扰乱自己的工作进度；主动提醒上级将工作排定优先级，可大幅度减轻工作负担；报告时要有自己的观点，只需少量但足够的信息；过滤电子邮件，回复精简；当没有沟通的可能时，不要浪费时间；专注于工作本身。

赋予目标时赋予权力

赋予目标时赋予权力，意味着管理者要懂得分权。所谓"分权"，即是权力分配的一种形式，是领导者为了更好地实现领导目标而借助他人或集体的力量去推动工作的进行。同时领导必须对下属的力量科学使用，赋予明确的职责，才能达到预期的目标。

对领导者来说，权力不应是"守财奴"手中的金钱，而是实现团队目标与个人目标的工具。作为领导者，应该找到合适的人，将权力这种"工具"放心地交给他们使用。从更高的现代领导艺术的要求来说，领导者应让自己的每一位追随者都得到权力这种"工具"。也就是说，让每一位团队成员具备"自我领导"能力。而领导自己则可以集中100%的精力处理20%的大事，用"80/20"原则，当然能够运用自如了，如此好钢用在刀刃上，工夫用在事外，厚积而薄发，不失为管理上策。

但要真正做到分权，却不是件容易的事，贝尔电话公司有一句格言说得很彻底："领导者要做一件必须做又很难做的事，就是不管他们，还他们充分自由。"话说得可能有点绝对，可是其基本精神是十分正确的。因为领导者在分配权力的时候，要遵循的主要原则有：职权一致、责权对等原则；层级分明、权责明确原则；科学合理、相互制约原则；知人善任、大胆放权原则。尤其是最后一条，就是领导者要赋予受权者有充分的活动空间，而不应事事插手，横加干涉。作为领导者只要抓输入（决策），比较输入和输出（目标和结果）就足够了，这就是"只管两头，不管中间"的黑箱原理。

领导者可以通过常见的分权方式如金字塔式、矩阵式、职能式、授权式等得到主动性、责任感、人员开发以及接近事实的决策和灵活性。总之，可以获得一个组织为适应新条件所必须具备的一切品质。另外，权力分配还可以巩固和扩大领导者的权力。权力的巩固在于逐渐取得所有属众对其权力的承认和接受。对权力予以分配，可以先使权力分配对象承认和接受你的权力，他们又会影响其下属承认和接受你的权力，这种影响辐射以指数递增。

分权还是一种融用人用权于一体的领导艺术。用人是领导的最高艺术。用权是领导者所有领导活动的保证，是用人的前提。现实中，分权最典型的例子莫过于资本主义国家的"三权分立"。其特点是：将国家权力分为立法权、行政权和司法权，并且这三种权力分别由不同机关行使，发挥三种权力的相互牵制和约束作用，保持三种国家权力之间的平衡状态，防止某一机关或某一个人的独断专行，以保障总体利益和各成员的应有权利。

三权分立为代表的民主制显示了分权的重要性。用钢铁大王卡内基的话来论证这样的重要性，有这么一句："把我的所有的工厂、设备、资金、市场全部拿走，但保留我的人员和机构，几年以后我将仍然是一个'钢铁大王'。"作为一个现代领导者，应该最能够适应任务和环境的需要，应该对作用对象、领导任务的性质和环境、上下级的特点和要求等有深刻而全面的认识，从而创造出合乎管理规律的有效的运筹方式和管理机制。

但是，是不是给下属的权力越多越好呢？当然不是。如果下属的权力过大，往往会造成下属骄横跋扈、欺上压下，众所周知的王莽篡汉、司马氏篡魏等就都主要与此有关。现实和历史这样的例子数不胜数。这就告诉我们，领导者在权力分配的时候，一定要分集适度，并尽可能在下属之间形成权力制衡关系。否则，一旦某些下属的权力过重，就会形成尾大不掉之势，不仅上级的政策、法令难以得到贯彻落实，甚至会出现排除异己、挟私报复的现象。

提供才能发挥的空间

给员工足够的空间让其发展，会使员工充分发挥内在的潜力，从而提高工作效率。此外，它还能带给员工更完整的工作整体感、充实的责任感，以及对自我工作能力的肯定。从此，企业和个人就达到了双赢。

联邦快递成功的一个重要原因之一是重视员工，依靠优秀的管理原则取胜。他们扩大员工的职责范围，恰当地表彰员工的卓越业绩，激励员工去树立公司形象。

每天总有许多世界各地商业人士花上250美元，用几个小时去参观联邦快递公司的营业中心和超级中心，目的是为了亲身体会一下这个巨人如何在短短23年间从零开始，发展为拥有100亿美元、占据大量市场份额的行业领袖。

联邦快递公司创始人、主席兼行政总监弗雷德·史密斯创建的扁平式管理结构，不仅得以向员工授权赋能，而且扩大了员工的职责范围。与很多公司不同的是，联邦快递的员工敢于向管理层提出疑问。他们通过求助于公司的保证公平待遇程序，以处理跟经理之间不能解决的问题。公司还耗资数百万美元建立了一个联邦快递电视网络，使世界各地的管理层和员工得以即时联系，这充分体现了公司快速、坦诚、全面、交互式的交流方式。

20世纪90年代初，联邦快递准备建立一个服务亚洲的超级中心站，负责亚太地区的副总裁J.麦卡提在苏比克湾找到了一个很好的地址。但日本怕联邦快递在亚洲的存在会影响到它自己的运输业，不让联邦快递通过苏比克湾服务日本市场。在联邦快递公司，这不是麦卡提自己的问题，必须跨越部门界限协同解决。联邦快递在美国的主要法律顾问肯·马斯特逊和政府事务副总裁多约尔·克罗德联手，获得政府支持。与此同时，在麦卡提的带领下，联邦快递在日本发起了一场轰动日本的公关活动。这次活动十分成功，使日本人接受了联邦快递连接苏比克湾与日本的计划。

联邦快递经常让员工和客户对工作做评估，以便恰当地表彰员工的卓越业绩。其中几种比较主要的奖励是：祖鲁奖：奖励超出公司标准的卓越表现；开拓奖：给每日与客户接触、给公司带来新客户的员工以额外奖金；最佳业绩奖：对员工的贡献超出公司目标的团队以一笔现金；金鹰奖：奖给客户和公司管理层提名表彰的员工；明星/超级明星奖：这是公司的最佳工作表现奖，奖金相当于受奖人薪水的2%～3%。

在企业的日常管理中，人们可以明显地感觉到，对一个员工来说"我指示你怎样去做"与"我支持你怎样去做"，两者的效果是不同的。一个好的企业管理者，应善于启发员工自己出主意、想办法，善于支持员工的创造性建议，善于集中员工的智慧，把员工头脑中蕴藏的聪明才智挖掘出来，使人人开动脑筋，勇于创造。为此，要努力从以下几个方面做起：

（1）尊重下属。人人都有受人尊敬的需要。尊重下属，不仅表现在充分肯定其才能和待之以礼方面，关键在于尊重其意见，采纳其建议，使员工感到他们远远不止是机器上的一个齿轮，这有助于增强他们的自信心。

（2）爱护下属。要爱护下属的进取精神和独特见解，爱护他们的积极性和创造性。

（3）创造一种宽松的环境。比如信任员工，让他们参与管理。没有什么比参与作出一项决定，更有助于满足人们对社交和受人尊重的需要。因此，出色的管理者，应让员工参与制定目标和标准，这样他们会更加努力地工作，发挥出最大潜能。

让千里马成为团队榜样

要找到公司内部的千里马，让千里马成为团队榜样。这是因为树立榜样标准要明确，这个标准要让大家认可，目的是营造成功氛围。成功吸引成功，用正确积极的观念、勤奋真诚的态度，带给所有人一种积极向上、热情洋溢且富有组织号召力的形象感受。让每个员工自然浸染其中跟着成长，形成一种大的气候，形成人人争先的局面。

美国国防工业的巨头诺斯洛普·格鲁门公司将其首席执行官肯特·克雷萨当作公司团队发展的榜样。当时，诺斯洛普·格鲁门在诚信方面声誉很差。但是，肯特·克雷萨的领导团队却成功地扭转了公司形象，重塑了一个在公众意识中执行力强大的企业。

他是怎么做的呢？在整个过程中，肯特其实是个示范者，一开始，他就向员工们清楚地讲明了自己对道德规范、价值观以及行为方式的看法，以及对这个企业重塑形象的期待。他用自己的行动为大家树立了榜样，并始终如一地将其传递给合作者。他的成功在于创造了一个讲诚信、富有执行力的大环境。在这个环境中，企业的所有领导者都在为发展而努力。

美孚石油公司之所以能够在世界商业史上留下精彩的篇章，其发展秘诀就在于为团队找到了千里马，找到了学习目标，从而使自己的服务和产品更加趋于完美。

1992年的美孚石油年收入就高达670亿美元，这比世界上大部分国家的收入还高，真正是富可敌国。不过，在辉煌的业绩面前，美孚并没有感到满足，依然保持着很强的进取心，他们希望自己的服务做得更好。于是，他们在1992年初做了一个调查，试图发现自己的新空间。当时美孚公司询问了服务站的4000位顾客什么对他们是重要的，结果发现，仅有20%的被调查者认为价格是最重要的。其余的80%想要三件同样的东西：一是快捷的服务速度，二是能够一心为客户着想的友好员工，三是能够认可他们的消费忠诚度。

针对客户的这三种需求，美孚把它们分为速度、微笑和安抚三个小组。美孚的管理层认为，论综合实力，美孚在石油企业里已经独步江湖了，但要把这三项指标拆开看，美孚并不能领先所有的企业。于是，他们就下达了一个任务：三个小组各自寻找自己的学习目标，找到在这方面的千里马，找到速度最快、微笑最甜和回头客最多的标杆，以标杆为榜样改造美孚遍布全美的8000个加油站。

经过公司的全体努力，果然，他们找到了在单项指标上比他们更为优秀的企业。速度小组锁定了潘斯克公司。这家公司是给"印地500大赛"提供加油服务的。每当在电视转播"印地500大赛"时，观众都会欣赏到这样的景象：赛车风驰电掣般冲进加油站，潘斯克的加油员一拥而上，眨眼间赛车加满油绝尘而去。电视前所有的观众都能够在瞬间感受到潘斯克员工的服务速度。速度小组把它当作美孚学习的目标。

微笑小组的寻找是跨行业的，他们锁定了丽嘉·卡尔顿酒店作为温馨服务的标杆。丽嘉·卡尔顿酒店号称全美最温馨的酒店，那里的服务人员总保持招牌般的甜蜜微笑，所有入住过的旅客都对这家酒店印象深刻，把在这里住宿当作美好的回忆，这个酒店因此获得了不寻常的顾客满意度。

全美公认的回头客最多的是"家庭仓库"公司。安抚小组于是把它作为标杆。他们从"家庭仓库"公司学到：公司中最重要的人是直接与客户打交道的人。这个观念颠覆了美孚管理层以往的认知。他们曾经把那些销售公司产品，与客户打交道的一线员工看作是公司里最无足轻重的人。家庭仓库公司告诉他们：领导者的角色就是支持这些一线员工，使他们能够把出色的服务和微笑传递给公司的客户，传递到公司以外。

潘斯克、丽嘉·卡尔顿酒店、家庭仓库公司，这些都是行业内的千里马，他们以最为完美的服务在行业内一骑绝尘。美孚公司把他们当作自己的学习目标，结果，在经过标杆管理之后，他们的顾客一到加油站，迎接他的是服务员真诚的微笑与问候。所这样做的结果是：加油站的平均年收入增长了10%。

千里马对团队很重要，但是，让千里马成为榜样，带领所有的人都成为千里马，对团队而言更为重要。为下属提供一个可供学习的标杆，他们才能向标杆看齐。没有英雄的团队意味着集体平庸。为团队找到学习的榜样，就能促进其他员工达到最优标准。

勇当高效执行的起点

作为组织领袖，其执行力强弱对组织执行力的整体表现产生着重大影响。执行是从领导开始的，我们不难想象，一个组织的领导如果对执行没有充分的认识和重视，仅仅是将执行看作下属的事情，其结果必然是执行不力。

美国南北战争爆发后不久，林肯起用麦克里兰担任北方统帅，迎击南方李将军的军队。在安提坦战役中，李将军被打败。当时的北方联队拥有比南方多不止一倍的兵力，如果麦克里兰能够乘胜追击，李将军及他的南方联军就有可能就此灭亡，内战就有可能提前结束。

一连几个星期，林肯不停地给麦克里兰写信、打电报，甚至还专门派来特使，要他追击南方军队。但令人难以理解的是，麦克里兰对于总统的命令不屑一顾，反而轻描淡写地对林肯的特使说：马儿累了，需要休息。

麦克里兰并没有为林肯带来重大胜利。在麦克里兰之后，林肯起用了约翰·波普。波普和麦克里兰是同一类货色，也是一个说得比做得漂亮的人。他喜欢吹牛，宣称联军的司令部就在他的马鞍上，还喜欢发布内容夸张的文告。人们送给他一个外号：喜欢发文告的将军。波普领导北方联军多次吃败仗，林肯不得不将他委派到别的职位。

在波普之后，林肯任命本赛为军队总司令。本赛在准备不足的情况下，贸然向南方军队发起攻击，结果吃了败仗，被解除了军权。之后，林肯任命了吹牛大王胡克。胡克一上台，就雄心勃勃地说：请上帝对李将军开恩吧，我可不准备饶过他。结果，他仅用一战就使军队损失了近两万人，是开战以来损失最严重的一次。

面对这些将军的失败，林肯曾无限感慨地说：军事行动的关键在于有一个能够主宰的领军人物。

林肯的这句话道出了影响执行力最为关键的因素：管理者。一个优秀的管理者至少要完成三个方面的任务：一是要对组织成员进行准确的评估，确保用人的正确性；二是要建设人才梯队计划，保持人才链条的连续性；三是提升表现优秀的人，处理表现不佳的人，使组织用人具有动态性。要想完成这三个任务，就需要管理者做好7件事情：

（1）全面了解组织和组织成员。全面了解组织的目的就是更好地理解组织的目的、使命和任务，更有成效地促进企业目的、使命和任务的达成。全面了解组织的方法是尽可能多搜集关于企业的原始信息，而不是从上级传递下来的信息，传递下来的信息都是经过筛选过的信息，不利于信息接受者的自我判断。

全面了解组织成员的目的是全面了解组织成员的优点和缺点、优势和劣势，使组织成员发挥长处。只抓住缺点和短处是干不成任何事的，为了实现目标，必须用人所长。充分发挥人的长处才是组织高效执行的前提。

（2）树立坚持以实事求是为基础的组织品质。实事求是是组织弥足珍贵的优良品格。我们时常看到的场景是，企业管理者关于团队的长处和优势总是能侃侃而谈，而对团队的不足之处忌讳莫深。这反映出来的心理是，任何人都愿意谈正面的、积极的、有利于自己的信息。所以企业管理者一定要在组织内部建立起坚持实事求是、敢于表达真言的氛围和文化。

（3）确立明确的执行目标和目标达成的先后顺序。把精力集中在一个目标上是最有效的资源利用方式，所以在执行的任何阶段，企业管理者都要为组织找到当前最需要实现的目标。这就需要企业管理者在执行之前进行目标确立和根据目标的重要程度对目标进行排序。

（4）调整和跟进。调整作为应对环境变化的必然选择，企业管理者要具有把握调整时机的能力。市场环境变化莫测，新的情况出现后，需要企业管理者应需而变。跟进是促进目标的更快实现，跟进是一门艺术，不是压迫，而是助推。

（5）奖励业绩优秀者。奖励本身具有导向作用，一方面强化了企业组织对哪种行为的鼓励和倡导，另一方面肯定了优秀者的表现，为团队树立的榜样，促使落后者迎头赶上，在组织内部形成你追我赶的良好竞争局面。

（6）促进员工成长。促进员工成长的方法有两种：一是培训，二是给予实践的机会。对于组织而言，员工能力强，组织执行力则强；反之，则弱。促进员工成长是组织发展的需要。

（7）自我了解。管理者要对自我进行充分了解，要对自我的优点和缺点、优势和劣势有着极其清醒的认知，这样才能使自己扬长避短，才能有针对性地学习和吸收别人的长处和优势，使组织力量更为均衡，从而促进组织执行力的提高。

管理者的执行力是执行能否获得成功的关键，毕竟任何执行都需要通过管理者进行规划、布置和监督。优秀的企业经理人一定会注重提升自己的执行力，并通过自己强大的执行力为企业组织作出表率。下属是看着上级行动的，上级不忠实、不执行，下属也就会随着不忠实，把目标看作是可有可无。如果管理者能够以身作则，把自己当作执行的起点，则一定会促进团队爆发出强大的执行力。

根据工作能力设定目标

团队成员每个人的工作目标，都是由他们的贡献决定。管理者必须有量体裁衣的本事。工作目标与其能力的恰当关系是：工作目标稍高于其能力，这样既能保证工作目标对其的吸引力，又能促使其为实现工作目标而全力以赴。管理者要避免大材小用这种现象。

杰克是一家纺织公司的销售经理，他对自己的销售纪录引以为豪。有一次，他向老板表白，自己是如何卖力工作，如何劝说服装制造商向公司订货，可是，老板听后只是点点头，淡淡地表示认可。杰克鼓足勇气："我们的业务是销售纺织品，对不对？难道您不喜欢我的客户？"

"杰克，你把精力放在一个小小的制造商身上，值得吗？你的职务是经理，而不是普通的业务员，请把注意力盯在一次可订 3000 码货物的大客户身上！"老板直视着他说道。

杰克明白了老板的意图，老板需要他承担更大的责任。

于是杰克把手中较小的客户交给一位业务员，自己努力去找大客户。最后他做到了，他找到了很多家为公司带来巨大利润的客户。

他一个人创造的利润比十个普通业务员创造的利润还要多。

从这个案例中可以看出，不同职位的人要有不同的目标标准。要先实现工作目标与工作能力的很好匹配，管理者就必须充分利用业绩考评这个程序和方法。

对于管理者而言，目标管理的核心思想就是把目标分解下达后，成为每个成员的工作业绩的衡量标准。接下来最重要的工作就是根据其下达的目标对各方工作和业绩进行检查和考评。

业绩考评是目标管理全过程中的最后一环。一个组织如果能够正确、公正地判断每个组织成员的业绩和工作努力程度，那么这个组织一定是无往不胜的，因为仅仅是公正的评价就已经成为组织成员的激励因素。事实上，大多数组织很难做到这一点，组织很容易偏听那些说得多做得少的人，导致那些真正埋头苦干的人被忽视，最终影响组织的士气。

然而，这样一种情况往往出现在没有目标分解或目标分解不全的组织之中，正因为没有目标或目标分解不全，那些光说不做的人才有了偷懒的可能。反之，在目标管理的条件下，考评并不是看你说得如何，而是看你所做的与目标的差异程度，看你的真正的业绩。

科学的业绩考评能看出下属工作能力与工作目标之间的偏离度，为科学分配目标提供依据。同时反过来，员工能力与工作目标相适应，才能使业绩考核发挥出激励作用。

要想利用好业绩考核，就必须使业绩考核可行。考核方法要可行是指考核的方法要为人们所接受，并能长期使用，这一点对考核是否能真正取得成效是很重要的。

方法的可行与否，同方法本身的难易繁简有很大关系。要做到方法可行，考核的结果要客观可靠，使人信服，这也是方法可行的一条重要要求。否则，业绩考核就成了摆设。

/第 17 章/

培育人才的绝招

搞清员工需要学习什么

企业对员工的培训会遇到这样的问题：员工不培训企业的效益难以提升，花了大量人力物力进行培训，效果却不显著。这种问题的根源在于，企业的员工培训没有针对性。培训要有针对性，正如孔子的话"中人以上可以语上，中人以下不可以语上"。

在员工培训操作过程中，令企业经营者大为不解的是：培训课程结束时填写的反馈问卷的结果显示，大家对讲师及培训课程的效果表示满意，但却不能在实际工作中运用，培训似乎毫无效果；在一个培训课程开展前，报名者多，但到实际开课时实际到场听课者却寥寥无几。

出现上述问题的根源在于企业经营者没有做好培训需求分析，没有找到员工真正的培训需求。这一方面，爱立信的很多做法值得借鉴。很多企业的员工培训都是企业从外部强加的，至于员工是否愿意接受，抑或是接受的程度有多大，这些企业都无从知晓。因此，爱立信领导者认为，员工的培训应该从员工的需求入手。

为了确保培训项目符合员工的需求，爱立信专门成立了一个课程研究部门——课程发展部。这个部门的主要功能是讲授爱立信的各类培训课程，这些培训课程有明显的阶梯、明确的课程顺序，以确保课程体系的完整和课程的质量。每年年初，根据市场部的需求预测及课程发展部的课程安排，制订全年的培训计划，内容包括课程名称、时间、费用和名额等。

所有的课程确定后，公司行政部门会把这一年的培训计划放在公司内网上，全公司的员工都可以上网查询。爱立信下属各部门根据部门的培训费用预算及员工培训计划安排本部门的培训实施方案。在部门内部，每个员工都有和部门经理1～2次关于"个人发展计划"的沟通。部门经理根据员工的个人兴趣、意愿，为员工制订出针对性较强的培训方案来。所以，爱立信公司的培训项目都很受员工的欢迎，因为这些项目都是他们自愿选择的。因此有人说，在爱立信公司，员工个人能力的提升，50％的责任在公司，50％的责任在员工自己。

爱立信的培训项目和培训计划并不是一成不变的。培训中心放在公司内网上的培训计划每月更新一次，更新的主要内容有：通知员工哪个课程已经报满、哪个课程还有席位、又增加哪些新课等。一旦有新的培训计划出来，员工就可以根据和部门经理沟通的结果去培训中心报名。所以爱立信的员工每月月初都十分关注培训计划的最新消息，以免耽误自己的培训计划，从而使自己的培训进程高效率推进。

爱立信在中国和世界范围取得成功的关键环节之一是能充分调动员工潜力，重视员工的培训，"培训是爱立信的传统。"正是注重对员工需求的精准把握，多年来，爱立信在电信及相关设备供应方面一直居世界领先地位。

在LG公司，在兼顾员工培训需求方面，他们采取的是和爱立信截然不同的做法。

LG公司的培训中心根据员工的不同要求为其设立不同内容的课程，然后让各部门员工自己选择参加。他们的培训分"必修"和"选修"两部分。这像是在大学里上课一样，公司文化、思维理念的培训课程通常是"必修"，非常专业化的课程一般为"选修"。通过这样的课程设计，既能把公司的经营目标与员工的个人需求很好地结合在一起，又能为员工创造一个机动灵活的培训安排空间。

在针对员工个性需求方面，LG公司还有一个别具特色的做法，他们设计了以网络为基础的学习软件，活用网络提供的资源，以远程教育的形式营造有利的环境来促进学习。培训中心把培训的课程保存在可移动电子空间里，每个员工可以不受时空限制地按照自己的方式和进度进行自我培训，完成培训课题后，公司专门安排的培训指导人员会把这种学习的效果评估反馈给员工。

另外，LG培训中心充分利用便捷的互联网资源，在网络世界里实现世界各地分公司的直接交流，交流内容包括课程的各种设置、培训的方式和方向等。比如在中国的员工可以查看韩国培训中心的课程运营表，并可以自主决定是否参加。

员工培训不是形式，不是应景，应该注重实用。而获得实操价值、提升工作能力，培训的第一步就是要摸清员工需要学习什么。如果将培训搞成泛泛之行为，缺乏针对性，那自然不会受到欢迎，肯定不会有效果。因此管理者必须铭记，搞清员工的需求最重要。

选择最有效的培训方式

因材施教是开展员工培训必须遵守的一条重要原则。其实，对于企业而言，员工培训的目的是为了促进员工成长，从而实现企业对其的期望。这就需要在企业实施员工培训时，应该在因材施教的基础上，更加注重培训方式的有效性。评价有效性的重要标准是看培训的对象是否按照企业的培训愿望进行成长。

海尔企业在实施员工培训时，从来都是从企业的培训愿望出发，对培训对象采取最为有效的培训方式。海尔培训工作的原则是"干什么学什么，缺什么补什么，急用先学，立竿见影"。

以海尔集团常务副总裁柴永林为例子，他是 20 世纪 80 年代中期在企业发展急需人才的时候入厂的。一进厂，企业领导就在他的肩上压上了重担。领导发现，他的潜力很大，只是缺少了一些知识，需要补课。企业希望他将来能够承担更大的职责，所以就安排他去补质量管理和生产管理的课，到一线去锻炼，边干边学，拓宽知识面，积累工作经验。

连柴永林自己都承认，这是最有效的培训方式，经过基层的几年锻炼，他各方面的能力得到了补充和加强，对企业运营的宏观认知上了一个大台阶。由于业绩突出，柴永林在 1995 年被委以重任，负责接收了一个被兼并的大企业。一年后，他就使这个企业扭亏为盈，并使这个企业创造了两年之内成为行业领头羊的发展神话。随后，他不断创造奇迹，《海尔人》称赞他："你给他一块沙漠，他还给你一座花园。"

海尔的员工培训思路是"人人是人才"、"赛马不相马"。海尔集团自创业以来一直将员工培训工作放在首位，上至集团董事长，下至车间一线工人，公司都会根据每个人的职业生涯设计制订出极具针对性的培训计划，搭建个性化发展空间。在海尔，公司为员工设计了三种职业生涯：一种是对管理人员的，一种是对专业人员的，一种是对工人的。每一种都有一个升迁的方向，每一种都设置有一成套的专业培训。

海尔员工培训的最大特色是将培训和上岗、升迁充分结合起来。海尔的升迁模式是海豚式升迁。海豚是海洋中最聪明、最有智慧的动物，它下潜得越深，则跳得越高。如一个员工进厂以后工作表现很好，很有潜力，企业期望他干一个事业部的部长，但他仅有生产系统方面的经验，对市场系统的经验可能就非常缺乏。

怎么办？派他到市场上去。到市场去之后他必须下边从事最基层的工作，然后从这个最基层岗位一步步干上来。如果能干上来，就上岗，如果干不上来，就回到原来的老岗位上去。即便是公司的高层管理人员，但如果缺乏某方面的经验，也要派他下去，到基层去锻炼。

海尔培训方式注重有效性还表现在现身说法。以技能培训为例子，技能培训是海尔培训工作的重点。技能培训采用的是通过员工身边案例、工作现场进行的"即时培训"模式。具体说，就是抓住实际工作中随时出现的最优秀或者最失败的案例，当日下班后立即在现场进行案例剖析，针对案例中反映出的问题或模式，来统一人员的动作、观念、技能，然后利用现场广告牌的形式在区域内进行培训学习。

对一些典型意义突出的案例，他们会发表在集团内部的报纸《海尔人》上，促使更大范围的讨论和学习，从而使更多的员工能从案例中学到分析问题、解决问题的思路及观念，提高员工的技能。海尔就是凭借这种最为有效的培训方式来保证了企业持续高速发展的动力。

优秀的企业管理者应该像海尔一样，在因材施教注重培训针对性的基础上，突出培训方式的有效性、适用性，从而使培训产生巨大的经济效益。对培训的效果可以通过以下几个指标进行评估：

第一，反应。即测定受训者对培训项目的反应，主要了解培训对象对整个培训项目和项目的某些方面的意见和看法，包括培训项目是否反映了培训需求，项目所含各项内容是否合理和适用等。这可以通过面谈、问卷调查的方法搜集评价意见。但应该注意，这种意见可能带有主观性和片面性，即使这些意见是客观的，也仅仅是看法而不是事实，不足以说明培训的实际效果和效益。可以将这些信息作为改进培训内容、培训方式、教学进度等方面的建议，或综合评估的参考，但不能作为评估的结果。

第二，学习。即测试受训者对所学的原理、技能、态度的理解和掌握程度。这项指标可以用培训后的考试、实际操作测试来考察。如果在培训前和培训后对培训对象都进行过同样的测试，通过两次测试结果的比较，更容易了解培训的效果。如果受训者没有掌握应该掌握的东西，说明培训是失败的。如果受训者只是在书面上掌握了所学的知识和技能，但不能把所学的东西运用到实际工作中，培训仍然不能算成功。

第三，行为。即测定受训者经过培训后在实际岗位工作中行为的改变，以判断所学知识、技能对实际工作的影响。这是考察培训效果的最重要的指标。但由于这种行为的变化受多种因素的影响，如工作经验的逐步丰富、有效的激励、严格的监督等，都可能对员工的行为产生影响，因此可采用控制实验法进行测量，即将员工分为实验组和控制组。实验组为受训员工，控制组为不参加培训的员工，同时对这两组人员进行事先测试和时后测试，将两组人员的测试结果进行交叉比较，以此对培训效果作出评估。

第四，成果。即测定培训对企业经营成果具有何种具体而直接的贡献，如生产率的提高、质量的改进、离职率的下降和事故的减少等。这可以用统计方法、成本效益分析法来测量。

矢志不渝地引导成长

企业的竞争力最终会通过人才的竞争力来体现，而人才的竞争力又反过来决定企业的竞争力。因此提升人才竞争力是企业矢志不渝的使命。但是，目前的管理现实是，很多企业只是把培训当作一种形式，培训并没有为人才成长提供动力支持。

山东某食品公司设有培训制度，小培训每周都有，大培训一月一次。但是效果很不理想。有一天，老总因为员工业绩不好很生气，脸红气粗地坐在办公室生闷气。

他刚刚招进来的女助理看不下去，就想进来宽慰老总。谁知她还没说话，老总先说话了："简直是一群猪。"说完，他觉得这个说法不合适，就尴尬地解释："我是说那些负责销售的人，销售业绩这么差。"

女助理并不在意，说："那请问这猪是谁找回来的？"老总反应得挺快，说："你不提还好，一提我更恼火，那都是人力资源部的那些人找回来的。"女助理继续问："我们回到原点看看，人力资源部那些人又是谁找回来的？"

老总翻了她一眼，不再说话。过了半分钟，老总看着女助理，问："你什么意思？这样问我？"女助理觉得已经到了说正题的时候了，说："没有一个人是猪，企业不培训，企业只能是养猪的猪圈。"老总不赞同，说："我们有培训呀，每周不是都有安排吗？"

这时，女助理拿来公司的摄像机，让他看了一段培训课程的录像，说："您觉得这是培训吗？"摄像机里播放的场景是：上课老师松松垮垮，很多学员在下面睡觉。女助理进一步问："您是企业的老板，在内心深处您重视培训吗？您去听过一堂课吗？"老总涨红了脸不说话。

这位老总很感谢这位新任女助理所说的真话，第二天就对公司的培训制度进行了实质性的改革。

其实，除了合理、公平的薪酬待遇之外，员工更为关注的是个人的发展空间。作为企业而言，不能简单地把员工圈在一个地方后不管不问，忽视员工的职业发展。

企业管理者要知道，几乎所有的员工都是有理想、有追求的，他们非常愿意为公司创造更多的利益。优秀的企业管理者一定会帮助员工得到预期的利益和自身价值的实现。

我们反观国际上很多优秀企业的做法，就会发现我们自身的不足。跨国公司非常注重指导员工的职业生涯设计，为员工提供持续充电的机会，促进其个人计划实现。加强员工培训，促进员工进步，使他们感到前途可观、有奔头。在这一方面，微软就做得极其出色。

微软公司的人力资源部制定有"职业阶梯"文件，其中详细列出了员工从进入公司开始，一级级向上发展的所有可选择职务以及不同职务需具备的能力和经验，使员工在来到企业之初便对日后职业发展心中有数，目标明确。

在微软，扁平化的组织架构、开放民主的工作作风使每一个有才华的人都会有机会实现把自己的成果融入产品去影响千千万万人，这使得员工具有很大的成就感。

另外，微软的各级主管都是很开明的领导，他们只为下属提供工作方向，而不事必躬亲，每个部门主管最主要的工作就是要为公司寻找到比自己更优秀的人。

因此领导对下属的工作是"引导"，而不是"控制"。微软还倡导"鼓励冒险"的文化，对于失败，只要勇于承认，换一个方向继续开发，也不会遭到什么非议。正是这良好的工作环境使大批人才在微软得到了长足进步。

优秀的企业文化是引导性文化，引导企业员工不断进步。培训是企业向员工传递企业文化的载体和过程。培训不仅要加强员工的技能成长，还要增强对企业文化的理解和认知。如同微软向员工展现的"引导成长"的企业文化一样，企业员工培训的终极追求一定是促进员工进步。

告诉员工你对他的期望

领导的期望就是一条沟渠，被领导期望的员工像是流在沟渠里的水，总是能快速地成长到被期望的高度。要想促进员工成长，让员工知道企业对他们的期望很重要。

企业对员工的期望，表达的主要方式是分配其重要任务。英国卡德伯里爵士认为："真正的领导者鼓励下属发挥他们的才能，并且不断进步。失败的管理者不给下属以自己决策的权力，奴役别人，不让别人有出头的机会。这个差别很简单：好的领导者让人成长，坏的领导者阻碍他们的成长；好的领导者服务他们的下属，坏的领导者则奴役他们的下属。"

让员工承担重要工作，是促进员工成长最有效的方式。松下幸之助就很重视企业人才的培养，他常对工作成就感比较强的年轻人说："我对这事没有自信，但我相信你一定能胜任，所以就交给你办吧。"根据员工的才能、潜力委派任务，再适时加以指导和引导。对工作成就感比较强的员工，要善于压担子，给其提供锻炼与发展的机会，以挖掘其潜力，创造更大的成绩。领导者越是信任，越是压担子，员工的工作热情就越高，工作进展就越顺利。

作为世界上最大的石油和石油化工集团公司之一，BP 就常用任务来促进员工成长。

BP 建于 1909 年，总部位于英国伦敦，是由原英国石油、阿莫利、阿利、嘉实多 4 家集团组合而成。业务包括石油及天然气的勘探和生产、天然气和电力、石油销售以及石油化工和清洁能源太阳能。它也是世界上主要的交通燃料制造商和销售商，在燃料质量、装运、销售和零售方面享有盛誉。BP 全球雇员约 11.5 万人，在全球拥有 29200 个加油站，其中在美国有 1500 个。

BP 首席执行官布朗要求 BP 公司里的每个员工都要清楚两点：第一，自己的任务是什么，自己应该做什么，而不是由别人告诉你做什么。如果是公司的管理人员，他还要对团队成员的才能、素质以及自己掌握的资源所能做成的事情十分清楚。第二，任何人都要作出详尽的工作计划，在研究公司战略上必须清楚和正确评估其资金实力和可能有的多种选择。通过这两点，保证了整个团队的每个人都知道自己该做什么。因为每个人都理解什么事情能做和应该做，就能行动快，员工就能随着工作的完成而得到快速成长。

BP 很重视对年轻人、开发管理人才的培养。他们的目标是使每一个进入 BP 的人都能做得更好。他们对有才能的年轻人进行培训，让他们到不同岗位、不同国家工作，丰富他们的经验，提高他们的领导技能，有能力的就提拔。对公司一级的接班人，还要让他们了解公司整体状况，了解决策是怎样作出的。决策前必须听到最好的建议，而不是先决策，再咨询。

对于有潜质成为重要高级管理人员的人，布朗培训最独特的方法之一是让他做 1 年至 1 年半布朗的个人助理，在公司内被戏称为"海龟"——这个词来自日本动画片《忍者神龟》。作为布朗的助理，小到递雪茄盒，替他做日程，大到旁听董事会辩论、决策，都要全程参与。布朗说，这是让年轻人通过观摩来学习怎样作出正确决策，怎样向人解释决策，怎样沟通，碰到问题时知道哪些该做，哪些不该做，明白如何分轻重缓急等，核心问题是学会怎样成功。

BP 是个大公司，许多事情要靠各级管理者个人决断，所以布朗认为，最好一次选对人，否则后患无穷。被重点培养的人，能够充分感受到公司的期望，所以，从布朗办公室走出的高级管理人员的工作都很出色。"我们有最好的队伍"是 BP 骄傲地写在年度报告上的 3 句话之一。布朗说，正是这样的机制使 BP 非常有效率。

把员工看作公司的未来，员工工作起来自然有热情、有动力、有干劲，相反，把员工看作螺丝钉，员工丝毫感觉不到公司的期望，公司管理者出于担心员工能力不足把事情做坏而事必躬亲，不仅累坏了自己，也不利于员工的进步和企业后备人才的培养。员工获得成长，管理者才能轻松。管理者不能替代下属的学习过程，他们能做的是对下属的言传身教，对下属的工作予以指导和鼓励。告诉员工你对他的期望，他就能达到你的期望。

促使员工的能力高于对手

员工成功，企业才能大成功。这句话的背后隐藏着一条重要的前提：让员工具备能力，尤其是区别于对手的独特能力，员工才能成功。作为企业管理者，注重培养下属的能力是一项基本的、重要的工作。企业管理者最为重要的职责就是要将下属训练成狮子，将团队变成狮子群，而不需要将自己变成狮子。有这样一个案例：

某航空公司承接了一份短程往返航班的分包合同，就是把乘客从主航线机场运送到地区内的其他小机场。执行这份合同对于这家航空公司来说并不是什么难事，它有足够的实力完成得很出色，但是，结果却事与愿违。

尽管这家分包公司的员工懂礼貌、勤奋，工作效率也很高，但是自从该航班开始运行后从来不能按时到达，更糟的是几乎不断取消航班，使得乘客总是迟到数小时，有时甚至迟到一天，经常耽误重要活动和会议，乘客的怨言很大，越来越多人放弃乘坐，改换其他方式。最后，由于运营效益太差，短程往返航班服务合同被上级合作单位收回，公司随之倒闭。

作为服务型企业，航空公司员工素质和工作能力决定着企业的生死。后来，这家公司的老板在反省经营问题时，他把"没有注重员工能力的培养"当作失败的第一大原因。

其实，对任何公司而言都是一样的，从这案例中我们得到的警示是，只要员工能力差就会危及整个公司满足顾客需要的能力，从而使企业失去生存的条件和基础。作为企业管理者，有责任不断增强企业利润链中的第一环：员工的工作能力。这是企业成功运营的基础。

只有短视的企业家才将促进员工成长当作公司最大的浪费，而那些目光长远的企业家总是能够在员工的能力成长上获得丰厚回报。虽然企业可能成为一所临时学校，流失率非常高，但是，培养新员工的职能技术，使员工具有竞争能力，这是企业获得高速发展的不二选择。

绕开提拔员工的陷阱

管理大师德鲁克说：即使在高速成长的企业里也只有少数人能够升迁到管理者，每5位人员中就会有3～4位因为未能升迁而情绪不振。在德鲁克看来，哪怕是最好的人事安排和晋升的程序，也不一定能建立和加强组织的精神。

升迁都是有陷阱的。第一个陷阱就是员工对升迁公平性的质疑。《没有任何借口》的作者费拉尔·凯普说："在一个管理制度健全的企业中，所有升迁都是凭借个人努力得来的。想摧毁一个组织的士气，最好的方式就是制造'只有玩手段才能获得晋升'的工作气氛。"

这里引出的是关于升迁决策的导向问题。在制度健全的企业，玩手段谋私利的人是没有机会和市场的，因为在奖励制度、用人制度、责任制度等制度面前人人平等。在这样的企业里，能力和业绩是根本导向，对谁都有制约作用。德鲁克认为，为了能使人事决策建立和加强组织的精神，高级管理阶层必须使自己也介入到这种升迁过程之中。尤其重要的是，它要保证自己在这些决策面前毫无特权。

升迁的第二个陷阱就是会导致未获得升迁的人士气低落。在提拔员工之前，所有的员工都处于一种习惯上的平衡。员工的升迁会打破这种平衡，进而引发意想不到的问题。

D公司是家高科技公司，拥有员工350名。最近雇用了一名刚获得MBA学位的贺小姐，她能力强，基础扎实，性格果断，有开拓精神，人际关系也很好。她进入公司后工作表现令人满意，很快就被提升为部门主管，这时她才干了3个月，而其他同样的员工往往要干一年才能升到这个位置。在贺小姐任职的第三年初，由于出色的工作表现，她被任命为一项尖端项目的开发负责人，这项工作非常重要，而且正面临另一家公司的竞争。

任命刚两个月，D公司老总意外地接到这个项目组中5位专家的辞呈，他们都有可能去竞争的那一家公司服务，为竞争对手工作。老总找他们谈话，他们对贺小姐的工作没什么不满意，甚至认为她是最勤奋的人，但是他们不满意她居然比他们这些在公司干了七八年的人升迁得快得多，因此，他们要到其他公司去显示才干，与她一比高低。

升迁的第三个陷阱就是管理者自认为升迁会受到被升迁者的欢迎，殊不知，因为忽视了对方的真正需求以及对于职位、工作环境变动的抵触，使升迁成为了被升迁人一种难以接受的命令。

在一家以美国为基地的跨国公司的整个管理集团中，大家公认，最能干的人是意大利分公司的经理曼佐尼博士。曼佐尼最初为这家公司所知时，是代表着被这家公司买下的一家中等规模的意大利公司所有者的律师。美国总经理对他的印象很好，所以在几年以后，当意大利分公司发生麻烦时，就要求他来接管它。曼佐尼使意大利分公司恢复到健全状态并迅速地使之成为意大利同业中的领先企业。当欧洲共同市场成立时，他计划并实现了该公司在整个西欧的扩展。

美国总部的总经理因年老而即将离职，人人都想到了曼佐尼来顶替职位。但曼佐尼直截了当地拒绝了。他说："我的几个儿子正在上高中，我不愿他们移居国外。我的妻子有着年迈的双亲不能离开。而且，坦白地说，我认为在美国中西部的一个小城镇中并不太舒服，不像罗马这样有吸引力。我知道，我能胜任你们要我担任的职务——而且这项职务很吸引人，远超过我最大胆的梦想。但是，对我来讲，这项职务还是不合适的。"最终，曼佐尼选择了放弃。

升迁可被视为培育人才的一种方式，因为被升迁的人因为职位的调整获得接受新任务的机会，从而使自己的能力提升更快。但是上述种种陷阱也提示了管理者一定要避免过度强调升迁。在做重要的人事决策之前，一定要确保所作决策的正确性；应该给工作有卓有表现的人发放奖金，而且这个奖金也应该与因为晋升而增加的工资差不多，从而使未升迁的人避免因心理失衡而士气低落；还要征询被升迁人的意愿，避免强制升迁。这样，升迁就能绕开陷阱了。

以培养高管的心态发展员工

管理大师德鲁克认为，任何管理者都要有培养继任者的计划和意识。培养合格的继任者，比实施一项新战略更重要。企业想要挣脱套在身上的桎梏，长期生存发展下去，管理者就要将更多的精力与智慧放在为企业培养更多能够创造财富的管理者上，并在企业内培养一种可供优秀经理人成长的健康文化。

麦当劳为了使优秀人才能早日得到晋升，设立了这样一种机制：无论管理人员多么有才华，工作多么出色，如果他没有预先培养自己的接班人，那么其在公司里的升迁将不被考虑。这一机制保证了麦当劳的管理人才不会出现青黄不接的情况，由于这关系到每个人的前途和声誉，所以每个人都会尽一切努力培养接班人，并保证为新来的员工提供成长的机会。这种激励机制正像马蝇一样，使马儿们欢快地奔跑起来了。

在花旗银行，一项人才培养计划时时注意了解全球大约一万名中层管理者的情况——他们的近况如何？他们需要提高哪些方面的能力？把他们换到什么部门才能使他们充分施展才能？花旗银行的人力资源主管拉里·菲利普斯称此项计划为该公司全球发展的"关键"。

井植薰在三洋公司采取的是"水涨船高"的人才培养方式。"水"就是公司的全体职工，首先要把"水位"提高，让全体职工都有一个提高能力的机会，这通过完善的培训来完成；"船"是浮在水面上的出色人才，"水"涨高了，"船"才能涨得更高。当有冒尖的人才出现时，立即将他聘任到更重要的岗位上去，这样选出来的干部比起"水落石出"中涌现出来的干部在能力、思想以及工作热情上都要更胜一筹。

不仅三洋公司，世界上任何成功的公司都验证了一个颠扑不破的真理：企业如果想取得理想的成绩，就必须奖励那些做出贡献的人。而人员晋升的决策是对组织真正想要的人员以及真正代表的精神作出肯定。它们比任何讲话更具有说服力，比任何数字都更加清晰了然。

关键性的晋升并非一个员工的首次晋升，虽然这对他本人和他的职业生涯而言可能是最重要的一次。关键性的晋升也非提拔到最高职位的最后一次晋升；一般而言，那个层次的职位必须由管理层从一个预先圈定的小范围群体中选择填补。

关键性的晋升就是将员工提升到未来高级管理层的候选人中。这是一个组织金字塔在突然变窄处的决策。在金字塔的这一点下，对于一个大的组织而言，每一个空缺通常有 40～50 人可供选择。而在这一点以上，每一个空缺的选择余地将缩减到 3～4 人。同时，在这一点以下，一个员工只在一个领域工作，或者担任一项职责。从这一点往上，他就是为整个公司工作。

稍懂棋道的人都明白，下棋时每落一子至少要看到后面的几步。同理，有远见、雄才大略的领导者在选举接班人也时常从大局出发，选择有能力使企业基业长青的人才。只有及时将员工提升到企业高级管理层的候选人中，才能真正将实质性的任务交托给他去做，也只有这样，企业才能赢得先机。

扶上马后果敢撒缰

"用人不疑，疑人不用。"领导者要做好授权，就应当放手让下属去干，不随意干预下属的工作，这样才能充分调动下属的积极性，激发出下属的潜能。

《吕氏春秋》记载，孔子弟子子齐，奉鲁国君主之命到亶父去做地方官，但是，子齐担心鲁君听信小人谗言，从上面干预，使自己难以放开手脚工作，充分行使职权，发挥才干，于是，在临行前，主动要求鲁君派两个身边近臣随他一起去亶父上任。

到任后，子齐命令那两个近臣写报告，他自己却在旁边不时去摇动二人的胳膊肘，捣他们的乱，使得整个字体写得不工整。于是，子齐就对他们发火，二人又恼又怕，请求回去。

二人回去之后，向鲁君报怨无法为子齐做事。鲁君问为什么，二人说："他叫我们写字，又不停摇晃我们的胳膊。字写坏了，他却怪罪我们，大发雷霆。我们没法再干下去了，只好回来。"

鲁君听后长叹道："这是子齐劝诫我不要扰乱他的正常工作，使他无法施展聪明才干呀。"于是，鲁君就派他最信任的人到亶父对子齐传达他的旨意：从今以后，凡是有利于亶父的事，你就自决自为吧。五年以后，再向我报告要点。

子齐郑重受命，从此得以正常行使职权，发挥才干，亶父得到了良好的治理。

后来孔子听说此事，赞许道："此鲁君之贤也。"

古今道理一样。领导者在用人时，要做到既然给了下属职务，就应该同时给予其职务相称的权力，放手让下属去干，不能大搞"扶上马，不撒缰"，处处干预，只给职位不给权力。

北欧航空公司董事长卡尔松大刀阔斧地改革北欧航空系统的陈规陋习，就是靠充分放权，给部下充分的信任和活动自由。开始时，他的目标是要把北欧航空公司变成欧洲最准时的航空公司，但他想不出该怎么下手。卡尔松到处寻找，看到底由哪些人来负责处理此事，最后他终于找到了合适的人选。于是他去拜访他："我们怎样才能成为欧洲最准时的航空公司？你能不能替我找到答案？过几个星期来见我，看看我们能不能达到这个目标。"

几个星期后，他们按约见面，卡尔松问他："怎么样？可不可以做到？"他回答："可以，不过大概要花6个月时间，还可能花掉你150万美元。"卡尔松插嘴说："太好了，说下去。"因为他本来估计要花这个数目5倍多的代价。那人吓了一跳，继续说："等一下，我带了人来，准备向你汇报，我们可以告诉你到底我们想怎么干。"

卡尔松说："没关系，不必汇报了，你们放手去做好了。"大约4个半月后，那人请卡尔松去，并给他看几个月来的成绩报告，当然已使北欧公司成为欧洲第一。但这还不是他请卡尔松来的唯一原因，更重要的是他还省下了150万美元经费中的

50 万美元，总共只花了 100 万美元。

卡尔松事后说："如果我只是对他说：'好，现在交给你一件任务，我要你使我们公司成为欧洲最准时的航空公司，现在我给你 200 万美元，你要这么这么做。'结果怎样，你们一定也可以预想到。他一定会在 6 个月以后回来对我说：'我们已经照你所说的做了，而且也有了一定进展，不过离目标还有一段距离，也许还需花 90 天左右才能做好，而且还要 100 万美元经费。'可是这一次这种拖拖拉拉的事却不曾发生。他要这个数目，我就照他要的给，他顺顺利利地就把工作做好了。"可见，放不放权结果大不相同。

某著名企业家曾经讲过这样的话："领导者只需要制定大体的方针和目标，至于完成任务的方法，就应放手让下属去做。"领导者用人只给职不给权，事无巨细都由自己定调、拍板，实际上是对下属的不尊重、不信任。这样，不仅使下属失去独立负责的责任心，还会严重挫伤他们的积极性，难以使其尽职尽力。

所以，放手让你的下属去施展才华，只有当他确实违背你的工作主旨之时，你再出手干预，将他引上正轨。这样才能充分调动起下属的积极性，提升他们的工作业绩，而你最终也将赢得下属的真心拥护。那么，一个领导者应该将哪些权力授予部属呢？

（1）你不想做的事。如果你能将自己不想做的事委派他人去做，那你十分幸运。然而没必要将你对这项任务的厌恶感告诉被委派者，这样做可能会避开负面的影响。

（2）你没时间做的事。你没有时间去做，就找一个合适的人让他去做吧。

（3）别人能做得更好的事。有时别人做比自己亲自去做更好，那么就把这项工作毫不犹豫地交给别人。

（4）你喜欢做并能做好，但未能充分发挥你的才能的事。在你的领导生涯中，不要让自己吊在这些工作上。记住，你可能"适合"做某项任务，但是否在做你最合适做的事呢？

（5）他人为了积累专业经验而必须做的事。当然，通常你会比下属或助理干得更快更好。但为了让下属或助理提高专业水平，可能要将工作交由他们去做。而且，随着你不断晋升，你将享受到将任务委派他人而来的自由感。认识这点，尽管你一直做着一项具体工作（而且做得相当不错），抽出时间教会别人，长期来看，这是值得的。

优秀的管理者，他们大多数都是成功的授权者，正由于有了授权，他们才能从繁杂的工作中脱身，干更紧要的、更重要的、别人又干不了的工作。

拆掉晋升之路的天花板

管理学上有一种"天花板"现象，是说一些人才想顺着职业生涯发展阶梯慢慢往上攀升，当快要接近顶端时，自然而然就会感觉到一层看不见的障碍阻隔在他们上面，所以他们的职位往往只能到某一阶段就不可能再继续上去了。这样的情况就是所谓的玻璃天花板的障碍。

在现代职场中，天花板现象也时有发生。我们经常会听说，某某在外企发展很好，但还是跳槽了，为什么？很可能就是触到了天花板。从企业角度来说，人才的频繁流动对企业的内部管理会造成一个很大压力。要想稳定人心，提高员工对企业的忠诚度，就要完善内部的管理机制。内部机构管理不善，必然会影响人才的稳定性。联想公司深知稳定的人才对组织的重要，公司在为员工的发展前景方面就提供了一个"没有天花板的舞台"。

联想公司将人才训练比喻为蓄水池：第一个是从社会和学校招聘，联想把这个作为蓄水池，为将来后备人才做准备。联想的研发人员都是直接从学校招进来的，员工的平均年龄不到30岁，这也是技术型公司的特点，因为它需要创造力、全身心地投入和工作的激情。

另外还有两个水池，一个是员工职业训练，另一个就是干部行政训练。联想的人力资源会对每个岗位和人才进行充分评估，即一个岗位到底需要什么样的能力、要求是什么、这个岗位核心能力是什么。人才与岗位是否完成匹配，是否人尽其才。针对技术人员流动比较大，对此，联想进行的是职业训练。

联想的措施是根据企业需求，做了六、七个等级的序列，然后开始评估，技术人员的问题解决了。这样一来，让员工清楚地明白：如果我不走，不仅会有可观的收入，还有较好的发展平台。因此，有些专家、工程师的收入比经理还高。

干部训练是根据岗位的需求，评估现有干部，对干部单独排序，必须分三六九等，要建立干部评选、选拔、任免的标准。干部也好，员工也罢，都有自己的发展空间。

另外，联想公司还在研发职称序列的基础上，全面启动专业序列，启动轮岗工程，建立多种发展途径；能上能下的用人机制，帮助职业上遇到瓶颈的员工找到新的发展道路，让积极奋进的员工有畅通的发展空间；多元化的薪酬制度，优化员工的收入结构，保证员工整体收入的行业竞争力。

公正、合理的人员安排是保留优秀人才的关键。联想以强化干部建班子、带队伍的责任和能力，严格评估其管理绩效。建立并严格执行淘汰机制来保障联想永远拥有和保持业界一流的人才。

因此，联想给员工的发展前景被称作是"没有天花板的舞台"。在联想，只要有能力，年龄绝对不是障碍。据统计，近几年进入联想的应届毕业生中，有10％的人已经进入到管理岗位，还有20％的人被公司评为中级以上技术职称。

联想的不少高级主管都是在几年内提拔起来的，有的甚至一年连升三级，越来越多的年轻人正活跃在新经济的舞台上，联想的年轻不得不令人惊讶，其高级主管的简历资料便是一个最好的证明。

管理者要主动拆掉悬在员工头上的天花板，促使员工积极工作、奋发向上。优秀的管理者不只是承诺公司或团队目标的达成，同时也要协助每一个成员实现目标理想，给他们一个实现目标的空间和机会，让团队的目标理想与员工目标相连结，创造双赢的新境界。

身教胜过千言万语

领导者在管理工作中要注重身教。俗话说："喊破嗓子，不如做出个样子。"聪明的管理者会通过严于律己的行为，来做下属的楷模。这种先进效应胜过千言万语。

IBM的创始人——托马斯·约翰·沃森曾对公司的管理层说："千言万语不如一个行动，管理最直接有效的方法，就是带着员工去做。"

1895年10月的一天，托马斯来到美国现金出纳机公司办事，遇到了该公司的约翰·兰奇，他向约翰·兰奇表示："我……我希望能当一名推销员。"约翰爽快地答应了。

两个星期过去了，托马斯走街串巷，一台出纳机也没卖出去。再一次来到约翰办公室，希望能得到这位前辈的指导，约翰竟然破口大骂："我早就看出你不是干推销的那块料。瞧你一副呆头呆脑的样子，还不赶快给我从办公室里滚出去！你呀，老老实实地回家种地去吧。"

托马斯听了这番话，真是无地自容。但他没有离开，只是默默地站在那里……过了一会儿，约翰放缓语气地说："记住，推销不是一件轻松容易的事。如果零售商都愿意要出纳机，他们就会主动购买，用不着让推销员去费劲了。推销是一门学问，而且学问很深。这样吧，改天我和你走一趟。如果我们俩一台出纳机都不能卖出去，你和我都回家吧！"

过了几天，约翰带着托马斯上路了。托马斯非常珍惜这个宝贵的机会。他认真地观察这个老推销员的一举一动。在一个顾客那里，约翰·兰奇说："买一台出纳机可以防止现金丢失，还能帮助老板有条理地保管记录，这不是很好吗？再有，这出纳机每收一笔款子，就会发出非常好听的铃声，让人心情非常愉快……"

托马斯睁大眼睛看着一笔生意就这样谈成了。后来，托马斯理解了约翰·兰奇那天之所以对他粗暴。而是对推销员的一种训练方式——他先是将人的脸面彻底撕碎，然后告诉你应该怎样去做，以此来激发人的热忱和决心，调动人的全部潜能和智慧。

IBM创始人托马斯·约翰·沃森告诉我们：管理者一定要用自己的态度和行动来作为新进员工的榜样，不能仅凭嘴说。当做给部属看了之后，最好让员工自己对工作做主，演示一遍，让他自己进行改进，以获得一种成就感。其实在某些时刻言传身教胜过千言万语。

注重培训的传承价值

任何团队都应该注重培训的传承价值。从促进下属成长的角度来说，培训是最经济的行为。培训能使一个团队的思想集中一致、行为整齐划一，对企业文化的理解趋于相同，对任务的执行形成默契。在培训中，各级管理者都需要参与进来，形成系统性培训机制。

在日本汽车企业里，当有新的工作需要时，一般是重新培训现有的员工，通过内部调节来满足需要。企业认为，对已具备本企业工作所需的软知识和软技能的员工进行培训，让其学习某项硬技能，比让一个具备某项硬技能的外来人重新学习和掌握本企业的软知识和软技能，将会更快、更合算。在日本企业中，外部招聘来的管理人员或专业人员，无论其能力多强，均需在企业工作相当长一段时间，才能熟悉企业内部的制度和体系，才有可能得到提拔。他们认为，只有将他们进行培训，他们才能彻底地融入到公司里去。

与日本汽车企业同样看重培训的惠普公司以"不仅用你，而且培养你"著称。在惠普公司的理念中，员工培训被认为是投入产出比最高的投资。

惠普培训过程由"硬"到"软"，不断深化。先是从技术业务知识培训，然后逐步递升到对沟通技巧、文化、思维等方面的培训。这种培训思路体现出惠普在培养人才方面的一种哲理——打造全方位人才。惠普的领导者认为，拥有高素质人才，才是企业腾飞的基础。

员工进入惠普，一般要经历四个自我成长的阶段。第一个阶段是自我约束阶段，不做不该做的事，强化职业道德；然后进入第二阶段自我管理阶段，做好应该做的事——本职工作，加强专业技能；进入第三阶段，自我激励，不仅做好自己的工作，而且要思考如何为团队做出更大的贡献，思考的立足点需要从自己转移到整个团队；最后一个阶段是自我学习阶段，学海无涯，随时随地都能找到学习的机会。正是由于员工的不断成长，惠普在市场上才屹立不倒。

与惠普全方位的培训不同的是，IBM 公司为员工提供的培训具有魔鬼性质，尤其是为销售人员所做的培训最具有代表性。

IBM 销售培训中有一个项目叫作阿姆斯特朗案例练习，它集中考虑一种假设的、由饭店网络、海洋运输、零售批发、制造业和体育用品等部门组成的、复杂的国际间业务联系。通过这种练习，可以对工程师、财务经理、市场营销人员、主要的经营管理人员、总部执行人员等的形象进行详尽的分析，由教员扮演阿姆斯特朗案例人员，从而创造出了一个非常逼真的环境。所有参加培训的人员都能在这种逼真环境中得到提升。

别人称 IBM 的培训为"苦行僧"式的培训，这源于他们的"心力交瘁"课程。所谓"心力交瘁"课程是指紧张的学习每天从早上 8 时到晚上 6 时，而附加的课外作业常常要使学员们熬到半夜。一般情况下，学员们在艰苦的培训过程中，在长时间的激烈竞争中迅速成长。每天长达 14～15 个小时的紧张学习压得人喘不过气来，然而，却很少有人抱怨，几乎每个人都能完成学业。这种魔鬼训练，使 IBM 始终拥有一支最具竞争力的人才队伍。

管理者需要明白，公司既是制造产品的公司，又是造就人才的公司。事业是人为的，而人才则可遇而不可求，培养人才就是当务之急，如果不培养人才，事业成功也就没有希望。

注重培训的传承价值，在培训中需要强化以下几点：

（1）注重人格培养，名刀是由名匠不断锻炼而成，同样，人格培养也要经过千锤百炼；

（2）注重员精神教育，认为对员工精神和常识上的教导，是企业经营者的重要责任；

（3）注重员工向心力的培养，让员工了解公司的创业动机、传统、使命和目标；

（4）注重培养员工正确的价值判断，如果员工没有正确地判断事物的价值，也不会成功；

（5）注重训练员工的细心，他们认为看起来是不足挂齿的小节，其实是非常紧要的关键，往往足以影响大局；

（6）注重培养员工的竞争意识，只有拥有竞争意识，才能彻底地发挥潜力。

特别的人用特别的方法

企业员工的职务和技术水平以及性格特点是各不相同的，因此，作为管理者，在培训工作中应注意区分开来，因材施教，对特殊的人要用特殊的方法，以达到预期效果。

1. 用特殊的方法培训有经验的人

我们很容易把培训的精力放在新员工和"问题"员工身上，而无意中忽视了那些同样需要帮助的有经验员工和优秀员工，忽视的代价就是产生一个新的"问题"员工，因此必须重视对他们的培训，并且要采用特殊的方法，下面是几种卓有成效的方法：

学习—演讲：一个人某方面的能力需要改进时，应该让他在下次会议上做一个这方面的 10 分钟的演讲，再指导随后的讨论。对一个管理人员来说，这种"学习—演讲"方法要比你给他上课有效得多。同时，他所做的工作也可成为公司今后培训的宝贵资料。

进行专项培训：如果他的弱点是缺乏某一方面的工作常识（如对公司的认识），那么就要求他帮你收集所有关于这方面的信息资料，而且要收集得十分完备。这样，你就一举两得，老员工温习或增长了他的知识，而你又不费力气地为新员工的自学找到了一份很好的资料。

适度的竞赛：可在若干人有同样的弱点需要改进时，举行一个有针对性的竞赛。当然，这种竞赛只能以适度的目标为依据，奖品也应该是象征性的。要及时公布每个人的成绩，这种反馈对竞赛的成功是非常重要的。

进行外部研讨：派员工去参加历时几天的研讨班，往往能够给他的思想和今后的行动注入新的活力。你事先须告诉他，你要求他写一份关于他参加这次研讨班心得体会的报告，让他回到工作岗位两个星期后做这个报告，说明他在工作中利用了哪些从这个研讨班中学到的技巧。

工作指导：对有经验的员工进行的工作指导与新进员工训练的方法是相似的，不同的是，你要照顾他的自尊心，让他发自内心地认识到你是在关心他，并希望他成功。

单独辅导：单独辅导是对一个特定的受训人员区别对待的加工，可采用各种各样的教学方法。凡是适合受训员工的学习需要，个别接受指导的过程，都称为个别辅导。

培训过程的个别化，能使受训员工：

（1）感到进步要靠本身的努力。

（2）在协助下决定下一步的学习。

（3）有一个灵活的、自我指导的、有目的性的方法，在最低限度管理下进行学习。

（4）对自己的潜在能力给予评估。

让一个有经验的员工落后，无论对他、对你和对公司，都是很大的资源浪费，所以应一发现问题的苗头就立即采取纠正措施。

2. 对管理者进行分类培训

根据重视人际关系及重视生产力的程度可把管理者分为放任型、温情型、专制型、保守型等几种类型。针对每位管理者的特点，可采取不同的培训方式。

对放任型管理者的培训：对工作和人际都不关心、毫不在意是放任型管理者的最大特点。加强他的责任心是培训的重点。可以采取以下措施：与其进行单独管理沟通，讨论如何加强管理者的责任心问题；促使他每周主持召开部门例会，由下属向他汇报工作，并由他给下属安排工作；适当向其下放权力，增强他的职权，促使其增强责任心；增加他汇报工作的频率，并重点让他汇报下属的工作表现和思想动态。

对温情型管理者的培训：能够与大家和睦相处，在工作上注意与下属和平共处，但对工作业绩却不用心是温情型管理者的最大特点。可以采取以下措施：与其进行单独管理沟通，讨论如何提高部门业绩问题；发现员工存在的问题，责成他对下属进行批评教育，以改变他在下属面前"老好人"的形象；在对其布置工作时，要着重强调该项工作的重要性及完不成任务对公司的影响，等等，并让其做出详细的工作计划；上级要经常抽查该部门的工作进度。

对专制型管理者的培训："除了工作还是工作"，对下属严格管理，缺乏与下属的友善交往是专制型管理者的最大特点。可以采取以下措施：与其进行单独管理沟通，讨论如何与下属交往和沟通问题；以目标管理的方式进行管理，较少干预他的工作；在汇报工作时，重点让他汇报他下属的思想动态；当下属生病时，提醒他向下属表示关心。

对保守型管理者的培训：保守型管理者能够完成工作，也能够与下属保持良好的关系，较其他三种管理型的管理者更为称职。但他的最大缺点是工作没有创造性。可采取以下措施：与其进行单独管理沟通，讨论如何向上级提出工作改进建议；以目标管理的方式进行管理，较少干预他的工作；应经常平等地与其讨论工作中的问题，鼓励他大胆地提出自己的见解；对他的合理建议要积极采纳，并及时进行表扬。

/第 18 章/

留人的绝招

忠诚需要基本保障

近些年来，企业间的竞争越来越激烈，但是员工跳槽的现象也越来越多。在这种情况下，员工在一个企业任职期间的忠诚度，已成为企业赢得竞争、寻求发展的最为关键因素。

员工们的忠诚度总像一只无形的手在左右着公司业绩。而忠诚度之所以会产生，与企业的合理化、人性化的分配、嘉奖制度的完善是分不开的。每个企业都必须正视这个问题，要更好地激励员工，要保证不在市场竞争中处于劣势，就一定要懂得利用利益来支撑员工的忠诚度。企业没有合理公平的薪酬和激励机制。这使员工的积极性不能迸发，对工作提不起精神，"做一天和尚撞一天钟"，一心想着跳槽。

美国有一家生产软件的公司，在起步后，经常会接到一些紧急的订单，不得已，经理要求全体员工加班。因为员工大多是伴随公司成长一路走来的，所以对公司都非常有感情。一开始，员工们都愿意在午休时抽出半个小时到 1 个小时来工作，以便在不耽误下班的情况下完成一天的额定工作量。有的员工为了提前完成任务换回半天的假期，还会创新方法提高工作效率。

但是，没过多长时间员工们就发现，经理似乎把他们牺牲午休时间看作是天经地义的事。甚至如果员工们吃饭后正常午休，还会遭到恶意惩罚。而那些提前完成任务的员工，也得不到任何奖励，更别想提前回家，还得和大家一起照常加班。员工们的努力，没有得到肯定与奖赏，他们的积极性被严重挫伤。时间长了，员工们都再也不愿意付出额外的劳动了，即使被迫加班，工作效率也会很低，产品的产量与质量也一天天下降。最终，很多员工不堪老板的剥削纷纷跳槽，这家原本有很好业绩的企业急速萧条了。这家公司的经理到最后也没有明白，只有企业奖励了员工的正确行为，员工从中能够收获利益，员工的忠诚度与积极性才会得到激发和提高。

还有这样一个故事。

有一位富翁早年丧子，于是他只能靠女婿来给他尽孝心。为了赢得女婿的忠诚，他经常这样对他做医生的女婿说："只要你尽心照顾我，你就不用担心钱的问题，我死后会把所有的遗产都给你，那么多钱，你一辈子也花不完的！哈哈！"富翁的女婿听了非常高兴，但是他没有想到的是，这个富翁身体很健康，到了80多岁还是耳不聋、眼不花。他的女婿开始没有耐心了，他多么希望富翁赶紧死掉，这样自己就可以继承他的财产了！于是每次见到富翁，和他握手时，他都会偷偷摸他的脉搏，发现脉搏跳动非常平稳有力时，他的眉头就皱了起来。聪明的富翁很轻易就看出了女婿的心思，所以他也很不快乐。

其实，假如这位富翁换一种说法情况就会完全不同，如果他对女婿说："只要我活着，我每年就会给你1000万美元。但假如我去世了，我会把我的财产全部捐给慈善机构。"听完这样的话，想必他的女婿肯定会使想尽办法，使他多活些年头。

这个故事中的道理，在企业管理中同样适用。生理需要是人的第一需求，劳动首先只是人作为谋生的手段。人们在物质得到满足的基础上，才能开始追求更高的目标。因此，只有建立正确的薪酬、奖惩制度，把员工的忠实度用利益紧紧抓住，那么企业才能激励员工更努力地工作，企业的生命才能得到延续和发展。

与员工利益捆绑

美国石油大王保罗·盖蒂通过其一生的经营生涯，对用人总结出4种类型的评价和对策。他把自己手下的员工大致分为4个类型：

第一类，不愿受雇于人，宁愿冒风险创业，自己当老板，因此他们在当雇员时，表现很出色，为日后自我发展积蓄力量。

第二类，虽然他们充满了创意和干劲，但不愿自己创业当老板。他们较喜欢为别人工作，宁愿从自己出色的表现中分享到所创造的利润。一流的推销员与企业的高级干部均属这类人员。

第三类，不喜欢冒风险，对老板忠心耿耿，认真可靠，满足于薪水生活。他们在安稳的收入之下表现良好，但缺乏前两类人的冒险、进取与独立工作的精神。

第四类，他们对公司的盈亏漠不关心，他们的态度是当一天和尚撞一天钟，凡事能凑合过得去就行了，反正他们关心的只有一件事，那就是按时领到薪水。

保罗·盖蒂认为第一类员工的才干是突出的，能用其所长，避其所短，可以为企业发挥重大作用。

对于第二类员工，是保罗·盖蒂企业的中流砥柱，他以各种办法激励他们努力为本企业效劳，让他们建立牢固的企业归属感。

保罗·盖蒂对第三类员工也十分珍惜爱护，把他们安排在各级部门当副手，逐步提高他们的生活待遇，想方设法稳住这支基本队伍。

对于第四类员工，保罗·盖蒂要求各级管理人员对他们严加管理，促使他们端正态度，为企业发展多出力。

有一次，盖蒂听到下属某家企业的汇报情况，知道该公司很有发展潜力，但营运状况很差，亏损严重。盖蒂经了解后很快找出症结所在，就是这家公司的3位高级干部无成本与利润的观念，他们完全属于第四类人物。

为了改变这家公司的现有面貌，盖蒂略施小计。他在发薪之前，特意交代会计部门对那3位高级干部的薪水各扣5美元。他还吩咐会计部，若那3人有异议的话，叫他们直接找老板。

果然不出盖蒂所料，发薪1小时内，那3人不约而同地跑来找盖蒂理论。盖蒂严肃地对他们说："我已经调查过公司的财务报表，发现上年度有好几笔不必要的开支，造成公司几万美元的损失，但我没有看见你们采取任何补救措施。如今，你们每人的薪水只不过少了5美元，却急不可待地要求补救，这是怎么一回事？"

那3位高级管理干部无话可答，听完盖蒂这番严厉的教训后，很有感悟。有两位很快研究出加强企业管理的措施，严格了成本与利润的核算观念。另一位没有改进表现，不久便被盖蒂辞退了。

员工如果只是把公司当成"混日子"的地方，做一天和尚撞一天钟，心里头只盘算自己的个人利益，势必会与公司总体发展、长远发展的目标相抵触，有时甚至会阻碍公司向前发展。

只有把员工的切实利益与企业发展的整体利益相挂钩，才能避免出现员工对企业整体利益漠不关心的心理状态。建立与此相应的奖惩机制，企业发展得好，人人都有益处，企业发展得不好，人人都受损失，这样形成员工与企业共存共荣的局面，才能从根本上解决个人利益与整体利益脱钩的状态。

优秀人才要特殊对待

在马斯洛需求理论中，精神需求是最高层次。何谓精神需求？就是要获得被尊重、被重视的感觉。但这种感觉的产生往往是通过比较中获得的，如果管理者厚此薄彼，被重视和被轻视的那两个人都能觉察出来。因此，管理者对待人才，一定要让他产生与众不同的感觉。

1878 年，发明家爱迪生建立了爱迪生电气照明公司。为适应竞争的需要，1892 年 4 月，爱迪生电气公司与美国的另一家主要的电力工业公司——汤姆森·休斯敦公司合并，正式命名为通用电气公司（GE 公司）。杰克·韦尔奇曾在通用电气塑胶部门工作。他研制出 PPO 材料时，成为众多化工公司关注的焦点。

1961 年，杰克·韦尔奇已经以工程师的身份在 GE 公司工作了一年，年薪是 10500 美元工资。看他表现还不错，他的第一位老板给他涨了 1000 美元。韦尔奇自我感觉也挺好。不久，韦尔奇发现他们办公室中的 4 个人薪水是完全一样的。

原来当时的通用电气存在着严重的薪酬管理问题，官僚主义也十分严重。无论员工表现好与坏，在工作的第一年终结时，每一个人都获得同等的加薪——通用电气只给这位生性要强的塑胶明星加了 1000 美元的薪水——与其他员工一般无二，总年薪也仅有 11500 美元。他感到非常恼火。他认为应该得到比"标准"加薪更多的东西。这次早已预先确定好的标准工资浮动使韦尔奇看到了这个 GE 公司并不像传说的那样好。

韦尔奇有些愤怒，他去和老板谈了谈，但是没有任何结果，他萌生了换工作的想法。令人沮丧的原因还有一个：当初 GE 公司招聘他的时候，给他的感觉是到处铺满了红色的地毯，有无限希望，并认为自己能够极快地得到晋升。但现在，韦尔奇的眼前并没有红地毯，他看不到希望。失落的他开始详细查看《化学周刊》杂志和《华尔街日报》上的招聘信息栏目，希望能够早日离开这里。

韦尔奇毅然向通用电气塑胶部门主管提出了辞职。他抱怨说："我无法忍受公司对人才的偏见，我付出了努力，我希望得到等额的回报。我想，我会对得起我的薪水的！但是现在我的薪水远远低于我的价值！"当时位于芝加哥的国际矿物化学公司向这位名声在外的优秀工程师提供了两倍的年薪，即 25000 美元，希望他加入国际矿物化学公司做一名化学工程师。韦尔奇接受了这个职位，随时准备跳槽。

这可急坏了韦尔奇的直接上司——当时年轻的经理鲁本·古托夫。韦尔奇这个自命不凡的青年给他留下了深刻的印象。他对这位年轻的化工博士早有耳闻，尤其是韦尔奇研制出 PPO 材料以后，塑胶部门的业绩直线上升，这样的人才应该留在通用电气并委以重任，要不然对通用电气必然是一大损失，同时也增加了竞争对手的锐气。

当古托夫得知还有两天就要为韦尔奇举行欢送会时，感到非常震惊。"不行，我得想方设法把他留住。"古托夫当晚就邀请韦尔奇夫妇共进晚餐，苦口婆心地劝说韦尔奇一定得留下。"相信我，"古托夫恳求道，"只要我在公司，你就可以试着利用大公司的优势来工作，至于那些糟透了的东西你别去理会。"

"那么，你就得经受考验了。"韦尔奇回答道。

"我乐意经受考验，"古托夫回答说，"重要的是把你留下。"

4 个小时的晚宴没有说服一颗要走的心。

古托夫并不甘心，在回康涅狄格州西港家的途中，他停在高速公路边，用投币电话继续对韦尔奇游说，这个时候已经是午夜一点了。

他对韦尔奇说："我给你涨一点工资，在给你涨 1000 美元的基础上，再涨 2000美元……我知道，钱不是主要原因。"

几个小时后，韦尔奇出席了为他举行的欢送会。但他果断地决定留下来，不走了。

在欢送会上，古托夫说："这是我人生中的一次较佳的推销工作。"

古托夫使用更高的薪水和更高的职位诱使韦尔奇重新回到通用电气公司来上班。这个来公司不到一年就想跳槽的小个子青年在此后 40 年内一心一意在通用电气公司工作，并且在 1981 年成为了该公司的总裁。

进取心强的员工是公司极富有价值的积极的资产。他们往往有很强的自我表现欲，当公司无法满足他们实现自我价值的要求时，就会感到自己被冷落，因而可能会另寻更能发挥他们才华的环境。

从韦尔奇的故事中可以看出，要想留住人才，就要想方设法让人才感到自己被重视、被支持，企业还要尽力为有才能的人创造一展才华的平台和环境。留人，最重要的是要留心。

淘汰机制的陷阱

我们先来看看枪手博弈的故事：话说有三个快枪手，他们之间的仇恨到了不可调和的地步。这一天，他们三人在街上不期而遇，每个人的手中都握着一把枪，气氛紧张到了极点，每个人都知道，一场生死决斗马上就要展开，三个枪手对彼此间的实力都了如指掌，枪手甲枪法精准，十发八中；枪手乙枪法平平，十发六中；枪手丙枪法拙劣，十发四中。

现在我们来假设一下，如果三人同时拔枪，谁活下来的机会大一些？假如你认为是枪手甲，结果可能会让你大吃一惊：最可能活下来的是丙——枪法最劣的那个家伙。

假如这三个人彼此痛恨，都不可能达成协议，那么作为枪手甲，他一定要对枪手乙拔枪。这是他的最佳策略，因为此人威胁最大。这样他的第一枪不可能瞄准丙。同样，枪手乙也会把甲作为第一目标，很明显，一旦把甲干掉，下一轮（如果还有下一轮的话）和丙对决，他的胜算较大。相反，如果他先射击丙，即使活到了下一轮，与甲对决也是凶多吉少。而丙呢？他此时便完全具有后发制人的优势。等到双方的枪战结束，结果无外乎两种，两死或一死一伤。如果两死对丙当然是最好的结局，但如果是一死一伤，丙也完全可以利用后动优势置对方于死地。

于是第一阵乱枪过后，经过概率的计算，甲能活下来的机会少得可怜（将近10%），乙是20%，而丙是100%。

枪手博弈的故事告诉我们：在多人博弈中常常由于复杂关系的存在，而导致出人意料的结局。一位参与者能否最后胜出，不仅仅取决于其实力，更取决于实力对比关系以及各方博弈的策略。《红楼梦》里王夫人给贾宝玉选妾，无论是按照"娇妻美妾"的传统标准，还是以聪明、口才、针线等为衡量尺度，都轮不上袭人，但是结果恰恰是袭人取胜。这也是"枪手博弈"模型的一种演绎，无论是选秀选美选妾，最后胜出的"资质略差者"与枪手博弈中的枪手丙有着共同的处境和结局。最终的胜利，不是他一个人能决定的，而是各种利益相关方共同博弈的结果。

在《红楼梦》中，利益相关方有王夫人、宝玉房中的小丫头、贾府中的丫鬟婆子；在后宫中，利益相关方有后宫的众多妃子以及其娘家所代表的各种势力；歌唱比赛中，则有主办方、评委、参赛的选手们、电视观众、媒体、各位选手的支持者们。在各种博弈中，都有着方方面面的利益在影响着最终结果，从而造成了出人意料的结局。

其中，真正优秀的人，比如《红楼梦》中的晴雯，帝王后宫中的德才兼备者，选美或歌唱比赛中的内外兼美、唱功一流者，则最先成为众矢之的，被下面那些人联合打压排挤出局。最终的胜利者，不是实力最强者，也不是实力最差者，这种结局虽然不尽如人意，却表现了各方面利益的均衡。

古代帝王的后宫争斗也是如此，真正在后宫屹立不倒、恩宠不衰的，一般都不是身世最显赫、最有才华、最貌美、最贤惠的，但凡在某一方面占了一个"最"字，就不太容易在尔虞我诈的环境中生存下去。大多数时候，最后胜出的是在任何方面都不弱，同时又懂得权谋、智慧和平衡的人。

选美选出的永远不是最美的，选秀选出的永远不是最优的，胜出的未必是最好的。很多人对此都有同感，不只选美和选秀，人才选拔也有类似的结局。

A集团公司的业务蒸蒸日上，但是老总陷入烦恼中。公司准备投资一项新的业务，已经通过论证准备上马了，但是几位高层在事业部总经理的人选上产生了很大的分歧。一派认为应该选择公司内部的得力干将小王，而另一派主张选用从外部招聘的熟悉该业务的小李，大家各执己见，谁也不能说服对方，最后还是需要老总来拍板。

就经验而言，外聘的小李显然经验要丰富得多；小李到此工作属于空降，而本公司的小王更具有本土优势，对业务也十分熟悉。老总觉得自己公司活力不足，应该填充些新鲜血液。最终老总拍板，决定用外聘的小李。

小李开始正式走马上任，小李的优势很明显，美国著名高校的MBA，完全的洋式经营理念，而小王不过是个中专毕业，从底层一步步熬上来的。老总对小李寄予厚望，小李也很努力，开始认真地对公司的人力资源进行诊断，并煞有介事地挑出了一堆毛病。老总一看，心里在担忧，这些毛病要整改完成，自己的公司将会垮掉！时间一久，小李只知道挑毛病，却没有对公司进行任何实际操作，弄得公司人人自危，怨声载道。

老总一看，这样不行，于是迫不得已又把小李辞退了，而此时的小王却因为没有得到老板的重视，已经跳槽去别的单位了。A集团花费了大量的时间、精力和金钱，最终不但没有给公司带来效益，反而使公司发生了危机。

很多企业总是发愁，一个个求职者的简历五花八门，非常漂亮，好不容易筛选出一份简历来，面试过关了，一工作，却没有实际能力，给企业造成浪费和损失。尤其是按照某些标准选出来的高层次人才，讲起话来滔滔不绝，使听者觉得他见多识广，经验也好像非常丰富，可是一工作，就总是漏洞百出。

枪手博弈告诉我们，不要迷恋淘汰机制，其有天然的陷阱和缺陷，因为在利益格局之下，淘汰的可能是最好的，选出来的未必是最优秀的。上述案例告诉我们，也不要过度注重全才，适合的才是最好的，管理要做的就是把合适的人选用到合适的岗位。

一定要弄清辞职原因

优秀员工不顾公司的挽留，翩然而去；潜力员工不顾公司的期待，悄然远去；甚至重点培养的员工，也不顾公司的重托，放手而去，留给管理者无尽的懊恼和叹息。招聘优秀员工难，用好优秀员工难，培养出优秀员工更难，而要留住优秀员工更是难上加难。

管理者应该都有这样的经验，在一个公司工作满一年或是两年以上的员工，对公司的企业文化已经较为熟悉，而且对公司也有了一定的感情，一般情况下都不大愿意离开公司，但一旦他们决定了要离开公司，就很难挽留。因此，作为公司的管理者，要想对症下药，避免重蹈覆辙，首先要弄清他们离职的真正原因。

要想弄清楚优秀员工辞职的真正原因，管理者最好与其进行一次长谈，或承诺在你的职权范围内给予他额外的津贴，最重要的是对工作成果给予肯定，这样做可能会留住他。要注意到，许多员工的去意并不坚决。他们对离开一家公司去另一家公司工作的决定并不很确定。

管理者要保持足够的耐心。如果一次长谈不起作用，那就多谈几次，第一次不起作用的论据可能在第二次起作用。但一定要强调下列内容：你对该员工工作的高度评价；长期工作所带来的稳定性；再次对该员工的工作给予高度评价；从一个熟悉的工作环境换到一个不熟悉的工作环境可能遇到的问题；你对员工工作的再一次高度评价。

但管理者不要做你所不能兑现的空头许诺。除非你有能力做到，否则不要许诺加薪、提升或增加其工作责任。如果你的这些策略都不起作用，该员工最终辞职了，而且他所具有的才能无可比拟，他的工作也无人能替，这时你该怎么办？最好的处理方法是：

（1）反思这种情况的出现。管理者首先应对这种局面的出现吸取教训。一个团队中不要出现只有某一人掌握某些知识与技能，而没有培训其他人掌握相关知识与技能的情况。你要为他休假、生病或辞职做准备，不要让他把重要的公司经营信息装在脑子里带走，而一定要让他留下书面材料。

（2）积极看待并解决困难。管理者要明白部门内没有谁是必不可少的，包括你自己在内，没有了谁，公司都不会倒闭。如果认为这个问题是无法解决的，这会影响全体员工的士气。

（3）做好交接工作。如果可能的话，在这个辞职的员工离开之前与他坐下来回顾一下他所做的工作。先列出重要的问题，然后再列出不太重要的问题，因为一些工作细节将来很可能会对你造成困扰。找个人替换辞职者，并让这个人与你一起工作，一起按现有的文件记录开展工作，顺便做好交接工作。

（4）多找几个人分担。把他的工作分给几个人干，这会避免给一个人增加太重的负担。这样做也会给每个人充分的时间来熟悉工作，使因为人才流失造成的工作损失降低到最小。

将员工看作合作伙伴

微软是世界五百强企业之一，它不仅出了一个世界首富比尔·盖茨，还出了好几千个百万富翁。采访过该公司的记者都不约而同地提到了它的"星形"办公楼，称赞其自由平等的创造气氛。所谓"星形"楼，就是平面结构形似星星。而传统的办公楼都是长方形盒式结构。

公司里的每一位员工包括刚刚进公司的大学生都有一间约11平方米的办公室，里面的设施完全相同，比尔·盖茨本人也不例外。为了确保每一个办公室都拥有一个朝外的窗户，才有意把办公楼设计成"星形"布局。

为什么要如此煞费苦心？这是比尔·盖茨的主意。他在创办这家公司时，就认定办公室与人的等级无关，只和智慧有关。软件开发人员的智慧只有在一个独立的、富有个性的环境中才有可能最大限度地发挥。而一个更大、更舒适的办公室并不能使一个高级经理更加聪明，反而会助长其高人一等的念头，进而变得更加愚蠢。

国外很多有成效的企业都注重对员工平等意识的培育。在摩托罗拉公司，经理们的每一间办公室都随时向员工敞开着。到了用餐时间，最高层的管理人员要和员工一道排队吃免费的福利餐，谁也没有特权插队，更不存在专为高层人物设立的雅座。在惠普公司，过去也有不同级别的办公楼，经理杰才·帕卡德上任后，很快打破这种等级差别，把所有的办公室都改建成规格统一的开放式空间，管理者和员工可以随时随意进行平等的交流和沟通。

不明智的企业领导者才会不惜代价用"老板桌"隔绝这种沟通。这些领导者自以为这样有气派，才能显示出自己的威信。殊不知，这正是企业衰败的根源。松下幸之助说得好，企业不只是制造产品的地方，更是制造人才的地方。"老板桌"制造不出威信，它制造的是员工的心理距离和离心力。这样的企业，任你有再严格的管理手段，出再多的新产品，搞再好的创意，也是枉然。因为失去了人心，就失去了根本。

随着知识经济时代来临，能不能吸引留用最好的人才，变成决定企业生死的关键。企业与员工间上对下的主从关系已成为过去，平等、合作的伙伴时代来临。美国凯普纳·特里戈管理顾问公司的总裁兼合伙人斯宾瑟就指出，未来，市场中的稀少资源不再是资本，而是优秀的人才。投资人评价企业，除了看获利能力，还会包括他们取得人力的能力。譬如，以市值来计算，每个投资人平均在每位微软员工身上投资1200万美元，因为市场相信微软能够找到好员工。

斯宾瑟进一步指出，过去衡量公司的指针，是看他们创造多少经济价值，以后会变成看他们如何对待员工。因为前者看的是过去，后者看的却是未来。美国《时代》杂志的总编赫德利·多诺万花了近 30 年的时间研究如何管理知识型人才。最后，他总结出对知识型人才管理的经验是：领导者不摆架子，知识型人才可能比领导者更有见解，领导者应当与其平等地交流意见；领导者应当与员工平等地共同讨论公司的发展计划；讨论与命令并重。当意见不能统一时，命令同样是必要的；领导者应当敢于批评，但必须理智和客观；制度的公正合理更重要。

这些经验，实际上就是强调对员工的尊重和理解。美国商用机器公司（IBM）创始人沃森认为，作为一个企业家，毫无疑问要考虑利润，但不能将利润看得太重。企业必须自始至终把人放在第一位，尊重公司的雇员并帮助他们树立自尊的信念和勇气，这便是成功了一半。惠普公司创始人之一——威廉·休利特这样评价惠普的精神："惠普之首，归根结底，就是尊重个人的诚实和正直。"

在惠普，存放电器和机械零件的实验室备品库是全面开放的，这种全面开放不仅允许工程师在工作中任意取用，而且实际上还鼓舞他们拿回家供个人使用。公司对员工的信任还表现在工作时间上，公司没有作息表，也不进行考勤。员工可以在早上 6 点、7 点或 8 点开始上班，只要完成 8 个小时的工作时间即可。这样每个人都可按照自己的生活需要来调整工作时间。

马狮集团是英国最大且盈利能力最高的百货零售集团。曾任马狮集团董事长的依时雷·薛福勋爵这样说："本公司致力于发展与员工的良好的人际关系，而不仅是赋予优厚薪酬而已。经理人员必须了解员工的困难并作出反应。管理层应该知道员工的工作环境和各项福利措施的优劣程度。"该公司部门管理人员都得到这样的指示："如果你在处理员工问题有可能犯错时，那么宁可过于宽容和慷慨而不是相反。"

上述公司的种种管理经验都暗含了一个共性，那就是将员工看作合作伙伴，而不是用来压榨的劳动工具。只有将员工看作合作伙伴，是休戚与共的亲人，才能真正从情感上去关心他们，处处替他们着想。也只有这样，员工才能将企业当作家，认真做事，尽心回报。

让员工充分享受高薪

员工是企业前进的动力。美国钢铁大王安德鲁·卡内基曾经说过这样一句颇负盛名的话："如果带走我的员工，只留下我的工厂，那么工厂很快就会杂草丛生；但是如果拿走了我的工厂，而留下我的员工，那么很快我就会拥有新的更好的工厂。"

没有员工的贡献，企业这台机器是无法运转的，所以一定要重视职工的利益，关心他们的疾苦，尊重他们的劳动。只要让他们充分享受到利益，他们才会忠诚回报企业。

1914年的一天，亨利·福特带着自己的儿子爱德歇尔巡视公司的汽车工厂。庞大的工厂，上百名工人都在各自的岗位上忙碌着，奇怪的是并没有什么人过来和自己的老板打招呼。有那么几个人和亨利招呼了一声，也是一副敷衍了事的神情，毫无诚意。甚至一些工人看亨利的眼神竟充满着敌意，同样亨利也不和他们打招呼。

爱德歇尔见此情景，对福特说："爸爸，员工们看您的眼神似乎有些不友好啊，您为什么不和他们打招呼呢？"经爱德歇尔这么一提醒，福特也突然有所醒悟似的，他往四周望了望，说："你这么一说，我也觉得有些奇怪。不过一直是这样的，我是老板，他们惧怕我也是情理之中的事吧。"显然，亨利平时并不十分重视和员工的关系。

"爸爸，您平时和员工们沟通吗？"

"以前有时和他们交谈，但是最近因为员工人数增加了很多，所以沟通就少了。"

"爸爸，我倒是经常和他们交谈。"

"那很好啊，不过这很重要吗？只要员工好好工作，管理者好好管理，这对一个工厂来说就足够了。"亨利很自信地说。

"我认为不是这样的，父亲。只有了解工人的所想所需，然后为他们解决问题，赢得他们的好感，他们才会为你好好工作。最近我常常听到工人们的抱怨，工作效率也有所下降。"

听了儿子的话，亨利似乎有些吃惊，他第一次听说这件事。

"抱怨？为什么？这个情况我怎么不知道？最近咱们的工厂效益很好，T型车十分畅销，不可能出现这种情况的。快告诉我到底是怎么一回事。"

"爸爸，每一个工人都有自己的家庭，每个人都有不同的问题存在，这样不分白天夜晚地工作，哪有时间照顾他们的一家老小？况且你们还不给加班费。这样下去，工人们自然会对工厂有意见。一些有本事的工人会辞职另谋出路，没有办法的只能这样工作下去，但再不会有什么工作积极性，只能是机械地工作，甚至会消极怠工。"

经爱德歇尔这么一提醒，亨利·福特才意识到问题的严重性。于是，亨利在星期天召开了公司高层领导紧急会议。在会上，亨利大声宣布道：

"我决定从明天开始，福特汽车公司的工人每天的最低薪金5美元！马上实行。"

听到亨利的决定，大家面面相觑："5美元？这等于将股东每天利润的一半拿出来分给工人!"但看到亨利的坚决态度,大家也不再说什么了。这样,公司工人的日薪由2.5美元提升至5美元。

亨利·福特创下了当时美国工人最高日薪的纪录。第二天,美国各大报纸将福特汽车的加薪决定进行了重点报道。接下来,亨利又提出了日工作时间8小时的工作制度,对超过8小时的工作给予加班费。这些改革为日后福特成为美国汽车工业的霸主奠定了坚实的基础。

对企业而言,员工在某种程度上是企业的生产力,是决定企业生死存亡的根本。因此建立和谐的劳资关系,关注员工权益,实施利益共享原则,对企业的再发展尤为重要。

建立利益共享,这就需要管理者要真心实意关心员工权益,舍得让出利益,让员工尝到公司利润的甜头,让他们产生一种与公司"一荣俱荣,一损俱损"的感觉。如同福特公司的做法,当员工开始珍惜工作机会的时候,他的积极性一定是最好的,贡献会是最大的。

改变枯燥的工作氛围

很多员工认为其所从事的工作是枯燥的、毫无趣味的,这是他们之所以选择跳槽的一个重要原因。从管理实践来看,将工作变得轻松有趣,特别利于公司忠诚度的提升。

沃尔玛让人们领略到了一种独特的公司文化,从根本上说它是一种团队精神。员工们一方面辛苦工作,一方面在工作之余自娱自乐,并都为自己属于这个优秀团队中的一员而深深感到自豪。沃尔玛文化中最具号召力的话语是"沃尔玛式欢呼",从欢呼口号中可以感受到沃尔玛成员们强烈的荣誉感和责任心:"来一个W!来一个W!我们就是沃尔玛!来一个A!来一个A!顾客第一沃尔玛!来一个L!来一个R!天天平价沃尔玛!我们踩踩脚!来一个T!沃尔玛,沃尔玛!"

每当萨姆巡视商店时,他就会提高音量对着员工们高喊公司口号,然后员工们群起响应。更有趣的是每周六早7:30公司工作会议开始前,萨姆会亲自带领参会的几百位高级主管、商店经理们一起欢呼口号和做阿肯色大学的拉拉队操。前总统布什夫妇亲临沃尔玛总部为萨姆颁奖时,沃尔玛的员工们也以这种欢呼口号的形式欢迎他们。另外,在每年的股东大会、新店开幕式或某些庆祝活动中,沃尔玛员工也常常集体欢呼口号。沃尔玛的欢呼口号成了沃尔玛公司中最具号召力的话语,也是一大特色。

萨姆认为，使每个人都感到自己是沃尔玛大家庭的一员是非常重要的。在这个大家庭，人人平等，没有谁会因拥有带头喊口号的权力而自鸣得意，更没有谁会成为被嘲笑的对象。按萨姆的理论，他认为每个人的工作都非常辛苦，如果整天绷着脸，一副表情严肃、心事重重的样子，那就更加劳累了，也无心工作。所以，必须尽量用轻松愉快的方式，来应对相关的工作、生活。这就是萨姆所谓的"吹口哨工作"的哲学。

沃尔玛之所以能牢牢吸引所有员工并使他们始终保持生气，原因就在于公司内部以各种轻松的形式使各种障碍消失得无影无踪，使彼此的交流更加融洽。这种充满愉悦的工作氛围，使沃尔玛的员工和领导之间倍感亲切，在增添工作、生活乐趣的同时也培养了团队意识。

打破陈规和单调的生活，让工作变得更轻松有趣，亦为挽留住员工的一种高明之举。

创造员工的归属感

管理大师德鲁克说：个人与企业的价值观不需要完全一致，但一定要接近到足以共存，否则，个人不但会无法做出成绩，也会有挫败感。德鲁克认为，组织与人一样，都必须有价值观。在一个组织里，个人价值观与组织价值观如不兼容，这个人注定要遭遇挫折与失败。

著名企业家李嘉诚说："作为一个司令，你不需要去管实际操作，你只要懂得运用战略便行。管理之道最简单的是知人善任，但是先决条件，则是要令下属对公司有归属感，让他先喜欢你。"员工的归属感是一种主人翁精神，是一种个人能动性的体现，员工会感受到自己的理想能在企业中得以实现，有跟企业共同拼搏的动力。

员工的归属感对企业的发展尤为重要，能否使员工产生归属感，是赢得员工忠诚、增强企业凝聚力和竞争力的根本所在。员工的归属感不仅仅是一种满意度，往深层挖掘，它更是一种集体意识、团队协作精神、个人能动性的体现，是员工价值观和企业价值观的高度统一。

只有当员工的个人价值观和企业的价值观得到了某种程度的统一，才能真正地融入大集体中，以企业的目标为自己的目标、企业的利益为自己行动的导向，这样的员工势必会在企业中发挥自己最大的能量。企业遇上困难的时候，有归属感的员工会与团队共进退，会尽自己最大的力量帮助企业渡过难关。对企业欠缺信任的员工，不会投入热情进去，工作的实力就不会被激发，结果工作只能是"做完"而不是"完成"。

微软特别注重员工归属感的培养，每一个新进入微软公司的员工，第一项任务就是要在人事部门的安排下接受为期一个月的封闭培训。培训的目的很明确，就是将这些新人真正转化为微软人。以如何接电话为例，微软有专门的手册指导，技术支持人员拿起电话，第一句话肯定是："你好，微软公司！"

关于接电话，在微软公司内部流传一个经典案例：一次，微软全球技术中心举行庆祝会，员工们集中住在一家宾馆。深夜，因为某项活动安排临时发生变化，此次庆祝会的组织者只得一个一个房间打电话通知。第二天，她惊奇告诉大家："你们知道吗？我打了60个电话，起码有50个电话的第一句是'你好，微软公司'。"

同样的事情也发生在中国的海尔身上。在海尔集团，当别人问海尔员工，你是河南人吗？他肯定会说："不，我是海尔人。"同时，他还会补充："你知道为什么说我是海尔人吗？因为打从我进入海尔的那一天起，我就叫海尔。"

无论是微软还是海尔，都让员工对公司有一种认同感、归属感。试想，这样的员工，把公司当作自己的家，把同事当作自己的家人，怎么会不努力工作？员工的归属感一旦形成，不仅能加深对企业的认同，而且会对企业产生强烈的责任感和信任感，形成一种主人翁精神，潜意识中就把自己融入到整体中去，发挥自己的能量为企业创造最高的价值。

员工的归属感代表着企业的凝聚力和向心力。从心理学角度讲，人都会有孤独感，需要加入到某一个集体当中去，通过与这个群体中成员的互动，被其他成员认同，觉得自己更有力量，面对世界才觉得是安全的。

因此，在企业当中，营造一个足以让员工依赖的合作氛围就尤为重要。给予员工归属感，使员工愿意留在团队当中，不仅是提升团队精神的需要，更是提升人才忠诚度的需要。

求其安定先安其心

"安"是留人的前提，一个人心惶惶的团队肯定是人员流动最频繁的团队。"安"字在中国文化中代表着安慰与欣喜的意思。求安是人生的根本要求。员工的求安，建立在一些基础条件之上，如愉快的工作环境、可以胜任的工作、适当的关怀与认同、同事之间融洽与合作、合理薪资制度与升迁机会、良好的福利、安全的保障、可靠的退休制度，以及合乎人性的管理等。

"安"分两类：一类是大安、久安、实安、众安；另一类是小安、暂安、虚安、寡安。前一种情况下，员工会安心地留下来。后一种情况下，员工虽然留着，心中仍有狐疑。安则留，不安则去，乃是合理的反应。安的反面是不安。家族式经营常见的弱点就是不敢相信外人，不能容才、用才，造成员工"留也不是，去也不好"的不安。如果管理者不了解真正适合员工个性的领导、沟通、激励方法，不能人尽其才，也会引起员工的不安。

有人把员工分成 4 种形态：

（1）稳定型：认为工作胜任愉快，而工作环境也相当良好的，自然身安心乐。稳定型员工，多半会稳定下来，不容易见异思迁。

（2）矛盾型：认为工作胜任愉快，而工作环境则有很多不如意的地方，去留之间相当矛盾，时常犹豫不决。

（3）游离型：认为工作环境相当良好，不过工作则不能胜任。遇到有更合适的工作机会，就可能离职他去，所以称为游离型。

（4）滚石型：工作不胜任也不愉快，对工作环境也诸多不满。在这种情境下，实在很难安心工作，以至骑马找马，一有机会便准备跳槽。

对于矛盾型员工，应该消减工作环境方面的不安，按照"马上能做的，立刻解决；过一段时间就能改善的，宣布时间表；暂时不可能的，诚恳说明困难的所在"的原则，逐一改善或说明。只要员工觉得合理，自然会消减不安的感觉，从矛盾型变为稳定型，从此便安心工作了。

游离型的员工，问题在于难以胜任工作。实施在职训练，是使员工由不胜任而胜任的一种方法。定期或不定期的工作轮调，则是增加员工工作变化性的有效方式。此外，降低其对工作的厌倦程度，增加员工的自主责任，自然减少员工的游离感，促其趋向稳定型。

滚石型的员工，对工作和环境都不满意，最令人头疼。这类人很容易变成不做事、只捣蛋的滋扰分子。领导者最好和他谈谈。先说他似乎和现在的主管无缘，所以处得不愉快，工作绩效也不高。然后让他挑选认为比较有缘的主管，如果愿意接受，便调职试试，调职之后有所改变，等于救活一个人。如果还是没有改变，再考虑是否劝其离职。

留人的上策是扶植

事实上，员工更愿意为那些能促进他们成长的公司工作。"留住人才的上策是，尽力在公司里扶植他们。"管理顾问斯温说，"那些最开明的企业在这点上很坦诚。

它们会告诉员工，碍于竞争压力，它们无法保证给予他们工作保障，但会设法激励他们、帮助他们成长、奖励他们。这样至少能给他们带来一股工作激情和满足感。"

壳牌集团是世界领先的国际石油企业、位居全球500家最大公司前列。壳牌是促进员工发展的典范企业，任何人一旦成为壳牌员工，他从第一天起就必须开始真正地工作、承担责任和执行任务，而不是像很多公司那样前3年都是轮岗锻炼学习。壳牌公司会安排专门人员随时观测他的工作表现，并及时给予建议和辅导，在必要的时候进行适时培训。

壳牌这样做的唯一目的是希望员工在公司确确实实有发展前途，并且能够实现个人的事业目标。壳牌希望员工有能力从现在的位置做起，一步一步地向更高、更宽的方向发展，做到经理甚至董事的位置。壳牌公司有一套成熟的制度来支持员工实现事业发展愿望。只要员工自己有愿望和主动性，其在壳牌公司总能得到提升和发展。公司内部有一个内部招聘系统，会随时公布公司内部的所有空缺，只要认为自己有时间和精力，每个人都可以去应聘、竞争。

壳牌认为每一个员工都是公司未来的老板，把促进员工的成长作为公司的使命。以分析力、成就力以及关系力三项指标遴选人才，这表明壳牌在员工招聘时就为员工的发展作了周密的考虑。分析能力如何，要看是不是能够举一反三，高瞻远瞩；能不能从各种纷繁信息中抓住最重要的信息。成就力是指员工的意志状态。壳牌需要挑战并满怀激情的人。壳牌认为，成就力是一个人追求事业的前提，首先要有愿望成就一番事业，然后取决于个体的成就能力。关系力不仅指与人如何相处，更在于能不能与人产生1＋1＞2的效果。壳牌的关系力还指是不是尊重他人、理解他人，在与人沟通时，是不是能有效地倾听对方的意见；意见不一致时是不是能取得共识；能不能延伸自己的职责，不是越权，而是提供建设性的合作与帮助。

壳牌会针对员工的成长进行动态跟踪。在壳牌人力资源的运作中，绩效评估和提高占据非常重要的位置。绩效评估主要包括工作表现和能力增长。经理会听取员工个人的愿望，对未来发展有何要求，然后一起协商下一年他应该怎样表现，包括能力目标和业务发展目标的增长趋势。各部门每年还要做一个全部门的业绩衡量，在个人完成业务的基础上在员工相互之间进行横向比较，帮助他们认识他们在过去一年中到底表现如何。这些分析和比较对员工的成长和发展提供了重要帮助。

正是因为特别注重员工的个人成长，壳牌才得以长期保持领先性。员工的成长，为壳牌带来了丰厚的物质回报。它是国际上石油、天然气和石油化工的主要生产商，在30多个国家的50多个炼油厂中拥有权益，而且是石油化工、公路运输燃料（约5万个加油站遍布全球）、润滑油、航空燃料及液化石油气的主要销售商。同时它还是液化天然气行业的先驱，并在全球各地大型项目的融资、管理和经营方面拥有丰富的经验。该集团 2007 年销售总收入达 3557.82 亿美元，利润为 313.31 亿美元，位列全球五百强第三位。

无独有偶。雅斯拓是原法国斯伦贝谢公司智能卡和终端部门，2003 年分裂出来，成为单独的公司。从第一张存储智能卡和第一张微处理器智能卡开始，雅斯拓在设计应用、制定解决方案和提供创新技术方面一直在全球智能卡行业处于领军地位，曾连续三年成功保持微处理器卡全球市场第一名的位置。对于如此辉煌的成绩，公司亚洲区总裁陈帝利说，公司发展到今天，它的成长得益于员工的成长。

雅斯拓公司的员工都很年轻，其中中国所有员工的平均年龄不过 35 岁。这里汇聚了来自美国、法国、马来西亚、中国等各个国家的优秀人才，帮助员工发展是雅斯拓广纳贤才的秘诀。也正是由于这个原因，公司高速成长，远远地将竞争对手甩在身后。

留住人才的上策是扶植。扶植员工发展会带来两个方面的好处：一是通过员工素质的提高而提高了整个团队的素质，二是员工因为获得了发展而会提升对组织的忠诚度。

因此说，想要使公司保持高速发展，促进员工高速发展绝对是一条捷径。

想方设法使员工满意

曹操曾说："吾任天下之智力，以道御之，无所不可。"而袁绍也踌躇满志："吾南据河，北阻燕代，兼沙漠之众，南向争天下，庶可以济乎？"

从二人的话中可以看出，二人对于创业和企业发展的因素方面，曹操更强调用人留人。一流的企业拥有一流的人才。这是曹操能成就大事的基础。

企业的生存和发展受众多因素影响和制约，其中，人力资源成为最重要也是最根本的因素。人才的流失是企业面临的越来越严重的问题，尤其对于一些非生产型企业，往往是刚刚培养出来的新人，却抬腿就走人，或者已经被企业委以重任的人，说走就走，导致人力成本的不断增加。因此，企业管理者陷入困惑：如何才能留住人才？

人才是企业所有资源中最宝贵的，因而必须对其进行有效管理。但是在实际操作中，企业经营者往往更关心企业的资金和市场问题，而忽视人力资源管理，这是导致人才流失的重要原因，直接阻碍了企业的进一步发展。

其实在企业管理的过程中，合理的人才流动是正常的，然而出现比较高的员工离职率那就需要引起企业管理者的重视和警觉。首先，企业要反思自己的管理体系、管理制度、管理方法以及为员工创造的企业环境是否能吸引住员工，是否能激励员工，是否能留住员工。企业管理者应该注意给予员工福利与待遇、为员工提供优良的工作环境和充分的发展空间和表现机会。据统计，福利始终是现阶段最主要的留人机制。

正泰集团始创于 1984 年，主要经营高低压电器、输配电设备、工业自动化、仪器仪表、建筑电器和汽车电器六大产业，年产值超百亿元，占近 30% 市场份额。现辖 6 大专业公司、50 余家持股企业、800 多家专业协作厂、2000 多家销售公司和特约经销处，在国外设有 5 家分公司及 30 多家销售总代理，产品畅销世界 70 多个国家和地区。在留人方面，正泰是诸多企业的榜样。

正泰在人才的使用上"重学历，不唯学历，更重能力；重文凭，不唯文凭，更重水平"，通过严格的绩效考评对员工进行科学合理的评价，通过竞聘上岗和岗位技能竞赛，在公司内部塑造出一个公开、公正、公平的"赛马"机制，给予人才充分发展的空间，真正做到"人尽其才，才尽其用"。

正泰深谙"财散才聚，财聚才散"的辩证思维，因此以岗位年薪为基准设计薪酬制度，同时以绩效薪酬平衡经营管理队伍的贡献差异，分配向关键岗位和技能突出的人才倾斜，构建以经营业绩为核心的多元分配体系。

"让更多的员工成为百万富翁乃至千万富翁"的口号落实在正泰的具体行动上，正泰每年拿出超额利润的 10% 奖励管理人员，拿出新产品一次性直接经济效益的 5%～10% 奖励技术人员。2001 年，一位派驻控股公司的总经理，因其出色的工作业绩，领走一百多万元的绩效奖金。2002 年，正泰的增长远远超过了目标，又一批百万富翁诞生了，2003 年、2004 年、2005 年……不断有新的百万富翁在正泰诞生。

正泰经历了从"家族企业"到"企业家族"的革命性转变，先后进行了四次股权稀释，董事长南存辉将个人的股份比例稀释到 20% 多，一大批优秀的管理和技术人员成为"老板"。正泰虽然"革了自己的命"，却大大增强了凝聚力，多年来实现了超常规的跳跃式发展。

正泰有两个上帝，一个是顾客，一个是员工，首先有满意的员工，之后才有满意的顾客。正泰强调沟通是最有力的武器，对于员工，正泰设置有合理化建议奖，积极鼓励基层员工参与公司管理；每年都进行员工满意度调查，建立一个与员工沟通和对话的平台；在员工的每一个发展阶段，上级总能及时给予下级必要的指导和帮助，主动进行工作交流和沟通。

培育温情的企业文化使员工切实感受到生活的舒适与企业的关爱，从而主动融入企业中，使个人与企业共同发展。

可见，当企业将关注的重心放到员工身上，留人就不会成为难题。一方面企业为员工建立完善的绩效考核和管理机制，以及合理的福利奖励、职位提升等计划是促使员工积极工作的主要条件之一，让员工看到自己的发展方向，是有效留住人才的关键。

另一方面，企业管理者要注重培养企业文化氛围，只有企业有了良好的文化氛围，为员工创造一个适宜、愉快、安全、和谐的工作环境，才会使员工产生归属感、认同感和忠诚心，从内心毫无怨言地努力奉献，这才是从根本上留住了人才，稳住了人心。

采取有效的防范措施

留住人才，防止人员跳槽，这是当今每一位管理者都面临的头痛问题。应该未雨绸缪，早做防范，绝不可让成员来去自由，轻易溜走，要使你的组织内永远活跃着一批勇于冲锋陷阵的杰出人才。

"天要下雨，娘要嫁人"，实在要走，你采取什么办法也无济于事。作为管理者，你应当对此心中有数，及早采取有效的防范措施，别等到"天下雨"、"娘嫁人"那一天。

1. 量才而用留人才

如果优秀人才不辞而别、另择高就，公司上下事先无人觉察或知道但没人报告，实际上这是公司经营管理不善的反映。管理者对此应早有发现，并尽量使其回心转意。

一个员工工作量的多少并不能说明他对公司的满意程度如何。经常有人仅靠自己的能力和遵守公司的管理制度就能圆满或超额完成自己的定额，但内心里他并不真正喜爱这份工作。

一位负责销售工作的部门主管，工作成绩在公司连年都超定额，收汇、利润都很可观，是公司的骨干。但他却对制作电视广告情有独钟，希望有朝一日成为电视制作部门的主管。从公司角度出发，他留在销售部门是最理想不过的，但他却一心向往电视部门。此时如果有合适的广播电视公司，他一定会义无反顾地离开销售工作去从事电视制作。

这时可以让他同时兼做两项工作，如果其确实才华横溢，兼做两项工作都很出色，那么，不仅满足了他对兴趣的追求，又为公司留住了人才，不会因人才流走而担心销售额下降了。

2. 宽容人才

有些人走的原因很简单："与领导不合！"与领导不合的原因是很多的。人们常常认为，责任在领导，如果其能在发生冲突时显出自己的宽宏大量，不与下属斤斤计较，那么许多问题是可以解决的。

大公司的总裁不是每一位员工都认识。但精明的总裁每当下属要求接见时，总会安排时间，无论时间长短，去倾听他们的意见和建议。这种办法，确实十分高明。

管理者对其下属应敏感、体谅，而员工则应随时把自己情绪上的波动、工作中的合理要求及时告诉他们，这是双方沟通的事。当领导的人不可能真正了解员工的内心世界，因而相互经常地进行思想交流是保持上传下达、减少隔阂的有效办法。

3. 谨慎破格升职

破格升职，在为公司招揽人才的同时，往往也带来一些不必要的麻烦。

当你的公司招聘到一位能力强、有开拓创新精神的年轻人，并且舆论公认此人日后必然会成某经理的接班人时，你必须认真思考：给他什么样的职位，如何提拔他更好？

如果在他的任用问题上稍有疏忽，处置不当，将会给公司带来不必要的麻烦。要么这位能者会因位置不好而另寻高就；要么会使那些资历比他高、工作时间比他长、职位较低或者较高的人为此而抱怨公司一碗水未端平，厚此薄彼。用人的事，不是小事，不可轻视。

4. 注重早期培养

假如一位胸怀抱负的能人在公司里仍做低级员工的工作，其才干并没有得到充分肯定，此时此刻他要求离职、另求发展是很正常的。

刚刚离开学校到公司工作的大学生、研究生，若不对他们加强管理、不注重早期培养、不压担子的话，在两三年内他们最容易跳槽。他们年轻有为，前程远大，正是公司的希望所在，并且已熟悉了公司业务，如果让他们流失，公司将要再去培养新手。对这些，不少公司并没有引起高度重视。

对此，应把新来的员工看作公司的一笔长期投资，精心地培养督促他们。安排公司有能力的主管或员工指导他们，让他们承担一些力所能及或是超过其能力的工作。这一切就如一个长期项目，并不期待马上得到回报或收回投资。只要他们在公司工作的时间愈长，公司得到的回报将愈大。

5. 适时加薪

著名的波音公司的专家们对 450 多名跳槽者的调查表明，其中有 40 名为增加工资与管理者进行了谈判，27 名因被加薪而留下来继续为公司效力。实践表明，适时加薪，能使大多数员工看到前途而感到充满希望。从另一角度说，一些老员工本身就是公司的一笔巨大的无形资产，与所加薪资比较，聪明的管理者会倾向于选择什么呢？这当然是不言而喻的了。

6. 亡羊补牢

每年 3 月，是各大公司大换班的时候，多数人也许会等拿了薪水而跳槽。员工跳槽的原因很多，而且是无法避免的事。但如果你发觉在同一时间有大量员工辞职，便要仔细找出原因所在，在此时，亡羊补牢，可以避免将来更多的人才流失。

员工辞职有可能是因为有不利于公司的言论在传播。此时，管理者先要找出谣言的源头，并加以堵塞。譬如某会计部员工发觉公司亏损严重，便四处通知同事另谋出路；或传出公司老总另有他谋，有意出让公司等。堵塞了传言后，应立即向员工讲清楚公司的实际情况。例如，公司去年成绩虽然不好，但对未来仍有信心，而且公司资金充裕，所以不会裁员等等，以安抚人心。

如果有部门主管拉拢下属一起跳槽，则应当要求他保证在一定时间内不得拉公司的客户或让员工跳槽，以保证公司能继续正常运作。

如果跳槽是因为内部斗争，则一定要召见管理人，对他们的私斗严加斥责，并重申如情况得不到改善，一定将管理人撤职。

如果是因为主管能力低下，不足以服众。那么你可以把他撤换。一来可以平息民愤，二来反映出公司知人善任，对公司内的每一环节都十分清楚。

7. 不强制留人

企业管理强制留人，即使留得住下属的人，却留不住下属的心。强制留人，不但对下属不利，对自己也不利，实际上是一种双输行为。

强扭的瓜不甜，留人留不住心，人才潜能发挥不出来，只能产生副作用：一是个人不好好干，甚至吃里爬外，把单位技术资料外传；二是搅乱人心，影响其他人。

如果企业在放人的同时，还开一个小范围的欢送会，肯定过去的成绩，给予实事求是的评价，表明忍痛割爱的心情，这样好聚好散是有战略眼光的做法。留下者看到企业爱才，处理问题实事求是，充满了温馨和人情味，不是人走茶凉，离开者会感恩戴德，无形中为企业树立了良好的形象。

学会以一流的文化留人

企业文化就是在回答一个问题：你的企业凭什么凝聚人心？这是企业管理的思想底线。大道无形，企业文化是看不见、摸不着的，但却回答了"工作到底是为了什么"。

因此，企业文化的好坏直接关系到员工的忠诚度，管理者必须明确一点：有什么样的企业文化，就有什么样的追随者；你有什么样的追随者，你就有什么样的企业。

一流的企业文化是企业得以存在和发展的必要条件。企业文化对员工没有吸引力，员工就没有向心力。如果企业内部各自为政，一盘散沙，企业的经营业绩和经济效益也无从谈起。要使企业形成强大的凝聚力，塑造一流的企业文化，应做好以下几方面的工作：

1. 知人善用

知人善用，就是企业领导者能够合理地选择安排人，有效地激励人，使每个员工都能各尽所能，做到各得其所。知人善用，首先，要充分了解员工特点，依据特点安排适当的工作，也就是企业领导者应充分了解员工的气质类型、性格特点和能力所长，因人而异，合理配置，优化组合，给员工一个适合自己特长、符合自己志趣、尊重自己意愿的舞台，尽量使工作性质、种类与员工舞台特点相适应。这样，员工工作起来会得心应手、心情舒畅、情绪高涨，积极性和创造性能得到充分发挥，从而提高工作质量和效率，给企业带来良好的经济效益。

其次，选拔人才时应以内部为主。也就是说，企业在增加新的工作岗位或因人事调动、离职出现职位空缺时，以及选拔中层管理者时，应首先考虑在本单位内部遴选和任用。内部选拔，最大的优点是能提高职位的归属感，增强员工对企业的向心力。企业实现内部选择，可采用个人申报与内部招聘的方式，或采用根据工作业绩调动的方式。

再次，领导者要对员工实行"重担主义"。这就是说，企业给员工一种能获得广泛社会认可和高度评价的富有挑战性的工作，让他们感觉到自己挑的是"重担"。人的积极性和工作能力是有一定弹性的，在一定范围内可松可紧、能弱能强，是一种潜在的能量聚集库。"重担主义"可以让员工觉得自己任重道远，是有声誉、有地位、有潜力的，是企业的栋梁之材，员工会产生一种自豪感、优越感和成就感，积极性受到了有效的激发。

实行"重担主义"还有一个度的问题，以承担人感觉到它的"重量"，又能够经过努力达到目标为限度，即可望又可即；相反，超过了限度反而会带来副作用。实行"重担主义"，一个有效的方法是"投石问路"，逐步增加担子的"重量"，以检验其实际承担能力。

最后，领导者要对员工的工作成绩进行评价和表扬。人人都有尊重和荣誉的需要，希望自己的工作受到肯定和表扬。表扬可以满足这一需要，激发员工产生高涨的工作热情。

2. 民主管理

当今企业界，民主管理已成为一种世界性的潮流，员工参与生产经营决策和管理可充分满足员工受尊重和愿意负责的愿望，这样会使他们觉得自己是企业的主人而产生对企业的归属感。因此，可充分发挥员工的主人翁精神，提高他们的生产积极性和创造性，群策群力，减少决策中的失误或避免失误，优化管理水平。再者，企业职工群体是企业文化策划的主体和执行实施者，企业的生产经营活动只有在全体职工参与下才能搞好。企业实现大众参与，民主管理，有许多形式可供选择。如现行的职工代表大会制，企业运营管理委员会，领导干部、技术人员和员工三结合，合理化建议信箱，工人参加班组管理、班组经济核算等。

3. 合理分配

分配合理就是企业给予员工的报酬要与员工的贡献相一致，即员工的产出与投入相符。工资奖金在经济方面直接满足员工生活等物质需要，在非经济方面，它又成为一种个人成就感的象征。一般认为，工资高反映人的能力强，成就贡献大，经济和心理安全感强，意味着级别与职务高。同时高工资能维护人的自尊心和优越感。经济收入是员工最敏感的领域，企业要减少内耗，增强凝聚力就必须做到经济上公平合理。

实现经济上的分配公平合理，必须做到按劳分配，把劳动贡献与报酬挂钩。工资、奖金和福利待遇做到适当向一线员工倾斜，向长、脏、累、险、难的生产岗位倾斜，向科技人员倾斜。另外，企业还应建立各种严格的考核制度和各级人员评级标准，以配合经济公平的实施。同时，企业的经济财务状况还要定期公开，以便全体员工监督。

此外，企业在生活上对员工充分予以关心与照顾也是合理分配的一个方面。企业必须不断为员工排忧解难，改进生活福利和劳动保护，解决员工的后顾之忧。要真正让员工做到爱企业如家，企业就必须首先把员工当作家庭成员来对待，关心他们的生活状况和成长，花大气力改善生产条件、工作环境、员工生活条件和文体娱乐设施建设。

4. 不断培训

企业凝聚力的形成还在于为员工提供不断培训、学习的机会，如企业对在职和新入企业员工进行文化科学技术和管理知识等方面的教育和训练。通过有目的、有计划和有组织的培训，可以提高员工技术水平和文化素养，以推动企业的生产经营和劳动效率的提高。培养人是关心人、重视人的根本，不仅可以满足员工不断完善自己、提高自身素质的需要，而且可以增强员工的归属感和安全感，增强企业实力，培养员工克服困难的信心。

/第 19 章/

发掘优秀人才的绝招

注意力集中在长处上

管理大师德鲁克说，管理者要将注意力集中到人的长处上，而一些小缺陷则可以忽略不计，除非这些缺陷会影响他现有长处的充分发挥。

任何人都会有很多的缺点和短处，管理者的任务是充分发挥每个人的长处，共同完成任务。如果领导者只知道抓住下属的缺点和短处，是干不成任何事情的。

美国柯达公司在生产照相感光材料时，工人需要在没有光线的暗室里操作，为此培训一个熟练的工人需要相当长的时间，并且没有几个工人愿意从事这一工种。但柯达公司很快就发现盲人在暗室里能够行动自如，只要稍加培训和引导就可以上岗，而且他们通常要比正常人熟练得多。

于是，柯达公司大量招聘盲人来从事感光材料的制作工作，把原来的那一部分工人调到其他部门。这样，柯达公司充分利用了盲人的特点，既为他们提供了就业机会，也大大提高了工作效率。这不能不归功于"掌门人"高明的用人策略。

由此可见，管理者只要用人得当，缺点也可以变成优点。事实上，那些真正能干事的鬼才通常不是那种循规蹈矩的人，而那些毫无特点、毫无个性的乖乖派虽然容易得到管理者的好感，但他们的唯命是从也往往说明了他们能力的欠缺。某个人在某方面是天才，就意味他有可能在别的方面有缺陷。

李响就是一个这样的人。李响在美国化工公司中国分公司担任技术员。他的专业能力很强，不仅对自己工作范围内的技术问题能够轻松解决，还时常跨部门研究，经常帮助别的部门的同事搞定科研难题。他对研究技术表现出非常人所拥有的兴趣，经常为了弄懂一个小问题而加班到深夜。公司的领导很器重他，不仅送他去公司总部进修，还时常让他担任科研项目负责人。李响每次都能出色地完成任务。

但是李响有一个致命缺点，那就是不善于与人沟通，缺乏团队合作精神。在本部门内部，只要别人不喊他的名字，他绝对不会说话。在他带领的科研项目中，他往往只是简单地发给大家一个任务表和计划表，就不再交代什么。部下们每次都要反反复复地找他沟通好几次。并且他很固执，当别人与他探讨技术方案的时候，无论对他提出的方案有任何反对意见，他都不接受，即使只是细小的修改他都寸步不让。总经理感到很头痛，却无良策。为了不限制他在技术上的发挥，只好委屈他人，任其由着自己的性格进行工作。

无论是任何级别的管理者，如果他在任用一个人时只想避免短处，那他所领导的组织最终必然是平平庸庸的。所谓"样样皆通"，实际上可能是一无是处。才干越高的人，其缺点往往越多。管理庸才可能会让管理者觉得心里十分舒坦，但是那些很难管的、动不动就有可能让管理者头疼或者冒火的"鬼才"才是企业冲锋陷阵的精锐力量。

所谓"尺有所短，寸有所长"，短也是长，清代思想家魏源说："不知人之短，亦不知人之长，不知人长之中之短，不知人短中之长。则不可能用人。"中国智慧充满了辩证法，就看你是否具备这样的眼光。面对有缺陷的人，让其发挥优势是管理者明智的选择，但如果能巧妙地避免其短处，甚至巧妙地使用其短处，使短处产生积极作用，则是管理者的高明之处。

以工作引导员工成长

盖茨及他的微软就特别善于给予员工挑战性工作，从而激发员工潜能。

从1981年起，微软就开始开发WINDOWS操作系统，欲以此与IBM的OS/2决一雌雄。但是令人遗憾的是，这个项目却迟迟无法完成。就在这时，鲍尔默进入了微软，微软将这个巨大任务给了他。

鲍尔默挺身而出，承担起开发的责任，全力监督，终于在1985年成功地把Windows3.0推向市场。这使鲍尔默声望大增，深受爱戴。

其实，比着原定的推出时间，微软已经食言了。1985年春，微软没能在最后期限前研制出视窗软件时，盖茨曾气愤地说，如果视窗软件不能在年底前上柜台销售，他就要鲍尔默走人。这个挑战性的工作在很多人看来简直是一个不可能完成的任务。结果鲍尔默也不负盖茨所望，当年11月，WINDOWS在千呼万唤之后终于登台亮相。

这就是微软的用人文化。微软觉得，有一套严格的制度，你就会做一个很规矩的人，但你的潜力发挥到70％就被限制住了，微软要每个人都做到100％。特别是做软件，需要人的创造力，所以微软有一种激励的文化，如果你现在的情况能做到70％，那公司给你资源，公司给你方向，公司给你鼓励让你去达到100％。

给予挑战性的工作，其背后透露的是对员工的重视。在玫琳·凯看来，一般人只发挥了能力的10％，能不能把人另外90％的潜能发挥出来，是一个企业能否成功的关键。而要发挥这90％的潜能，就要"使他感到他重要"。玫琳·凯说："你若能使一个人感到他重要，他就会欣喜若狂，就会发出冲天干劲，小猫就会变成大老虎。"

美国玫琳·凯化妆品公司是具有25年销售经历的玫琳·凯女士在她退休的那年创办的。短短二十几年，这个公司由9名雇员发展到拥有雇员5000多人的大公司，并且在世界各地拥有20万人以上的经销网。很多人把玫琳·凯的成功当作一个谜。事实上，玫琳·凯的成功并不是什么神秘不可解之事，而正是她的"每个人都是重要的"、"使他感到他重要"的激励艺术的感染力所致。

玫琳·凯自己曾有这样的叙述：记得有一次，我和另外57个推销员为了得到一个奖赏——到总裁家作客，做了一次为期10天、极其艰难的推销旅行。我们以车为家，日夜推销，途中还有几辆车出了问题。但是那个奖赏的诱惑足以抵消这些艰难困苦。我们心中渴望得到总裁的接见。当我们最后被邀请到总裁家时，却只被允许在花园中走走，根本没有机会和他见面！在回去的路上，大家都很少说话，非常沮丧。

员工如果感到未被重视，工作积极性就会锐减。玫琳·凯的经历告诉我们，每一位领导人都应该知道，每个人都是重要的，领导人的重要工作之一，就是让下属觉得自己重要，这会鼓舞他们有更出色的表现，为组织的目标全力以赴。

而使员工感到被重视的重要方法就是给予挑战性工作，以工作引导员工成长。这种做法是在表达公司对他的期望。事实上，只要你给予员工期望，员工就能达到你的期望。

越优秀的人越易犯错误

管理大师德鲁克说：越优秀的人越容易犯错误，因为他经常尝试新的事物。既然承认越是优秀的人越容易出现错误和失败，那么企业管理者就应该学会容忍失败。

失败往往是创新的开始。"失败是成功之母"，企业的成功不是从天上掉下来的，是从失败中来，从创新中来的。

时代华纳公司的已故总裁史蒂夫·罗斯曾说过："在这个公司，你不犯错误就会被解雇。"硅谷流传的名言是"失败是可以的"，"允许失败，但不允许不创新"，"要奖赏敢于冒风险的人，而不是惩罚那些因冒风险而失败的人"。这些鼓励创新、允许失败的言论已经成为一种理所当然的创新理念。

日本富士公司从1988年就开始实施"关于事业风险投资与挑战者的纲领计划"。如果员工的新事业构思被公司采纳，则公司和提出人就共同出资创建新公司，并保证给予3年工资，假如失败了，仍可以回到公司工作。对于新创立的公司，富士公司不但给予资金支持，还给予其他资源支持。

对于优秀的人才来说，挑战和创新才是工作的常态，没有人喜欢在一个不允许失误的环境中工作。而员工能力的发挥和潜力的挖掘需要一个宽容的工作环境。只要管理者能够鼓励员工冒险，并允许失败，员工一定会用出奇的创新来回报企业。而企业的成功就是在创新成果不断叠加的基础上获得的。

3M是一个经营着6.7万多种产品的百年老字号。每年开发的新产品多达200多种，几乎每隔一至两天就有一项新产品问世。其产品推陈出新的能力令人称奇，它总能以领先的速度不断开拓新的技术领域。巨大的产品更新能力为3M保持优良的成长能力打下了坚实的基础。

3M公司的管理层当然知道在成千上万个构思中最后成功的只是凤毛麟角。公司里对此有一个很形象的比喻"亲吻青蛙"——为了发现王子，你必须与无数只青蛙接吻。"亲吻青蛙"意味着经常会失败，但3M公司把失败和走进死胡同都作为创新工作的一部分。他们奉行的哲学是如果你不想犯错误，那么什么也别干。

"只有容忍错误，才能进行革新。过于苛求，只会扼杀人们的创造性。"这是3M公司的座右铭。成功者受到奖励、重奖，失败者也不受罚。3M公司董事长威廉·麦克唐纳说："企业主管是创新闯将的后台。"3M公司努力创造轻松自由的研究开发环境。如果你的创造性构思失败了，那也没关系，你不会因此而遭到冷嘲热讽，照常可以从事原来的工作，公司依然会支持你的新构思的试验。

失败是一本大书，研究透了为什么会失败，也就找到了怎样才能成功的窍门。只有那些经得起失败，能从失败中奋起的员工才是最优秀的人、企业最需要的人，才能引导企业走向辉煌。

先有奖赏后有英雄

兵法上有一句话说得好："用赏贵信，用刑贵正。"这里的用赏贵信也就是激励机制。用刑贵正，也就是惩罚机制。但现在有些企业对员工的管理激励与约束机制还没有很好地建立起来。在一些企业中，不仅缺乏有效的培养人才、利用人才、吸引人才的机制，还缺乏合理的劳动用工制度、工资制度、福利制度和对员工有效的管理激励与约束措施。

当企业发展顺利时，首先考虑的是资金投入、技术引进；当企业发展不顺利时，首先考虑的则是裁员和员工下岗，而不是想着如何开发市场以及激励员工去创新产品、改进质量与服务。那么，企业如何制订一个员工激励制度，从而有效地驱动员工工作呢？其实这就是一个博弈的运用。

有一家游戏软件的企业老总，打算开发网络游戏。如果开发成功，根据市场部的预测可以得到 2000 万人民币的销售收入。如果开发失败，那就是血本无归。而企业新网络游戏是否会成功，关键在于技术研发部员工是否全力以赴、殚精竭虑来做这项开发工作。如果研发部员工完全投入工作，有 80％的可能，这款游戏的市场价值将达到市场部所预测的程度；如果研发部员工只是敷衍了事，那么游戏成功的可能性只有 50％。

如果研发部全体员工在这个项目上所获得的报酬只有 500 万元，那么这些员工对于这款游戏的激励不够，他们就会得过且过、敷衍了事。根据同行经验，要想让这些员工得到高质量的工作表现，老板就必须给所有员工 700 万元的酬金。

如果老板仅付 500 万总酬金，那么市场销售的期望值有 2000 万×50％＝1000万元，再减去 500 万的固定酬金，老板的期望利润有 500 万元。如果老板肯出 700万的总酬金，则市场销售的期望值有 2000 万×80％＝1600 万元，再减去总酬金 700万，老板最终的期望利润有 900 万元的剩余。

从这个例子中可以看到，员工工作努力与否与良好的激励机制密不可分。需要说明的是，一个良好的奖惩制度首先要选择好对象，其次要能够建立在员工相对表现基础之上的回报，简单地说，就是实际的业绩越好，奖励越高。只有有一个合适的奖罚分明的制度，才能够对员工创造出合适的激励。因此说，一个好领导应建立好一个管理激励与约束机制员工的制度。

选将时需要绕开 4 种人

"将才"是团队中最重要的人，是组织内最关键的人。他们素质的好坏直接关系到整个事业的兴衰，因此在选用的时候，必须给予特别的关注。如下几种类型的人不能选用：

1. 不选"复印本型"的人做主管

这类人没有自己的工作原则，一切"唯马首是瞻"。以上司的是非为是非，从平时的生活到工作的言行都以上司的模型为原本，既没有自己的个人观点，又没有自己的风格。没有现成的模型，他就什么都做不成。这类人简直就是别人的复印本。

这种人往往不会有创造性的表现，对新事物、新观点接受得很慢。这种人循规蹈矩，客观环境发生变化时，不知道灵活应变，只是搬出老黄历，以寻找根据。市场竞争环境时刻都在发生剧变，但这种人不会以不变应万变。因此，他们难以对付新情况和新问题。而且，这种人目光短浅，不能正确判断形势，其的发展水平受到局限，一生中难以超越这个局限。

复印本始终没有原本清晰，这种人即使被选为接班人，最多做到东施效颦的地步。公司的发展在这类人的操作下，难以出现突破性的进展。尽管不少爱慕虚荣的上司，很愿意自己成为下属模仿的对象，因此，他们对这类人恩爱有加。但是真正想在事业上有所作为的领导者，是绝不会选这种人做为主管的。当今时代是一个信息爆炸、瞬息万变的世界。经营管理的手法、方针也需要随时改变。复印本型的人就是缺乏这种创新能力。

2. 不选"蜜蜂型"人做主管

这种类型的人，工作特别卖力，上班可以说是"早出晚归"。他们不知疲倦，如同蜜蜂一样，忙忙碌碌。这种人的工作态度和工作热情本无可非议，问题是，选这种人做主管会产生许多负面的效果。这种人做事不分先后、不分主次，只知道见工作就做，不知怎样做更为合理、更科学。因此常常是该办的事情没办，不那么紧迫的事情却优先办好了。另外，这类人还有一个特别致命的弱点，就是他们把勤奋和效率同等地看待。

主管应该是管大事的人，首先应做最重要的事情，次要的工作完全可以交给别人去做。集中精力是提高效率的关键，只有当他认识到集中精力办一件事的重要性时，才能出成果。不应该为次要的问题而分散自己的精力。选用这类人做主管，公司会处于严重的无政府状态，甚至会使辛苦建立起来的基业毁于一旦。

3. 不选吹牛拍马者做主管

这种类型的人，为了达到自己不可告人的目的，不惜厚着脸皮对自己的上司吹牛拍马。他们选择这样做，或是为了自己的升迁，或是为了环境条件的改善，或是为了自己的子女就业，或是为了求得政治上的保护，或是为了借上司的信任和威风来扩大自己的尊严，所有这些都需要上司来成全。上司在他们的眼里，完全成了他能够达到自己个人目的的"希望之树"，所以除了想方设法地吹嘘上司外，他们别无他途可走，也别无他事可为。因此，这种类型的人，狭隘地认为吹捧就得利，反驳就会受灾。

但这种人说的是一套，做的又是另外一套，表面上唯命是从，实际上暗藏祸心。吹牛拍马风盛行下去，势必弄得真假难辨、是非不分；坏人吃香、好人受气；正气不能发扬、邪气泛滥成灾，工作难以开展，职工的积极性受到压抑。显然，除非上司是一位典型的"昏君"，否则，是无论如何都不能选这种人为主管，甚至连作员工的资格都不够。

4. 不选告密型的人做主管

在日益激烈的环境下，告密的人是企业最不欢迎的。这种人的告密分两种情况。首先他们吃里爬外，见利忘义，为了自己的私利，不惜出卖公司发展的信息。这种人如果被安排在主管的位置上，因为他们一般掌握着公司的核心机密，所以对公司造成的损失是无法估量的。另一类告密者就是在公司内部做小动作，打"小报告"，他们以向上司告密来博得信任和赏识。所以他们喜欢四处刺探员工或同事之间的秘密，连一句闲言碎语都不放过。为了表示自己的忠心，他们时刻不忘显露出自己确实是耳听八方、眼观六路，有时甚至兴风作浪，故意制造虚假信息，无事生非，向上司交差。

这类人很容易骗取上司的欢心和信任。但若上司是一名精明能干的老板，绝不会选用这种人做主管，因为这种人肯定在办事能力方面不会太突出，所以才以这种手段来博得上司的青睐。而且，时间一长，会引起员工的不满，其所作所为对整个公司所必需的团结协作精神也是一个严重的打击。

在缺点中发现优点

唐朝大臣韩晃有一次在家中接待一位前来求职的年轻人。此人在韩晃面前表现得不善言谈，不懂世故，脾气古怪。介绍人在一旁很是着急，认为肯定无录用希望，不料韩晃留下了这位年轻人。韩晃从这位年轻人不通人情世故的短处之中，看到了他铁面无私、耿直不阿的长处，于是任命他为"监库门"。年轻人上任以后，恪尽职守，库亏之事极少发生。

清代有位将军叫杨时斋，他认为军营中没有无用之人。聋子，可被安排在左右当侍者，可避免泄露重要军事机密；哑巴，可派他传递密信，一旦被敌人抓住，除了搜去密信，也问不出更多的东西；瘸子，宜命令他去守护炮台，可使他坚守阵地，很难弃阵而逃；瞎子，听觉特别好，可命他战前伏在阵前听敌军的动静，担负侦察任务。

韩晃、杨时斋的用人故事说明短中蕴长的道理。在现代社会中善于用人之短的领导也大有人在。用人只要得当，扬长避短，偏才们又何尝不能起到全才的作用呢！

对于人才的标准，领导都能达成共识。比如说，工作主动积极，具有远大的志向，具有创新精神，具有顽强的工作作风。但是，在真正选择人才时，领导很快发现，人的个性是千差万别的，这些美好的品质很难集中在一个人身上。有人具有工作所需要的某种优点的同时，也存在着一定的缺点，这使领导感到很为难。

人的成长受多种因素的影响和制约，必然有优点也有缺点，从一定意义上说，一个人如果没有缺点，也就没有优点。古代有一首歌谣唱道："骏马能历险，犁田不如牛；坚车能载重，渡河不如舟。舍长以就短，智者是为谋；生才贵适用，慎勿多苛求。"

事实上完美的人才是没有的，也正是这一缺陷考验着每一位领导用人的才干：一个不合格的老板，只会用人之短，而不会用人之长；一个优秀的老板，则会用人之长，而不过分关注人之短。

在企业全才难得，偏才易寻。企业领导不要把用人的目标局限在寻求全才上，而忽略了对偏才的使用和改造。其实，偏才的合理利用也能起到全才所不能起到的作用。一般说来，偏才有着鲜明的偏执方向：有的偏于言，有的偏于行，有的偏于谋，有的偏于干，等等，不一而足。

用人之长、容人之短，是企业选人用人的一个重要原则。唐代陆贽说："若录长补短，则天下无有不用之人；责短舍长，则天下无不弃之士。"刘邦出身低微，文才武略平平，却能灭秦挫项，一统天下，原因何在？他说："夫运筹于帷幄之中，决胜于千里之外，吾不如子房。镇国家，抚百姓，给馈饷，不绝粮道，吾不如萧何。连百万之军，战必胜，攻必取，吾不如韩信。此三者，皆人杰也，吾能用之，此吾所以取天下也。"

萧何等三人都不是通才或全才，也都有这样那样的缺点，刘邦的高明之处在于用其所长，容其所短，让三人的长处互为补充，从而形成一种合力，最终夺取了天下。

实际上，长处和短处之间并没有绝对的界限，许多短处之中蕴藏着长处。如有人固执、不随和，但他必然是有主见、不会随波逐流的人；有人办事缓慢、不灵活，但他往往是有条有理、踏实细致的人；有人性格孤傲、我行我素，但他可能是个有创意的人。

人之长处固然值得发扬，而从人之短处中挖掘出长处，由善用人之长发展到善用人之短，这是用人艺术的精华所在。有些公司领导，让爱吹毛求疵、不讲情面的人去当产品质量监督员；让一些喜欢斤斤计较的人去参与财务管理；让爱道听途说、传播小道消息的人去当信息员；让性情急躁、争强好胜的人去搞销售……结果，变消极因素为积极因素，大家各尽其力，公司效益倍增。

一位教师已经 41 岁了，刚从外地回北京，一直没有找到对口单位。一家私营公司在众多应聘者中录取了他。与许多人相比，他回京后一直受失业困扰，如果录取他，他会很珍惜这次机会的。年龄大点，反而更踏实，来个研究生说不定哪天就"飞"了。学历虽不高，但他吃过苦，有实践经验，进步不会慢。后来，他果然成为公司的业务骨干。

这位老师虽不是一流人才，当初选聘他的时候从年龄、能力各方面来看都不尽如人意，但一家私营公司却破格录取了他，最后还真成了公司骨干。

每个单位都有一些条件稍差的职员，管理者千万别把他们当累赘，只要把他们放在适当的岗位，他们就是人才，就是企业的财富。应当提醒的是，领导要注意对偏才进行教育和改造，磨磨棱角，使他们更能适应单位的要求。其实，改造偏才的棱角如同择菜一样，要弃其短处，扬其长处。管理者的高明之处，就在于长中见短、短中见长，无论长与短都能合理地安排他们，使各类人才优缺互补，相互协作，加强企业的力量。

察贤识才的 3 个标准

懂得贤才的重要性是任用人才的第一步，接下来还需要一个"察贤"的过程，即正确地识别人才，这是重视和任用人才的前提条件。作为杰出的政治家，吕不韦深谙"尚贤为政之本"的道理，作为一国之相，他深知人才对治国的重要性。吕不韦以政治家的眼光，总结历史经验教训，把得贤人与得天下直接联系起来，从国家兴亡的高度提出尚贤的重要性。

他在《吕氏春秋》中写道："身定，国安，天下治，必贤人。""得十良马，不若得一伯乐；得十良剑，不若得一欧冶；得地千里，不若得一圣人。舜得皋陶而舜受之，汤得伊尹而有夏民，文王得吕望而服殷商。夫得圣人，岂有里数哉？"要求国家的统治者把尚贤作为基本国策。吕不韦的这些观点和做法，都显示了他对人才的推崇。

吕不韦所处的时代是个群雄争霸的时代，在这种残酷的竞争中，人才的重要性和巨大作用更加凸显出来。对此，吕不韦借助《吕氏春秋》提出了"察贤"的三个标准。

首先，《吕氏春秋》使用了许多概念，如圣、贤、士、能等，从这些概念看，吕不韦心中的"贤人"都是一些品德高尚的能人，也就是德才兼备之人。

其次，《吕氏春秋》指出："凡举人之本，太上以志，其次以事，其次以功。三者弗能，国必残亡。"吕不韦将心志、做事、功劳三者作为举人之本，这个标准把德才兼备具体化了，延伸到了做事的能力和政绩等。

最后，《吕氏春秋》明确地提出了"八观六验"和"六戚四隐"的内观和外观标准。所谓"八观六验"，就是"凡论人，通则观其所礼，贵则观其所进，富则观其所养，听则观其所行，止则观其所好，习则观其所言，穷则观其所不受，贱则观其所不为。喜之以验其守，乐之以验其僻，怒之以验其节，惧之以验其特，哀之以验其人，苦之以验其志。八观六验，此贤主之所以论人也"。具体意思是：

（1）在他通达、过着很顺利的日子时，要注意看他礼遇的是些什么人。

（2）在他显贵、发达时，要注意看他举荐些什么人。

（3）在他富贵时，要注意看他供养、收养些什么人。

（4）在他听取意见时，要注意他将采取些什么行动。

（5）在他闲暇无事时，要注意看他有什么喜好和嗜癖。

（6）在与他探讨问题时，要注意他说些什么话、怎样说话。

（7）当他贫穷时，要看他不接受什么东西。

（8）当他处在低阶层时，要看他绝对不做什么事情。

以上是"八观"的主要内容。

（1）当他高兴时，要检验他什么地方没有过分的表现、所守的事情没有因此而开放。

（2）当他快乐时，要看清他的癖好。

（3）当他发怒时，要看清他的节制，能否保持理性。

（4）当他恐惧时，要看清他是否保持足够的自制力。

（5）当他哀伤时，要看清他为何哀伤，透过这种哀伤能否看到他的仁慈之心。

（6）当他处于苦难当中时，要看清他这时所秉持的始终不渝的志向。

以上是"六验"的主要内容。

除了"八观六验"，吕不韦还说："论人者，又必以六戚四隐。何谓六戚？父、母、兄、弟、妻、子。何谓四隐？交友、故旧、邑里、门郭。内则用六戚四隐，外则用八观六验，人之情伪贪鄙美恶无所失矣，譬之若逃雨，汗无之而非是。此圣王之所以知人也。"所谓"六戚四隐"的标准就是：鉴定一个人的品质，除了要有以上标准之外，还要听取他六类亲戚、四种接近他的人对他所作的评价。六类亲戚是：父、母、兄、弟、妻、子；四类接近他的人是：朋友、老相识或同事、乡亲和邻居。这些人代表了他不同时间、生活侧面和生活空间内对他最为熟悉的群体，所发表的看法和见解也必然是最为客观、全面而公正的。

综观以上三个识人标准，标准一是综合的理性标准，核心即德才兼备。标准二是理性标准的具体化，侧重于标准的具体操作。标准三是从内、外两个不同方面识别考查人才，侧重于方法论。应该说，这三个标准构成了一个完整的考查体系，吕不韦在当时的历史条件下，能够提出按照这一标准体系识别考查人才，的确是难能可贵的。

古语说：知人善任。作为一名领导者，不了解一个人，就无法决定能否对他委以重任。只有了解了他，才能最大限度地发挥一个人才的能力和作用，或者识破一个奸伪之徒的本来面目，避免影响整个管理工作的顺利进行。了解人才、选择人才是关乎一个企业兴衰成败的关键因素，所以在人才管理上，现代企业管理者有必要借鉴吕不韦的"察贤论"，掌握科学的识人方法，凭此获得更多真正优秀的人才。

精英会在竞争中胜出

通过竞争选拔人才也是现代管理中经常使用的方式。精英人才不会害怕竞争，并且一定能在竞争中胜出。最常见的具体方法有考试竞赛法、任期目标法和实绩考评法。

1. 考试竞赛法

考试在大面积发现和选拔人才方面，不失为一种比较奏效的方法，至今各国都普遍采用考试的办法发现人才。据资料介绍，美国于 1980 年 2 月举办了一次为期 5 天的"寻找科学人才竞赛"，从中发现了 10 名优秀人才。后来的结果验证，这 10 名人才都被评为有才能的科学家。

许多国家企业内部，也建立了一套严格的考试制度，把考察和选拔人才作为一项经常性工作，确保优秀人才脱颖而出。比如日本的佳能公司，把全公司190个工种根据工作难易程度和所需知识的多少，设立15种等级（职称），明确规定每种职称的标准，每隔10个月进行一次统一考试，根据考试成绩和日常考核情况确定职称。不论工龄长短、学历高低，只要符合标准，有真才实学，就可晋职升级，甚至越级晋升。

考试本质上也是一种竞赛。竞赛不仅是人才成长的加速器，而且是具有优胜劣汰的机制，所以它可以通过筛选，发现人群中的佼佼者，使被埋没、被世人瞧不起的人才脱颖而出。但是应该承认，考试竞赛方法本身也有其局限性。利用考试办法并不能测试出人的智力的全部要素。美国心理学家吉尔福特指出，人的智力要素可以分解为120种，而目前能够测试到的只有98种。也就是说，有22种智力要素是测验不出的。因此，管理者使用考试竞赛法识人选才时，必须结合使用其他方法才能奏效。

2. 任期目标法

就是在对下属任免过程中，通过目标管理的方法来鉴别下属才能和手段的优劣。

管理者应首先把岗位任务转化为目标体系，根据上级指示和组织实际情况，制定一定时期内既先进又可行的总目标。其次，要进行目标展开，将总目标从纵向、横向和时间上分解到各层次、各部门以至各个成员，由上而下落实责任。再次，发动群众逐级逆向修改、协调、校正目标，由下而上制定对策。最后，定期对各层次、各部门乃至每个成员进行严格的目标考评，根据目标的进度均衡性和目标的达成度，来评价管理者是否能胜任此职，决定任免。

这种方法类似于按"军令状"考核验收，它可以激发下属彼此竞争，互相比较，在竞争和比较中尽显优势。

3. 实绩考评法

实绩考评法是管理者对下属的工作成绩和服务情况做定期的考核与评价，以鉴别优劣、挑选人才的一种方法。

把考评实绩作为检验"良马"的标准，是一种有效的方法，而今世界各国，尤其是发达国家的政府部门或企业在人力资源管理过程中对考评倍加重视，一般每年都要进行一次，个别国家和地区甚至每半年进行一次。考评的结果直接与管理者的升迁挂钩。

考评实绩，既是检验"良马"的一种手段，同时也可以为下一次"赛马"提供可参照的依据和资料，使"赛马"的机制不断完善，不断改革和创新。

千里马是有共性的

千里马虽然跑得很快，但如果没有遇见伯乐，它一日千里也显不出什么价值。人才要靠人识别、发现。识人的方法有许多种，管理者要根据实际情况加以采用。

1. 直接交流

通过谈话使管理者面对谈话对象产生直接的亲身感受和较深的体验，从而避免各种外来影响和偏见。面谈的内容包括面谈对象的能力、经历、个性心理、爱好、特长等。面谈的程序：首先是做好面谈前的准备工作；其次是按照事先安排的内容顺序谈话。

面谈时应当注意：一是谈话的气氛要愉快、亲切、融洽、轻松自如；二是尽量让对方多讲，以便多了解对方；三是掌握谈话的主动权，使谈论内容不偏离主题；四是礼貌待人，谦虚和蔼；五是头脑清醒，注意观察，善于捕捉对方无意流露的各种线索，把谈话引向深处；六是谈话结束时礼貌告别，必要时，约定下次谈话的时间。

2. 素质测评

这种方法是通过抓住考察人才素质的关键性问题，予以细化，从而得以直观识别的方法。其测评的问题包括如下几方面：

（1）是否有雄心壮志。杰出人才必然有取得成就的强烈愿望。通过更好地完成工作，不断地去寻求发展的机会。

（2）是否经常有人求助于他。如果你发现有许多人需要他的建议、意见和帮助，那他就是你所需要的人才了。因为这说明了他具有解决问题的能力，他的思想方法为人们所尊重。

（3）是否能起带头作用。杰出人才往往能动员别人进行工作以达到目标，这可以显示出他具有管理的能力。

（4）是否有机敏的头脑和决断能力。一个有才能的人，往往能迅速转变思想和说服别人，同时能在相关信息都已具备时立即作出决定。

（5）能否较好地解决问题。如果他是一个很勤奋的人，他从不会去向管理者说："我们有问题。"只有在问题解决了之后，他才会找到管理者汇报说："刚才有这样一种情况，我们这样处理，结果是这样。"

（6）是否比别人进步更快。一个杰出人才通常能把上司交代的任务完成得更快更好，因为他勤于做"家庭作业"，随时准备接受额外任务。他认为自己必须更深地去挖掘，而不是只满足于懂得皮毛。

（7）是否勇于承担责任。勇于负责是一个杰出人才的关键性条件。

3. 冷眼细观

这种方法就是通过对人才的行为、语言、表情等进行有目的、有计划、有系统的观察，从而获得有关其思想、品德、智慧、才能、心理等素质状况的一种方法。

早在 4700 多年前，周代齐国始祖姜尚在《六韬·龙韬·选将》中，提出了观人识才的八征之法。这八征：一曰问之以言，以观其详（即提出某些问题，来考查其理解的程度）；二曰穷之以辞，以观其变（详尽追问，以考查其反应）；三曰与之间谍，以观其诚（间接打探，以考查其是否忠诚）；四曰明白显问，以观其德（坦白交谈，以观察其德行）；五曰使之以财，以观其廉（让他管理钱财，以观察其是否清正廉洁）；六曰试之以色，以观其贞（用女色相试，以观察其操守）；七曰告之以难，以观其勇（告之以危难形势，来考查其勇气）；八曰醉之以酒，以观其态（使其酒醉，来观察其言行）。

《领导工作研究》署名文章提出了如下用人"十观"：遇之于难以观其坚；理之于财以观其廉；给之于事以观其能；问之于理以观其明；身之于众以观其谦；处之于富以观其俭；临之所好以观其洁；交之于人以观其心；赴之于战以观其勇；任之于职以观其责。还有的学者提出用人"五观"，即观操守，在利害时；观精力，在饥疲时；观度量，在喜怒时；观存养，在纷华时；观镇定，在震惊时。

4. 激将识人

运用此法去了解男性或性格刚强的人的心理是很有效的。激将法的关键在于其所运用的逆反心理。你当着某人的面，说他做不了某件事情，对此有些失望，他便会立刻想方设法去做成这件事，让你知道你对他的估计错了。通过这一激一反，你可以从中体察出他的心理特点和性格中的过人之处，以及他处理特别事件的能力。

5. 情境试探

情境试探是管理者有意安排一定的情境，施加一定的压力或手段，并以此做试探，根据被"试"对象的反应，进而估计其使用价值。

（1）在对方最兴奋的时候，去加大他的欲望，此时他既然有欲望就无法掩饰实情。

（2）在对方最恐惧的时候，去加重他的恐惧，他既然有害怕的心理，就无法隐瞒住实情。

（3）已经受到感动之后，仍不见有异常变化的人，改变对象，向他亲近的人去游说，这样就可以知道他不为所动的原因。

（4）派他到远处去任职，以观察其忠诚。

（5）让他在身边任职，以观察其谨慎。

（6）派他做繁杂之事，以观察其能力。

（7）突然问他问题，以观察其机智。

（8）仓促约定会见的时间，以观察其信用。

（9）托付他大笔财富，以观察其是否为仁人君子。

不要被第一印象误导

管理者不能被下属的外表弄花眼，而应由表及里，抓住他的本质，才能选准下属。

对一个人的第一印象，往往是从服饰和仪表上得来的，服饰往往是一个人的身份和个性的象征。毕竟，要了解一个人的内在美，需要长久的过程，只有仪表能一目了然。

穿着随意、不修边幅的人，会使人产生不尊重别人的感觉；活泼、艳丽、式样随意一些的服饰，使人感到富有生活情趣、不拘一格。穿着整齐的人，给人以信赖感。衣冠不整、蓬头垢面让人联想到逃难者的形象；而完美无缺的修饰和宜人的体味，能使其在任何团体中的形象大大提高。

在服饰仪表方面，成功人士的衣着一般趋向保守和不逾越身份。对工作负责的人为了自己的工作，不会胡乱穿衣；一个成功者往往穿质量过得去的衣服。过分装饰打扮则是没有自信心的表现。

一个应试者衣着得体自然会令老板赏心悦目，但华丽的外表未必能说明应试者能力的高低。企业需要的是人才，而不是时装模特或电影明星。在用人的实际过程中，有些管理者往往被下属的外表和漂亮的言辞所欺骗，委以重任，结果是"一只老鼠坏了一锅汤"。因此，不以表取人，而以才用人是管理者必须掌握的识人原则。

一个成熟的管理者应避免"第一印象"误导自己的判断，识人立足于长远，立足于生活观察，立足于工作绩效，切忌情绪用事，以表取人，以貌取人。

"人，都戴着一副假面具。"这是心理学家莱格的话，意思是说人都具有自己的实像和虚像，而虚像是给人看的，体现真面目的实像却不易显露。从某种意义上讲，人或多或少、不同程度地带有双重人格。例如，有人平时通情达理，可醉酒后便出言不逊，胡搅蛮缠，尽管他醒酒后一再致歉，后悔不迭，其实他酒后之态才是他的真实面目。用人者对下属一定要透过现象看本质，不要被假象所迷惑。

衡量一个人是不是人才主要看他那引起深层次的、相对稳定的东西，也就是通常所说的本质。现象是人的外在表现，它是表面的、易变的，是可以被人的感官直接感知的；而本质却是隐蔽的、内在的，不易被人看见的。当然，本质和现象之间也存在着相互联系依存的关系。一般情况下，沉稳之人显得安静，公正之人表现耿直，廉洁者表现高洁，好利者往往多求，卑贱者常常谄媚。

人才是组织向前发展的前提，然而人才又是很难识别的。了解人要了解得彻底，不是容易的事，严格地讲是很难的。知人难，对人的认识往往要比对其他事物的认识复杂得多，这不只是因为人的个性千差万别，人的社会存在、社会关系以至人本身始终处于发展变化之中，而且人以其种种假象掩饰其本质的能力最强。因此，怎样把有真才实学与滥竽充数、踏实肯干与投机钻营、贤能与平庸区别开来，从而保证真正的人才得到使用，这是古今中外都在潜心研究的问题。

通常情况下，做到认识人的本质有三大难点：一是易失度，一个人的全部历史表现长达十几年或几十年，且是多方面功过掺杂，使人很难准确全面地把握；二是易被惑，人的品德和外表往往不一致，且被识者是随着外部环境的变化而不断变化的，这种变化外现为大量现象，而将本质深藏于现象之后，"有温良而伪诈者，有外恭而内欺者，有外勇而内怯者，有尽力而不忠者"。若察之失准，用之则受骗上当；三难在识才者的素质差别上，在同一标准和条件下识人，由于管理者个人素质、能力的差别和认识的狭隘性，往往会出现仁者不见仁、智者不见智的情况，甚至发生误将人才当庸才的事件。

三国诸葛孔明精于用人之道，他识人提出了几种方法，对后世产生了很大的影响，即"问之以是非而观其志，穷之以辞辩而观其变，告知以危难而观其勇，咨之以计谋而观其识，临之以利而观其廉"。这段话是说，辨识人才应当向他提出矛盾的观点，看他辨别能力和志向；同他反复辩论一个问题，看他的机智应变能力；告知他濒临的危险，看他的勇气和牺牲精神；请他出谋划策，看他运筹帷幄的能力；让他有利可图，看他是否廉洁奉公。

综合考察各项素质

日本电产公司是世界上最大的汽车零部件生产厂家之一。它原来是一个只有几人的小作坊，仅 10 年的时间就发展成为一家大型企业，产品打入国际市场，销售额比创业初期提高了 100 倍。这些成就的取得是与其独特的经营之道分不开的，尤其是在人员的选拔上。他们的秘诀是：

（1）嗓门越大越好。这项考试的主要目的是考查应试者有没有自信心。公司主考官事先准备好一篇文章，让前来应试的人一个个地轮流朗读，根据其声音大小予以录用。或者，让参加考试的人站在人群拥挤的车站前进行演说或谈自己的经历。这项考试不仅要求应试者的声音大，而且要求大方，毫无羞怯，讲起话来充满信心。他们认为只有说话声音洪亮、表达自如、信心百倍的人才具有较强的工作能力和领导能力。

（2）用餐速度越快越好。公司事先为每位应试者准备一份硬邦邦的米饭，菜也烧得让人难以咽下去。主考官考试前做一些说明："午饭已经准备好，请大家慢慢吃。正式考试在用餐1小时后开始，在隔壁会场举行。大家不必着急。吃完饭的人领取牌号后，到隔壁会场去。即便是正式考试也很容易，请大家慢慢吃吧！"尽管主考者一再强调慢慢吃，仍有一半的人在10分钟之内吃完了饭。这些吃饭速度最快的人全部被日本电产公司录取。日本电产公司认为吃饭速度也是身体健康的一种表现。事实证明通过"用餐速度考试"进该公司的职工，几乎从来不生病、不请假。

（3）厕所清扫得越干净越好。主考官要求应考者打扫厕所时，不用抹布和刷子等工具，而全部用自己的双手洗去沾在便池上的污垢。有些人表面上似乎打扫得很干净，但是，在人们看不到的地方却依然如故。真心实意想把厕所打扫干净的考生，会把便池里面也认认真真地冲洗干净，这就是为人诚实、办事认真的表现。

（4）报到越早越好。日本电产公司通过较长时间的实地考察和数据搜集，对上班来得早和来得迟的人得出的结论是：上班迟的人，多数工作成绩都比较差。如果上班时，姗姗来迟，带着满脸的睡意，匆匆忙忙来到工厂，这样的人绝对干不出像样的工作。

日本电产公司独特的选才方式、选才标准，仔细想来，其实不无道理。考试虽简单，却是对应试者身体素质、心理素质、敬业精神等方面的综合考查。

越来越多的世界级大企业在招聘人才时，不单单看重一个人的才能或技术，而往往要求"德、智、体"全面发展的人才。这样的人，必须具备健康的身体素质、良好的心理素质、诚实的品行、忘我的敬业精神等，这些都作为考查标准来衡量一个人是否合乎企业要求。

/第20章/

提拔可用之人的绝招

发现适合当领导的人

具有领导潜质的人很多。在他们之中，如何挑选最合适的人选？管理者不妨问问自己这些问题：

第一，此人的观念是否与组织理念相符？如果回答是否定的，不必选拔此人。相容性是首要的一条。理念是一个原则问题，不像其他个性上的缺点可以相互容忍。

第二，此人是否显示了成长潜质？如果此人没有显示出成长的愿望和能力，则选用此人的时机未到。

第三，对于此人选是否犹豫不决？在此人被确定之前，先找时间和他进行面谈，以期解答你的问题。如果大部分问题能得到肯定的回答，则此人可能是个理想的候选人，唯一的例外是品格。如果你对他的品格有怀疑，就不要选他。

第四，挑选此人，是否由于他有明显的长处？如果连一项明显的长处都没有发现，就不要选择此人。非原则性的缺点倒是可以忽略。

第五，他是否适合将要承担的重任？如果将一个有领导潜质的人放在不适合他的地方，将扼杀他的才能。当然，可以考虑换一个别的比较适合的位置。

第六，他能否和其他队员和睦相处？不管他能力多强，如果他不能与队伍和平相处，也不适合担当重任。

一旦你已发现潜在的领导者，你需要着手将他们培养成真正的领导者。

1. 建立信任

信任必须一天一天地建立，它要求连贯性。领导者辜负信任的一些行为是：违背诺言、说闲话、隐瞒消息和两面三刀。这些行为损坏了对于潜在领导者发展所必不可少的信任环境。当一个领导者失去信任时，他就必须付出加倍的努力才能重获信任。

（1）花时间同潜在领导者谈话，并对他们的表现提出意见。

（2）尊重潜在的领导者。

（3）对潜在领导者表示衷心的接纳。

（4）预料潜在领导者的感情和需要。

（5）给予鼓励，如握握手、打招呼和拍拍背。

2. 培养潜在领导者的心理承受力

每个人都难免犯错误，对此，领导者应有充分的心理准备。为了促进潜在领导者的成长，要鼓励他们勇于尝试，并允许他们犯错。

3. 给予鼓励

潜在领导者处于新的环境时，难免会有不适应。鼓励有助于他们发挥潜能，特别是在他们犯错误时，鼓励能给予他们继续前进的动力。

4. 给潜在领导者以希望

希望是领导者能给予他人的最好礼物，希望的力量不可低估。马歇尔·福克说："没有绝望的处境，只有绝望的人。"保持希望源于在任何情况下都看到发展的潜力并保持积极的态度。二次大战期间，曾有记者问丘吉尔英国靠什么去对抗希特勒的暴行。丘吉尔不假思索地说："英国最伟大的武器一直是——希望。"

5. 赋予崇高的使命

没有人想浪费时间做无关紧要的工作。人人都想过得有意义。认识和追求理想，并使之成为个人可达到、可衡量和可扩展的部分，能最大限度地激发人们的潜能。为你所领导的人们的生活带来意义的方法之一是让他们看到全局，使他们明白自己怎样做才能有所贡献。

6. 提供安全的环境

诺曼·科欣思说："人们因害怕而担忧，而忘记其梦想，没有什么比这更使人们产生不安全感。"成天害怕的人不会进步。领导者有责任为潜在领导者的进步和发展提供安全的环境。一个感到安全的潜在领导人会更喜欢冒险、努力超越，最后达到成功。

7. 奖励进步

即使是最勤劳、肯干的人，如果得到的只是挫折而不是报酬，最后也会失去士气。要使潜在领导者得以成长，报酬是必不可少的激励手段。

8. 适时任用

对潜在领导者的培养不能无限期延长，在适当的时候，应让他们负起责来，担当正式的领导工作。雏鹰试飞，不能总在树梢枝头扑腾，只有在风雨交加的高空，才能真正练硬翅膀。

总的来说，培养精英下属，绝非只让某些具有领导潜质的人获得自我领导能力，而是要让团队每一位成员都具备这种能力。这要求每一个人都了解团队目标及自身任务的性质，从而能在任何情况下都知道应该怎么做。尤其在遇到问题时，能采取积极的反应，而不是敷衍塞责；在个人利益与团队利益相冲突时，能充分自律，使个人利益服从集体利益。

当然，要达到这一结果，除了采用一般的方法外，还需要通过潜在领导者来实现。其步骤是，先找出具有领导潜质的人，通过培训、分权、授权等方式，使之具备自我领导和培养自我领导者的能力。这样层层推进，就能将自我领导能力渗透到整个团队。作为领导者，所要把握的是一个追求自我领导的理念，一个追求自我超越的目标和一个不达目的绝不罢休的信念。

挖掘出同步的"发动机"

俗语说：火车跑得快，还需车头带。一句话就形象地点出了组织内部中骨干人物对于组织发展的重要性。任何组织的领导者都会重视对骨干的管理，他们知道，只要对骨干管理到位，整个组织的运行效率就会得到保证。联想集团董事局主席柳传志曾有过这样一段谈话："作为一家制造业公司，取得成功的关键在于充分调动核心管理层和公司骨干的积极性。"联想在做业务、做事的时候，特别注意"带人"，事业要做出来，人也要培养出来。

这样的做事风格，逐渐成为一种文化，它被联想称为"发动机文化"。作为联想的第一把手，柳传志是一台发动机，他希望把他的副手们（各个子公司和主要部门的负责人）都培养成同步的小发动机，而不是齿轮——齿轮是没有动力的，无论其发动机马力多强大，齿轮本身多润滑，合在一起的系统所能提供的总能量是有限的；如果副手是同步运行的小发动机，大家一起联动的力量将非常强大。

关于"发动机理论"如何落实贯彻，柳传志表示，首先要提供舞台。他的副手们都是有特殊追求的人。对他们来说，仅仅有物质激励肯定是不够的，精神激励更为重要，而这个精神激励主要是给他们一个足够宽广的舞台。联想的具体做法是：制定了总公司的目标和战略之后，接着确定各子公司的目标和责任，和子公司的领导们讨论要实现目标他们应该有哪些权力，并明确奖惩标准。目标制定后，具体怎么去实现目标，是由子公司负责人或者部门负责人及他的团队设计的，当然在做之前，各个部门负责人会把这个方案向总部汇报，以保持同步。

柳传志敢把这么一个舞台放心地交给下属，当然需要培养。联想把公司的管理方式由最初的指令式，发展成其后的指导式，到最后形成参与式（下属子公司自己来做，总公司决策层只是参与而已）。2001年联想分拆后，当时很多媒体担心，联想把大摊子突然交给年轻人，可能会做不好。其实后来的事实表明，他们做得非常出色，原因在于，早在分拆的前两年，具体的采购、供应、销售等业务已经由这些年轻人负责了。

关于"发动机理论"的深刻含义，柳传志强调，在"发动机理论"中，联想强调"三心"。其一是责任心，任何一名联想员工都必须有责任心。对中层干部而言，除了责任心，还要有上进心——要有野心上更大的舞台，去管更多的事，想挣更多的钱。只有努力进取，他们才可能成为"发动机"。对于核心位置上的核心员工，还要加上事业心。这个"事业心"是不同于西方的职业经理人定位——在一家公司的管理职位上努力工作，拿到合适的报酬，再到另外一家公司去寻找合适的位置；联想的"事业心"是要把联想的事业当成自己的事业来做，一代一代地传下去。

培养事业心除了精神激励，物质激励也非常重要。让核心管理层拥有部分公司股权，让他们真的从产权角度感到自己是主人，这是联想努力去做的事情。

柳传志同时还指出，"发动机理论"中所说的发动机是有定语的，需要的是"同步的"发动机，不同步就会很糟糕。无论大家的积极性有多高，如果各做各的事情，那就要出事。在联想的组织架构中，在总裁室有企划部，其中有一个职能就是协调各个部门，保证同步、一致。更关键的是，联想强调"德"和"才"。这个"德"，就是要把企业利益放在第一位，这是联想唯一的标准。因此，在制度上，一旦出现宗派苗头，联想会在第一时间坚决打击。

管理者应该从联想的做法中获得重要启示：那就是想方设法找到能够引领组织快速前进的发动机，通过科学规划和人性管理，并使多台发动机能够形成合力，从而使企业获得巨大的市场竞争力。这是管理的根本目的。任何管理者只要能做到这一步，企业就会蒸蒸日上。

把技术精英推到管理岗位

大多数不断发展的公司都会遇到这样一个问题：怎样才能把人才留在技术岗位上，以便充分利用他积累的专业知识和公司已付出的投资。在这方面，微软的做法值得借鉴。

盖茨与公司其他的早期领导一直都很注意提升技术过硬的员工担任经理职务。这一政策的结果也使微软获得了比其他众多软件公司别具一格的优越性——微软的管理者既是本行业中技术的佼佼者，时刻把握本产业技术脉搏，同时又能把技术和如何用技术为公司获取最大利润相结合，形成了既懂技术又善经营的管理阶层。

例如集团副总裁内森·梅尔沃德，他既有副总裁的头衔，又是第15级开发员。他是普林斯顿大学的物理学博士，师从诺贝尔物理奖获得者斯蒂芬·霍金。他负责公司网络、多媒体技术、无线电通讯以及联机服务等。但是这一方法对于那些只想待在本专业部门里，并且只想升到本专业最高位置而又不必担负管理责任的开发员、测试员和程序员来说是没有多大吸引力的，这样，职业管理的问题就产生了。

微软解决这一问题的主要办法就是在技术部门建立正规的技术升迁途径。在微软的技术晋级制度中，确定开发员的级别（指 SDE，即软件开发工程师的级别）是最为重要的，这不仅是因为在微软以致整个行业中留住优秀的开发员是决定一个公司生存的关键，还因为确定开发员的级别能为其他专业提供晋级准则和相应的报酬标准。

在开发部门，开发经理每年对全体人员进行一次考查并确定其级别。开发主管也要进行考查以确保全公司升迁的标准统一。一个从大学里招来的新雇员一般是10级，新开发员通常需要 6～18 个月才能升一级，有硕士学位的员工要升得快一些，有的一进公司就是 11 级。

一般的升迁标准和要求是：当你显示出你是一位有实力的开发员，编写代码准确无误，而且在某个项目上，你基本可以应付一切事情时，你会升到 12 级，12 级人员通常对项目有重大影响；当你开始从事的工作有跨商业部门的性质时，你就可以升到 13 级；当你的影响跨越部门时，你可以升到 14 级；当你的影响是整个公司范围的时候，你可以升到 15 级。

在开发部门中，大约有 50％～60％的开发员是 10 级和 11 级人员，20％属于 12 级，15％属于 13 级，而剩下的 5％～8％属于 14 级和 15 级。由于级别是与报酬和待遇直接挂钩的，这样，微软就能确保及时合理地奖励优秀员工并能成功地留住优秀人才。

从 10 级升到 11 级很容易——微软公司开发主管戴夫·穆尔的说法就是"不需要用脑子"。"11 级的人是那些可以自行工作、自己编写产品代码而不需要太多监督的人。开发员在 11 级上平均要待上两年半的时间。一般情况下，从 11 级升到 12 级，我问几个问题；从 12 级升到 13 级，问许多问题；从 13 级升到 14 级，要求经理向我和麦克·梅普尔斯汇报此人对所在部门的贡献；升至 14 级和 15 级必须得到比尔的同意。"穆尔说。

通常那些智囊团成员一般都是 14 级或 15 级的软件设计工程师。公司里 15 级的人员很少。除了内森·梅尔沃德——他还有副总裁的头衔、查尔斯·西蒙尼外，总共只有五六个人是 15 级。但是，即使是技术级别或管理职务上升得很快，有才华的人还是易对特定的工作感到厌倦。

为了能有效地激发起员工的工作积极性并挖掘这些天才们的潜在创造力，微软允许合格人员到其他专业部门里寻求新的挑战，并且规定只有在某一特定领域积累了几年经验之后才能换工作。例如，在项目的两个版本之间给相当数量的人员一次换工作的机会。在公司范围内，还有一定比例的人员在项目之间流动。

同时微软并不鼓励所有的人不停地流动，因为微软的大型产品，像 Office、Word、Excel、Windows 和 NT，需要花几年时间来积累经验，频繁地变换工作是不足取的。通过合理的人员流动，使优秀的员工不至于在同一个工作中精疲力竭，同时，也使产品组和专业部门从不同背景和视角的人员的加入中获得新的发展。在微软，最好的、最受青睐的管理者大都是内行。

大部分公司都面临着这样一个传统问题，就是它们都有自己的拳头产品，但却难以再进一步发展。微软的特别之处就在于它从来都不惧怕改变自己的拳头产品，其中最主要的原因就是他们的高级经理都是技术型人才，都懂得技术，而技术的力量是无穷的，一天之内就可使整个产业发生巨变。也许你在商业上很精明，但是无论你有多么能干，如果不懂技术，就无法保证自己在技术革命的浪潮中安然无恙，它会使你在顷刻之间完蛋。

微软之所以选择技术骨干担任管理人员，是鼓励他们继续在技术领域发挥作用。选拔管理人员的标准就是他们的技术水平，这种政策使得一旦你被雇用为开发员后，就会逐级晋升，最好的开发员将最终成为最高级别的管理人员。

微软公司认为技术管理人员应当具备超群的技术才能，否则在公司内将无法得到其他员工的尊敬。管理人员不应当仅仅是优秀的程序设计师，还应当具备领袖的气质和魅力。要想成为一位出色的经理或者领导，管理人员必须具备两种基本的素质：其一，其各种能力应当超过其同事或将要成为其手下的那批人，其二便是领袖气质。如果管理人员两者兼而有之，那就是天生的领导者。

你会发现，在第一线管理层的经理人员大多不具备领导才能……而在第二线，具备这两种素质的经理人数要多一些，职位越高的经理素质越高。层级越往上，经理们能把管理工作干得很出色，同时他们的技术才能也十分卓越。

有人问微软研究院的负责人雷斯特：要想管理好企业里的基础研究院，必须雇来合适的领头人。那么具备什么样的素质才能担此重任呢？雷斯特认为主要有这么几个要素：第一，必须是一个好的研究员，要自己能够做很好的研究，而不仅是单纯的管理者。第二，要能够很好地启发和激励其他研究员，使他们达到自己不曾达到的研究境界。第三，要了解自己所要管理的研究领域的基本原理、概念和发展趋势，能够评估各研究成果的优劣。

也就是说，研究院的院长既要是技术专家，同时必须具备领导者的特质。

从微软的做法中我们可以得到启发：我们应该善于将优秀的技术精英提拔到管理岗位上去。这会带来两个方面的优势：一是使组织的管理人员在技术上都有很深的造诣，二是能够通过提拔挽留住技术精英继续为组织服务。因此管理者要在制度和架构上为技术精英的晋升提供畅通的通道。把技术精英推到管理岗位，将会使企业从中收获很多。

找到企业最需要的帅才

每一个人的能力有不同的特征。有的人能将自身的潜力发挥得淋漓尽致，而成为某个领域的顶尖高手。而有的人却能使别人乃至整个团队的潜力发挥得淋漓尽致。如果前一种人被称为人才的话，后一种人可谓之"帅才"。每个企业都要找到适合组织发展的帅才。

微软创始人比尔·盖茨是一个优秀的技术人才，但对公司各种事务的管理却不在行。随着微软公司员工越来越多，急需一位精通管理的人才来统帅。为此，比尔·盖茨想到了他的校友、交际高手史蒂夫·鲍尔默。在哈佛大学时，盖茨便与鲍尔默过从甚密。当时盖茨迷恋于打牌赌钱，赢了常到鲍尔默那里数钱。鲍尔默毕业后，又考入斯坦福商学院，但他没有立刻去学校，而是在一家公司干了一段时间。

1978 年，鲍尔默为了公司的业务，曾到阿尔伯克基找过比尔·盖茨。当时，比尔·盖茨就想他留在微软公司，但他没有答应。后来，鲍尔默又在几个公司做事，始终不愿意在一个公司长期固定下来。1979 年，鲍尔默到西雅图来探望盖茨，盖茨又恳切地对他说："你来微软公司吧，我们需要一个经理。"鲍尔默说："还需要考虑考虑。"

1980 年初，比尔·盖茨把鲍尔默请到西雅图来访问，再一次说服他为自己的公司工作。为了能请动鲍尔默，比尔·盖茨把父母也动员起来，让他们出面做说服工作。鲍尔默最终答应了比尔·盖茨，但是他说手边的事还没有处理完，至少要等到夏天。

到了夏天，鲍尔默果然来到微软公司，在这里，他的年薪是 5 万美元，职务是总裁助理。鲍尔默到微软公司时，微软公司的很多人都认为鲍尔默没有技术，对经营也不怎么懂，可工资却比谁都高，这使那些原本对待遇不满的人怨言更多了。

随着时间的流逝，鲍尔默的才能一一得到了显示，然而，他的巨大价值也被人们所认识。他充满了活力与激情，同时也具有很强的攻击性，与比尔·盖茨相比，甚至有过之而无不及，但他的攻击性更多的是激励别人，而不是伤害别人。许多人都认为，听鲍尔默讲话，就像是聆听上帝的福音。微软公司员工深深为他充满活力、令人振奋的谈话所感染。一位市场经理这样评价他："他要求你思考时不要拘泥于条条框框，与史蒂夫交谈后，你愿意为他付出一切。"有人说，正是鲍尔默的全身心的投入，才使微软公司稳居于计算机世界变革的巅峰。

最好的领导不仅要善于"将兵"，而且要善于"将将"。"帅才"就像一种化学媒介，能激活一个化学反应过程，同时也像一根火柴点燃一堆干柴。企业不仅需要人才，更需要帅才。

如何评价候选人是否具有帅才素质？首先要看其是否有感召力，这是一个领袖实现卓越领导工作的前提和基础；其次看其是否有优良的品格，品格不好的人是成不了领导者的；三是看其人际关系处理能力，领导一个团队，其日常工作就是协调人际，因此该项能力很重要。

培养有潜力的接班人

有这样一个电影镜头：战场上，硝烟弥漫，班长被敌人的枪火击中，即将停止生命的心跳。班里还剩下五个成员，战斗还在继续，他一把拉过身边的一个战士，说：我死了，你就是班长，指挥全班继续战斗。火线上的任命最具有感染力，其他士兵服从命令，跟随着新任班长的身影继续坚守在阵地。但是，问题出现了，从来没有指挥过别人的这位新班长，在猛烈的敌人炮火面前陷入了犹豫：死守，还是突围？他一犹豫不当紧，敌人趁机围了上来，将他们全部俘虏。

关键的时候，领导者的职业素质出现了问题，致使全军覆灭。商业就是战场，任何企业或者组织就是冲锋在战场上的连队。要想在关键时候使企业不掉链子，要想在关键时候有人承担起领导责任，企业需要在日常加强对员工的培养。这种培养的核心点就是把每个员工都培养成具备领导素质的准领导者。这样才能保证在激烈的市场竞争中不断有人站出来，领导组织继续前进。

作为业务遍布世界、历史悠久的跨国公司，摩托罗拉就很重视所有员工领导力的发展。摩托罗拉的领导人培养指导原则主要包括：培养关键性人才成为下一代的领导者；留住最佳人才；通过标杆学习来不断提高；培养全球型领导人才。摩托罗拉根据长期经营实践中摸索总结的经验，制定了独特的领导力衡量标准和行为规范，这就是著名的摩托罗拉的领导力"四个 e 和永恒的 E"。

四个 e 分别是"前瞻"（envision）、"实施"（execute）、"激励"（energize）和"果断"（edge）的英文首字母，E 是"道德"（ethics）的英文首字母。这一标准要求员工在激烈竞争的商业环境中，要有远见和创新精神；激励自己和领导团队达到目标；迅速行动，以结果为导向；在复杂情境中勇于决策，敢于冒险；在商业活动中坚守道德，包括对人保持不变的尊重和操守完美、诚信。

摩托罗拉人力资源部为员工提供"领导人才标准评估服务"，具体包括 180 度或 360 度的评估、评估报告分析、制订个人培养计划、后续辅导等部分。这样可以使员工清晰地认识自己的能力和在组织中的位置，系统地制订自己的长期职业规划，开发个人发展计划，与此同时也为组织提供了客观的数据，有利于组织有效地选拔人才，进行更为有效和有重点的人员接替规划，从而建立领导人储备机制。

摩托罗拉的领导人才课程包括业务开发学院项目（BDI）、公司强化管理培训项目高级班（CAMP－A）、基础班（CAMP－E）和领导效力强化培训项目（LEAD），这些项目以提升绩效为核心提供多种培训课程、领导人才评估的工具和咨询服务。通过领导人才培养，摩托罗拉如同获得了无穷的人才宝库一样，源源不断地将这些人才输送到世界各地。这些领导型人才为摩托罗拉的全球发展发挥了举足轻重的作用。

公司该怎样培养自己未来的领导者？首先，发掘那些具备领导者潜质的人，通过发展机会和培训给予他们关注。其次，提升培养对象的发展定位，使其高标准要求自己。再次，对那些可以领导组织走向未来的高级领导者的特征做一个界定，即建立领导力模型。最后，弥补培养对象的薄弱环节，最为重要的是让他们最大化地发挥优势。

采用科学的提拔程序

企业在发动转型或变革之际，更换领导者是其中最为关键和重要的内容。很多企业倾向于从组织内部选拔人员来为公司掌舵。成功的经验是：最正确的选拔必然源自最科学的程序。

说到通用电气，不能不提到韦尔奇，从 1981 年至 2001 年担任董事长兼首席执行官长达 20 年，他创造了一个令人难以置信的神话。

1981 年他当上公司一把手之后，旋即大刀阔斧地进行改革。为了让公司产品"数一数二"（即"不做世界第一，就做世界第二"），他不是砍削生产线，就是大量裁员。不称职的员工，不论职位高低一律走人，留下来的员工也都诚惶诚恐，拼命工作。他的"不近人情"让员工恨得直咬牙，甚至背地里表示要"狠狠地揍他一顿"。

经过精简，通用电气的行政部门由原来的 29 个缩减到 5 个，组成仅包括 13 个行业的企业，但韦尔奇看准了公司的发展方向，在淘汰旧业务的同时又不断增加新的品种。经营管理上他更是力排众议，倡导"无边界行为、群策群力"等管理理念，对公司官僚体制进行了全面的整顿，创立了"坚持诚信、注重业绩、渴望变革"的新风，领导了全球企业管理的潮流。

20 年间，通用电气一直保持两位数的增长，市值从 1981 年的 120 亿美元增加到 2002 年的 5000 多亿美元。值得称道的是，这位管理天才还不恋战，在威望如日中天之际，于 2001 年 9 月正式退休。他退休之后，专心写自传。《杰克·内心独白》出版之前，他就已拿到预付稿酬 700 万美元。

拥有像韦尔奇这种才干的 CEO 令人赞叹，一个世纪里都有像韦尔奇这样的人才当 CEO，而且全部都是公司内部自行培养的，这的确是通用电气成为高瞻远瞩公司的关键原因之一。

事实上，整个 CEO 的选择过程，一直到最后选定韦尔奇当 CEO，是传统的通用电气最优秀的一面。韦尔奇不但反映了公司的传承，也是通用电气走向未来的改革倡导者。诚如长期担任通用电气顾问的诺埃尔·提区和《财富》杂志总编辑史崔佛·舍曼在合著的《通用电气传奇》一书中所说：

"把可贵的通用电气交到韦尔奇手上的传统管理程序，表明了老通用电气文化中最好的、最重要的一面。前 CEO 琼斯花了很多年时间，从一群能力极为高强、后来几乎个个都领导大公司的人当中把韦尔奇挑了出来……琼斯坚持采用一种漫长、费事、彻底而吃力的程序，仔细地考虑每一个合格的人选，然后完全靠理智选出最适合的人，得到的结果足可列为企业史上继承人规划的典范。"

琼斯在 1974 年——韦尔奇成为总裁之前 7 年，采取了这一程序中的第二个步骤，批准一份文件，名叫《CEO 传承指引》。他和公司高层经理人力小组密切合作之后，花了两年时间逐步淘汰，把初步名单上全是通用电气人的 96 个可能人选减少为 12 个，再减为 6 个首要人选，其中包括韦尔奇。

为了测验和观察这 6 个人，琼斯任命每个人都担任部门经理，直接接受 CEO 办公室领导。随后的三年里，他逐渐缩小范围，让这些候选人经历各种严格的挑战、访谈、论文竞赛和评估。程序中的一个关键部分包括"飞机访谈"。在访谈中，琼斯问每一个候选人："如果你和我同搭公司的飞机，飞机坠毁了，你我都丧命了，应该由谁来当通用电气公司的董事长？"

韦尔奇在强敌中最后赢得了这场严酷的耐力竞赛。落选的人后来则分别出任吉梯电信、橡胶美用品、阿波罗电脑、美国无线电（RCA）等大公司的总裁或CEO。另一件值得一提的趣事是，出身通用电气、后来成为美国其他公司CEO的人远远超过出身美国任何一家公司的人。

需要提醒管理者的是，高层领导来自企业内部有利有弊。内部提拔的领导，熟悉企业状况，了解问题和可能出现的障碍所在，也容易形成一个支持自己的团队，但对企业的了解可能限制他变革的勇气，特别是变革会涉及到许多人，常常由于人事关系影响有效推行政策。

让外行人来领导内行事

当产业发生变化的时候，一些行业内的人或企业会对这些变化现象视而不见；或不视之为挑战威胁；或者忘记了过去成功的真正原因，自我神化，他们拒绝变化，最终坐失良机。

而一些行业外的人或企业却旁观者清，乘虚而入并很快成为一个重要行业或领域的主要竞争对手，甚至成为领导者，其承担的风险也相对较低。"空降兵"的好处在于：第一，可以带来一些新的理念和做法；第二，比较能从以往的人际关系中跳出来，相对客观；第三，他的出现本身就是一个变革的信号，可以使组织中的成员对变革有更多的期待。

外部人具有很强的冲击力。这一点体现在惠普对新CEO的选择上，据说当时委员会看了长达100多人的名单，从100多人筛选到后来保留10位左右的候选人，其中包括主管惠普企业计算机运算事业的安·莉尔摩和网威的CEO艾瑞克·史密特等。

当时遴选委员会开出的条件包括：有能力形成远景，同时能将远景执行出来；具有把观念目标转成具体行动的能力；要在科技产业有成功的历练，要有在大公司任职的经历。当然，另一项必要的条件是，接任者必须能和惠普文化相融合。

卡莉·菲奥莉纳的出线，从各方面来说，都是个意外的惊喜。菲奥莉纳前一个头衔是朗讯全球电信供应事务部总裁，她是道·琼斯工业平均指数追踪的30家大企业中百年来第一位女老板，也是《财富》500强企业中职位最高的女性。1998年底，《财富》杂志还评选她为全美最有权力的女企业家。

菲奥莉纳和遴选委员交谈时，直言不讳地说她不懂计算机，惠普应该用她，因为惠普懂计算机的人那么多，所以要找不一样的人才能将惠普带出困境，这样的人带给惠普的不是技术而是新的战略与方向，她在朗讯二十几年的经验，可以帮助惠普踏进通讯和网络领域。

后来，惠普资深董事，也是遴选委员之一的迪克·海克邦在公司内部杂志中提到："遴选委员会和董事会一致选择菲奥莉纳的原因是，她在宽广的信息产业上具有策略知识，又具备高科技公司 CEO 所需的技能。"

这位女强人为惠普创造出了新的增长逻辑，因此在惠普 2001 年股价大跌时并没有让她"下课"。同样，在与康柏的合并案中，当董事会中的家族股东反对并购时，卡莉·菲奥莉纳也能够通过说服其他股东获得支持。

其他成功的案例还有爱立信和 IBM。"以前我没有电信行业的经验。"爱立信新任总裁思文凯首次访华时对记者坦承，他以前是 Assa 锁具集团的 CEO，并把它变成了行业内的全球巨头。爱立信曾遭遇连续 7 个季度的亏损，总额达到 47 亿美元。董事会改变了过去几十年来一直由内部选拔最高领导的惯例，从公司外部请来思文凯，一方面是为了重拾投资人信心，另一方面正如英国《金融时报》所评论，"希望能为爱立信带来新鲜空气和新的思路"。此情此景不由让人联想起 1992 年有 78 年历史的 IBM，因陷入亏损 50 亿美元的泥潭无法自拔，而从饼干公司纳贝思科请来郭士纳的一幕。郭士纳这位计算机行业的"外行"，面对质疑，力挽狂澜，使蓝色巨人重现辉煌。

但空降兵并非是完美无缺。外部人也是有缺陷的，这一点需要管理者注意。局外人对公司的营运与所属产业了解有限，无法改善他们在什么应该改变、什么应该保留方面的决策，套用知名歌手肯尼·罗杰斯所唱的："你必须知道何时该保有、何时该结束、何时该走开、何时该继续。"外聘的领导者往往欠缺这种洞察力，因而可能会作出错误且往往无法挽回的决策。在对新上任的公司背景缺乏深入了解的情况下，外聘领导者往往会采用他们在先前工作中奏效的方法，未能留意新情况的需要。

外聘的领导者也可能无法获得或无法建立公司老员工的信任，这些老兵可能会推翻或破坏新任经理人的议程。苹果电脑公司就碰上过此类麻烦，该公司的工程师与中层经理人暗中破坏每一位外聘的领导者想改造公司文化的努力。最后，外聘的领导者未发展出值得信赖的内部顾问，以帮助克服老员工的排斥抗拒，并避免作出不良决策。

行政主管的选聘

为了获得优秀的行政主管人员来充实行政组织中的职位，就必须进行选聘。那么行政主管人员应具备什么样的条件呢？总体说来，行政主管人员应该德才兼备，符合知识化、专业化、年轻化的要求。具体说来，就是要看候选人是否具有管理愿望，是否具有管理能力。

成功地履行管理职能，最基本的要求就是具有强烈的管理愿望。一个行政主管人员良好的工作成效和他通过下属的协同努力而达到目标的强烈愿望之间有着密切的联系。所谓管理愿望就是指人们希望从事管理的主观要求。所以负责选拔的主管人员必须摸清候选人之所以想从事管理工作的真正理由。有些人想从事管理，是因为他们具有远大的抱负，具有吃苦耐劳、不达目的誓不罢休的坚强毅力，他的管理愿望是建立在对环境的细致分析、对管理工作性质的透彻理解和对自己的能力充分自信的基础上的，是为了组织目标贡献自己的才能。

这就是我们所指的强烈的管理愿望。具有这样的管理愿望的人才，才是企业所要寻找的行政主管。

管理能力就是指完成管理活动的本领。由于管理能力是在实践中形成和发展起来的，因此，我们在以是否具有管理能力这一标准来选拔主管人员时，就必须从主管人员在工作中认识问题、分析问题以及综合处理问题时表现出来的管理能力来评价他。贝尔电话公司前任经理巴纳德认为，为使主管人员能理解一个复杂的组织机构的各个方面，能分析各组织之间正式的相互关系，把技术、经济、财务、社会以及法律等学识恰当地结合起来，把这些问题向别人解释清楚，这就要求他有精确的识别、分类、逻辑推理能力，这一点是不言自明的。

选聘行政主管人员的方式，可考虑从内部提升，也可考虑从外部招聘。但不管是从内部提升，还是从外部招聘，都要鼓励公开竞争。

当明确了行政组织所需要填补空缺的行政主管人员的数量和标准，并制定了选聘的政策后，就要实施选聘了。选聘可在组织内由各级负责人员配备的主管人员和部门进行，亦可委托组织外机构或专家对候选人进行评价。

选聘的程序基本上是一套获得候选人有关资料的方法。这套程序包括哪些步骤，应视组织的规模和重要性，以及空缺职务的性质和要求而定。同时还要考虑这些步骤的时间、费用、实际意义和难易因素。

选聘行政主管时，选聘标准、程序要适当，负责选聘的人员素质要高。

关于候选人本身的考虑条件，有其潜质、学历和年龄三个方面：

（1）潜在能力。一般来说，一个人在现有职务中表现的才能的高低，是衡量他能否被提升的最好依据。所以，在选聘主管人员时不仅要看他有无能力、成就如何，更重要的是看他有无胜任更高一级工作的潜能。只有这样，才能避免那种"提升过头"的危险，也不至于浪费人才。

（2）文凭与水平的关系要分清。在凭知识谋生的社会中，文凭代表了一个人的知识水平，也表明了一个人应该具有的能力水平，但并不表示一个人的实际工作能力。选聘行政主管人员的标准，是要看候选人的实际工作绩效。因此，在选聘主管人员时，要以实际工作的能力水平为主，既要看文凭又要看水平。

（3）要敢于启用年轻人。年轻人易于接受和消化新知识、新思想，思维敏捷，精力旺盛，勇于创新。只要条件适当，他们就能取得良好的工作绩效。

找到优秀的人事经理

招聘工作对于企业人力资源管理的影响是举足轻重的，大多数世界 500 强公司最重视的就是招聘。招聘工作的成败直接决定了公司整个人力资源规划的成败。

招聘工作的重要性体现在各个方面，"巧妇难为无米之炊"，如果招聘过程中没有把好人才选拔这个关，那么培训工作的成效肯定会大打折扣，绩效管理不论采取何种先进的工具，也难以达到绩效的提高；招聘直接影响企业的用工成本与用工风险，大部分的劳资纠纷都是发生在解雇与裁员过程中，而解雇与裁员的原因有相当一部分是由于选拔了不恰当的人选；招聘影响企业文化的整合，企业的灵魂在于企业文化，而企业文化的整合关键在于企业员工的同质性，而这个同质性关键在于招聘时的把关。

招聘环节在整个的人力资源管理体系中如此重要，那么管理者就必须找到优秀的人事经理为企业把好招聘工作的第一关。优秀的人事经理应具备的能力主要包含三个方面。

1. 沟通能力是基础

所谓沟通能力，主要包括两方面：一是理解别人的能力，二是让别人理解自己的能力。招聘经理应该具备的沟通能力分为内部沟通和外部沟通。内部主要是制定企业招聘的标准。部门需求及部门现有的用人情况、老板对招聘职位的要求和意图、招聘对象与公司企业文化和企业发展的长久契合度；外部主要是看应聘者是否满足岗位要求。面试时，面试环境、节奏和话题的控制、职位情况的恰当表达和公司整体情况的清晰表述。沟通能力是招聘经理应具备的基本能力，对内要了解企业、老板和职位需求，对外要了解行业和人才流动趋势。

2. 洞察力很必要

洞察力是人们对个人认知、情感、行为的动机与相互关系的透彻分析。通俗地讲，洞察力就是透过现象看本质，洞察力就是变无意识为有意识。招聘经理应有的洞察力主要分为分析能力和判断能力。分析能力主要从职位本身和个人本身进行分析，也就是我们通常说的人职匹配。招聘经理对个人的特性要充分地了解和掌握，进行招聘决策时，要根据个人的个性特征来选择与之相对应的职位，这样个人的特征才能与职业环境协调一致，工作效率和职业成功才能提高。判断能力就添加了企业文化和背景、工作团队的融合问题，不同的企业性质、不同的老板个人风格和企业文化，在很多时候在同样的职位上需求是不同的。这就要求招聘经理对企业要有较深的理解度。

3. 战略规划能力必须有

战略规划能力是指管理者和组织者通过思考，在衡量影响组织未来的内部和外部环境的基础上，为组织创设目标、前进方向、焦点和一致性的能力。针对招聘经理的战略规划能力，就是指把招聘战略规划和企业的战略规划相统一，促进企业长远规划的目标得以实现。主要分为短期的平衡能力和长期的整体把握。短期的平衡能力是指内部用人计划、内部招聘的轻重缓急和岗位的规划与制定；长期的整体把握能力主要指招聘经理的全局观，这比平衡能力对于招聘经理要求更高，招聘的规划与人力资源整体战略和公司的长远发展要统一，企业不发展，就不需要招聘环节，职能部门的价值就不能得以体现。

提拔工作业绩出色的人

用人的方式有多种多样，可以从外界招聘人才，更重要的是从内部发掘一批潜在精英。卡耐基指出提升是对员工卓越表现最具体、最有价值的肯定方式和奖励方式，提升得当，可以产生积极的导向作用，培养向优秀员工看齐和积极向上的企业精神，激励全体员工的士气。因此，老板在决定提升员工时，要做最周详的考虑，以确保人选合适。提升还应讲求原则，不能凭个人的喜好而滥用老板大权。

什么是提升依据呢？一定要根据他过去工作业绩的好坏，这是最重要的提升依据，除此以外的其余条件全是次要的。因为一个人在前一个工作岗位上表现得好坏，是唯一可以用来预测他将来表现的指标。切忌根据个人的个性、以你是否喜欢他的性格作为提升依据。提升不是利用他的个性，而是为发挥他的才能。这也是最公正的办法，不但能堵众人之口，服众人之心，而且能堵住后门，让众多的"条子"失效，避免陷于员工间的钩心斗角之中。

这个道理虽然简单明了，可是许多人却往往做不到，主要是我们爱跟着感觉走，被表面的现象欺骗，以致失去了判断力。在很多时候，提升一个人是因为他同管理者脾气相投，管理者喜欢他的性格。比如管理者是快刀斩乱麻的人，他就愿意提升那些干脆利落的员工；管理者是个十分稳当、凡事慢三拍的人，就乐意提升性格优柔寡断、谨慎万分的员工；管理者是个爱出风头、讲排场、好面子的人，就不喜欢那些踏实、"迂"的人。这是一个误区。

另外，还有一点，管理者普遍喜欢提升性格温顺、老实听话的员工，而对性格倔犟、独立意识较强的员工不感兴趣。这样提升的结果，很可能用人失当，被提升者虽然很听话，投主管脾气，也精明强干，工作却搞不上去。这样做不仅浪费了一批人才，还使一些性格不合管理者意而有真才实学的人报效无门。

所以，管理者在提升员工时，必须切记：你喜欢他的个性也好，不喜欢也好，他个性乖戾、孤僻也好，温顺柔和也罢，都不必过多地考虑，而应把注意力集中在他们以前的工作业绩上，谁的工作业绩好，谁就是提升的候选人。因为，时代需要的是实干家而不是空谈家，空谈而无业绩者何用？如果要说空谈的用处，诙谐一点就是空谈可以败事，可以误国。怎样判断一个人是空谈家还是实干家，方法不过是让谈话者去干实事。

现代的多数企事业单位招聘人才大都有一个试用期，试用期满，老总就会对员工的成绩作一个评价，能够留下来的当然是为管理者所满意的，被认为是人才的员工；有时，管理者还会从特别优秀者中选出一部分委以重任。这便是管理者以政试之、察其真才的做法。

提拔之前详察其心智

我国古人云："天将降大任于斯人也，必先苦其心志，劳其筋骨，饿其体肤，空乏其身，行拂乱其所为，所以动心忍性，增益其所不能。"此意用现在的话讲，就是想提拔先坐冷板凳。明朝大学士张居正也用"器必试而后知其利钝，马必驾而后知其驽良"来说明人应该"试之以事，任之以事"，要考察干部的能、勤、绩，而以业绩为主。如果升迁太快，则无从考察。

在公司内部，老板有着至高无上的权力，他欣赏的部下可以直接提拔到非常重要的岗位。但聪明的老板一般不会这样做。因为人才的成长是需要经历风雨洗礼、挫折锤炼的。

曾有一位老板，看准了一个很有潜质的员工，于是派他到销售科工作。不久提拔他为科长，让他分管一摊工作。他表现非常出色，销售额逐月上升，老板嘉奖过他，公司上下的人都看好他，以至没有人怀疑他会升职。可是老板却把他调到无关紧要的仓储部门工作。

人们认为他可能得罪了老板。可是，这位员工没有分辩什么，他自己也猜不出老板的意图，心中虽有些不快，但仍然任劳任怨地工作，很负责任。老板有时也和他谈谈工作情况。一年后，这个小伙子便坐到了部门经理的位置上。后来人们才明白，老板想重用他，一直在观察考验他，暗中观察他在被冷落时候的行为表现。

事实上，升迁太快，没有足够的积累知识和经验的时间，恰恰不利于人才的锻炼成长。一般来说，一个好的管理人才能够踏踏实实地在各个部门工作，有相当的时间和经验，有协调沟通各类人际关系的熟练技巧，有处理应付各种复杂问题的知识、能力。

而晋升太快肯定不利于具备这些技巧、能力，难免顾此失彼，并不利于人才成长。同时，被大家视为上级特别厚爱的人，也容易招致大家的嫉妒、不满，这种风气甚至会蔓延到整个公司。不管这种心理平衡存在的程度如何，但毕竟会影响大家的士气，影响工作的正常进行。

而暂时冷落一段时间，尤其可以考察所要培养人员的德行、韧性。看他有没有事业心、责任心，是不是这山望着那山高，有心当官，无心干事。一个台阶上还没有站稳，就想"往上爬"，有没有平淡之心，是否急功近利。

作为领导，要悉察下属在受冷落时受挫折的程度有多大、干劲如何，此时是想跳槽还是认识到自己非奋发图强不可。如果他这样认为："有时想想，这实在是最糟的时候。到底要不要离开公司呢？但是，一旦辞了职，又无处可去。我真怀疑人生还有什么值得努力的事。"

这种心态说明他经不起挫折，常常是稍受挫折，便锐气全消，垂头丧气，也不善于总结经验教训，不善于思考与学习，也缺乏好谋而成的耐性和修养。

这带给管理者的忠告是，提拔悠着点，冷落也要有个"度"，有个过渡阶段更好。

让年轻人扛起重任

年轻人是企业发展的源头活水。大胆提拔年轻人，为企业的管理层注入新的活力，使员工的积极性大大提高，这样的企业才容易形成蓬勃发展之势。

美国钢铁公司是一个过分注重资历的公司，让年轻的管理人才都止步不前。即使是一个精通业务的人员，在该公司若想晋升为一个小厂的厂长，必须在每个职位上各待上 5 年的时间。因此，该公司各分厂的监督人员，一般都在 55 岁以上；公司的资深主管，也都是些 60 多岁的老头子。

年轻人要想在美国钢铁公司出人头地，也只有耐性十足地遵守年长主管所制定的陈规旧章。这些年长资深的主管，自己不思变革，同时又不让有才能的年轻人升迁，成了公司发展的绊脚石。那一年，当美国钢铁公司每卖出一吨钢要亏损154美元时，罗德里克终于意识到公司陷入了困境，他焦急万分。

在万般无奈的情况之下，罗德里克不惜重金聘来经营高手格雷厄姆，格雷厄姆以创新的经营手法挽救了企业危机而在美国钢铁业界颇具盛名。当美国大多数钢铁业老板们为了须筹借数以百万计美元的经费才能提高生产力而伤脑筋时，格雷厄姆却能不费分文，靠着激励经理和工人而大幅度提高生产效率。

公司大胆地裁减资深位高、傲慢自大、神气活现、一事无成的主管，提拔年轻骨干人才，使所有员工敢于负责，格雷厄姆把公司从死亡线上拉了回来。他认为广告对于增加钢铁销售量的作用不大，于是他将负责广告的人员从30人裁减到5人。同时，他认为54人的外销拓展部门的业务发展希望渺茫，而25人的经济预测小组做的是不切实际的工作，因此他将这两个部门予以解散。更重要的是，他废除了四至六层的管理阶层，以减少重叠的组织机构。

经历了一系列的改革后，员工的积极性大大提高，各级主管年轻有为，公司业务迅速发展，市场占有率大幅回升，取得了不可思议的成绩。

"我劝天公重抖擞，不拘一格降人才"，这句古话不仅是对古代君王用人的一种力荐，更是对现代企业管理中人才战略的一种劝告：现代的企业管理者在择人用人时一定不能循规蹈矩、论资排辈，要敢于启用年轻干部，对有特殊才能的卓越人才大胆委以重任，只有这样，才能让企业因为年轻人的锐气而充满了积极向上的活力。

在华为，不但有工作7天就被提升为工程师的新人，还有19岁的高级工程师。即使那些较大的科研项目，华为也放心大胆地任用年轻人挂帅。在华为，曾经有个年仅25岁的大学毕业生来领导500多人的中央研究部的事例。

对于这件事，任正非的态度是：年龄小压不垮，有了毛病，找来提醒提醒就改了。正是这种不受传统观念束缚、不论资排辈、不拘一格、放开手脚大胆任用的用人理念，使得华为内部形成了奋勇向前、极具活力的氛围，给每一个员工都提供了很大的发展空间和成长机会。

在企业管理中，很多企业家认为年轻人做事浮躁，于是把年龄作为启用人才的一项重要标准，以此来降低用人风险。而事实上，年轻人也有很多长者不具备的优点和特长：他们年轻有朝气、想法新奇独特、接受新鲜事物能力强；他们敢作敢为、敢打敢拼，且头脑单纯，并不工于心计，也不受那么多条条框框的约束，因此很有可能干出一番大事业。

企业在选拔人才时，要注意以下三点：首先，要坚持在长期的全面的实践中选拔，不能在短时间内，甚至凭一时一事的印象就下结论。其次，要以现实的实践为主，历史的实践为辅选拔。近期的和现实的实践能够比较准确、比较全面地反映人才的各方面情况。最后，要以实效作为判断和评价人才的主要依据。所谓重实效，就是重业绩、重实干、重贡献。

谁适合当营销经理

业务上停滞不前，绝大多数是因为管理不当而非行销手法不好。找到一个优秀的营销经理很重要。下面归纳出的业务领导特质，可作为筛选营销经理的素质模型：

（1）以身作则。优秀的营销经理不会要求属下做一些连他自己都做不到的事。开展营销工作，营销经理不能置身事外，要以身作则，不要光靠耍嘴皮子。

（2）养成并维持正面积极的态度。这是营销经理迈向自己成功与下属成功的最大一步。树立快乐的模范，让营销团队够保持轻松、快乐的气氛，显然是非常利于提升业绩的。

（3）一起制订与达成目标。优秀的营销经理善于制定目标，并每周审查下属的进度。

（4）接听业务查询电话。优秀的营销经理靠着了解客户所需，以及由此磨炼出来的行销技巧，来保持其在团队中的领导地位。

（5）与行销人员一起做陌生拜访。优秀的营销经理能经常设身处地站在行销人员的立场着想。

（6）接听客户投诉电话。优秀的营销经理善于找出客户、公司与行销人员真正的问题症结。打电话给不满的客户并采取实际行动。

（7）打电话给失去的客户。优秀的营销经理善于找出团队失去客户的原因何在。

（8）完成交易后，打电话向客户致谢。营销实践证明，通过来自管理阶层的电话，是建立良好关系的大好开始。

（9）与行销人员一起拜访重要客户。一个月至少进行 10 次业务拜访。

（10）打电话给满意的客户。找出令客户满意的原因，同时了解行销人员的表现与待客能力。

（11）采用以客户为主旨的业务报表而非例行的流水账。报表上应注明行动日期与客户或准客户姓名，以此来判定行销人员的行销周期。

（12）定期检查业务报表。确定行销人员不是只把空间填满、让报表好看而已。

（13）要求回馈。来自行销人员、高级管理阶层，以及客户的回馈与建议。

（14）采纳建议。让行销人员知道管理者在认真地倾听建议。这么做可以激发出更多具有建设性的建议，并且提高士气。

（15）与行销人员站在同一阵线。当客户与行销人员产生矛盾时，不要马上责怪行销人员，应该表现出对下属的信心。在未听清楚双方说辞之前，不要马上下判断。

（16）经常赞美下属的优点。每次批评一位下属之前，先表扬他的优点，以支持赞美来引导成功。

（17）鼓励代替谴责。每个人都会犯错，鼓励与正面的支持比谴责还要能够预防更多错误的发生。当一个好教练，给他们支持。

（18）如果必须谴责下属，尽量在私底下进行，而且对别人绝口不提此事。

（19）不要偏袒。这会扼杀士气，而且可能连累爱将。

（20）要振奋人心，传送出鼓舞人心的信息。

（21）颁发奖品或奖赏给表现杰出者。以激励他工作，提供人人都能赢取的激励。

（22）让自己的办公室成为有趣的去处，让行销人员喜欢到你的办公室。

（23）善于以成功做事来展示你的能力。

（24）睁大眼睛寻找改进或行销的机会。

（25）训练、训练、再训练。每周训练，尽可能参加研讨会，每天吸收一些新的知识，阅读任何与行销和积极态度有关的书籍。还有，不要只训练别人，自己也要接受训练。

（26）降低流动度。保证团队的稳定性。流动性强的团队是很难有好业绩的。

/第 21 章/

激发暂时后进者的绝招

以奖赏来激励无功者

当企业招聘到自己所需的"千里马",并想要给予他们有效激励的时候一定要注意,激励无论是物质还是荣誉,都要直观。春秋时期著名的军事将领吴起就是在这方面非常突出的人,他的军事思想被人收录在《吴子》一书中,书中有记载他是如何教魏王激励将士的。

一天,魏武侯问吴起:"吴将军,如果做到严刑明赏,军队是否可以打胜仗呢?"吴起回答:"发号命令民众乐听,兴师动众民众乐战,交兵接刃民众乐死,这是人主要做到的境界。大王您应该奖赏有功劳的人,激励无功的人。"

于是,魏武侯听从吴起的建议,下令摆宴,按将士的功劳分封座位。获得上等功的士大夫坐在前排,面前摆着山珍海味和精美的饮食餐具;功劳少的人被安排坐在第二排,虽然也是山珍海味,但是餐具明显差很多;那些没有功劳的人被安排在最后一排,食物和餐具都非常普通。在吃晚饭的时候,魏武侯下诏,凡是有功的人,父母妻子都可以来到朝门外,按照将士的功劳大小给予家人奖赏。假如将士死于战事,就派使者去给死者父母送慰劳品,表示魏王不会忘记这些人对国家做出的贡献。

自从采取这样分级而坐的措施,魏国的将士士气大增,人人都渴望在家人面前获得荣耀和嘉奖。这样做了三年,当强大的秦国派军队来到魏国边境时,不等朝廷招兵,魏国数以万计的百姓就纷纷要求作战。

柯达公司是世界上最大的影像产品及相关服务的生产和供应商,总部位于美国纽约州罗切斯特市,它的业务遍布 150 多个国家和地区。柯达的成功很大一部分源于对员工的激励之道。

论绩嘉奖是柯达日常工作中不可分割的一部分。柯达公司的核心价值观的第六条"论绩嘉奖"明确指出，要在各种公开场合、利用各种机会为员工所取得的成绩欢呼鼓舞，向所有为柯达的成功做出贡献的员工、团队等表示祝贺。

柯达公司亚太区主席安瑞认为，一个企业要想成功，首先员工要富有激情，当员工对他所从事的事业满怀激情时，就会产生无穷的创造力，而作为管理者，就要为员工创造这样的氛围。

俗话说"水不激不跃，人不激不奋"——为了激励员工获取更大的成功，柯达采取多种激励手段激励自己的员工。

首先，柯达给员工提供最直观的、丰厚的薪资奖励，各种福利、奖励一应俱全，并根据员工的业绩表现，灵活地进行调整。

其次，柯达公司会给员工写感谢信召开嘉奖会。每当员工取得工作上的成就，做出业绩时，柯达会及时给员工发一封感谢信。柯达也会及时地通过嘉奖会的形式对员工出色的表现予以肯定，激励员工继续取得更大的进步。

再次，当柯达高层领导人来公司时，公司会安排业绩突出的员工和公司领导人共进午餐，这不但为员工接触高层领导提供了好机会，更是对出色的员工的肯定与激励，使他们在众人羡慕的眼光里更懂得努力工作，积极进取。

最后，对于在柯达重大的工程、项目、事件等方面做出突出贡献的员工，柯达会给予经济上和精神上的特殊嘉奖，让员工倍感自己在公司的重要性。在这些奖赏措施的激励下，每名柯达员工都干劲十足，柯达公司也欣欣向荣地稳步发展。

精神需求是最为高级的需求，精神满足是最为有效的激励。人在社会中生存，每个人都需要得到他人的肯定和赞美。如果当员工做出贡献，而企业只是简简单单给予一些物质奖励时，员工心里的成就感一定无法得到满足。而当企业在公开场合给予员工一些直观的奖励和荣誉时，员工的个人荣誉感和成就感就会得到满足，他们在精神上就会受到鼓舞，认识到自己在群体中的位置和在大家心中的形象，从而增强自信心，不断督促自己继续努力。

适当引入竞争和淘汰机制

在《太阁记》中记载着这样一段有趣的故事：

在某个时候，清州的城墙崩塌了有一百间房子那么长的一段。经过二十天的修复也没有修好。于是，就派了一个叫丰臣秀吉的人去修理。他到现场后经过周密考虑，仔细地研究，于是把崩塌的城墙分成十段，同时动工，第二天便修起来了。

竞争可以在一个团队中形成一种争当先进、唯恐落后的氛围，进而激发团队成员的进取心，是一种提升团队和个人绩效的有效途径。这一点在海尔集团的用人理念中得到了很好的阐释。

"人人是人才，赛马不相马"是海尔的用人理念，在张瑞敏的带领下海尔形成了一个赛马的良性竞争氛围。

人才是赛出来的，在海尔人人都在同一个优胜劣汰竞争规则之下，是一种公平竞争的氛围，公司就好比一个场地，正如张瑞敏所言，"公司为你明确比赛的目标，比赛的规则公开化，谁能跑在前面，就看你自己的了"。

古人曰："用人不疑，疑人不用。"韩愈曰："世有伯乐，然后有千里马。"但海尔的领导者并不这样认为，张瑞敏指出，所谓"用人不疑，疑人不用"在市场经济条件下是一种反动理论，是导致干部放纵自己的理论温床，他主张"人人是人才，赛马不相马"，即为海尔人提供公平竞争的机会和环境，尽量避免"伯乐"相马过程中的主观局限性和片面性。

在这种人力思路的指导下，海尔建立了系列的赛马规则，包括三工并存、动态转换制度，在位监控制度，届满轮流制度，竞争上岗制度和较完善的激励机制等。这些规则都成功地为组织营造了一个良好的竞争氛围，对于激发员工积极性，保证组织效率起到了很好的作用。

1. 在位监控

在位监控，海尔集团提出两个内容：一是干部主观上要能够自我控制、自我约束，有自律意识。二是作为集团要建立控制体系，控制工作方向、工作目标，避免犯方向性错误；控制财务，避免违法违纪。

海尔集团建立了较为严格的监督控制机制，任何在职人员都接受三种监督，即自检（自我约束和监督）、互检（所在团队或班组内互相约束和监督）、专检（业绩考核部门的监督）。干部的考核指标分为5项：一是自清管理；二是创新意识及发现、解决问题的能力；三是市场的美誉度；四是个人的财务控制能力；五是所负责的企业经营状况。

这5项指标赋予不同的权重，最后得出评价分数，分为三个等级。每月考评，工作没有失误但也没有起色的干部，也要归入批评之列，这使在职的干部随时都有压力。

2. 届满轮流

海尔集团的另一特色性的人力开发思路就是届满轮流。集团的经营在逐步跨领域发展，从白色家电涉足黑色家电，产品系列越来越多，但是海尔集团内部的发展并不平衡，企业与企业之间不仅有差距，有的差距还很大，而且集团整体高速的发展并不等于每个局部都是健康的发展。那些不发展的企业的干部没有目标，看不到自己的现状与竞争对手之间的差距，头脑跟不上市场的变化，于是就原地踏步。市场原则，是不进则退。随着集团的逐步壮大，越来越需要一批具有长远眼光、能把握全局、对多个领域了如指掌的优秀人才。

针对这种情况，海尔集团提出"届满要轮流"的人员管理思路，即在一定的岗位上任期满后，由集团根据总体目标并结合个人发展需要，调到其他岗位上任职。届满轮流培养了一批多面手，但同时也让许多年轻人认为是"青云直上"的一种客观障碍。

届满轮流是"优胜劣汰，适者生存"的达尔文法则在企业管理中的一种体现，是企业生长的内在动力。领导者在管理中应注意保持企业内部人力或制度上的更新，择优汰劣，为企业创造一种适者生存的内部环境。

3. 三工转换

海尔集团实行"三工并存、动态转换"制度。三工，即在全员合同制基础上把员工的身份分为优秀员工、合格员工、试用员工（临时工）三种，根据工作态度和效果，三种身份之间可以进行动态转化。"今天工作不努力，明天努力找工作。"三工动态转换与物质待遇挂钩，在这种用工制度下，工作努力的员工，可及时地被转为合格员工或优秀员工，同时也意味着有的员工只要一天工作不努力，就可能会用十天、百天甚至更长的时间来弥补过失，就会由优秀员工被转为合格员工或试用员工，甚至丢掉岗位。

另外，海尔内部采用竞争上岗制度，空缺的职务都在公告栏统一贴出来，任何员工都可以参加应聘。海尔建立了一套较为完善的激励机制，包括责任激励、目标激励、荣誉激励、物质激励等，这对于处处感到压力的海尔员工来说，无疑是一种心理调节器。

无独有偶，美国通用公司为了鼓励竞争，防止在经营上各产业集团吃总公司的"大锅饭"，总公司内部各利润中心之间的经济业务往来一律以价格结算，相互之间没有优惠条件，这样总公司内部也存在竞争，各个部门在优胜劣汰的竞争法则下你追我赶，自然就提高了组织的效率。

海尔和通用之所以能够永葆组织活力，就在于内部有一个良好的赛马环境，使每个人都在适者生存的法则下朝着弃劣从优的方向努力，正如老鹰喂食的结果一样，留下的都是能干的精兵强将。

然而，淘汰是残酷的，以致有人把淘汰说成是企业的一种割肉疗法，这种比喻十分恰当。割肉就相当于老鹰弃养弱小的幼鹰，但为了保证组织的强势力量，就必须这么做。割肉疗法虽然痛苦，但有时却更有效！因为它不仅可以让人产生强大的内驱力，变压力为动力，而且还有助于员工自我能力的提高。人才优劣都是相对而言的，在能力上是分等级的，割肉疗法可以激励人们朝着更高一层的方向去努力，自我否定是创新的原动力。

竞争是人类的一种本能，人类在力量相对弱小的情况下可以存活到今天，在很大程度上就归功于人们的竞争意识。在现代社会中，无论是组织或者个人，竞争已经成为一种求生的必须。对于领导者来说，要在管理工作中适当引入竞争和淘汰机制，这样才能保证企业的活力，提升团队绩效。

请将不如激将

一个成功的领导人，能够满足员工的各种需求，善于用语言和行动激发下属完成任务的热情和信心、勇气和决心，这同样需要高度的技巧。中国有句俗话："请将不如激将。"激将法，也是其中办法之一。

在人才的运用中，如果能够运用巧言激将法，将会收到意想不到的效果。在一定的条件和环境下，当有些人的自尊心由于遭受挫折、犯了错误而缺乏信心时，为了使之接受上司的意图或意见，而故意用语言贬低他、刺激他，从而激发起他强烈的自尊心。这就是激将法。

使用激将法，一定要注意区分对象，根据性格特征因人施法，犹如对症下药，方能于病有益。否则，只会白费唇舌、枉费心机。巧言激将还要看准时机。出言过早，时机不熟，易使人泄气；出言过迟，又成了"马后炮"。除注意把握时机外，还要注意分寸，运用激将法，不痛不痒的语言犹如隔靴搔痒；但言语过于尖刻，也会使人反感。因而，语言激将要灵活运用。

愚蠢的激将法，往往是用嘲讽、污蔑、轻浮的语言将对方激怒，拼死一搏。一个优秀的领导人所用的激将法是聪明的激将法，他可以运用以下几种策略：

（1）激中有导。面对不同的被激对象，有时简单的否定、贬低收效甚微，还需要"激中有导"，用明确的或诱导性的语言，把对方的热情激发起来。

某班有一差生不但成绩差，而且爱打架。一次，他打了一位同学还洋洋得意，自以为了不起。老师批评他说："打架算什么英雄，学习超过他，那才是真正的英雄，如果学习上不去，只是四肢发达，空有一身蛮力，那只能是被人耻笑的大狗熊！"那个学生从此发愤学习，在后来两年的学习生涯中，成绩突飞猛进，其道德品质也为人称道，终于成了班里的尖子生。

（2）直接激将。直接激将就是面对面直截了当地刺激对方，激怒他，以使他的自尊心激发起来。

某班改选班委干部，实行毛遂自荐的方式进行竞选。成绩和能力都很好的小李是大家公认的最佳班长候选人。然而，不知何故，小李迟疑难决。

在老师的暗示下，同学小张找到他，言辞颇为激烈："小李，你不是向我说过你有远大的理想吗？同学们都对你寄予厚望，没想到你这么没出息，连个班长的职位都没有信心去竞选，真是丢死人了！""我丢人？"小李"呼"地一下站了起来，说，"我难道是一个胆小鬼吗？我不信连个班长也当不了？"说完，便冲向老师办公室报名去了。

（3）间接激将。间接激励就是有意识地褒扬第三者，暗中贬低对方，运用人争强好胜的心理，激起他压倒别人、超过别人的强烈愿望。

三国时期，为了联吴抗曹，诸葛亮来到江东，他深知孙权不甘居人之下、轻易不服人的脾性。诸葛亮明知曹军有一百五十万，却对孙权说曹兵一百万，兵多势大，所向披靡。孙权对曹军人数表示怀疑。诸葛亮说："我只讲一百万，怕吓坏你们江东的人呀。"

孙权中计，忙问："那我是战，还是不战？"诸葛亮乘机说："如果东吴人力、物力能与曹操对抗，那就战；如自觉不敌，那就投降！"孙权不服，反问道："依你之言，刘豫州缘何不降呢？"此话正在诸葛亮预料之中，于是进一步激他说：

"田横乃齐国一壮士，尚能坚守气节，何况刘豫州乃皇室之后，盖世英才，众望所归如百川入海，岂能屈膝投降、屈于他人旗下呢？"孙权被激得勃然大怒，发誓要与曹军决一死战。后来经过刘、吴两军的合作，巧用连横之计，终于大败曹军，取得了赤壁之战的胜利。

运用间接激将的方法，在于旁敲侧击，刺中对方不甘落后于他人的自尊心，使他萌发争强好胜之心，从而激发其斗志，提高对方工作的积极性。

（4）激将要因人而异。运用激将法要看对象，有人好胜，"激"就是选在这一点上，你越说他害怕，他就越勇敢。有人自尊心强，此点一"激"就灵，你越说他不中用，他越不服，越逞强。所以当别人指责他放弃责任、隐退不出，嘲笑他不负责任、胆怯后退时，他的能量就被激发出来了。

（5）煽情激将法。煽情激将法需要用具体的有感染力的描述，用富有煽动性的语言激起人们心中的激情、热情。所用的可以是严酷的现实，也可以是轻松的远景，不拘一格。

（6）示范激将法。这种方法军事家、政治家可以用，企业领导人同样可以用。

一个企业的厂长发现必须加班制造一项产品，于是让领班找工人回来加班。领班面有难色，表示有很多困难，厂长没有再说什么，晚上亲自跑到工厂加班，领班听到后，立即找了几个工人将厂长换下来。从此之后，碰到加班的时候，这位领班再也没有讲过价钱。

战场上主帅是不宜亲自出战的。主帅出战则意味着部将无能或失职，这个行动本身就是"激将法"。激将法有智愚高下之分，领导者掌握好其分寸尺度，灵活发挥，机智应用，可以让你在需要员工拿出他们最大的力量拼死效力时，派上绝妙的用场。

（7）对比激将法。对比激将法是借用与第三者（一般来说是强者）对比的反差来激发人的自尊心、好胜心、进取心。用对比法激人，选择对比的对象很重要。一般来说，最好选择被激对象比较熟悉的人，过去情况与他差不多，各方面条件与其差不多的人，而且对比的反差越大，效果越好。

（8）绝路激将法。军事家都懂得一个道理，人到了没有退路的时候，往往特别勇敢。中国历史上破釜沉舟、背水一战而获全胜的战例不胜枚举。如果企业领导人懂得这个道理，在濒临绝境的时候，激励员工背水一战，也可以大获全胜。

俗话说"置之死地而后生"。所以，一个企业领导人若想让一个临死的企业"活"起来，就要想办法让员工们知道自身企业处于"绝地"的处境。

根据实绩酌情刺激

激励人才，通常是在评价人才、选择人才、使用人才之后进行的，因为这时候激励的标准比较容易掌握，领导者可以根据下属在前一个用人行为中的具体表现，以及在后一个用人行为中承担的任务的难度，对下属酌情注入一定的刺激量。

这种通过各种有效手段，根据下属在工作中取得的实绩作为激励的依据，经常向下属灌注适量的动力，促使其积极而持久地从事创造性劳动的用人战略原则，就叫作实绩原则。

选择实绩作为激励人才的依据，需要辨别以下几种观念：

（1）优秀的德才素质，必须通过杰出的实绩来体现。有时候，德才素质不错，但由于受到复杂的主客观条件的制约和影响，也可能一时未能取得良好的实绩，但世上绝无长期取不到良好实绩的德才皆优者。

（2）看一个人的实绩时，当然应该看他的思想动机。但是，在缺乏足够的证据时，我们绝不能无端怀疑一个人的思想动机。动机和效果，两者绝不是并立关系，而是主次关系，良好的动机，必须产生理想的效果，即优异的实绩。我们主张通过效果看动机，在分析动机和效果时，重点放在效果上。

（3）"有本事"者未必能取得显著实绩，唯有德才皆优又踏实肯干者，才能取得较好实绩。实绩原则的根本宗旨，是依照实绩的好坏给予适当的激励，并非谁有本事就激励谁。相反，唯有坚持实绩原则，才能充分调动一部分德才皆优的拔尖人才的积极性和创造性。

（4）工作实绩，是人才价值的具体体现，通过它，既可以看出人才的基本素质、劳动态度，还可以看出人才创造的实际成果。而单纯的劳动态度，除了表明劳动者是否肯干外，并不能说明他付出的劳动是否能转化成有效价值。因此，根据劳动态度发"辛苦奖"、"照顾奖"，是难以使多数下属心悦诚服的，只有根据工作实绩发"成果奖"，才能使每个人都觉得公允合理。

当然，评估一个人的实绩，情况十分复杂，要做到准确、客观、合理、全面必须做许多艰苦细致的定量、定性工作。在这里，尤其需要提醒以下三点：

其一，工作实绩，按其获取的方式，可分为"直接获取"和"间接获取"两种方式。前者是人才通过自己的辛勤劳动直接获取的实绩，后者是人才通过组织管理活动，充分调动其他人才的工作积极性和创造性，或者从事有效的辅助劳动，极大地提高主要劳动者的工作效率和生产水平，从而间接获取显著实绩，领导者应注意不要忽视有些人才间接获取的各种实绩，唯有这样，才能公正合理地对各类人才给予适当的激励。

其二，在社会活动和生产活动中，人付出的劳动代价和所获取的劳动成果，演变情况十分复杂，有时很难辨清两者之间的内在联系。例如，有的前任领导者辛辛苦苦奋斗若干年打下的工作基础，到了后任领导者"执政"以后才见到了显著成效；有的企业领导者名义上主抓某项工作，而实际上这项工作却是由一位业务能力很强的部属做的，工作实绩也是由这位部属取得的；有的企业领导者为了追求急功近利，拼人力，拼设备，一时将生产搞上去了，等他高升以后，潜伏的危机却降临在后任领导者头上，似乎后任领导者又将生产搞糟了……如何准确区分这些纷繁复杂的事物之间的内在联系，公正地判明实绩的归宿，是坚持实绩原则时必须认真解决的一大难题。

其三，工作实绩，按其被人们接受的方式，也多种多样。由于人的认识能力有层次高低之分，某一实绩所产生的影响，与人的切身利益也存有各种不同的利害关系，因此，人对某一实绩的接受方式，势必要受到这些因素的复杂影响。当某人取得了某一突出实绩时，周围的人对这一实绩选择的接受方式就多种多样，可能反对，也可能赞许，还可能不表态，甚至表面赞许私下反对，或者表面反对私下赞许……有些超出人们目前认识水平的实绩，往往要推迟若干年以后才逐渐被后人所认识、所接受。因此，评估实绩，必须针对人们对实绩所抱的各种态度，经过认真分析、归纳、透视其本质，然后才可能作出恰如其分的评价。切不可简单地按照一时的社会反应，或者单纯按照群众投票的多少，甚至根据某个上级领导的个人表态来做结论。

在准确评估实绩的基础上，根据下属在工作中取得的不同实绩，分别给予相应的刺激量，促使其积极而持久地从事创造性劳动，就成为激励所追求的目的。

激起挑大梁的欲望

作为管理者，仅仅了解业务骨干的物质愿望还不够，不要以为多发奖金、多说好话就能调动下属的积极性。要让他们为你努力工作，需要管理者施展更细微的手段。

要想使公司获得进一步发展，领导者不能没有几个顶天立地的核心人物——业务骨干，必须要让下属产生挑大梁的欲望，为公司贡献才智。

有几个方法可以让业务骨干的需求获得充分满足，同时又能激发他们有挑大梁的热情和干劲，并以此来提高工作效率。

（1）向他们描绘远景。领导者要让业务骨干了解工作计划的全貌及看到他们自己努力的成果，业务骨干愈了解公司目标，对公司的向心力愈高，也会更愿意充实自己，以配合公司的发展需要。所以领导者要弄清楚自己在讲什么，不要把事实和意见混淆。

业务骨干非常希望管理者和他们所服务的公司都是开放、诚实的，能不断提供给他们与工作有关的公司重大信息。若未充分告知，业务骨干会对公司没有归属感，能混就混，不然就老是想换个新的工作环境。如果能获得充分告知，业务骨干不必浪费时间、精力去打听小道消息，也能专心投入工作。

（2）授予他们权力。授权不仅仅是封官任命，领导者在向业务骨干分派工作时，也要授予他们权力，否则就不算授权，所以，要帮被授权者清除心理障碍，让他们觉得自己是在独挑大梁，肩负着一项完整的职责。方法之一是让所有的相关人士知道被授权者的权责；另一个要点是，一旦授权之后，就不再干涉。

（3）给他们好的评价。有些业务骨干总是会抱怨说，领导者只有在业务骨干出错的时候，才会注意到他们的存在。身为管理者的你，最好尽量给予业务骨干正面的回馈，就是公开赞美你的业务骨干，至于负面批评可以私下再提出。

（4）听他们诉苦。不要打断业务骨干的汇报，不要急于下结论，不要随便诊断，除非对方要求，否则不要随便提供建议，以免流于瞎指挥。就算业务骨干真的来找你商量工作，你的职责应该是协助下属解决他的问题。所以，你只要提供信息和情绪上的支持，并避免说出类似"你一向都做得不错，不要搞砸了"之类的话。

（5）奖励他们的成就。认可业务骨干的努力和成就，不但可以提高工作效率和士气，同时也可以有效建立其信心，提高忠诚度，并激励下属接受更大的挑战。

（6）提供必要的训练。支持业务骨干参加职业培训，如参加学习班，或公司付费的各种研讨会等，不但可提升业务骨干士气，也可提供其必要的训练。教育训练会有助于减轻无聊情绪，降低工作压力，提高下属的创造力。

积极引导良性竞争

每个领导者都要明白，员工之间肯定会存在竞争，竞争分为良性竞争和恶性竞争，领导者的职责就是要遏制员工之间的恶性竞争，积极引导员工的良性竞争。

良性竞争对于组织是有益处的，它能促进员工之间形成你追我赶的学习、工作气氛，大家都在积极思考如何提高自己的能力、如何掌握新技能、如何取得更大的成绩……这样，公司的各项能力就会大大提高，大家的人际关系也会更好。

但也有些人却把羡慕别人的心情转化成阴暗的嫉妒心理，他们想的是如何给别人脚下使绊儿，如何诬蔑、搞臭能人的名声，如何让同事完不成更多的任务……他们总是想方设法拖先进者的后腿，企图让大家扯平，以掩饰自己的无能。这种行为会导致公司内部的恶性竞争。它会使公司内人心惶惶，员工相互之间戒备心强，大家都提高警惕防止被别人算计。

这样一来，员工的大部分精力和心思都用在处理人际关系上去了，领导者也会被如潮涌来的相互揭发、投诉和抱怨缠得喘不过气来，公司的业绩自然会下降。在这样的环境中，谁也不敢出头，人人都活得很累，工作不能顺利完成，公司的业绩自然平平淡淡。所以领导者一定要关心员工的心理变化，在公司内部采取措施防止恶性竞争，积极引导良性竞争。

一般说来，引导员工良性竞争常有以下几种技巧：

（1）领导者要创造一套正确的业绩评估机制。要多从实际业绩着眼，不能仅凭个别员工的意见或者自己的好恶来评价员工的能力与业绩。总之，评判的标准要尽量客观，少用主观标准。

（2）领导者要在公司或本部门内部创造出一套公开的沟通体系。要让大家多接触，多交流，有话摆在明处讲，有意见当面提。

（3）领导者不能鼓励员工搞告密、乱揭发等小动作。不能让员工相互之间进行监督，不能听信个别人的一面之词。

（4）领导者要坚决惩罚那些为谋私利而不惜攻击同事、破坏公司正常工作的员工，要清除那些害群之马，整个公司才会太平。

总之，领导者是公司或本部门的核心和模范，他的所作所为对于公司或本部门的风气形成起着至关重要的作用。

领导者必须从制度上和实践上两方面入手，遏制员工的恶性竞争，积极引导良性竞争，让大家心往一处想，劲往一处使，将公司的工作越做越好！

让团队成员跑起来

企业管理者应该善于推动团队进步，让团队成员跑起来。尤其是面对那些自觉性比较差的员工，一味地为其创造良好的软环境，对其不会产生丝毫的帮助。相反，应该让他感受到激励，这样才能激发他们成长的动力。

大家都听说过"望梅止渴"的典故：三国时曹操征张绣，行军时很长一段时间都找不到水喝，在大军军心动摇、疲惫不堪之时，曹操告诉他的军队，在前方不远处有一片梅林，到那就可以吃梅子止渴。大家一听，士气为之一振，结果既找到了水源，又完成了行军任务！

在一个团队中，即便是自觉性强的员工也有满足、停滞、消沉的时候，也有依赖性。偶尔利用你的权威及时制止他们消极散漫的心态，帮助他们认清自我，激发他们发挥出自身的潜力，重新激发新的工作斗志。

曾经有一个男孩问迪斯尼创办人华特："你画米老鼠吗？"听到这个问题，华特明确地回答："不，不是我。""那么你负责想所有的笑话和点子吗？"小男孩追问。"没有。这也不是我的工作。"华特接着回答。男孩百思不得其解，又问："迪斯尼先生，你到底都做些什么啊？"华特笑了笑回答："我就是一个充气筒，给每个人打打气，我猜，这就是我的工作。"

华特揭示了企业管理者的真正角色：教练、老师，也可能是班长。企业管理者要能激励员工士气，传授员工经验，解决员工的问题，能令员工折服，必要时还得自己跳下来打仗。要让"有能力、有意愿"的人，死心塌地跟着主管打拼，并且激励"有能力、没意愿"的成员、提升"有意愿、没能力"的成员，这是团队领导者最大的挑战。建立一个成功的团队是团队领导者的核心职能。建立成功的团队，就需要领导者推动团队成员共同进步。

张一凡的经验就是，以自己为榜样，促进集体进步。2002年，张一凡只是某百货公司一名普通的采购员。当时，百货公司员工经常可以看到他拎着重达几十公斤的物品送到食堂；为节省企业开支，负责公司采购的他经常利用上班前的时间自行到菜市场为食堂采购原料，为了价廉物美，他总是不辞辛苦，货比三家；出现急需物品，他总是随叫随到。

他的表现领导看在眼里，当年他就被评为公司优秀员工，并提拔为采购部经理。优秀员工的评选，公司领导人寄予这样的期望：通过挖掘普通职工身上的闪光点，用员工身边的先进典型事迹鞭策员工，弘扬勇于挑战自我、勇于战胜困难、敢于迎难而上的企业精神。在张一凡的带领下，采购部成为公司内最优秀的部门。

张一凡的事例说明了身教大于言传。示范和榜样的力量是无穷的，但是很多管理者很困惑：我在处处传帮带呀，为什么部下的效率却越来越差？需要管理者反省的是，因为你的榜样已经演变成了事必躬亲，并且处处按照自己的操作过程来要求你的每一个下属，时间长了，什么事情你都干了，下属自然轻松地等着你来干。

身教并不是自己一直要带着干下去，是阶段性的和创新性的。只有在有新工作时才需要加以示范、引导。在多数工作时间里，需要下属自主完成。通过亲身实践，他们才能成长。在员工提升能力过程中，企业管理者的主要工作就是推动他们，让他们跑起来。只有他们跑起来，企业的发展速度才能高起来。

通过授权创造责任感

要想提升团队的责任感，管理者就必须通过授权将权力和责任交给下属。

领导者授权的真正核心是，要能够给下属以责任，赋予权力。只有这样才能保证员工出色地发挥自己的潜能并最终赢得他们的拥戴。

北欧航空公司主管营销的副总裁詹·卡尔佐统计发现，第一线的员工每天需做出大约 17 万个大大小小的决策。当他升为最高业务主管时，公司每年的客流量已经达到 1000 万，员工与顾客的接触机会达 5000 次。因此，员工的服务状况将直接影响公司的效益。

美国通用电气公司前首席执行官韦尔奇是开发人力资本和激活知识型员工的能手。他提出了精简、速度和自信原则，认为培养员工自信的办法就是放权和尊重，建立简洁的组织。杰克·韦尔奇认为，企业内每个员工任何时候都会作出决策。一个优秀的领导者应当适当放权，将权力和责任交给自己的下属，这样才能使下属的才能充分地发挥出来。

然而，一些管理人员认为，授权给员工，让员工作决策将使企业变得混乱不堪，无法管理，而设立的规则和管理层越多，对员工进行的监督越全面，给他们胡想的机会越少，越好控制局面，自己的决策才能贯彻下去。但是，任何领导者必须注意以下两点：

第一，任何企业不可能100％地控制员工的工作。一定程度上讲，员工不得不使用自己的判断力。第二，全面控制员工的决策权只会产生最低效果。交响乐团指挥的控制权看起来很大，演奏员绝不可能按自己的兴趣随便演奏，指挥实际上控制着整个表演过程的各个方面。因此，可以说，他（她）具有100％的控制权，每个演奏员必须听从指挥棒。但是，一个伟大的指挥家最具魅力的地方就是用最微妙的手势产生巨大效果，他让你了解他的意图和期望获得的效果，他通过指挥棒了解每个演奏员的能力，他需要和谐和力度，他给每个人充分决定权。但是，如果你越想控制，获得的效果越糟，到头来就只剩下生气了。因此，完全控制是不可能的，即便可能，在今天竞争激烈的商业环境中也不应该如此，否则你将因为自己的管理失策而失去领导者的地位。因此，任何一名成功的领导者在管理中都必须遵循这样一个原则，那就是给自己的下属一定的决策权，并让其为之承担相应的责任。

Sun公司成功的最大秘密是公司为员工创造了一个自由、宽松的环境，使员工有充分的自由去做其想做的事。麦克尼里最引以为豪的Java正是在这种自由宽松的环境中取得的。

1990年，Sun公司的软件工程师格罗夫·阿诺德对工作感到厌倦，对Sun的开发环境感到不满，决定离开Sun公司去别的公司工作。他向约翰递交了辞呈。本来对于Sun这样一个人才济济的公司来讲，走一两个人是很正常的，但是约翰敏感地意识到了公司内部可能存在着某种隐患。于是他请求格罗夫写出他对公司不满的原因，并提出解决办法。当时，格罗夫抱着"反正我要走了，无所谓"的想法，大胆地指出Sun公司的不足之处，他认为Sun公司的长处是它的开发能力，公司应该以技术取胜，他建议Sun在技术领域锐意进取，应该使当时100多人的Windows系统小组中的大多数人解脱出来。这封信在Sun公司内引起了很大的反响。约翰通过电子邮件将这封信发送给了许多Sun的顶层软件工程师，很快格罗夫的电子信箱就塞满了回信，这些信件都来自于支持他关于公司现状的评述的同事。

在格罗夫即将离开Sun公司的那一天，约翰向他提出了一个更具诱惑力的条件，即成立一个由高级软件开发人员组成的小组，给予该小组充分的自主权，让他们做自己想做的事情，只有一个要求：一定要有惊世之作。于是就诞生了一个代号为"绿色"的小组，这个小组的致力方向是，开发一种新的代号为"橡树"的编程语言，该语言基本上根植于C＋之上，但是被简化得异常小巧，以适于具有不同内存的各种机器。

后来，Sun 将"绿色"小组转变成为一个完全自主的公司。经过调查研究，公司决定角逐似乎正在脱颖而出的交互电视市场，但是这次努力却以失败告终。面对失败，约翰不是解散公司，而是鼓励他们继续完善这种语言，他坚信这种语言一定会不同凡响。于是，Internet 发展史上的里程碑，富于传奇色彩的 Java 就这样诞生了。它成了约翰的最新法宝。

Sun 公司的成功实例告诉我们，只有当组织成员感到有力量、有能力、有用的时候，他们才可能完成不凡的工作。倘若组织成员觉得看不到希望，他们就会逃离组织。

管理咨询专家史蒂芬·柯维认为，每一个员工都有很大的才能、潜力和创造性，但大多数都处于休眠状态。当领导者为了使人们为完成共同目标而进行协同时，个人意图的任务与组织的任务交织在一起。当这些任务重叠时，就创造出伟大的战略。当人摆脱了对其潜能和创造力的束缚，而去做必要的、符合原则的事情时，就会产生巨大的能量，可以在服务顾客或股东时实现其自身的理想、价值和任务。这就是授权的涵义。而领导者统御下属一个最有效的办法就是充分地授权，给下属更多的决策权和责任。

现代管理大师德鲁克认为，管理的过程中过多的外来控制会将一个人做事的内在动机逐渐侵蚀掉。换句话说，人们甚至会认为，只有外在力量才能强迫他们去做事；然而，内在动机才是成就非凡事物的必要因素。当一个人做一件事只是因为别人叫他去做，而不是他自己想要做时，他就不会尽力去做好。因此，依赖外来力量和控制，都会减弱个人和组织的生产力。

在管理中，权力和责任是相辅相成的，德鲁克认为，如果让下属担负起一些责任，首先他们得被授权。让他们觉得拥有力量的不二法门是：创造一个他们可以参与，并且感觉自己很重要的环境。事实上，那些深受下属拥戴的公司领导者，不但深知也身体力行着"权力是可扩张的大饼"这个观念。他们明白，权力并非一种零售商品，并非当别人拥有比较多时，领导者就变得比较少。他们了解，当组织成员越是感觉拥有权力和影响力，他们的认同感和对公司的投入也就越高。领导者和成员若乐意受到彼此的相互影响，那么每个人的影响也就更大，且可带来彼此互利的影响。

越是能释放影响力、能倾听、能帮助他人的企业领导者，也是最受尊敬和最具效率的领导。当企业领导者和其他人分享权力时，他们就表现出对他人的高度信任，以及对他人能力的尊敬。同样，当下属感觉自己能够影响领导者时，他们的向心力会更强，也会更有效率地贯彻自己的责任。领导者通过授权向下属传递的信任感能够换来员工的忠心和工作激情。

/第 22 章/

合理约束员工的绝招

完善制度，杜绝潜规则

"潜规则"这个词，来自作家吴思对当代中国的观察和揣摩。它指的是明文规定的背后往往隐藏着一套不明说的规矩，一种可以称为内部章程的东西。支配生活运行的经常是这套规矩，而不是冠冕堂皇的正式制度，而这种在实际上得到遵从的规矩，背离了正义观念或正式制度的规定，侵犯了主流意识形态或正式制度所代表的利益，因此不得不以隐蔽的形式存在，当事人对隐蔽形式本身也有明确的认可。"潜规则"之初主要是谈社会中存在的一些"陋规"，如鲁迅先生所说，"藏在皮袍下面的东西"，是社会中一种看不见、摸不着，行之有效但摆不上桌面的行为方式。

在很多企业中也一样，市场竞争越来越激烈，由于制度、管理安排不合理等方面的原因，造成某项工作出现真空现象，好像两个部门都管，其实谁都不管，出现问题又纠缠不休，互相扯皮，推诿责任，使原来的有序反而变成无序，造成极大浪费。一般来说，主要有以下几种情况：

（1）有章不循造成的无序。无章无序就是随心所欲，把公司的规章制度当成约束他人的守则，没有自律意识，不以身作则，不按制度进行管理考核，不仅影响了其他员工的积极性和创造性，还会降低整体工作效率和质量。

（2）业务流程的无序。这是由于通常考虑以本部门为中心，而较少以工作为中心，不是部门支持流程，而是要求流程围绕部门转，从而导致流程的混乱，工作无法顺利完成。

（3）协调不力造成的无序。职责不清，处于部门间的断层。部门之间的工作缺乏协作精神和交流意识，彼此都在观望，认为应该由对方部门负责，结果工作没人管，原来的小问题也被拖成了大问题。

（4）业务能力低下造成的无序。比如出现部门和人员变更时，工作交接不力，协作不到位，因能力不够而导致工作混乱无序，人为地增加了从"无序"恢复到"有序"的时间。

德国企业家海因茨·尼克斯道夫对不努力工作的人会毫不客气，从不宽容。对此，他有惊人的辨别力。两名职工站在车间门旁起劲地聊天。过一会儿，当尼克斯道夫返回时，他们还在那里。"你们究竟是哪家公司的？"尼克斯道夫与他们搭话。

"哦，是这儿的尼克斯道夫公司的。"对方吃惊地回答。"那你们显然是尼克斯道夫公司中多余的人。"尼克斯道夫愤怒地说。那两名渎职员工的未来就可想而知了。尼克斯道夫回到办公室便下令开除那两名工作时间聊天的员工。

西方管理理念中，企业潜规则属于组织行为学的范畴。管理大师赖特指出，规则，是在组织中一种被两个人或者两个以上的人共同认同的态度、观念、感受、行为，来指引他们的日常工作，规则可以是正式的，也可以是非正式的。相对于公司愿景使命、发展策略、企业文化、规章制度的显规则，潜规则属于"非正式"的规则。它的形成原因有以下四个因素：企业中重复多次很难改变；企业过去情况的延续；企业发生重要事件形成潜规则；企业高层领导非正式设定的潜规则。

显规则的不完善，使潜规则的存在变得合理。任何一个企业中，显规则都不可能完全正确和完善，当显规则不能发挥有效作用的时候，潜规则就会凸现，起到实际的调节作用；而企业发展是一个动态的过程，不可能用一种规则去应付，纵使是显规则，也是在变化之中。可以说，规则总是落后于企业的发展，在新的规则还没有建立的时候，潜规则就闪亮登场。

人性中无法克服的弱点，以及人性的复杂，也决定了潜规则存在的必然。之所以存在潜规则，是因为人性不能用所有的规则全部设定出来，对不同的人性要实行不同的管理方法，领导力能起到潜移默化的作用，不可能有一种规则去应付它，无论最高决策者还是普通员工，都在遵循着自己行为规则中不言自明的信念，他们的行为都离不开人性与利益两把标尺。

这就造成了许多人喜欢按"潜规则"办事，比如有的人常常不是规范自己的行为，而是习惯去找关系"通融"，借权力"放行"。而一个执掌规则的人，只有学会网开一面、下不为例，才被认为"会处事"、"会做人"。真正讲原则、守规矩的人，却被讥为死板、迂腐，不懂变通。于是，在有些人心里，规则可以灵活掌握，法律富有弹性，秩序可以随意调整。

没有规矩，不成方圆。法律和规则是社会运行的基石，也是企业赢利的根本，规章制度松懈，执行力度不够，是一个问题的两个方面。这都直接破坏了企业的正常运行，助长了员工偷工减料、懒散松懈的工作作风。

因此，每一个企业的管理者，尤其是一线的执行者，都应该着力培养自己的规则意识和法制意识。须知，良好的规章制度和执行到底的作风是企业发展和赢利的基本保证。

学会拒绝某些要求

管理者要学会拒绝，不会拒绝的管理者一定不能成为卓有成效的管理者，尤其是在面对员工的不合理的要求上，如果不能果断地拒绝，将会对组织带来非常大的隐患。比如，要是在全年最忙的几天，有人要请假，或者别的经理想从你部门借一名员工用一周，你就要学会拒绝。一些平常你有可能同意的要求，在某些场合下却不得不回绝。

所有人都想顺人意、讨人爱，但在工作中难免要拒绝别人的一些要求——有的要求合情合理，另一些却可能是非分要求。下面是一些你非坚持立场不可的情况：

1. 员工要求休假

有两种情况：要么是你的下属没有按照安排休假计划的规定办事，要么是这段时间已经安排给其他员工休假了。要是前一种情况，就应该让下属知道他没有遵守规定。你应该这么对他说："很抱歉，我们打算在那个星期盘点存货，一个人手也不能缺。你知道，正因为这样我们才规定每年的一月安排休假计划。"

有时，员工的请假要求与别人预先计划好的休假有冲突。遇到这种情况，你要让他明白，批假的原则是"先申请先安排"，所以不能批准他的请求。不过，可以准许他与已安排休假的那个员工协商调换休假日期。

2. 员工要求加薪或升职

遇到那些特别尽职尽力的员工请求加薪或升职时，要开口说"不行"实在是一件很为难的事。特别是有时员工的职位、薪酬早该变了，但预算紧缩、生意清淡，或其他因素使你无法对他们的敬业予以奖励，要说"不行"更是难上加难。

这时，最好如实相告，说清楚为什么不能升职或加薪。处理这类问题时，切忌做超出你职权的承诺。即便你说了你承诺的事要视将来情况而定，如等生意出现转机、预算松动之后，等等，员工仍可能把它看成是正式的承诺。

3. 员工要求改变上下班时间

照顾子女、交通问题以及其他事情常常给员工带来困难。能与员工配合，帮他们渡过暂时的困难当然好，但不一定总能行得通，关键是怎么说"不行"。因为如果员工感到你对他的困难漠不关心，他就很可能另谋高就。

具体处理时要尽可能灵活，探讨各种可能的办法，这样即便不得不否决他的请求，你为此所做的努力也有助于消除员工的怨恨。

有些时候，准许员工偶尔稍许迟到或早一点走，不是什么大不了的问题。重要的是一定要事先征得你的同意，不然，你迟早会发现下属自主确定上下班时间。

有时你准许某个员工提前下班，而有时候又不得不否决这类要求，这时一定要跟员工讲清楚原因，否则，他们会认为你办事没有原则或偏袒某些人。

4. 员工要求调到另一部门

如果是最得力的员工要求调动，而且是在大忙时节，或在一时找不到人顶替的时候，千万不要断然拒绝，因为那样会使一个好员工消沉下去。

你应该跟他坐下来谈谈为什么要请调，你会发现促使他调动的原因可能与工作无关。可能是他与某位同事关系紧张，也可能是由于一些通过调整工作可以解决的问题，通过交谈才会发现问题在哪里。

如果谈话毫无结果，没有什么能使他改变调动的想法，你只有拒绝。但要尽可能减少给他造成的消极影响，尽量给他一线希望。比如可以说："现在不能调，过一两个月再看看有没有机会。"

这样做不仅为你赢得了考虑其他可能性的时间，而且在这段时间里，员工的想法也可能发生变化。不管怎样，对员工的调动要求表现出关心，有助于减轻拒绝对员工造成的伤害。

学会拒绝是管理者必备的能力之一，如果管理者不能做到这一点，将会使管理工作陷入无限的纠缠之中，并且管理者本人因为穷于应付下属的各种要求而使业绩变得平庸。这无论是对管理者自身的发展，还是对企业组织的发展，都是极其不利的。所有优秀的管理者一定不是被下属牵着走，而是通过果断、公平和合理的拒绝让团队始终保持着高效。

人性管理不排斥赏罚

自古以来，任何组织的管理都有一条有效铁律，那就是"赏罚分明"、"奖勤罚懒"。街亭战后，诸葛亮对马谡的罚以及对王平的赏，都充分体现了诸葛亮恩威并施的不凡智慧。

三国时期，诸葛亮首次北伐。他任命参军马谡为前锋，镇守战略要地街亭（今甘肃秦安县东北）。临行前，诸葛亮再三嘱咐马谡："街亭虽小，关系重大。它是通往汉中的咽喉。如果失掉街亭，我军必败。"并具体指示让他靠山近水安营扎寨，谨慎小心，不得有误。

马谡到达街亭后，不按诸葛亮的指令依山傍水部署兵力，却骄傲轻敌，自作主张将大军部署在远离水源的街亭山上。魏明帝曹睿得知蜀将马谡占领街亭，立即派骁勇善战，曾多次与蜀军交锋的将军张郃领兵抗击。张郃进军街亭，侦察到马谡舍水上山，心中大喜，立即挥兵切断水源，掐断粮道，将马谡部围困于山上，然后纵火烧山。蜀军饥渴难忍，军心涣散，不战自乱。张郃命令乘势进攻，蜀军大败。马谡失守街亭，战局骤变，迫使诸葛亮退回汉中。

诸葛亮总结此战失利的教训，为了严肃军纪，诸葛亮下令将马谡革职入狱，斩首示众。临刑前，马谡上书诸葛亮："丞相待我亲如子，我待丞相敬如父。这次我违背节度，招致兵败，军令难容，丞相将我斩首，以诫后人，我罪有应得，死而无怨，只是恳望丞相以后能照顾好我一家妻儿老小，这样我死后也就放心了。"诸葛亮看罢，百感交集，老泪纵横，心如刀绞；但若违背军法，免他一死，将失去众人之心。于是，他收其儿为义子，挥泪下令斩首。与此同时，他对街亭之战立有战功的大将王平予以表彰，擢升了他的官职，做到赏罚严明。

在现代企业管理中，优秀的管理者要做到像诸葛亮一样，有奖有罚、恩威并施，这也是对员工很重要的一个激励手段。要使员工明白，努力工作就能尝到棒棒糖的甜，犯了错误也会感受到惩罚的痛。

在企业里，管理者只有赏罚分明，才能不断强化正确的行为、抵制错误的行为。"赏"是对员工正确行为的一种肯定，帮助管理者旗帜鲜明地表明，员工哪种行为是自己所赞同的；"罚"是对员工错误行为的否定，表明哪种行为是被管理者所禁止的。

赏罚分明，就要做到有理有据。摩托罗拉就是赏罚分明的代表。

摩托罗拉每年的年终评估以及业务总结会一般都是在次年元月进行。公司对员工个人的评估是每季度一次，对部门的评估是一年一次，年底召开业务总结会。根据一年来对员工个人和部门的评估报告，公司决定员工个人来年的薪水涨幅，并决定哪些员工获得了晋升机会。每年的2、3月份，摩托罗拉都会挑选一批优秀员工到总部去考核学习，到5、6月份会定下哪些人成为公司的管理职位人选。

摩托罗拉员工评估的成绩报告表很规范。摩托罗拉员工每年制定的工作目标包括两个方面，一个是宏观层面，包括战略方向、战略规划和优先实施的目标；另一个是业绩，它可能会包括员工在财政、客户关系、员工关系和合作伙伴之间的一些作为。

摩托罗拉员工的薪酬和晋升都与评估紧密挂钩，虽然摩托罗拉对员工评估的目的绝不仅仅是为员工薪酬调整和晋升提供依据。但是，在摩托罗拉根据评估报告进行员工薪酬调整和晋升的过程中，评估报告已经扮演了表现摩托罗拉赏罚分明的一个最为重要的工具。

企业就是军队。一个军队赏罚分明，可以提升军队战斗力；一个公司赏罚分明，可以提升企业的市场竞争力。如果赏罚不明，一切制度都成了虚设；赏罚一分明，制度就容易得到巩固和完善。企业管理者在赏罚分明方面要注意三个问题：

第一，有功必有赏。下属有功劳而不能获得奖赏，他会心生怨气，陷入懈怠，工作失去主动性和积极性。

第二，有过必有罚。一个组织必须讲究制度和纪律，团队事务是公，不能因为个人私交感情而过失不惩罚。有过不罚，等于企业管理者自动放弃了惩罚机制。

第三，奖罚一定要双管齐下。下属取得成绩，即时给予奖励和肯定，以此来激励下属取得更大的成绩。下属犯了错误，给予批评和惩罚，以此来警醒下属改正错误。另外，赏罚一定讲求公平，否则会引起员工的抵触心理。

授权后要监督监控到位

真正的授权是指放手但不放弃，支持但不放纵，指导但不干预。监督监控其实是对授权的度的平衡与把握，在给予足够权力的基础上，强调责任，将监督、监控做到位，授权的效果才会实现最大化。

某民营集团公司，由于集团公司业务经营规模的扩大，从2002年开始，集团公司老板决定把公司交给新聘请过来的总经理和他的经营管理层全权负责。授权过后，公司老板很少过问企业的日常经营事务。但是，集团公司老板既没有对经营管理层的经营目标作任何明确要求，也没有要求企业的经营管理层定期向集团公司汇报经营情况，只是非正式承诺，假如企业赢利了将给企业的经营管理层一些奖励，但是具体的奖励金额和奖励办法并没有确定下来。

这是一种典型的"撒手授权"，这种授权必然引发企业运营混乱。该企业由于没有制定完善的规章制度，企业总经理全权负责采购、生产、销售、财务。经过两年的经营，到2004年年底，集团公司老板发现，由于没有具体的监督监控制度，企业的生产管理一片混乱，账务不清，在生产中经常出现次品率过高、用错料、员工生产纪律松散等现象，甚至在采购中出现一些业务员私拿回扣、加工费不入账、收取外企业委托等问题。

同时，因为财务混乱，老板和企业经营管理层之间对企业是否赢利也纠缠不清，老板认为这两年公司投入了几千万元，但是没有得到回报，所以属于企业经营管理不善，不能给予奖励。而企业经营管理层则认为老板失信于自己，因为这两年企业已经减亏增赢了。他们认为老板应该履行当初的承诺，兑现奖励。双方一度为奖金问题暗中较劲。

面对企业管理中存在的诸多问题，老板决定将企业的经营管理权全部收回，重新由自己来负责企业的经营管理。这样一来，企业原有的经营管理层认为自己的付出付之东流，没有回报，工作激情受挫，工作情绪陷入低谷。另外，他们觉得老板收回经营权，是对自己的不信任和不尊重，内心顿生负面情绪。有的人甚至利用自己培养的亲信，在员工中有意散布一些对企业不利的消息，使得企业有如一盘散沙，经营陷入困境。

很多人都知道"八佰伴"这个名字，作为著名的日本连锁企业它曾经盛极一时，光在中国就拥有了很多家分店。可是庞大的商业帝国"八佰伴"为什么顷刻间便宣告倒闭了呢？

原来，到了后期时，"八佰伴"的创始人禾田一夫把公司的日常事务全都授权给自己的弟弟处理，而自己却天天窝在家里看报告或公文。他弟弟送来的财务报告每次都做得很好，但事实上，他弟弟背地里做了假账来蒙蔽他。最后，八佰伴集团倒闭，禾田一夫从一位拥有400家跨国百货店和超市集团的总裁，变成一位穷光蛋。

几年后，禾田一夫在中央电视台《对话》栏目接受采访，主持人问他："您回顾过去得到的教训是什么？"他的回答是："不要轻信别人的话。一切责任都在于最高责任者。作为公司的最高领导者，你不能说'那些是交给部下管的事情'这些话，责任是无法逃避的。"

后来禾田一夫在回忆八佰伴破产的时候也承认，因为时代的进步需要更多的头脑来武装企业，所以家族式的管理已经不利于企业的发展。禾田一夫让其弟弟禾田晃昌做日本八佰伴的总裁，这本身就是一个典型的失败。在八佰伴的管理体制下，不但下面的人向上级汇报假账，连禾田一夫的弟弟也向禾田一夫汇报假账。

从上面两个例子里，我们知道，真正的授权就是让员工放手工作，但是放手绝不等于放弃控制和监督。不论是领导者还是员工，绝不能把控制看作消极行为，而是应该正确认清它的积极意义。

控制员工和向员工授权，两者密切相连、相辅相成。没有授权，就不能充分发挥员工的主动性；没有控制，则不能保证员工的主动性一直向着有利于整体目标的正确方向发展。

不要让命令打折

命令是领导者指挥下属的常见的表现形式，它可以以文件的形式间接下达，也可以以口述的形式直接下达。"有令必行"是管理工作的通则；反之，在执行过程中，命令被打了折扣，必定达不到预期的效果。

某位经理，因为得不到下属的协助而痛苦，他向前辈诉苦，前辈提醒他："你在命令下属时，是否明确地指出了命令的内容和目的呢？"经前辈的提醒，这位经理才突然醒悟，原来在这之前，他从未对下属说明命令的目的，于是他改正了缺点。

"这个资料必须在下周举办的员工大会提出，所以，你必须在会议举行的前三天完成它。这则求才启事除了登报纸，还可以刊登在求职杂志上，你要考虑到这一点，并且尽快把它做好。"如果命令下达得清楚明确，执行任务的热情和效率就会有很大的提高。

19世纪英国著名的政治家狄斯雷利在总结控制别人行为的思想时说："人是被话语统治着的。"作为一个领导者，你可以让话语为你的思想和感情服务，你也可以用你的方式去指挥别人，并按照你的意志行事，为你的目的服务。要实现这一点，需要做好两方面工作：

一是要向下属正确地陈述指令。领导者给下属发布命令时有以下几个具体的技巧：

（1）命令要重点突出，不要面面俱到。如果你把命令讲得过于详细和冗长，那只会制造误解和混乱。

（2）为了使命令叙述得简要中肯，你要强调结果，不要强调方法。

（3）明确描述截止日期。当员工准确地知道你所需要的结果是什么的时候，当他们准确地知道他们的工作是什么的时候，他们就能胸有成竹地开展工作。

（4）当你发布使人容易明白的简洁而清楚的命令时，人们就会知道你想做什么，他们也就会马上开始去做。他们没有必要为了弄清楚你说的话而一次一次地回到你那里。如果你希望别人丝毫不走样地执行你的命令，那么简单扼要的命令是绝对必要的。

（5）命令不要太复杂，要尽量简单。最好的计划应该是在制订、表达和执行上都不复杂的计划。一个简单的计划也会减少错误的机会，其简洁性也会加快执行的速度。

二是要说服下属执行命令。领导者的工作意图和方案，必须通过下属来贯彻执行。可是往往上级领导者的工作意图和方案得不到下属的支持和赞同，这样，就需要上级领导者耐心地说服下属，使下属真正在思想上想通了，才能保证上级领导者的工作意图和方案得到顺利的贯彻执行。那么，上级领导者怎样才能有效地说服下属呢？

（1）要了解对方，"对症下药"。每个人性格、思想、经历等各不相同，因此，对于一个领导者来说，对一个下属的了解包括对对方的真实思想、性格特点、长处与短处、工作中的困难等，做到真实彻底地了解。只有全面、彻底、真实地了解下属，才能有针对性、巧妙地打通他的思想。举例来说，一个领导者准备实施一项新的规章制度，某位下级有不同意见怎么办？

这时，领导者一定要搞清楚其反对的原因，是因循守旧的思想在作怪，还是害怕新制度对己不利，或是其他原因呢？如果是担心损害切身利益，说服他时，就要着重阐明新旧制度的利弊，并可以就新旧制度的细则征求他的意见，使他从具体内容中深深体会到领导者是如何全面考虑各方面利害关系的。这就比一般地讲"要勇于改革"、"你要支持改革"等大道理更有说服力。这是说服下属的重要一环。

（2）要平等亲切，以心交心。下属和领导有意见分歧时，下属本来就有猜疑、戒备、不满等心理，如果领导者不能亲切相待，满脸怒气或是冷若冰霜，交谈便难以进行。所以，领导者说服人，首先要努力创造和谐、亲切的气氛，通过热情的招呼、坦率直爽的态度、商讨式的语气，使对方受到感染，觉得你就像一位老朋友，值得信赖，可以无话不谈。这是保证说服成功的最主要的条件。即使第一次交谈不能取得一致意见，也为今后继续做工作打下了良好的基础。

为了创造和谐亲切的气氛，从交谈开始，领导者就要注意说话的艺术。例如，"我知道你不同意"、"我不怕你反对我的意见"，等等，虽是实情，但其效果是把自己放在正确的地位上，把对方放在了错误的位置上，以错的架势批评对方，对方往往难以接受。不如说："我相信你一定能理解我的用意"、"下边的情况，你更清楚，我很想听听你的见解"，等等，这种充满信任的话语，有助于消除下级的不满、对立情绪，自然而然地诱导他说出心里话。

（3）要策略灵活，方法得当。说服人要灵活巧妙，讲求策略，不能一条道走到黑。正面讲道理，对方听不进去时，可以寻找他的心理弱点，打开突破口，再彻底说服他，这叫"迂回说服"；有些人坚持己见，十分固执，领导者不要性急，可等待一个时期，让他经过一定的实践和冷静的思考，再找他谈话，这样比较容易解决双方的分歧，这叫"等待说服"。总之，说服的方法各种各样，只要领导者善于因人而异，方法得当，多数人都是可以说服的。

权力牵制中的平衡之术

在领导用权的过程中始终存在着这样的矛盾：一方面，领导者不能全权独揽、事必躬亲，他必须下放权力，依靠他人的协助来实现有效的领导；另一方面，作为领导者又不能授权过度，造成大权旁落。于是，如何进行权力的分配以及形成权力的制衡关系，也就成了每一个领导者值得深思的难题。

自古以来，无法控制的权力是最危险的，轻则使人身败名裂，重则使国家倾危。曹操说："势者，因利而制权也。制由权也，权因事制也。"为官者，不但要控制自己的权力，抑制权力欲的膨胀，更要制衡手下人的权力。不给权则无法办事，给权太多则尾大不掉。精明的领导者，既要有宽广的心胸，又要有制衡的手段，二者缺一不可。

武则天时最大的两股力量，一是武派，一是李派。武派是武氏家族成员以及与之联盟的武则天的私臣，李派则是李唐王室和拥戴李唐的大臣。武则天对这两派时而扶，时而压，在平衡中以求得权力的稳固控制。

武则天主要通过预备二线、三线队伍，对一线人员构成潜在的威胁和竞争，不断地更换官吏，以不使任何一派的势力过于庞大。

对官员如此，对酷吏也是一样，索元礼、周兴这批酷吏，就是被来俊臣这批新酷吏解决的。由此还引出了一个"请君入瓮"的典故。

对李派的牵制也是如法炮制的。

李昭德曾是武则天身边红极一时的人物，他是拥戴武则天的功臣之一，精明强干又有魄力。武承嗣指使到武则天面前请求废李立武的王庆之，就是被李昭德率领朝臣群殴而死的。武则天对李昭德很信任，甚至武承嗣在武则天面前说他坏话时，反而被武则天讥笑说："自打我用了李昭德后，就一直高枕无忧，是他在代替我受劳苦。"但是武则天又岂肯将大权交于一人呢？因此当另一个受武则天重用的李派大臣丘愔提醒武则天"臣闻百王之失，皆由权归于下"时，一下打动了武则天的心。然后，他说李昭德在外朝专权，臣观其胆，乃大于身；鼻息所冲，上拂云汉！武则天很快罢了李昭德的相位，让丘愔代替他。

酷吏集团和武承嗣联盟后，成为武派的一支重要力量，在摧残李派方面下手狠毒。但武则天对他们始终不放手交权。当来俊臣把狄仁杰、魏元忠等李派朝臣的主干力量都罗织进"七大臣谋反案"时，武则天不肯把审讯狄仁杰等人的权力下放给来俊臣，在最后关头保住了这批人的性命，令武派浑身不舒服。后来，武派联合来俊臣把李旦也诬为谋反后，李派面临标志性人物被除去的危险。在最后关头，由于小乐工安金藏剖腹为李旦鸣冤，终于使武则天下决心保留了李旦，这对武来联盟更是极大的牵制。

长寿元年后，李派开始对武派进行攻击，武则天又反对来保护武派。侍御史周矩提醒武则天说，现在满朝都是陛下的仇人，陛下处于极端孤立的地位！周矩把这样一个问题摆在武氏面前：你究竟依靠谁？是依靠酷吏，落得众叛亲离的下场，还是把权力从酷吏手中收回，依靠文武臣僚治理天下？武则天心动了，她决定逐步停止实行恐怖政策。但她还不想一下除去酷吏这支队伍。要杀来俊臣，罪名俯拾即是，但她舍不得杀，留下也许还有用处。果然，万岁通天元年（公元696年），来俊臣东山再起，他帮武氏再次对李唐派残余势力加以打击。

大约在来俊臣再起前不久，李昭德又被召回授予监察御史的职务，他和来俊臣之间的斗争中断了一个时期后，在公元697年上半年又开始了。最后，两人一同下狱。多少年来，武氏一贯将李昭德与来俊臣作为两个相互平衡的砝码。当来俊臣下贬时，李昭德也下贬；来俊臣起复时，李昭德也起复。两个势如水火的仇敌，有着极为相似的荣辱起伏遭遇。这当然不是命运的决定，而是巧妙的人事安排。所以，现在来俊臣行将处决，则李昭德也是非死不可了。六月丁卯日，两人同日被"弃市"。

武则天晚年更坚决地执行"李武并贵"的政策，她把李显召回立为太子，但又让李氏兄弟和武三思等人明誓共相容，还把拥李的宰相魏元忠、丘愔外贬。甚至当她病情恶化的时候，还坚持既不让李显、李旦，也不让武三思、武攸暨之流，甚至也不让她唯一的女儿太平公主入宫侍疾。这当然与她习惯于二张的侍奉有关，但更重要的是她不想表现出对武、李中任何一方的偏向。

李派最终靠政变结束了武则天的执政生涯。那是李派潜藏深伏、蓄积多年的结果，也因为武则天太老了，无力掌控局面了。但多方牵制搞平衡的权术确实让她超脱于各派之上，扮演着最后终结者的角色。

面对错综复杂的局面时，用谁去解决复杂的问题是领导者的艺术。如何找到利用并调动各方力量的支点，使得各种力量都有效地为自己所用，这就是领导者的制衡之术。当一个集团发展到一定阶段，各层面的人物已经自然根据综合能力的不同排成不同级次的时候，容易让排位较前的人坐大，以为天下就是靠他们打下来的。

于是有些领导引进新的人才来打破原有的平衡，使得所有的人需要重新排位，这种不平衡，犹如在沙丁鱼中放入一条不安分的鲇鱼，既可以让大臣们保持积极性，又能使领导稳坐高位，驱使天下才智。这正是制衡的高明所在。

大权独揽、事必躬亲固然是领导者的大忌，但过分地分权，或者在分权中使某些下属的权力过大，都会严重地削弱领导者自身的影响力，甚至还可能造成组织内部的混乱局面。因此，领导者在处理这两者关系时，必须得有一个准心：

首先，领导者要有分权意识。事实表明，领导者只有善于授之以权柄，使之各负其责、各尽其能、各展所长，才能成就一番事业。

其次，在分权的过程中，要掌握一套制衡的策略，以防止下属集权现象的发生。要深刻明白权力不受监督制约就必然会产生臣强主弱的现象，因此为了更好地驾驭下属，必须设法在下属之间形成权力制衡的关系，以防止少数人专断。

最后，要善于分权。分权的时候要兼顾授权和监督并重。

用惩处校正偏离的方向

惩处是一种重要的管理方法，但在管理实践中并不常用，一般也只用来约束行为，而明显地用惩处校正一个企业方向的却不多见。惩处虽然是一种辅助性措施，但为了扭转某种失控的局面，纠正某些带有倾向性的、偏离正确方向的行为，惩处又成为必要的管理手段。而且可以帮助领导者树立一定的威慑形象，利于威信的建立。

吉宁接管已很不景气的美国某国际电脑电报公司。他规定，任何分支机构必须不折不扣地执行总公司命令，总公司派遣的监督人员发现分支机构负责人不称职、不负责或不服从命令时，有权撤换，凡此间被解职的人一律不发退休金。这一措施立即振作了整个公司的精神。与其他措施相配合，公司很快出现转机。

当涣散行为严重影响业务和生产时，就需要适当施用一定的兴奋剂，激发人们的精神，改变那种软弱无力的状态。这虽然是一种反向的激励措施，但必要时用一下也会很起作用。

惩处具有警戒、威慑、行为矫治、方向控制和引导的作用。在任何一个团体都必须发挥人的自觉能动性，也必须用一定的制度、规定进行行为约束，还必须有一定的惩戒手段，对越出行为规范的人进行适当的处理，这三者是缺一不可的。有些团体长时间没惩处过一个人，但惩处手段还在，它的威慑力也存在。

惩处之所以能发挥这些作用，是因为人有一种认知协调的心理，人总是按自身的态度和行为一致的方向行事，尽管他的态度和行为不一定是正确的，人在误入歧途时，惩处便打破了他的认知心理协调，造成内心的苦恼和焦虑，使其转变态度，在新的认知方向上寻找新的心理平衡。

自然，这里掌握惩处的心理冲击力的大小是十分重要的，惩处能使行为得到矫正即可，而不能冲垮人的心理抗力，破坏其自尊和自信，否则就会破坏人的正常心理系统，带来一系列消极后果。企业主管需要考虑的是，员工的心理抗力是否将长期处于紧张、防御、焦虑、冲突之中，他们是否将失去积极进取的动力，而把行为方向放在消极防范上，他们是否还将学会逃避惩处的办法，使领导权威失去效力。一个优秀的企业领导者要格外注意惩处的恰当运用。

惩处的原则是：

第一，面小罚大。惩处的面要小，但要抓大的典型进行惩处。惩处影响大的人震动大、作用大。

第二，以是否转变人的态度作为惩处成功与否的重要标准。惩处自然要震慑周围的一些人，矫治带有方向性的不良行为，但当事者不能转变态度，则会大大影响惩处的效果，而且不能起到教育当事者的作用。新加坡对乱丢杂物的人除罚款外，还要求 16 岁以上成人在公共场所清扫垃圾 3 小时，报纸上还登有警告性提问："清洁工友在短短几分钟内就能完成的工作，难道你需要 3 小时的劳动才能学会吗？"这种教育引导式的惩处效果很好。

第三，惩处不能伤人自尊心。惩处时，还要细致地做好当事人的工作，充分肯定其优点、长处，通过说理使他能正确对待惩处、对待自己。否则，惩处会激发出意想不到的新矛盾。

坚决维护制度的公正性

领导者一定要在企业中树立制度意识。企业制度的制定不是为了摆样子，而是要切实执行的。无论是普通员工还是领导者，一旦涉及制度问题就要按照制度说话，不能因为职位高低而搞特殊，更不能专门为某些人改变制度。管理者要坚决维护制度的公正性。

狄仁杰担任的大理丞，相当于最高法院的法官，掌管着国家刑法大权。他在此任上的事迹被后人编撰成精彩的传奇故事，这也是"神探狄仁杰"称号的由来。虽然这些故事许多都是编造的，但狄仁杰在任期间不徇私枉法、坚决维护法律公正的精神却丝毫不假。

狄仁杰在担任大理丞时绝不徇私枉法，为了维护法律尊严，甚至不惜犯上直谏。

一次，左威卫大将军权善才、右监门中郎将范怀义两人误砍了昭陵（唐太宗墓地）的柏树，按照当时的法律论罪，最多是将两人免官，但唐高宗却下旨要将他们处死。

身为大理丞的狄仁杰据理力争，认为权善才、范怀义罪不当诛。高宗一听，火冒三丈："他们两人砍了昭陵里的柏树，让朕落了个不孝的罪名，必须杀了他们！"朝廷大臣见皇帝在气头上，纷纷暗示狄仁杰不要再继续顶撞。

狄仁杰却毫不让步，坦然对高宗说："皇上，有人说，自古以来顶撞君主的人都没有好下场，但臣并不以为然。在夏桀、商纣时代或许如此，而在尧、舜时期则不然。臣庆幸自己生在尧、舜一样的时代，不怕皇上听不进去我的良言相劝。

"汉朝时期，有一盗贼窃取了高祖庙堂前的玉环，文帝大怒，将盗贼交付廷尉张释之惩治。张释之按到宗庙服御判处当诛，上奏文帝。文帝怒不可遏，斥责道：'人无道以至于此，竟敢盗取先帝明器！我交付廷尉，竟欲判他灭族之罪，而你却拘守成法，这有违我尊崇宗庙的原意。'张释之免冠磕头说：'法令该如此判处，今以盗宗庙器而灭族，假使万一有个无知愚民挖取长陵上的一锹土，皇上将如何惩治呢？'文帝终于认识到廷尉的判处是恰当的。

"今依照大唐法律，权善才、范怀义并没有犯下死罪，陛下却下旨要将二人处死，法令如此反复无常，以后还怎么治理国家呢？你现在为了昭陵上一棵柏树而处死两位大臣，后世之人将如何评价陛下呢？"在狄仁杰晓之以理的劝谏下，高宗最终免了两人的死罪。

公元 681 年，司农卿韦弘机在洛阳修建了华丽的宫殿，唐高宗想移住洛阳。狄仁杰上奏弹劾韦弘机，指出他的错误在于使皇帝生活腐化，会将皇帝引入歧途。高宗遂免了韦弘机的官职。

左司郎中王立本是朝廷的一位秘书，他倚仗皇帝的宠爱，在朝廷横行霸道，大臣们都不敢得罪他。只有狄仁杰上奏弹劾王立本的罪行，但唐高宗却下旨宽恕了王立本。狄仁杰再次上奏说："朝廷虽然缺乏人才，但也不缺少像王立本这样的人，陛下为什么为了宽大他而违反国家的法律呢？如果陛下一定要宽恕王立本，那么就先把臣流放到荒野之地，以警告朝廷的忠贞之士。"高宗最后将王立本依法治罪，满朝文武都佩服狄仁杰的胆量和勇气，对他肃然起敬。

不难看出，高宗时期的狄仁杰是以一个忠臣的面目出现在历史上的。他的犯颜直谏犹如太宗时期的魏徵，他的铁面无私与刚正不阿几乎让高宗下不了台，也对高宗的统治助益良多。当然，他并非是一味刚直，在处理民政时也会给予适当的宽厚。

有一次，狄仁杰奉命巡视岐州，在路上遇到数百逃亡的士兵抢劫老百姓的财物，人们非常恐慌，四处逃散。地方官府拘捕了一部分士兵，并严刑拷打，有的甚至被折磨致死。狄仁杰看到这种情况，对地方官员说："这种办法不对，若是把他们逼得走投无路，就要发生突祸。因此，最好的做法就是对他们进行宽大处理。"

于是，岐州官府张贴了布告，声称抢劫财物的士兵只要投案自首，官府可以宽大处理，已被抓获的士兵只要说明了情况，当场释放。很快，这些士兵都主动前来官府自首，一次大的灾祸得以避免。这件事传到朝廷，高宗非常高兴，连声称赞狄仁杰办事得体，为政宽厚。

这件小事已经初步显现出狄仁杰对迂与直的合理把握，为此后他在武周政权中立足并顽强生存奠定了基础。

制度不是无用的标语，不是形式之作，不是空洞的摆设。只有坚决维护制度的公正性，制度才能真正落实到位，企业才能逐渐树立起制度意识，即使在没有监督的情况下也能顺利运行。当然，冰冷的制度并不排斥人情。这样，会使员工更具积极性。

奖赏和惩罚必须兼具

奖赏是正强化手段，即对某种行为给予肯定，使之得到巩固和保持；而惩罚则属于反强化，即对某种行为给予否定，使之逐渐减退，这两种方法，都是管理者驾驭下属不可或缺的。

管理者运用这些手段时，必须掌握两者不同的特点，适当运用。一般说来，正强化立足于正向引导，使人自觉地去执行，优越性更多些，应该多用；而反强化，由于是通过威胁恐吓方式进行的，容易造成对立情绪，故要慎用，将其作为一种辅助手段。

对违反规章制度的人进行惩罚时，必须照章办事，该罚一定罚，该罚多少即罚多少，来不得半点仁慈和宽容。这是树立管理者权威的必要手段，西方管理学家将这种惩罚原则称之为"热炉法则"，十分形象地道出了它的内涵。"热炉法则"认为，当下属在工作中违反了规章制度时，就要像去碰触一个烧红的火炉一样，让他受到"烫"的处罚。这种处罚的特点在于：

（1）即刻性。当你一碰到火炉时，立即就会被烫伤；

（2）预先示警性。火炉是烧红摆在那里的，你知道碰触则会被烫；

（3）适用于任何人。火炉对人不分贵贱亲疏，一律平等；

（4）彻底贯彻性。火炉对人绝对"说到做到"，不是吓唬人的。

管理者必须兼具软硬两手，实施起来坚决果断。奖赏人是件好事，惩罚虽然会使人痛苦一时，但绝对必要。如果执行赏罚之时优柔寡断，瞻前顾后，就会失去应有的效力。

管理者运用批评、惩罚手段应更富有技巧性，应牢牢掌握三字诀，即惩罚要做到"稳、准、快"。

（1）稳。采用强硬手段惩罚一个人，也是要冒风险的。这主要是因为被惩罚者有时有良好的人际关系，有时掌握着关键技术信息，有时有着很硬的后台。拿这样的人开刀，就要对其背景多加考虑，慎重行事。惩罚不当终会带来抵制和报复，因此在动手之前应先想到后果，能够拿出应付一切情况的可行办法。

（2）准。批评、惩罚都要直接干脆，直指其弱点，直刺痛处，争取一针见血。有时某人总是犯同样的错误，或者代表一类人的错误，这时的惩罚一定要选准时机，待其犯错最典型、最明白、最有危害时痛下杀手，这时切忌无事生非，不明事实；也切忌小题大做。这样才会让受罚人心服口服，才会真正让众人引以为戒。

（3）快。一旦看准时机，下定决心，便要出手利落，坚决果断，毫不留情，切忌犹疑不定，反复无常。"一旦采取措施后，便坚决执行"、"即使当他们不得不解雇某人时，也并不因强烈的内疚而变得犹豫不决。"这是一些杰出管理者的经验。这样做，也是在向众人显示，我们的做法是完全正确、适宜的，对这种做法我们绝不后悔，充满信心，这是最好的选择。

要加强对下属的约束，须有强化纪律的书面规范，保证下属受到公平的对待，避免一时冲动而对他们进行严厉的惩罚。强化纪律有以下四个阶段：

第一次犯错，口头警告。下属必须知道他们哪里错了。你要记下给他们警告的时间、地点和周围环境。

第二次犯错，书面通知他们，并警告说下次犯错误会受罚，扣工资或者换工作。这封警告信一式三份，一份给犯错误的成员本人，一份给上司，一份存档。

第三次犯错，临时停止工作。根据你们达成的协议和错误的性质及程序，给予长短不同的停职时间，停发一切报酬。

第四次犯错，降职、降级，或者调换工作、开除。上述惩罚中，调换工作是最常见的，因为这样既可减少解雇给他们造成的打击，又可以使自己减少一个问题户。

实现员工自我管理

管理者和员工就像一对天生的"仇敌"，他们似乎处在矛盾的对立两面，永远无法调和。在工作中，大多人都抱怨过老板忽视自己的意见，用指挥、命令的方式来行使领导的权力，甚至经常无情地批评与训斥下属。而同样，老板对员工也经常感到不满意，他们认为员工不服从管理、不遵守制度、生产技能不够、懒惰、效率低下等。对于这种冤家似的矛盾，美国学者肯尼思·克洛克与琼·戈德史密斯曾在合著的《管理的终结》中分析指出，管理的终结不应是强迫式的管理，即利用权力和地位去控制他人愿望，而应是"自我管理"。

事实便是如此，最有效并持续不断的控制是触发个人内在的自我控制，而不是强制。许多企业在推行人本管理的过程中花费了大量的时间和精力，效果却不甚理想。为什么呢？就是没有紧紧抓住最为关键的那个部分——帮助和引导员工实现自我管理。因为，现代企业的员工有强烈的自我意识，工作对他们来说不仅意味着生存，更重要的是，他们要在工作中实现自己的价值。一个公司管理者，假如没有认识到这一点，那就无法赢得他的下属员工，他的公司同样无法获得成功。

戴明博士是美国管理界的权威，曾被誉为"质量管理之父"。他曾经讲过这样一个案例：

一个日本人受命去管理一家即将倒闭的合资美国工厂，他只用了三个月的时间就使工厂起死回生并且赢利了。为什么呢？原来道理很简单，那个日本人解释道："只要把美国人当作一般意义上的人，他们也有正常人的需要和价值观，他们自然会利用人性的态度付出回报。"

可见，真正的人性化管理，是帮助和引导员工实现自我管理，而并不是要求员工完全按照已经全部设计好的方法和程式进行思考和行动。

大名鼎鼎的西门子公司有个口号叫作"自己培养自己"。它是西门子发展自己文化或价值体系的最成功的办法，反映出了公司在员工管理上的深刻见解。和世界上所有的顶级公司一样，西门子公司把人员的全面职业培训和继续教育列入了公司战略发展规划，并认真地加以实施，只要专心工作，人人都有晋升的机会。但他们所做的并不止于此，他们把相当的注意力放在了激发员工的学习愿望、引导员工不断地进行自我激励、营造环境让员工承担责任、在创造性的工作中体会到成就感这些方面，以便员工能和公司共同成长。

对西门子来说，先支持优秀的人才再支持"准成功"的创意更有价值。面对世界性的竞争，要求拥有成功的经营人才。这种理念的前提就是，经过挑选的员工绝大部分都是优秀的，他们必须干练、灵活和全身心投入工作。他们必须有良好的学历，积极发展自我的潜力。而且，公司也正是因为有了这些优秀的员工而获得业绩和其他利益的增长。

无独有偶，国内企业也有类似的案例。

云南某化工公司是我国的一家知名企业，它有着三十多年历史，是磷肥行业中的知名企业，该公司现有员工 1600 多名，2004 年销售收入为 15 亿元。之所以有如此卓越的成绩，是因为从 2003 年起，公司就开始推行自我管理的"诚信自律"班组活动，强调给予员工足够的信任和尊重，让班组和员工自愿提出申请，在安全生产、劳动纪律、行为规范、现场管理、生产技能提高等方面进行自我管理，员工自己制定各项行为准则和规章制度，并签署承诺书，自己说到的就要做到，同时自觉改正错误行为，不断提高管理水平。该公司董事长如是说："推行诚信自律班组，有助于增强管理者与员工的相互尊重和信任，进一步改善公司员工的工作氛围，降低管理成本，从而提高工作的效益。"

这两个案例有效地说明了"道之以政，齐之以刑，民免而无耻；道之以德，齐之以礼，有耻且格"这个道理。对于管理者而言，员工的自我约束力是最好的管理制度，是企业事半功倍的法宝。员工自我管理虽然是一种切实可行的积极的目标，但是真正做到却非常不容易；不仅需要领导者和管理者具备帮助、引导、培训的种种技巧，还需要极大的热情、耐心，以及正确的信仰。

打造无为而治的管理

春秋社会末期，道家学派创始人老子在《道德经》中提出了这样一种无为而治的统治思想："我无为而民自化，我好静而民自正，我无事而民自富，我无欲而民自朴"、"为无为，则无不治"。20 世纪 70 年代，西方管理学界提出"不存在最好的管理方法，一切管理必须以时间、对象为前提"的权变管理方法，多年来一直在管理学界经久不衰。事实上，这两者之间有着惊人的相似性。按照老子的解释，治国应当奉行"无为而治"的原则，只有无为，才能无不为。对企业来讲也是一样，这是我们追求的目标。

管理的最高境界就是不用管理，"管理"是相对而言的，没有绝对的好，也没有绝对的不好，它是一个辩证对立统一的有机体。

一位员工在网上发帖子抱怨说：

"我们老板非常讨厌，他喜欢突然出现在你眼前，就为了看你是不是在聊 QQ，他还经常在周末的时候，特地去公司翻看我们同事的聊天记录，查看我们有没有说他坏话。更好笑的是，他在查看完我们电脑时，还会把员工设置的桌面背景改成他喜欢的人物。这样的行为非常让我们讨厌，我们总有一种被人监视的感觉，心里非常不爽。"

帖子下面有人留言，让他马上离开那样的公司，有那样的老板在，公司是没有发展前途的。但是他回帖道："的确，我们聊 QQ 的时间并不多，老板不让我们闲聊，也不过是为了提高工作效率，可是我们就是不聊 QQ，我宁可坐那儿发会儿呆，那点时间也就过去了。"

这个帖子里面说的老板的确有些过分。但是，他也是可悲的，同样的事情，著名的 Google 公司却有它独特的做法。

Google 搜索引擎是一个用来在互联网上搜索信息的简单快捷的工具，它能够使用户访问一个包含超过 80 亿个网址的索引。在 Google 独特的企业制度当中，有一项最为人道的制度——给予员工 20％ 的自由时间。这个制度让 Google 在条件许可的范围内，最大限度地把工作变成一种兴趣。在 Google 工作的员工，感觉自己不像是在一家大公司上班，而更像是在一个大学或研究机构做什么有趣的研究。同样，Google 则可以从这些享受自由的员工大脑中，源源不断地提取新的创意和新的商业计划。

Google 的聪明就在于它知道，即使不给员工自由时间，员工也同样会想办法偷懒，与其偷偷摸摸，弄得大家都不开心，何不让员工公开地、自由地支配一段时间呢？更重要的是，20％ 的自由时间会使员工的感受完全不同，那不再被定义为 20％ 的偷懒时间，员工就会感到自己被尊重，感到自己在为兴趣工作。在 Google 公司良好的环境中，员工所具有的创造力是不言而喻的。

想达到"无为而治"的管理最高境界，应建立在下列几个前提之上：

（1）建立系统化、制度化、规范化、科学实用的运作体系。科学的运作体系是企业高效运行的基础，用科学有效的制度来规范员工的行为，来约束和激励大家对企业管理非常重要。

（2）有领导力的领导者组成的一个高效的团队。高效的领导者要会发挥自己的影响力，要会激励下属，辅导下属，又会有效地授权。他既要有高瞻远瞩的战略眼光，制定中、长、短期战略目标，又要有很强的执行力，把组织制定的目标落实到位，这样才会有好的结果。

（3）建构好的企业文化，用好的文化理念来统领员工的行为。企业既是军队、学校，又是家庭，提高自己的职业素养和综合性的素质能力，又能体会到大家庭的温暖。企业更具凝聚力、团队精神，能留住员工的心，使企业与员工能共同发展，共同进步，基业长青。

当然，企业管理没有最好的模式，只有最合适的模式。因为企业行业的不同，所处的市场环境、发展阶段、管理模式也不同。所以不能用一个固定的方法来照搬照抄，只能借鉴摸索，选择一条适合自己的路。